Heinz Schumacher:
Ich will hören, was Gott sagt

Ich will hören, was Gott sagt

Eine Reise durch sämtliche Bücher und Briefe der Bibel in 366 Andachten

Von Heinz Schumacher

Verlag der Paulus-Buchhandlung KG Heilbronn

Heinz Schumacher

Ich will hören, was Gott sagt

Eine Reise durch sämtliche Bücher und Briefe der Bibel in 366 Andachten

1. Auflage 2011
2. Auflage 2012
3. Auflage 2015

Umschlaggestaltung / Satz: Gerhard Friesen
Printed in Germany

ISBN: 978-3-87618-112-7

Vorwort

Dies ist ein Andachtsbuch für jeden Tag des Jahres und zugleich mehr als das. Es führt den Leser durch die ganze Bibel – in der Reihenfolge ihrer Bücher und Briefe – vom ersten Vers (1.1.) bis zum letzten Vers (31.12.). Es kommen zur Sprache: biblische Geschichte und Heilsgeschichte, das Gotteslob der Psalmen, die Schau der Propheten, die Lehre Jesu und Seiner Apostel sowie Ermunterung und Wegweisung für den Einzelnen und seine Lebensgestaltung.

Jedes biblische Buch und jeder noch so kleine Brief wird mit mindestens einer Andacht berührt. Fünf Monate sind dem Alten und sieben Monate dem Neuen Testament gewidmet. Drei Monate lang (August bis Oktober) kommen die Briefe des Apostels Paulus zur Sprache.

Wer wissen möchte: „Was steht eigentlich in der Bibel?“, der greife zu diesem Buch!

Inhalt

Der Anfang

„Im Anfang schuf Gott die Himmel und die Erde.“ *1. Mose 1,1*

Dies ist der Anfang der Welt. Wie sind Himmel und Erde entstanden? Der Text sagt ganz einfach, wuchtig und erhaben: **Gott schuf.** Dass Gott **ist** – immer da ist – wird einfach vorausgesetzt. Die Existenz Gottes ist für den Glauben eine Selbstverständlichkeit. Alle Versuche, den Anfang der Welt ohne Gott zu erklären, müssen scheitern. Nicht der Zufall oder andere Ersatzgötter, die der Mensch sich ausdenkt, schufen die Welt. Sie ist auch nicht „aus sich selbst geworden“. Führt man den Ursprung der Welt auf kleinste Teilchen zurück, die in einem „Urknall“ explodierten, so bleibt doch die Grundfrage unbeantwortet: Wer hat denn diese Teilchen gemacht? Wer ließ sie explodieren?

In der Bibel geht alles **persönlich** zu. Materie, Raum und Zeit, das alles hat unser Gott geplant und erschaffen. Er ruft „das Nichtseiende, wie wenn es da wäre“ (Röm. 4,17). Und Jesus Christus war zusammen mit dem Vater als Mitschöpfer tätig. Denn Kol. 1,16 sagt uns: Durch Ihn, das Ebenbild des Vaters, wurde das All geschaffen. – Der 1. Vers der Bibel bezeichnet den Anfang des göttlichen **Tuns**, nicht den Anfang des göttlichen **Seins.** Gott war immer und wird immer sein.

Auch wir stehen heute an einem Anfang, dem Anfang eines neuen Jahres. Und auch im Blick auf das neue Jahr dürfen wir wissen: Gott ist immer da. Und Er ist **für uns da.** Er kennt unser Leben und Wesen und hört unser Beten. Er ist unser persönlicher Schöpfer, und mehr noch: Er ist unser Retter. Es ist wichtig, Ihn zu suchen, Ihm zu vertrauen, Ihm die Leitung und Lenkung unseres Lebens auch im neuen Jahr anzuvertrauen. Ihm ist nichts zu groß und nichts zu klein. Er kümmert sich um jeden einzelnen Menschen. Ihm dürfen wir alles anbefehlen: unsere Gesundheit und unseren Beruf, die Kinder und Kindeskinder, alle Probleme, Wünsche, Freuden. Die Hauptsache ist der Kontakt mit IHM.

Ein Tohuwabohu

„Und die Erde wurde wüst und leer (hebräisch: tohu wa bohu), und Finsternis war über der Tiefe.“ *1. Mose 1,2*

Dieser Vers wird von den Auslegern verschieden gedeutet. Hat es irgendwann nach der Schöpfung eine Katastrophe, einen Finsterniseinbruch gegeben? Die einen bejahen, die andern verneinen dies. Wir selbst bekennen uns zum Ersteren. Als Gott die Erde gründete, als nach Vers 1 die Urschöpfung entstand, wozu auch die Engelwelt gehört, war alles harmonisch, licht und klar. Auch in der Engelwelt herrschte Harmonie, „als die Morgensterne miteinander jubelten und alle Söhne Gottes jauchzten“ (Hiob 38,4-7). – Nun aber ist von Finsternis und einem wüsten und leeren Zustand die Rede. Dies hängt wohl mit dem zusammen (so sehen es viele Ausleger), was man den „Fall Satans“ nennt. In Jes. 14,12-14 sieht man ihn beschrieben. Zwar ist da vom König von Babel die Rede. Doch was da zu lesen ist, geht über das hinaus, was von einem menschlichen König gesagt werden kann. Der strahlendste aller Engel, Luzifer, erhob sich gegen den Schöpfer, er wollte sein wie Gott. „Du sprachst in deinem Herzen: Ich will hinaufsteigen auf Wolkenhöhen, dem Höchsten mich gleich machen“, lesen wir in Jes. 14,14. Luzifer wurde zum Satan. Es wurde finster auf Erden. Seitdem tobt der Kampf zwischen Gott und Satan, zwischen Licht und Finsternis. Was dann im 1. Kapitel der Bibel ab Vers 3 gesagt wird, beschreibt eine **Wiederherstellung.** Das Chaos wird zum Kosmos.

Auch jeder Mensch steht vor der Wahl, welchem Bereich er angehören will: dem Licht oder der Finsternis. Jesus sagt einmal: „Ich bin das Licht der Welt; wer mir nachfolgt, wird nicht in der Finsternis wandeln, sondern wird das Licht des Lebens haben“ (Joh. 8,12). Es gibt heute in der Welt sehr viel Finsteres: Hass und Gewalt, Unrecht und Krieg. Süchte und Lüste beherrschen viele Menschen. Lasst uns am Anfang des neuen Jahres entschieden auf die Seite Jesu Christi, des Lichtes der Welt, treten!

Der Mensch im Bilde Gottes

„Gott sprach: Lasst uns Menschen machen in unserm Bild... Und Gott schuf den Menschen nach Seinem Bild.“ *1. Mose 1,26.27*

Über die „Gottebenbildlichkeit“ des Menschen ist schon viel gesprochen und geschrieben worden – sei es ehrfürchtig oder auch spöttisch. Ist Gott etwa so, wie wir sind? – Da muss man bedenken, dass die vorangestellten Worte aus 1. Mose 1 den Zustand **vor** dem Sündenfall des Menschen meinen. Noch waren Sünde und Tod nicht eingedrungen, noch war der Mensch potentiell unsterblich. Und aus 1. Mose 2,18.21.22 geht hervor, das der Mensch zuallererst **Einer** war, alle männlichen und weiblichen Eigenschaften in sich vereinend, bevor Gott ihn „teilte“. Näheres über den ursprünglichen „Vollmenschen“ wissen wir nicht. Aber auch nach seiner „Teilung“ muss der Urmensch – nun in der Mehrzahl als Mann und Frau – großartige Fähigkeiten und totale Gesundheit besessen haben.

Wie wir in den folgenden Andachten noch hören werden, fiel der Mensch in Sünde und Schuld. Aus den Menschen im Bilde Gottes wurden Sünder. Gilt nun 1. Mose 1,26.27 nicht mehr? Wurde Gottes Plan für immer durchkreuzt?

Nein, Gott hält an Seinem Plan fest. 1. Mose 1,26.27 beschreibt ein göttliches **Programm.** Aus dem Neuen Testament wissen wir, dass Gott den gefallenen Menschen in Sein Bild **zurückerneuern** will. Er beginnt bei all jenen, die heute an Jesus Christus als ihren Herrn und Retter glauben. Solchen Menschen schreibt Paulus: „Belügt einander nicht, da ihr doch den alten Menschen mit seinen Handlungen ausgezogen und den neuen Menschen angezogen habt, der **dem Bilde seines Schöpfers entsprechend** zu göttlicher Erkenntnis **erneuert** wird“ (Kol. 3,9.10). Diese Menschen dürfen sich die Hoffnung zu Eigen machen, die Johannes mit den Worten beschreibt: „Es ist noch nicht offenbar geworden, was wir sein werden; wir wissen aber: Wenn es offenbar werden wird, **so werden wir Ihm (Gott) gleich sein,** denn wir werden Ihn sehen, wie Er ist“ (1. Joh. 3,2). Wie gut, dass Gott Sein ursprüngliches Programm niemals aufgegeben hat!

Gemeinschaft

„Es ist nicht gut, dass der Mensch allein sei.“ *1. Mose 2,18*

Der Mensch soll Gemeinschaft haben. Alleinsein kann sehr schmerzlich sein. Das wissen alle Älteren, deren Ehepartner verstorben sind und deren Kinder weit weg wohnen. Das wissen alle Schwerkranken und Sterbenden, die gern ein mitfühlendes Herz und eine milde Hand bei sich haben. Auch alle jene wissen es, die wegen Einsamkeit an Depressionen leiden.

Die engste gemeinschaftliche Verbindung ist die Ehe. Davon spricht unser Text. Gott will die Einehe auf Lebenszeit (vgl. Matth. 19,3-9). Sie ist in der heutigen Gesellschaft sehr gefährdet und wird fast zur Ausnahme, statt die Norm zu sein. Doch je häufiger der Mensch in vermeintlicher „Freiheit“ den Geschlechtspartner wechselt, desto mehr gerät er in Unruhe, Hektik, Enttäuschung, Leidenschaft, Gier. Er lebt seinen Egoismus aus und wird dabei nicht glücklich.

In jeder Ehe gibt es auch mal Streit. Es gibt Meinungsverschiedenheiten, die zum Ärger führen können. Es müssen Entscheidungen getroffen werden, manchmal unter Zeitdruck. Was tun, wenn man sich nicht einigen kann? Auf irdischer Ebene lautet der Rat: Vertraut Euch einem Menschen an, der kompetent in der Sache und urteilsfähig ist. Auf biblischer Ebene sollten Christen den Rat des Apostels Paulus in Eph. 4,1.2 bedenken. An den Anfang seiner Ermahnungen zu einem Leben „würdig der Berufung, mit der ihr berufen worden seid“ stellt er **Demut** und **Sanftmut.** Wo man sie praktiziert, muss aus gelegentlichem Ärger nicht „Wut, Zorn, Geschrei“ werden, die den Heiligen Geist betrüben (Eph. 4,31) und eine Ehe zugrunde richten können.

Richten wir zum Schluss den Blick aufs Positive: Welch ein großes Geschenk ist doch **Gemeinschaft** – sei es in einer Ehe oder Familie, am Arbeitsplatz, im Bekanntenkreis oder in einer christlichen Gemeinde. Wo die **Liebe Gottes** eine Gemeinschaft prägt und zusammenhält, ist sie am wertvollsten. „Unsere Gemeinschaft ist mit dem Vater und mit Seinem Sohn Jesus Christus“, sagt Johannes (1. Joh. 1,3). Wo das der Fall ist, können wir aus der Liebe Gottes heraus Gemeinschaft stiften und fördern.

Der Sündenfall des Menschen

„Und die Frau ***sah,*** *dass der Baum gut zur Speise war... und sie* ***nahm*** *von seiner Frucht und* ***aß*** *und sie* ***gab*** *auch ihrem Mann bei ihr, und er aß."*

1. Mose 3,6

Gott hatte einen Garten gepflanzt, berichtet 1. Mose 2,8, und diesen Garten der Wonne dem Menschen gegeben mit dem Auftrag, ihn zu bebauen und zu bewahren. Der erste Beruf des Menschen war also der eines Gärtners. Allerlei Bäume hatte Gott dort wachsen lassen und der Mensch durfte ihre Früchte genießen.

Doch es gab eine Einschränkung: „Vom Baum der Erkenntnis des Guten und Bösen darfst du nicht essen; denn an dem Tag, da du davon isst, musst du sterben!" (2,17). Damit hatte Gott ein Verbot ausgesprochen; es war eine erste Gehorsamsprobe für den Menschen. Neben der Fülle des Erlaubten gab es eine Ausnahme, eine Grenzziehung, ein Verbot mit ernsten Konsequenzen.

Der Teufel, der gefallene Fürst der Finsternis, tritt nun in 1. Mose 3 als Schlange auf. Er kann auch als brüllender Löwe oder Engel des Lichts auftreten (1. Petr. 5,8; 2. Kor. 11,14). Hier ist er die verführerische Schlange. Er schreckt nicht davor zurück, Gottes Wort als Lüge hinzustellen und Gott selbst einer üblen Gesinnung zu bezichtigen. „Ihr werdet nicht sterben, wenn ihr von dem Baum esst! Im Gegenteil – ihr werdet sein wie Gott! Das aber gönnt euch Gott nicht."

Waren sie nicht bereits gottebenbildlich, im Bilde Gottes geschaffen? Ja, aber Gott war und blieb der Allerhöchste. Im Unterschied zu Jesus Christus, der immer gehorsam war, entschieden sich die ersten Menschen – wie zuvor der Satan (Jes. 14,14) – für den Ungehorsam. Sie standen vor der Wahl zwischen Gehorsam und Ungehorsam, Leben und Tod, Vertrauen zu Gott oder zur Schlange. Sie wählten das Letztere und somit den Tod.

Auch heute geschieht es immer wieder, wo Verführungen stattfinden: Man sieht – man nimmt – man isst – man gibt weiter. Verbotenes reizt, und so kommt es zu götzendienerischer Habsucht, Diebstahl, Ehebruch und ihren bösen Folgen. Gott mahnt auch uns, den Weg des Gehorsams zu wählen, denn er bedeutet Leben; der Weg des Ungehorsams aber bringt den Tod.

Dem Überhandnehmen der Sünde folgt Gericht

„Der HERR sah, dass die Bosheit des Menschen auf der Erde groß war und alles Sinnen der Gedanken seines Herzens nur böse den ganzen Tag. Und der HERR sprach: Ich will den Menschen, den ich geschaffen habe, von der Fläche des Erdbodens auslöschen." *1. Mose 6,5.7*

Dem Sündenfall der beiden ersten Menschen folgte die Austreibung aus dem Garten der Wonne. Sie hatten statt der Gottesnähe die Gottesferne gewählt. Doch es war keine totale Gottesferne. Gott kümmerte sich auch weiter um Seine Menschenkinder – in Gnade und Gericht. Was wir dann von Kain und Lamech lesen, sind weitere Sündengeschichten. Schließlich war die Menschheit reif zum Gericht und es kam die Katastrophe der Sintflut (1. Mose 6-8).

Die vorangestellten Worte klingen wie die Worte eines Unternehmers, der sich verkalkuliert hat. Sein Unternehmen ist pleite – er gibt auf. Kann denn so etwas unserem Gott passieren? Und ist es nicht grausam, eine ganze Menschheit bis auf eine Familie zu vernichten? – Hierzu ist dreierlei zu sagen:

1. Gott hat sich nicht verkalkuliert. Schon vor Grundlegung der Welt hatte Er mit Seinem Sohn einen Heilsplan gemacht, den „Vorsatz der Zeitalter" gefasst (Eph. 3,11). - 2. Gott schenkt nach dem Gericht einen Neuanfang mit Noah und seiner Familie. Der Lauf der Menschheit geht weiter. - 3. Und was ist mit den vielen in der Sintflut umgekommenen Menschen? – Da ist es tröstlich, in 1. Petr. 3,19 und 4,6 zu erfahren, dass Jesus Christus als Auferstandener eben diesen Menschen, „die einst ungehorsam waren in den Tagen Noahs", im Totenreich (Hades) gepredigt hat, und zwar Evangelium (4,6)! Gott hat sie nicht vergessen. Er kann auch die Verstorbenen jederzeit erreichen und ansprechen. **Allen** muss das Heil angeboten werden.

Mit dem heiligen und gerechten Gott ist nicht zu spaßen. Aber Seine „Lieblingsbeschäftigung" ist es nicht, zu **richten**, sondern zu **retten.** Ebenso denkt auch Jesus Christus (Luk. 19,10; Joh. 3,17). Wir aber wollen uns **heute** rufen und zum Glauben führen lassen; dann kommen wir nicht ins Weltgericht (Joh. 5,24).

Gottes Verheißung an Noah

„Von nun an, alle Tage der Erde, sollen nicht aufhören Saat und Ernte, Frost und Hitze, Sommer und Winter, Tag und Nacht." *1. Mose 8,22*

Gott hat im Verlauf der Heilsgeschichte mehrere Bündnisse geschlossen: einen Bund der „Notverordnungen" mit Noah und der damaligen Menschheit – den Glaubensbund mit Abraham (1. Mose 15) – den Gesetzesbund vom Sinai (2. Mose 20) – den Verheißungsbund mit David (2. Sam. 7) – den Ehebund mit Israel (Hes. 16,8), der in der Endzeit erneuert werden soll (Jer. 31,31; Hosea 2) – und den Neuen Bund im Blute Jesu (Luk. 22,20).

Mit Noah und seiner Familie macht Gott nach der großen Flut einen neuen Anfang. Gott verspricht, nicht noch einmal eine so schreckliche Flut über die Erdbevölkerung zu bringen. Mit Noah und der folgenden Menschheit schließt Gott einen Bund (9,9); der Regenbogen ist sein Zeichen. Noch gibt es keine Staatsordnung, keinen König, keine Gesetzgebung. Daher spricht man von „Notverordnungen". Dazu gehört die Todesstrafe für Mörder (9,6), worin Gott Seine Wertschätzung des Lebens bekundet – des Lebens der Opfer!

Man nimmt erstaunt zur Kenntnis, dass Gott den Wechsel der Tages- und Jahreszeiten als besondere Ordnung einführt. War es vor der Flut nicht genauso gewesen? Offensichtlich nicht. Jakob Kroeker meint: „Die Ergebnisse der geologischen und physikalisch-geografischen Forschungen bestätigen, dass unsere Erde vor der Flut von anderer Beschaffenheit und Gestaltung gewesen ist (und) mit ihren Gütern und Lebensbedingungen dem Menschen die Möglichkeit gab, alt und reich zu werden und in Üppigkeit zu leben" (Das lebendige Wort, Bd. 1).

Der Wechsel der Tageszeiten erinnert uns daran, dass wir es stets mit Licht und Finsternis zu tun haben, auch geistlich. Die Jahreszeiten sind einerseits ein Gewinn – wie langweilig wäre es ohne sie auf Erden! Sie bedeuten aber auch Mühe und Arbeit – keine Ernte ohne Saat und Pflege – und bringen zuweilen auch die Angst mit sich, dem klirrenden Frost oder der sengenden Hitze schutzlos ausgeliefert zu sein. Es ist nicht mehr der Wonnegarten des Anfangs und noch nicht die neue Lichtwelt Gottes, in der wir leben; es ist eine Welt des Wechsels, der Arbeit, des Kampfes, der Sorge und Mühe.

Der Turmbau zu Babel

„Und sie sprachen: Wohlan, lasst uns eine Stadt und einen Turm bauen, dessen Spitze bis an den Himmel reiche, damit wir uns einen Namen machen!“ *1. Mose 11,4*

Kaum ist das erste schwere Gericht (durch die Sintflut) über die Menschheit ergangen und kaum hat ein Neuanfang stattgefunden (1. Mose 9), da muss Gottes Wort schon wieder – einige Generationen später – einen Aufstand des Menschengeschlechts vermelden, der wiederum Gericht nach sich zieht. Es erweist sich, wie recht Gott hatte, als Er urteilte: „Das Dichten und Trachten des menschlichen Herzens ist böse von Jugend auf“ (1. Mose 8,21).

Zusammenballungen vieler Menschen in großen Städten erhöhen die Gefahr schwerer Sünden bis auf den heutigen Tag. Und bis heute liebt es der Mensch, große Türme, weithin sichtbare Wahrzeichen aufzurichten, um die sich die Menschen bewundernd scharen.

Der stufenförmig gebaute Turm zu Babel mag im Vergleich zu heutigen Riesentürmen relativ klein gewesen sein; doch nicht auf die Höhe kommt es vor Gott letztlich an, sondern auf die Gesinnung: „dass **wir** uns einen Namen machen!“ Die Gesinnung, die Gott gefällt, finden wir dagegen in Psalm 115,1: „Nicht uns, HERR, nicht uns, sondern Deinem Namen gib Ehre – um Deiner Gnade und Treue willen!“

Es gibt auch eine göttliche Ironie. Dem oben genannten Wort aus 1. Mose 11,4 folgt im nächsten Vers die Feststellung: „Da fuhr der HERR hernieder, um die Stadt und den Turm zu sehen, die die Menschenkinder bauten.“ – Gott sieht doch alles: jeden Ort, jeden Menschen und sogar jedes Herz! Hier aber muss Er gleichsam „Lichtjahre weit herabfahren“, um den Turm menschlicher Größe überhaupt erkennen zu können – so klein ist er vor Gott!

Gott zerstreute von da an die Menschen über die ganze Erde; die verschiedenen Sprachen und Dialekte bildeten sich; man spricht von einer „babylonischen Sprachenverwirrung“.

Wir aber wollen uns an Psalm 115,1 orientieren – ob unsere Türme, Pläne, Unternehmungen groß oder klein seien. Der Apostel Paulus bestätigt uns darin, wenn er in 1. Kor. 10,31 sagt: „Ob ihr nun esst oder trinkt oder sonst etwas tut, tut alles zur Ehre Gottes!“

Abraham wird auserwählt

„Und der HERR sprach zu Abram: Geh aus deinem Land und aus deiner Verwandtschaft und aus dem Haus deines Vaters in das Land, das ich dir zeigen werde! Und ich will dich zu einer großen Nation machen und will dich segnen, und ich will deinen Namen groß machen, und du sollst ein Segen sein! Und ich will segnen, die dich segnen, und wer dir flucht, den werde ich verfluchen, und in dir sollen gesegnet werden alle Geschlechter der Erde!" *1. Mose 12,1-3*

Zunächst soll angemerkt werden: Der Mann, den wir im Allgemeinen „Abraham" nennen und den auch das Neue Testament so nennt, hieß zunächst „Abram", bis Gott ihn in „Abraham" umbenannte (1. Mose 17,5). Abram heißt „Vater der Höhe", Abraham „Vater der Menge". Diese Umbenennung weist auf ein göttliches Programm hin: Gott selbst ist ein „Vater der Höhe", ein „hoher, erhabener Vater" (Jes. 57,15). Er will aber nicht allein bleiben, sondern ein „Vater der Menge" werden, der „viele Söhne zur Herrlichkeit bringt" (Hebr. 2,10).

Mit 1. Mose 12 beginnt ein neuer Abschnitt der Heilsgeschichte Gottes. In dem vorangestellten Wort fällt auf, dass es mehrmals heißt: Geh aus – aus – aus. Hier beginnt das göttliche **Auswahlverfahren.** Es setzt sich bis heute fort. Gott hat Israel auserwählt – eine völkisch-nationale Auswahl. Und Er hat die Glieder der Gemeinde Jesu Christi auserwählt – eine übervölkisch-internationale Auswahl.

Warum handelt Gott so? Wir drücken es einmal in menschlich-unzulänglicher Weise so aus: Gott beschäftigte sich zunächst mit der Gesamtmenschheit. Doch die Sünde nahm überhand und Gott musste zweimal Gericht ausüben (Sintflut, Sprachenverwirrung). Nach diesen beiden „gescheiterten Versuchen", mit der Gesamtmenschheit weiterzukommen, wendet Er nun ein neues Verfahren an: das der **Auswahl.** Er ruft Einzelne aus der Masse heraus, nicht weil sie besser sind oder damit sie es besser haben und nur Glück auf Erden erleben, sondern um sie in Seine besondere Erziehung und Schule zu nehmen und sie zum **Segen** für die übrigen Menschen zu machen. Dazu hat Er auch dich und mich, wenn wir Glieder Seiner Gemeinde sind, auserwählt.

Die Landverheißung

„Und der Herr sprach zu Abram: Erhebe doch deine Augen und schaue von dem Ort, wo du bist, nach Norden und nach Süden, nach Osten und nach Westen! Denn das ganze Land, das du siehst, dir will ich es geben und deinen Nachkommen für ewig!" *1. Mose 13,14.15*

Gott hatte Abram aus Ur in Chaldäa ins Land Kanaan geführt, in das Land zwischen Jordan und Mittelmeer. Und Er verspricht ihm zu wiederholten Malen (vgl. 12,7) den Besitz dieses Landes.

Was so einfach und einleuchtend klingt, hat sich bis heute zu einer höchst umstrittenen Sache entwickelt. Zunächst ist zu fragen: Welche Nachkommen sind hier gemeint? Etwa alle Nachkommen Abrahams? Da gab es neben Isaak den schon vorher geborenen Ismael, und es gab die Söhne der Ketura (25,1-4). Aus ihnen entstanden Stämme und Völker. Wem gehört nun das Land Kanaan?

Liest man im 1. Mosebuch weiter, so erkennt man, dass die Abraham gegebene Landverheißung in einer bestimmten Richtung eingeengt wird: sie wird von Gott wiederholt als Zusage an Isaak (1. Mose 26,3.4) und an Jakob (28,13), der den Namen Israel bekam. So ist denn auch vom „Land Israel" die Rede (Hes. 11,17), das Gott auch „mein Land" nennt (Joel 1,6; 4,2). Gott hat Sein Volk Israel allerdings seines Ungehorsams wegen im Lauf seiner Geschichte mehrmals aus seinem Land vertreiben lassen. Er hat es unter die Nationen zerstreut. Doch Er hat auch verheißen: „Der Israel zerstreut hat, wird es wieder sammeln" (Jer. 31,10) und: „Ich werde euch aus den Nationen holen und euch aus allen Ländern sammeln und euch in euer Land bringen" (Hes. 36,24). – Genau dies erlebten und erleben wir im 20. und 21. Jahrhundert, besonders seit 1948 (Staatsgründung Israels).

Der Streit um dieses Land ist bis heute nicht zur Ruhe gekommen. Doch Gott wird Seinen Heilsplan hinausführen, wie umstritten und kompliziert die Lage auch sei, und der äußeren Sammlung wird die innere Erneuerung Israels folgen (Hes. 36,25-27). Denn Gott ist treu – dem Volk Israel und auch uns.

Abraham zweifelt

„Das Wort des Herrn erging an Abram: Fürchte dich nicht, Abram! Ich bin dir ein Schild, dein sehr großer Lohn. Abram aber sprach: Herr, Ewiger, was willst Du mir geben? Ich gehe ja kinderlos dahin und der Erbe meines Hauses wird Elieser von Damaskus sein." 1. Mose 15,1.2

Gott hatte Abraham wiederholt eine große Nachkommenschaft verheißen. Doch die Jahre gingen dahin und nichts geschah. Abraham und Sara wurden älter und älter und nach menschlichem Ermessen waren keine Kinder mehr zu erwarten, zumal die Heilige Schrift erklärt: „Sara war unfruchtbar" (11,30). Da ist es kein Wunder, dass Abraham zu zweifeln beginnt. Aber kann Gott lügen?

Unser vorangestelltes Wort enthält eine doppelte kostbare Gottesverheißung. Zuerst sagt Gott, Er selbst sei Abrahams Schild, d.h. Schutz. Das war wichtig für einen Mann, der gerade zuvor in ein kriegerisches Geschehen verwickelt worden war (Kap. 14). Darüber hinaus verspricht ihm der Allerhöchste: „Ich selbst bin dein sehr großer Lohn" (oder, wie auch übersetzt werden kann: „Ich werde deinen Lohn sehr groß machen"). Doch Abraham freut sich nicht über diese doppelte Zusage, sondern zweifelt. Und er spricht seinen Zweifel Gott gegenüber offen aus. Er bringt zum Ausdruck: Ich bin – entgegen dem, was Du mir versprochen hast (12,2; 13,16) – nach wie vor kinderlos. Mein im Haus geborener Sklave Elieser wird mein Erbe sein. Damit sagt Abraham das Ungeheuerliche: Du hast Dein Verheißungswort nicht erfüllt und wirst es auch in Zukunft nicht erfüllen!

Darf man so mit Gott reden? Darf man seine Zweifel offen äußern? Soll man sie als „frommer Mensch" nicht doch lieber verstecken, verschweigen?

Gott sieht ohnehin alle Gedanken unseres Herzens; ein Verstecken ist gar nicht möglich. Sag Ihm offen deine Zweifel! Wie wir aus 1. Mose 15 weiter erfahren, reagiert Gott auf ein offenes Bekenntnis der Zweifelsgedanken nicht mit Strafe, sondern mit neuer Hilfe zum Glauben. – Auch wir können göttliche Zusagen oft kaum fassen, so groß und wunderbar sind sie. Sagen wir Ihm unsere Zweifel und bitten wir Ihn um Glaubenshilfe!

Abrahams Glaubensgerechtigkeit

„Abram glaubte dem HERRN und Er rechnete es ihm als Gerechtigkeit an.“ *1. Mose 15,6*

Gerade noch hat Abraham gezweifelt und nun kann er plötzlich glauben. Wie kam es zu solch schnellem Wechsel?

Auf Abrahams Zweifel reagierte Gott nicht mit Strafe, sondern mit gnädiger Zuwendung. Abraham befindet sich sozusagen in einer Schule, der Glaubensschule. In einer Schule macht man auch Fehler; man wird darauf hingewiesen und darf den Fehler verbessern. Wie geht Gott mit dem Zweifler um? Er stellt dem Zweifel einfach Sein Verheißungswort entgegen (15,4): „Nicht Elieser wird dich beerben, sondern der aus deinem Leibe hervorgeht, der wird dich beerben.“ Dazu gibt ihm Gott noch einen Anschauungsunterricht: Er führt Abraham hinaus unter den gestirnten Himmel und sagt: „Zähle die Sterne, wenn du kannst! So zahlreich wird deine Nachkommenschaft sein!“

Da kann Abraham nicht anders, als seinem Gott zu vertrauen. Er bringt es nicht fertig zu sagen: Du lügst! – Das wollen auch wir nicht tun, so unvorstellbar groß viele Gottesverheißungen auch sind. Gott meint es ernst und meint es gut mit dem, was Er zusagt.

Man spricht aufgrund von 1. Mose 15,6 von **Glaubensgerechtigkeit.** Was ist darunter zu verstehen? – „Gerecht sein“ vor Gott bedeutet: Man kommt mit Gott in Ordnung; nicht länger stehen Schuld oder Feindschaft der Gemeinschaft mit Gott im Wege. Zwar brachte erst der Kreuzestod Jesu Christi die Sühnung (Bezahlung) der Sünden der Welt; doch schon im Alten Testament lässt Gott – sozusagen im Vorgriff auf das Kreuz von Golgatha – Sünde bedeckt und vergeben sein. Bedingung ist allein der **Glaube.** Der Mensch hat weiter nichts zu tun, als Gott und Seinem Wort zu **vertrauen.** Das praktiziert hier Abraham.

So und nur so werden auch wir gerecht. Das lehrt der Apostel Paulus im Römerbrief. Er zitiert unser vorangestelltes Wort in Röm. 4,3. Nichts hab ich zu bringen als meine Armut und Sünde, wenn ich zum Kreuz meines Retters komme. Und nichts hab ich zu tun als zu glauben (Gottes Wort ernst zu nehmen und mich Ihm anzuvertrauen), um gerecht und gerettet zu werden.

Gottes Bund mit Abraham

„Und es geschah, als die Sonne untergegangen und Finsternis eingetreten war, siehe da, ein rauchender Ofen und eine Feuerfackel, die zwischen den Stücken hindurchfuhr. An jenem Tag schloss der HERR einen Bund mit Abram.“ *1. Mose 15,17.18*

Nachdem Abraham vor Gott „gerecht“ geworden war, weil er Gottes Worten glaubte (15,6), konnte nun Gott einen Bund mit ihm schließen. „Bund“ bedeutet zunächst ganz allgemein: Gott verbindet sich mit Menschen, Er hat etwas (Gutes) mit ihnen vor, so z.B. Weiterführung im Glauben, Erziehung durch Gesetz, Leben unter der Königsherrschaft Gottes und unter Seiner Führung, Gottesnähe und Gemeinschaft mit Gott. Der Bund Gottes mit Abraham hat es darüber hinaus mit der Erfüllung der Verheißungen Gottes bis in die ferne Zukunft zu tun (große Nachkommenschaft, Besitz des verheißenen Landes).

Der Abrahamsbund ist ein **einseitig** von Gott geschlossener Bund. Bündnisse müssen durch Einwilligung beider Partner ratifiziert (anerkannt und in Kraft gesetzt) werden. Dies geschah damals dadurch, dass man Tiere schlachtete und zerteilte und die Stücke rechts und links so hinlegte, dass dazwischen eine Gasse entstand; beide Bündnispartner mussten dann zwischen den Stücken hindurchgehen. Dies tat Gott auch – als Feuerfackel. Und was machte der andere Partner? Abraham schlief! Er konnte also seinerseits den Bund nicht schließen. Gott schenkt ihm im Schlaf eine prophetische Schau in die Zukunft (15,12-16).

Weil der Bund nur einseitig von Gott geschlossen war, hat er festen Bestand – fortwirkend bis in unsere Gegenwart und in die Zukunft. Denn so wie Abraham werden auch wir gerecht – allein durch den Glauben, der Gottes Wort vertraut und Seine Gnade ergreift. Darum ist Abraham, was den Glauben betrifft, „unser aller Vater“ (Röm. 4,16), auch wenn wir leiblich nicht von ihm abstammen. Der Abrahamsbund ist ein Glaubensbund.

Gott tut das Entscheidende – auch in unserem Leben. Doch wir müssen „dabei sein“, bereit zu Glauben und Vertrauen und offen für Sein Wort. Unser Glaube soll nichts Erzwungenes sein und auch nicht unsere Liebe zu Gott. Er will Freiwilligkeit, Er will unser Herz.

Abraham lacht über Gottes Verheißung

„Da fiel Abraham auf sein Gesicht und lachte und sprach in seinem Herzen: Sollte einem Hundertjährigen ein Kind geboren werden und sollte Sara, eine Neunzigjährige, gebären?“ *1. Mose 17,17*

Ungeduld ist etwas typisch Menschliches. „Ich kann es kaum erwarten“, sagt man, wenn etwas sehr Schönes angekündigt wurde und bevorsteht. Und nicht selten geschieht es, dass der Mensch, wenn das Erwartete seiner Meinung nach nicht schnell genug kommt, meint nachhelfen zu müssen und zu können. Doch das gelingt nicht immer.

Abraham war von Gott eine gewaltig große Nachkommenschaft verheißen worden – wie der Staub der Erde (13,16) und wie die Sterne des Himmels (15,5) an Menge -, also für Abraham unzählbar. Gott aber beeilt sich nicht mit der Erfüllung Seiner Verheißung. Abraham soll in der Glaubensschule außer dem Glauben auch die **Geduld** lernen. Abraham aber wird immer ungeduldiger, denn er und Sara werden immer älter. Da gibt Sara ihrem Mann einen Rat: Ich selbst kann ja keine Kinder bekommen. So nimm doch Hagar, meine Magd, zur Frau. Sie mag dir einen Sohn gebären. Vielleicht hat Gott es so gemeint. – Und so geschah es auch. Dem Sohn, den Hagar gebiert, gibt Abraham den Namen Ismael (1. Mose 16).

Nun ist die Nachkommenschaft gesichert, meint Abraham. Doch Gott war anderer Meinung. Gott reagiert auf das eigenmächtige Handeln von Sara und Abraham mit einem 13-jährigen Schweigen. Er straft nicht, Er droht nicht, Er schweigt. Denn in 1. Mose 16,16 ist Abraham 86 Jahre alt, im nächsten Vers (17,1), wo Gott wieder zu ihm spricht, ist er 99 Jahre alt. Gott verheißt ihm einen Sohn von der **Sara.** Das ist so unglaublich, dass Abraham lachen muss. Eduard König nennt es in seinem Genesis-Kommentar „ein doppelsinniges Lachen“, er schreibt: „An das Hören einer überwältigenden Freudenbotschaft schließt sich nicht selten ein doppelsinniges Lachen, das der Freude und das des Zweifels, an.“

Gott passt Seine Pläne nicht unseren menschlichen Gedanken an, sondern unsre Gedanken sollen Seinen Plänen folgen.

Drei Männer besuchen Abraham und Sara

„Dann erschien ihm der HERR bei den Terebinthen von Mamre, als er gerade um die Zeit der Mittagshitze am Eingang seines Zeltes saß. Er blickte auf und sah vor sich drei Männer stehen. Als er sie sah, lief er ihnen vom Zelteingang aus entgegen, warf sich zur Erde nieder und sagte: Mein Herr, wenn ich irgend Gnade gefunden habe in deinen Augen, so geh doch nicht an deinem Knecht vorüber!" *1. Mose 18,1-3*

Wenn man Besuch von drei Männern bekommt, ist es doch sehr unhöflich, nur einen von ihnen anzureden („Mein Herr") – es sei denn, es kommt etwa der Bundespräsident in Begleitung zweier Leibwächter. Abraham merkt sofort: Diese drei sind nicht gleichrangig; einer von ihnen ist der HERR, ist JAHWEH, der Ewigseiende selbst! Dies ist eine der **Erscheinungen Jesu** im Alten Testament; denn Gott den Vater hat noch kein Mensch gesehen (Joh. 1,18 und 1. Tim. 6,16); wo also Gott, wo JAHWEH im Alten Testament erscheint, kann es nur Jesus Christus sein. Er ist ja schon im 1. Kapitel der Bibel tätig (Kol. 1,16).

Gott wird in Seinen Zusagen an Abraham und Sara immer konkreter. Nun endlich bekommen die beiden alten Leute auch einen Termin genannt: „Übers Jahr um diese Zeit komme ich wieder zu dir, dann hat Sara einen Sohn" (18,10.14). Auch Sara lacht, als sie es hört, und sagt: Sollte ich (mit 90 Jahren) noch Liebeslust verspüren? Und auch mein Mann (wörtlich: mein Herr) ist ja alt! Da sprach der HERR zu Abraham: „Warum hat Sara denn gelacht? **Sollte dem HERRN eine Sache zu wunderbar sein?"**

Gott machte damals erstorbene Leiber lebendig, Er befähigte sie zur Zeugung und Geburt eines Sohnes (Röm. 4,19.20). Und wir wissen: Er kann noch Größeres tun. Jesus konnte Lazarus aus dem Tod auferwecken (Joh. 11) und Er wird einmal **alle Toten** lebendig machen (1. Kor. 15,22).

Sollte dem HERRN etwas unmöglich sein? Niemals. So dürfen auch wir Ihm alle Probleme und Schwierigkeiten im Gebet hinlegen. Nur müssen wir uns davor hüten, Ihm vorschreiben zu wollen, wie und wo und wann Er sich verherrlicht.

Abrahams Fürbitte für Sodom

„Abraham sprach zum HERRN: Vielleicht gibt es 50 Gerechte in der Stadt (Sodom). Willst Du sie denn wegraffen und dem Ort nicht vergeben um der 50 Gerechten willen? ... Da sprach der HERR: Wenn ich in Sodom 50 Gerechte in der Stadt finde, so will ich um ihretwillen dem ganzen Ort vergeben.“ *1. Mose 18,24.26*

Dies ist eines der wunderbarsten Fürbitte-Gebete der ganzen Bibel. Es zeigt uns einerseits das mitfühlende Herz des Patriarchen Abraham, dann aber auch wunderbare Prinzipien des Handelns Gottes.

Abrahams Neffe Lot wohnte in Sodom (14,12). Er hatte sich aber den Ausschweifungen der Bewohner nicht angepasst, im Gegenteil, „der unter ihnen wohnende Gerechte quälte durch das, was er sah und hörte, Tag für Tag seine gerechte Seele mit ihren gesetzlosen Werken“ (2. Petr. 2,7.8). So mag es auch heute manchem Frommen gehen, der in einer Umgebung leben muss, wo Zügellosigkeit und Ausschweifung frech ihr Haupt erheben.

Abraham denkt an seinen Neffen Lot. Wenn der HERR, wie angekündigt, Sodom das Urteil sprechen und Gericht üben wird, soll dann Lot auch mit umkommen? Und sollte es in Sodom sogar (vielleicht weil Lot einen frommen Hauskreis gebildet hat) 50 oder 45, 40, 30, 20 oder 10 „Gerechte“ geben – Menschen, die die Sünde verneinen -, sollte Gott sich nicht auch ihrer erbarmen? – Aber Abraham wird noch kühner: Könnte Gott nicht um dieser Gerechten willen **dem ganzen Ort vergeben** (18,24)? – Hier leuchtet der Gedanke der **Stellvertretung** auf, der Bedeutung der Minderheit für die Mehrheit, eines Teiles für das Ganze. Könnte eine kleine Zahl von Schuldlosen das Gericht aufhalten?

In Röm. 11,5.16 sehen wir die Bedeutung des Restes für das Ganze in der Geschichte Israels bzw. der Erstlinge für das Ganze. Dieser Gedanke findet seine letzte Zuspitzung in Jesus Christus. Hier wird **Einer** zum Heilsträger für **alle.** Paulus folgert kühn in 2. Kor. 5,14: „Wir sind zu dem Urteil gekommen, dass **Einer für alle** gestorben ist.“ Wunderbare Stellvertretung: „Die Strafe liegt auf Ihm, auf dass wir Frieden hätten“ (Jes. 53,5). – Dass Gott durch Stellvertretung Vergebung schenkt, ahnt hier schon Abraham.

Der Untergang der Stadt Sodom

„Die Sonne ging über der Erde auf, als Lot nach Zoar kam. Da ließ der HERR auf Sodom und auf Gomorra Schwefel und Feuer regnen von dem HERRN aus dem Himmel und kehrte diese Städte um und die ganze Umgebung (des Jordan) und alle Bewohner der Städte und das Gewächs des Erdbodens." 1. Mose 19,23-25

Gottes Gerichte können sehr hart sein, ja, sie erscheinen uns grausam. Doch wir haben nicht über Ihn zu richten – Er richtet uns. Der besonderen Schwere der Sünde der Leute von Sodom und Gomorra entsprach die Schwere des göttlichen Strafgerichts. Man wird geradezu an die Terror-Bombenangriffe auf deutsche Städte in den letzten Jahren des Zweiten Weltkriegs erinnert, als ganze Innenstädte ein Flammenmeer bildeten und nur Ruinen übrig blieben. In Sodom aber gab es nicht einmal Ruinen, so gründlich war das Feuergericht. Gott ist dabei aber kein Terrorist, sondern der gerechte Richter.

Wieder fragen wir wie bei dem Gericht der Sintflut: Wie kann Gott, der doch Liebe ist, so etwas Grausames tun? Und wieder lautet die Antwort: Mit den damals Umgekommenen macht Gott auch nach ihrem Tod noch weiter. Es ist nie „alles aus". Jesus deutet an, dass es am zukünftigen „Tag des Gerichts" den Leuten von Sodom und Gomorra „erträglicher ergehen wird" als den Bewohnern von Kapernaum, die Jesu Machttaten erlebt hatten und doch nicht zu Ihm umgekehrt waren. Die Leute von Sodom aber hätten in einem solchen Fall Buße getan und die Stadt wäre erhalten geblieben (Matth. 11,23.24).

Noch deutlicher redet in diesem Fall das Alte Testament. In Hes. 16 erfahren wir, dass die Stadt Jerusalem – d.h. die Bewohner – in Gottes Augen eine größere Sünderin war als Sodom (V. 47-50). Doch der HERR will letztendlich den Bewohnern von Jerusalem alles vergeben, was sie getan haben (V. 63). Da ist es nur gerecht, wenn Gott auch den Leuten von Sodom eine zweite Chance zur Umkehr gibt, indem Er ihr Geschick wendet und sie „zurückkehren lässt zu ihrem früheren Stand".

Wenn Gott uns **heute** die Chance zur Umkehr gibt, wenn wir auf Sündenwege abgeirrt sind, so lasst uns sie ergreifen und Vergebung und neues Leben erlangen!

Abraham versündigt sich an Gott und an Sara

„Und Abraham brach von dort auf ins Land des Südens und wohnte zwischen Kadesch und Schur. Als er sich in Gerar als Fremder aufhielt, sagte Abraham von seiner Frau Sara: Sie ist meine Schwester."

1. Mose 20,1

Auch fromme Menschen können noch sündigen. Dies gilt im Alten wie im Neuen Testament. Darum brauchen wir die Ermahnungen (z.B. Eph. 4,20-32).

Gott verschweigt die Sünden der Frommen nicht. Er macht mit Sündern Geschichte, Heilsgeschichte. Der Glaubensvater Abraham und der Psalmsänger David waren Sünder. Trotz ihres Glaubens gab es in ihrem Leben großes Versagen. Aber umgekehrt gilt auch: Trotz ihres Versagens hielt Gott an ihnen fest. Das ist tröstlich für uns, die wir auch noch sündigen, uns aber beugen und Vergebung erlangen.

Das in 1. Mose 20 berichtete Fehlverhalten Abrahams hatte sich so ähnlich schon einmal zugetragen (1. Mose 12,10-20). Beide Male gibt Abraham an einem heidnischen Königshof seine Frau als seine Schwester aus. War das denn so schlimm? Es war ja auch nicht ganz gelogen. So versucht Abraham, als er vom König von Gerar zur Rede gestellt wird, sich mit den Worten herauszureden: „Sie ist auch wirklich meine Schwester, die Tochter meines Vaters, nur nicht die Tochter meiner Mutter" (20,12). – Haben wir auch schon einmal, etwa im Geschäftsleben, Worte gesagt, die „nicht ganz gelogen" waren, aber ein falsches Bild abgaben?

Abraham war kein Held – er war als Mensch eher ängstlich. So sagte er zu seiner Frau Sara, als sie einer Hungersnot wegen nach Ägypten zogen: Du bist eine sehr schöne Frau. Und du weißt, dass die Ägypter zügellos und gierig sind. Sie werden dich haben wollen! Darum erlaube mir zu sagen, du seiest meine Schwester, damit sie mich nicht etwa erschlagen (12,11-13). – Wie jämmerlich steht da Abraham vor uns! Er nimmt in Kauf, dass sich Heiden an seiner Frau vergehen. „Die Hauptsache ist, dass mir nichts passiert!" Später wird er von den heidnischen Fürsten zur Rede gestellt (12,18; 20,9).

Hier triumphiert Gottes Treue. Er hält an Abraham fest. Mit dieser Treue dürfen auch wir rechnen.

Isaak wird geboren

„Abraham war 100 Jahre alt, als ihm sein Sohn Isaak geboren wurde. Und Sara sagte: Gott hat mir ein Lachen bereitet; jeder, der es hört, wird mir zulachen." *1. Mose 21,5.6*

Endlich war es soweit. Nach allerlei Zweifeln und Umwegen kam es doch noch dazu, dass die Verheißungslinie fortgeführt wurde – die Geschlechterfolge, die nach Gottes Willen über Isaak zu Jesus Christus hinführen sollte (vgl. Matth. 1,2-16).

Isaak heißt Lachen (oder: Er wird lachen). Es gibt auch die Deutung: Er (Gott) möge mir zulächeln. Eduard König übersetzte Isaak mit „Fröhlich". Wollte Gott mit diesem von Ihm festgesetzten Namen (17,19) an das zweifelnde oder auch hoffnungsfrohe Lachen beider Eltern erinnern (17,17 und 18,12)? Wollte Er ihnen sagen: „Das, worüber ihr gelacht habt, ist nun doch eingetreten"? Ernst F. Ströter bezog die Bedeutung dieses Namens auf Gott selbst: „In Isaak **lacht Gott** aller vermeintlichen Unmöglichkeiten und aller Todesmächte, die je und je in die Welt hineingedrungen sind. Er wird mit ihnen fertig."

Gott machte, wie wir schon sahen, erstorbene Leiber lebendig. Er kann auf allen Ebenen – leiblich oder geistlich – Erstorbenes zum Leben erwecken. An die Christen in Ephesus schreibt Paulus: „Auch uns, die wir tot waren in den Sünden, hat Gott mit Christus lebendig gemacht" (Eph. 2,5). – Auch wir waren einmal erstorben für Gott; es bestand kein Kontakt zu Ihm, dem Urquell allen Lebens und Lichtes. Das hat die Gnade Gottes verändert. Die Bekehrung eines Menschen gleicht der Auferstehung eines Toten (Luk. 15,32). Statt erstorben, stumm und kalt dazuliegen, können nun Menschen fröhlich lachen in ihrem Gott. Denn sie haben nun göttliches Leben und Wesen in sich.

Wir finden Isaak als Brunnengräber, der verschüttete Brunnen wieder aufgräbt (26,18). Den mit Abraham geschlossenen Bund führt Gott mit Isaak fort, nicht mit Ismael (17,21). Er ist der Träger der Verheißung. Allerdings wiederholt er die Sünde seines Vaters, am Hof des Königs Abimelech seine Frau als seine Schwester auszugeben. Trotzdem hält Gott an ihm fest und gibt ihm die Verheißung: „Fürchte dich nicht! Denn ich bin mit dir!" (26,24). – Dessen dürfen auch wir uns getrösten, die wir in Jesus Christus Leben haben.

Isaak soll geopfert werden

„Und es geschah nach diesen Dingen, da prüfte Gott den Abraham. Und Er sprach zu ihm: Abraham! Und er sagte: Hier bin ich! Und Er sprach: Nimm deinen Sohn, deinen einzigen, den du lieb hast, und ziehe hin in das Land Morija und opfere ihn dort als Brandopfer auf einem der Berge, den ich dir nennen werde!" 1. Mose 22,1.2

Gott geht oft eigenartige, uns unverständliche Wege. Sein Tun erscheint uns dann rätselhaft oder sogar grausam.

Ausgerechnet Isaak, den aus erstorbenen Leibern wunderbar hervorgebrachten „einzigen" Sohn (denn in Gottes Rechnung zählt nur er als Träger der Verheißung), soll Abraham opfern. Ist denn Gott den Göttern der Heiden gleich, die Kindesopfer forderten? – Abraham gehorcht. Er geht seinen Weg im Glaubensgehorsam und wandert zusammen mit Isaak Richtung Morija, wo sie am dritten Tag ankommen. Dort nimmt er das Messer in die Hand, um seinen Sohn zu schlachten! Er stellt keine Fragen an Gott: Warum, Herr? Muss das sein? Er gehorcht einfach.

Abraham befand sich in einer doppelten Bedrängnis: als Mensch und als Glaubender. Menschlicherseits, weil es doch der Sohn war, den er besonders liebte. Und „theologisch", weil doch Isaak der Träger der Verheißung und des Bundes war, der zum Vater von Nationen werden sollte (17,16.19). Kann denn Gott lügen?

In dieser Situation erreicht Abrahams Glaube seinen Höhepunkt. „Wenn ich den Isaak nun wirklich opfere, dann bleibt Gott gar nichts anderes übrig", so folgert er im Glauben, „als ihn aus den Toten wieder aufzuwecken und ihn mir zurückzugeben." Das geht aus Hebr. 11,17-19 hervor.

Das Opfer musste nicht gebracht werden. Im letzten Moment gebot Gott ein „Halt!" durch Seinen Engel. Abraham hatte die schwerste Prüfung seines Lebens bestanden.

Ernst F. Ströter nannte 1. Mose 22 „den Schlüssel zu Golgatha". Hier wurde im Voraus dargestellt, was es den himmlischen Vater kostete, Seinen Sohn in den Tod dahinzugeben. Auf Golgatha aber gab es kein „Halt!" in letzter Minute. Das Opfer musste vollzogen werden – für dich und für mich und für alle.

Eheanbahnung unter Gottes Führung

„Möge es nun geschehen: Das Mädchen, zu dem ich sagen werde: ‚Neige doch deinen Krug, dass ich trinke' und das dann sagt: ‚Trinke! Und auch deine Kamele will ich tränken', das soll es sein, das Du für Deinen Knecht Isaak bestimmt hast!" *1. Mose 24,14*

Der in 1. Mose 24 nicht mit Namen genannte Knecht Abrahams ist wohl **Elieser**, von dem in 1. Mose 15,2 die Rede war. Er war der Verwalter alles dessen, was Abraham besaß. Abraham ist alt geworden und will seinen Sohn Isaak verheiraten. Er soll keinesfalls eine Kanaaniterin zur Frau nehmen, sondern ein Mädchen aus der Verwandtschaft Abrahams.

So macht sich denn Elieser mit zehn Kamelen und allerlei Gütern auf den Weg zur Stadt Nahors, des Bruders Abrahams (11,26). Wie aber soll er die Richtige finden? Er will nicht nur auf Jugend und Schönheit achten, er will auch die Wesensart der zukünftigen Braut studieren. Wie wird sie auf eine Bitte um Wasser reagieren? Mürrisch, abweisend oder freundlich und hilfsbereit? Wird sie von sich aus auch an die durstigen Tiere denken? Elieser will sicher sein, dass seine Brautwerbung für Isaak dem Willen Gottes entspricht. So bittet er Gott um ein Zeichen. Er wird dabei sehr konkret.

Sollen wir auch heute – im Zeitalter der Bildung des Leibes Christi – Gottes Willen auf solche Art erkunden? Im Alten Testament finden wir eine solche Zeichenvereinbarung auch bei Gideon in Richter 6,36-40, auch da sehr konkret. Und Gott geht darauf ein. Im Neuen Testament ist das nicht üblich. Warum wohl nicht? Wir haben als Kinder Gottes Sein Wort und Seinen Geist. Dadurch sind wir viel besser über Gottes Willen informiert als Elieser oder Gideon. – Was nun die Brautwerbung Eliesers betrifft, so können wir gleichwohl daraus lernen. Man sollte keinen bewusst ungläubigen Partner (Partnerin) erwählen (2. Kor. 6,14-16). Wie viel Segen kann da erlebt werden, wo Eheleute auch in Glaubensfragen nahe beieinander sind, und wie viele unschöne Auseinandersetzungen hat es schon gegeben, wenn sie in solchen Fragen immer nur streiten! Auch ist es wichtig, sich vom Charakter des Partners (der Partnerin) ein Bild zu machen, wie Elieser es tut. Vor allem aber: Man achte auf den Willen Gottes!

Jakob belügt seinen Vater

„Isaak sagte: Wer bist du, mein Sohn? Da sagte Jakob zu seinem Vater: Ich bin Esau, dein Erstgeborener; ich habe getan, wie du zu mir geredet hast. Richte dich doch auf, setze dich und iss von meinem Wildbret, damit deine Seele mich segne!" 1. Mose 27,18.19

Die Geschichten, die die Genesis (1. Buch Mose) von den Vätern Israels überliefert, sind kein Ruhmesblatt. Wohl gibt es Höhepunkte und Siege des Glaubens. Aber wir sehen auch viel Versagen und Sünde.

Dem Isaak wurden Zwillinge geboren: Esau und Jakob. Esau war der Erstgeborene. Den Namen Jakob deutet man als „Fersenhalter, Betrüger". Und so verhielt er sich auch. Trotzdem bevorzugt Gott den Jakob und macht ihn zum Träger der Verheißung; über ihn, der später Israel heißen wird, nicht über Esau, läuft die Geschlechterfolge weiter, die zu Jesus Christus hinführt (Matth. 1). In Röm. 9,13 zitiert Paulus das Wort Gottes aus Maleachi: „Jakob habe ich geliebt, aber Esau habe ich gehasst." Hier bedeutet „lieben" und „hassen" aber nur: bevorzugen und zurücksetzen. Nach Gottes Plan waren sowohl Ismael als auch Esau solche „Zurückgesetzte", auf den zweiten Platz Verwiesene.

Als Isaak alt geworden war, konnte er fast nichts mehr sehen. Das nutzten Rebekka und Jakob aus, um einen Betrug zu inszenieren. Esau sollte seinem Vater ein Wildbret, seine Lieblingsspeise, erjagen; die wollte Isaak essen und ihn sodann als den Erstgeborenen segnen. Während Esau draußen auf die Jagd ging, bereitete Rebekka von der heimischen Herde dem Isaak ein Wildbret zu und zog ein Fell über Jakobs Hände, damit Isaak ihn für den behaarten Esau halten solle. Dann kam es zu der Lüge, die das vorangestellte Wort schildert. Der Betrug gelang und Isaak segnete Jakob (27,28.29).

Wie kann Gott einen solchen zu Seinem Auserwählten machen? – Wie kann Er **uns** zu Segensträgern auserwählen? Paulus antwortet in 1. Kor. 1,27.28: „Das Törichte der Welt hat Gott auserwählt... und das Unedle und das Verachtete und das, was nichts ist, damit Er zunichte mache, was etwas ist, **damit sich kein Mensch vor Gott rühme!"**

Ihm, dem Souveränen, Mächtigen, Gnädigen, allein Weisen gebührt alle Ehre!

Jakob stellt Gott Bedingungen

„Jakob legte ein Gelübde ab und sagte: Wenn Gott mit mir ist und mich behütet auf diesem Weg, den ich gehe, und mir Brot zu essen und Kleidung anzuziehen gibt und ich in Frieden zurückkehre zum Haus meines Vaters, dann soll der HERR mein Gott sein." *1. Mose 28,20.21*

Es ist ein eigenartiges „Gelübde", das wir hier aus dem Munde Jakobs vernehmen. Darf man Gott in solcher Weise Bedingungen stellen? Sollten wir Gott nicht „unbedingt" vertrauen und gehorchen? Ist Jakob durch und durch ein Händler, der sogar mit Gott sozusagen ein Geschäft machen will?

Ausleger warnen davor, dieses „Gelübde als ein primitives Tauschgeschäft religiös zu verdächtigen" (G. von Rad). Es sei wohl eher ein Echo auf Gottes Verheißung. Tatsächlich hatte ja Gott Jakob in einem Traumgesicht zugesichert: „Ich bin der HERR, der Gott deines Vaters Abraham und der Gott Isaaks; das Land, auf dem du liegst, dir will ich es geben und deiner Nachkommenschaft... und in dir und deiner Nachkommenschaft sollen gesegnet werden alle Geschlechter der Erde. Und siehe, ich bin mit dir und will dich behüten überall, wohin du gehst..." (28,13-15). – Hier wird der Abrahamssegen von 1. Mose 12,1-3 auf Jakob übertragen (und damit auf Israel). So könnte das eigenartige „Gelübde" Jakobs auch den Sinn staunender Dankbarkeit haben: Wenn Du, o Gott, das wirklich tust und mich rundherum behütest und segnest, dann sollst Du wirklich mein Gott sein!

So haben ja auch manche Menschen – Christen und sogar Nichtchristen – in ausweglos erscheinender Lage, etwa im Kessel von Stalingrad, zu Gott geschrieen und gesagt: Wenn Du mich hier noch einmal herausbringst, dann sollst Du mein Gott sein! Und Gott ist so groß, dass Er, wie so manche berichtet haben, sich auf einen solchen Ruf mit Bedingung eingelassen hat.

Normalerweise sollten aber unsere Gebete der Weihe und Hingabe keine solche Bedingungen enthalten. Lasst uns mit Dora Rappard sprechen: „Nimm mein Leben! Jesu, Dir übergeb ich's für und für. Nimm Besitz von meiner Zeit; jede Stund sei dir geweiht! – Nimm Du meiner Liebe Füll; Jesu, all mein Sehnen still! Nimm mich selbst und lass mich sein ewig, einzig, völlig Dein!"

Jakobs neuer Name

„Nicht mehr ***Jakob*** *soll dein Name sein, sondern* ***Israel****; denn du hast mit Gott und mit Menschen gekämpft und bist Sieger geblieben."*

1. Mose 32,29

Diesem Satz geht eine geheimnisvolle Geschichte voraus. Nachdem seine Familie den Fluss Jabbok überquert hatte, blieb Jakob allein zurück. „Da rang ein Mann mit ihm, bis die Morgenröte heraufzog" (32,25). Es wird nicht gesagt, wer dieser „Mann" war, er stellt sich nicht vor. Nach unserem vorangestellten Wort war es **Gott**, der auch als „Mann" erscheinen kann (1. Mose 18,2). Wenn Jakob später sagt: „Ich habe Gott von Angesicht zu Angesicht gesehen" (V. 31), dann ist das nicht so zu verstehen, als habe er Gott den Vater gesehen; denn kein Mensch hat bis heute den Vater gesehen (Joh. 1,18; 1. Tim. 6,16). Es könnte JAHWEH = JESUS gewesen sein; doch wir könnten auch mit Hosea 12,4.5 an einen Engel Gottes denken.

Was ist der Sinn dieser Begebenheit, bei der „das Hüftgelenk Jakobs verrenkt wurde"? Jakob soll in seiner **eigenen Kraft geschwächt** werden. Nur als ein vor Gott Zerbrochener kann er zum **„Israel"** werden. Man deutet „Jakob" als „Fersenhalter, Überlister, Betrüger" und „Israel" als „Kämpfer Gottes" (oder auch: der mit Gott kämpft – der, für den Gott streitet). „Jakob" steht für das alte, „Israel" für das neue Wesen. Beide Namen finden sich bei Jesaja des Öfteren nebeneinander (z.B. in Jes. 40,27 und 41,8.14). Gott durchschaut unser altes Wesen und will uns ein neues Wesen, einen „neuen Menschen", schenken (Eph. 4,20-24). Denn ein „Kämpfer Gottes" kann nur werden, wer zuerst in seinem Eigenwesen zerbrochen ist. Das gilt für das Volk Israel wie auch für uns als Glieder der Gemeinde Jesu.

Wieso kann aber von Jakob gesagt werden, er sei im Ringen jener Nacht Sieger geblieben? Hansjörg Bräumer antwortet: „Der Sieg Jakobs besteht im Standhalten, im Bleiben in Gottes Nähe, im Durchhalten der Nacht und im Anerkanntwerden durch Gott."

Jakob schickt Josef zu seinen Brüdern

„Da sagte Israel zu Josef: Weiden nicht deine Brüder bei Sichem? Komm, ich will dich zu ihnen senden! Er aber sagte zu ihm: Hier bin ich. Da sagte er zu ihm: Geh doch hin, sieh nach dem Wohlergehen deiner Brüder und nach dem Wohlergehen der Schafe und bringe mir Antwort!"

1. Mose 37,13.14

In den letzten Kapiteln der Genesis tritt die Gestalt **Josefs** mehr und mehr hervor. „Josef und seine Brüder" wird geradezu das Hauptthema; dabei steht die Gestalt des Jakob im Hintergrund.

Es ist unbestritten, dass Josef in ganz herausragender, einzigartiger Weise ein Darsteller des Weges Jesu Christi ist. Auch Jesus wurde vom Vater auf die Erde gesandt, um nach dem „Wohlergehen" Seiner Brüder zu sehen. (Das hier gebrauchte hebräische Wort *Schalom* bedeutet Wohlergehen, Wohlbefinden, Heilsein, Friede.) Jesus „schämt sich nicht", die an Ihn Glaubenden „Seine Brüder zu nennen", weil ja auch sie aus Gott gezeugt und geboren sind, also den gleichen Vater haben (Hebr. 2,11.12). Josefs Brüder aber hassten ihn; dasselbe erfuhr Jesus von Seinen „Brüdern" nach dem Fleisch, den Israeliten. Josef ist ein Darsteller der Erniedrigung und Erhöhung des Sohnes Gottes, während Jakob in diesem Zusammenhang auf Gott den Vater hinweist.

Josef fand seine Brüder nicht sofort, er irrte auf einem Felde bei Sichem umher, und als ihn ein Mann fragte: „Was suchst du?", gab er zur Antwort: **„Ich suche meine Brüder."** – Dies war auch die Haltung und Gesinnung Jesu Christi. Er sagt von sich: „Der Sohn des Menschen ist gekommen, zu suchen und zu erretten, was verloren ist."

Jesus wurde von Seinem Vater ausgesandt und kehrte später zu Seinem Vater zurück. Der Vater und der Sohn sind um unser Wohlergehen, unser Heilsein, unseren Frieden besorgt. Jesus schenkt den Seinen Frieden, ja Er **ist** unser Friede (Joh. 14,27; Eph. 2,14). Dankbar bekennt Paulus in Röm. 5,1: „Sind wir nun gerecht gesprochen aus Glauben, so haben wir Frieden mit Gott." Dazu gehört dann auch der Friede mit sich selbst und seinen Brüdern (im engeren und weiteren Sinn). Ohne Gottes Frieden gibt es letzten Endes kein Heilsein und kein inneres Wohlbefinden.

Josefs Erniedrigungen

„Sie nahmen Josef und warfen ihn in die Zisterne; die Zisterne aber war leer, es war kein Wasser darin... Da kamen midianitische Männer vorüber, Händler, und sie... holten Josef aus der Zisterne herauf und verkauften ihn um 20 Silberstücke an die Ismaeliter; die brachten ihn nach Ägypten."

1. Mose 37,24.28

Wie wir schon sahen, ist Josefs Lebensweg ein Abbild (oder eine Vorausdarstellung) des Weges Jesu Christi, Seiner Erniedrigung und Seiner Erhöhung.

Immer mehr wird Josef erniedrigt; ein Wunder, dass er alles lebend übersteht, denn seine Brüder hätten ihn wohl getötet (37,18), wäre nicht Ruben, der Erstgeborene, dagegen eingeschritten. Dem Aufenthalt im leeren Brunnenschacht folgt der Verkauf nach Ägypten. Dort gehen die Erniedrigungen noch weiter: Josef wird ins Gefängnis geworfen (39,20); nun ist er am Tiefpunkt seines Lebens angekommen.

Im Neuen Testament ist es vor allem der Text in Phil. 2,5-11, der uns Jesu Erniedrigung und anschließende Erhöhung zeigt. Auch Jesu Erniedrigung geschah in verschiedenen Stufen. Er war ursprünglich bei Gott, Seinem Vater, und war Gott (wesensmäßig) gleich. Dann nahm Er die Gestalt eines Knechtes an. Der Gottessohn wird zum Gottesknecht. So zeigt Ihn Jesaja als den Gottesknecht (42,1; 52,13). Er erniedrigte sich selbst: zum Begleiter Israels im Alten Testament (1. Kor. 10,4.5) und dann zum Menschen, zum Kind in der Krippe, zum Handwerker und Wanderprediger. Er erniedrigte sich bis zum Tod am Kreuz; dann war Er bis zum dritten Tag im Totenreich (Apg. 2,31), sozusagen im „Gefängnis" wie Josef. Das war der Tiefpunkt, dem die große Wende folgte.

Die Gesinnung Jesu soll auch in uns sein, mahnt Paulus. Von Natur aus fallen uns Erniedrigungen schwer, wir sträuben uns mit aller Macht dagegen, wir wollen lieber „hoch hinaus". Doch wo sie Gott in unser Leben hinein verordnet, sollten wir sie annehmen. Das Entscheidende aber ist die Gesinnung – auch wenn wir äußerlich nicht erniedrigt werden. Jesus erniedrigte sich freiwillig. Wenn auch unser Leben nicht vom Hochmut, sondern von der Demut bestimmt ist, werden wir gesegnet sein.

Sieg über die Sünde durch Flucht

„Und es begab sich danach, dass die Frau seines Herrn ihre Augen auf Josef warf und sprach: Lege dich zu mir! Er weigerte sich aber und sprach zu ihr: ... Wie sollte ich dieses große Unrecht tun und gegen Gott sündigen? ... Da geschah es eines Tages, als gerade kein Mensch im Haus war, dass sie ihn bei seinem Kleid ergriff und sagte: Lege dich zu mir! Er aber ließ sein Kleid in ihrer Hand und floh und lief hinaus."

1. Mose 39,7-12

Man spricht zuweilen spöttisch vom „keuschen Josef". Oder man verachtet ihn als mutlos und feige; denn hier heißt es: Josef floh. Doch in Wahrheit steht er als Sieger vor uns, als Sieger über die Sünde. Er weist die wiederholten Versuche der Frau seines Herrn, ihn zu verführen, entschieden zurück. Da geht die Bosheit dieses Weibes sogar so weit, dass sie lügnerisch den Spieß herumdreht und behauptet: Dieser Mann wollte mich verführen! Als „Beweisstück" zeigt sie den Leuten Josefs Kleid. Ihr Mann legt Josef daraufhin ins Gefängnis.

Hätte Josef sich verführen lassen, so hätte er nicht nur gegen seinen irdischen Herrn, der ihm viel Vertrauen entgegenbrachte, gesündigt, sondern vor allem gegen Gott, der Unzucht und Ehebruch hasst. Das aber wollte Josef auf keinen Fall tun.

Im Neuen Testament mahnt Paulus: „Flieht die Unzucht!" (1. Kor. 6,18). Dazu schreibt Heiko Krimmer im Edition C – Bibelkommentar: „Hier gilt nicht zuerst der Ruf: ‚Kämpft!' oder ‚Widersteht!', sondern kompromisslose Flucht. Das ist doch das Wesen geschlechtlicher Verführung, dass sie mit dem lockenden Reizen beginnt und fortfährt, den Verführten Schritt um Schritt über die Linie zu ziehen, die klare Überlegung auszuschalten, die Begierde anzustacheln. Wer sich hier auch nur auf teilweises Mitgehen einlässt, hat bereits verloren (Jak. 1,14.15). Flucht ist hier nicht Feigheit, sondern höchster Mut. Flucht heißt, die Gedanken wegzulenken, die Blicke abzuwenden, Orte zu meiden... Diese Flucht vor der Unzucht hat ein Ziel: Sie ist ein Hinfliehen zum Herrn."

Heute, in einer Zeit unzähliger verführerischer Bilder – vor allem im Film – ist die Beachtung dieser Mahnungen besonders wichtig. Hier gilt tatsächlich: Flucht ist Sieg!

Josefs Erhöhung

„Der Pharao (der ägyptische König) sprach zu Josef: Weil dir Gott dies alles kundgetan hat, ist keiner so verständig und weise wie du. Du sollst über mein Haus sein und deinem Mund soll mein ganzes Volk sich fügen; nur um den Thron will ich größer sein als du." 1. Mose 41,39.40

Josef war im Gefängnis am Tiefpunkt seines Lebens angelangt. Doch Gott ließ ihn nicht im Stich. Dem Tiefpunkt folgte ein erstaunlicher Höhepunkt. Wie kam es dazu?

Zunächst wurde Josef vom Gefangenen zum Gefangenen-Aufseher gemacht (39,21-23). Dann fiel er durch seine Traumdeutungen auf, die sich als wahr und echt erwiesen. Zunächst deutete er die Träume zweier Mitgefangener. Als dies dem Pharao bekannt wurde, ließ er Josef holen. Denn auch er war von Träumen beunruhigt, die ihm niemand zu deuten wusste. Er sah sieben schöne, fette Kühe und danach sieben magere Kühe, die die fetten auffraßen. Dann sah er in einem zweiten Traum sieben volle Ähren und danach sieben magere Ähren, die die vollen Ähren verschlangen. Josef konnte aufgrund göttlicher Offenbarung dem Pharao die Träume deuten: „Beide Träume bedeuten das Gleiche. Sieben reiche Jahre mit guten Ernten werden über Ägypten kommen und danach sieben Hungerjahre. Darum sorge dafür, dass der Ertrag der guten Jahre in Kornhäusern gespeichert wird für die sieben Jahre der Hungersnot!" (1. Mose 41). Das alles ging dem oben zitierten Wort voraus. So fügte es Gott, dass den Erniedrigungen im Leben Josefs eine wunderbare Erhöhung folgte.

Dasselbe schenkte Gott Seinem Sohn Jesus Christus, wie es aus Phil. 2,9-11 hervorgeht. Auf Seinen Kreuzestod folgte die Auferweckung und nach 40 Tagen die Erhöhung Jesu über alles. Letztendlich wird sich alles vor Ihm beugen. Nur der Vater ist größer als Jesus (Joh. 14,28).

Gottes Wege führen – nicht nur bei Josef und Jesus – durch Erniedrigungen zur Erhöhung, durch Kreuz zur Krone, durch mancherlei Leiden zur Herrlichkeit. Wenn wir jetzt in den Bedrängnissen ausharren, dürfen wir danach an Seiner Königsherrschaft teilnehmen (2. Tim. 2,12; Offb. 3,21).

Josef gibt sich seinen Brüdern zu erkennen

„Da konnte Josef sich nicht mehr bezwingen... und er rief: Lasst jedermann von mir hinausgehen! So stand niemand bei ihm, als Josef sich seinen Brüdern zu erkennen gab. Und er erhob seine Stimme mit Weinen, dass die Ägypter es hörten, und auch das Haus des Pharao hörte es. Und Josef sprach zu seinen Brüdern: ***Ich bin Josef.*** *Lebt mein Vater noch? Seine Brüder aber konnten ihm nicht antworten, so erschrocken waren sie vor ihm.“* *1. Mose 45,1-3*

Nach seiner Erhöhung zum zweiten Mann nach dem Pharao ging nun Josef daran, die Vorratswirtschaft, die er dem König angeraten hatte, in die Tat umzusetzen. Der König ließ ihm freie Hand. Als dann die Jahre der Hungersnot kamen, wurden die Getreidespeicher geöffnet und die Ägypter konnten so die Jahre der Not durchstehen. Das sprach sich auch in den Nachbarländern herum und „alle Welt kam nach Ägypten zu Josef, um Getreide zu kaufen“ (41,57).

Da kamen auch Josefs Brüder nach Ägypten, um Getreide zu kaufen. Dies geschah mehrmals. Josef erkannte seine Brüder, sie aber merkten nicht, dass der prächtig gekleidete vornehme Mann ihr Bruder war. Er stellte sich fremd gegen sie und redete hart mit ihnen (42,7.30). Wollte er Rache nehmen? Nein, aber er wollte sie dazu erziehen, über ihr früheres Handeln einmal nachzudenken.

Dann kam der Augenblick, wo er die Wahrheit nicht länger zurückhalten konnte und offen aussprach: **„Ich bin Josef, euer Bruder“** (45,4). Da erschraken sie zutiefst, er aber tröstete sie, küsste sie herzlich und weinte.

Ist Josef auch hier ein Vorausdarsteller Jesu Christi? – Da dürfen wir an die **Beziehung Jesu zu Israel** denken. Er wurde von Seinen Brüdern nach dem Fleisch zum Tode verurteilt und auf Beschluss des Pilatus gekreuzigt. Und wie „hart und fremd“ verhielt Er sich als erhöhter Christus im Verlauf der Jahrhunderte gegenüber Seinem Volk! Doch Er hat es niemals gehasst, Er liebt es nach wie vor. Und so wird auf alles Harte und Schwere, das Israel erlebte und erlebt, eine wunderbare Wiederbegegnung folgen. Matthäus beschreibt in Kapitel 24,29-31 die Wiederkunft Jesu zu Israel. Dann wird Gottes Bund mit Israel erneuert werden (Hosea 2,16-22; Röm. 11,25-27).

„Gott hat mich vor euch hergesandt“

„Zur Erhaltung des Lebens hat Gott mich vor euch hergesandt. Denn schon zwei Jahre ist die Hungersnot im Land und es dauert noch fünf Jahre, dass es kein Pflügen und Ernten gibt. Doch Gott hat mich vor euch hergesandt, um euch einen Überrest zu setzen auf Erden und euch am Leben zu erhalten für eine große Errettung.“ 1. Mose 45,5-7

Josef stellt nun die ganze Geschichte – das Unrecht, das ihm die Brüder durch den Verkauf nach Ägypten angetan hatten, seinen Aufstieg zum zweiten Mann nach dem Pharao, die fetten Jahre und die Hungersnot und die Reisen der Brüder, um Getreide zu kaufen – ins Licht vor Gott. Hier hat **Gott** gehandelt. Die verworren erscheinenden Wege hat Er insgeheim überwacht und gelenkt. Es sollte und musste so kommen. Und Gottes Endzweck bei alledem ist nicht Vernichtung, sondern Errettung.

So nahm auch Jesus alles, was Ihm widerfuhr, aus Seines Vaters Hand. Seine Erniedrigung und Seine Erhöhung geschahen nach Gottes Plan. Darum konnte Er bei Seiner Gefangennahme sagen: „Wie sollten (sonst) die Schriften erfüllt werden, dass es so geschehen **muss**?“ (Matth. 26,54).

Wohl uns, wenn auch wir im Auf und Ab unseres Lebens Gottes Hand erkennen können. Auch harte und schwere Zeiten sind Erziehungswege zum Heil. Wir dürfen alles Geschehen eingebettet sehen in einen weisen Plan, den Gott schon vor Grundlegung der Welt zusammen mit Seinem Sohn gefasst hat. Eph. 3,11 spricht vom „Vorsatz der Zeitalter“, und auch Jesu Leiden als „Lamm Gottes“ waren schon vor Erschaffung der Welt eingeplant (1. Petr. 1,19.20). Der Unglaube sieht überall nur Menschen und den Zufall am Werk; der Glaube aber rechnet stets mit Gottes Senden, Fügen, Schicken. Das ist oft schwer zu begreifen und viele zweifeln an Gottes Liebe. So fragten sich auch die Brüder Josefs, als der vornehme Getreideverkäufer sie so hart – und wie es schien, auch ungerecht – behandelte: Warum tut er das? Und sie erkannten nicht, dass dieser Josef innerlich weinte (43,30), während er äußerlich keine Anteilnahme zeigte.

Gott lenkt alles nach Seinem Liebesplan, den Er von Anbeginn im Herzen hatte und durch Sein Wort uns kundtut.

Gott wendet Böses zum Guten

„Ihr gedachtet es böse mit mir zu machen, Gott aber gedachte es gut zu machen.“ *1. Mose 50,20*

In diesen Worten Josefs am Schluss der Genesis wird noch einmal Gottes wunderbares Walten über allem menschlichen Geschehen gerühmt. Was er hier sagt, betrifft nicht nur die Familie Josefs, sondern auch die Geschichte Israels und das Weltgeschehen überhaupt.

Der Vater Jakob war gestorben. Da kam noch einmal Angst im Herzen der Brüder Josefs auf: Vielleicht hat er uns nur schonend behandelt, solange der Vater lebte; vielleicht wird er uns nun all das Böse vergelten, das wir ihm angetan haben. Darum treten sie mit einer klaren **Bitte um Vergebung** vor ihren Bruder: „Vergib doch das Verbrechen der Knechte des Gottes deines Vaters!“ Josef weint, als er sie so reden hört. Auch fallen sie vor ihm nieder und unterwerfen sich ihm als seine Knechte. Josef weist das aber zurück und sagt: „Bin ich etwa an Gottes Stelle?“

Wir erinnern uns daran, dass Josef ein Vorausdarsteller Christi ist. Auch wenn wir zu unserem Retter kommen, ist beides nötig: die **Bitte um Vergebung** und die **Unterwerfung** (besser gesagt: Hingabe). Wie reagiert Jesus darauf? In Liebe erlöst Er uns und spricht uns gerecht. Er nimmt uns die Furcht weg, wie Josef es hier tut (50,19).

Viel Böses geschieht in unserer Welt. Doch wir haben einen Gott, der Fluch in Segen und Böses in Gutes umzuwandeln vermag. So haben schon viele Menschen rückblickend für schwere Führungen gedankt.

Letzen Endes kommt es nicht auf die Gedanken der Menschen an, sondern auf die Gedanken und Absichten Gottes; die aber wollen das „Gute“. Auch Paulus lehrt: „Denen, die Gott lieben, lässt Gott alles zum Guten zusammenwirken“ (Röm. 8,28). Das sollten wir nicht vordergründig und oberflächlich verstehen. Gemeint ist nicht: dass es uns immer gut geht, dass wir es schön haben. Es gibt höherwertige Güter bei Gott: Errettung und Glaubenswachstum, die Umgestaltung in Sein Bild und Wesen, das Hoffnungsgut der Gemeinde. Trotz Seiner Gerichte, in denen Er den Menschen „hart und fremd“ erscheint, hat Er immer das Gute im Auge. Dies lehrt uns die Genesis am Schluss.

Ein ausgesetztes Kind wird gefunden

„Die Tochter des Pharao ging hinab, um am Nil zu baden... Und sie sah ein Kästchen mitten im Schilf und sandte ihre Magd hin und ließ es holen. Und als sie es geöffnet hatte, sah sie das Kind, und siehe, ein weinender Junge (lag darin). Da hatte sie Mitleid mit ihm und sagte: Das ist eins von den Kindern der Hebräer... (Man) rief die Mutter des Kindes herbei... Die Frau nahm das Kind und stillte es. Als es aber größer geworden war, brachte sie es der Tochter des Pharao und es wurde ihr zum Sohn."

2. Mose 2,5.6.8.9.10

Es gibt in mehreren deutschen Städten sogenannte „Babyklappen". Dort können junge Mütter, die ihr Kind nicht wollen, es anonym abgeben, hineinlegen, loswerden. Das Kind wird gut versorgt und, wenn sich die Mutter nicht doch noch meldet, zur Adoption freigegeben. – Auch unser Text spricht von einem ausgesetzten kleinen Kind. Es war aber nicht ausgesetzt, weil man es nicht haben wollte, sondern im Gegenteil, damit es am Leben bliebe. Denn der Ägypterkönig hatte verfügt (weil die Hebräer sich seiner Meinung nach zu stark vermehrten), alle neugeborenen hebräischen Knaben sofort zu töten und nur die Mädchen leben zu lassen.

Gott fügte es so, dass ausgerechnet die Tochter des Pharao das Kästchen mit dem Kindlein fand, es aus dem Schilf des Nil holen ließ, von seiner Mutter stillen ließ und den Knaben später als ihren Sohn zu sich nahm. Sie nannte ihn **Mose** („der aus dem Wasser Gezogene"). – Luther bemerkte dazu: „Der König Pharao muss Mose in seiner Tochter Schoß auferziehen. Das heißt dem Pharao in Maul und Nasen gegriffen! Dieses großen Königs Tochter muss noch des Herrgotts Kindsmagd machen."

So versteht es Gott, die Pläne Seiner Feinde zu durchkreuzen, um **Seine Pläne** hinauszuführen. Mit diesem Kindlein hatte Er etwas Besonderes vor.

Er hat auch mit dir und mir etwas vor. Gut, wenn wir Seine Lebensplanung für uns erkennen und ihr folgen.

Mose stellt sich auf die Seite der Hebräer

„Und es geschah in jenen Tagen, als Mose groß geworden war, da ging er zu seinen Brüdern (den hebräischen Sklaven) hinaus und sah bei ihren Lastarbeiten zu. Da sah er, wie ein ägyptischer Mann einen hebräischen Mann, einen von seinen Brüdern, schlug. Und er wandte sich hierhin und dorthin und als er sah, dass niemand in der Nähe war, erschlug er den Ägypter." *2. Mose 2,11.12*

So reagiert der „natürliche Mensch" in seinem Zorn. Ironisch bemerkt ein Autor in einem Buch über Mose (Albert Ohlmeyer), „dass gleich seine erste Seelsorgetat ein Totschlag war". In Gottes Schule aber lernte er Demut und Sanftmut (4. Mose 12,3).

Wir wollen aber die positive Seite nicht übersehen: Mose hätte in Ägypten reich und mächtig werden können. Doch er fasste als Herangewachsener irgendwann den Entschluss, sich auf die Seite seines unterdrückten und gequälten Volkes zu stellen. Der Hebräerbrief bezeichnet dies als einen Akt des Glaubens. „Durch Glauben weigerte sich Mose, als er groß geworden war, ein Sohn der Tochter Pharaos zu heißen, und zog es vor, lieber mit dem Volk Gottes Schlimmes zu erdulden, als den zeitlichen Genuss der Sünde zu haben" (Hebr. 11,24.25). Glauben heißt mit Gott rechnen. Mose dachte: Gott wird es mir nicht unbelohnt lassen, wenn ich auf Macht und Größe und Sünde verzichte, meine Adoptivmutter schwer enttäusche und mich zu einem der hebräischen Lastarbeiter erniedrige und vielleicht sogar verfolgt werde.

Bei der Gestalt des Mose gilt es seine heilsgeschichtliche Bedeutung und seine persönliche Frömmigkeit zu unterscheiden. **Heilsgeschichtlich** ist Mose der Mann des Gesetzes und nicht der Gnade (Joh. 1,17); man spricht vom mosaischen Gesetz. **Persönlich** war er aber durchaus auch ein Mann des Glaubens.

Auch wir stehen vielleicht irgendwann vor der Wahl, zwischen einem angenehmen Lebensweg, der aber in Gottes Augen Sünde ist, und einem mühsamen gottgefälligen Weg zu wählen. Der Herr schenke uns die rechte Wahl! Und Er bewahre uns auch davor, vom Zorn – wie Mose – zu böser Tat fortgerissen zu werden!

Moses Berufung und Auftrag

„Als der HERR sah, dass er herzutrat, da rief ihm Gott mitten aus dem Dornbusch zu und sprach: Mose! Mose! Er antwortete: Hier bin ich... Der HERR aber sprach: Gesehen habe ich das Elend meines Volkes in Ägypten und sein Geschrei wegen seiner Antreiber habe ich gehört; ja, ich kenne seine Schmerzen. Darum bin ich herabgekommen, um es aus der Gewalt der Ägypter zu erretten... Nun aber geh hin, denn ich will dich zum Pharao senden, damit du mein Volk, die Söhne Israel, aus Ägypten herausführst!" *2. Mose 3,4.7.8.10*

Ein eigenartiges Schauspiel bot sich Mose: Ein Dornbusch brennt im Feuer, wird aber nicht verzehrt. Und aus diesem Busch ertönt die Stimme Gottes.

Was bedeutet dieser brennende, aber nicht verbrennende Busch? Man hat viel darüber nachgedacht und diese Erscheinung z.B. so gedeutet: als Hinweis auf das Leiden im Leben des Erlösers – die Trübsal in einer heiligen, demütigen und abgetöteten Seele, die diese nicht verbrennt, sondern verklärt und stärkt – oder auch: Gott im Menschen (nach A. Ohlmeyer). Die im Zusammenhang naheliegendste Deutung aber ist die auf **Israel**, das Volk, das niemals untergeht. Israel brennt zwar immer wieder im Feuer der Leiden, verbrennt aber nicht. Das hat besonders das 20. Jahrhundert erwiesen. Und aus diesem an und für sich verachteten Dornstrauch kommt die Stimme Gottes, Sein Wort, die Bibel zu uns.

Gott zeigt sich im vorangestellten Text als ein mitfühlender Rettergott. Er sah das Elend Seines Volkes und hörte sein Geschrei und Er kommt herab, um zu retten. Das ist Seine Wesensart auch in Gegenwart und Zukunft. Israels volle Erlösung wird kommen (Röm. 11,26). Auch wird Jesus vom Himmel herabkommen, um Seine Gemeinde zu retten (1. Thess. 4,16; Phil. 3,20). Die an Ihn Glaubenden sind Ihm nicht gleichgültig. Mit diesem Rettergott dürfen wir rechnen – auch heute!

Vor Mose aber liegt eine gewaltige Aufgabe, die er in der Kraft seines Herrn in Angriff nehmen soll.

Die zehn Plagen über Ägypten

„Und es geschah um Mitternacht, da erschlug der HERR alle Erstgeburt im Land Ägypten, vom Erstgeborenen des Pharao, der auf seinem Thron saß, bis zum Erstgeborenen des Gefangenen im Kerker... Da stand der Pharao nachts auf und er rief Mose und Aaron nachts herbei und sprach: Macht euch auf, zieht weg aus der Mitte meines Volkes, sowohl ihr als auch die Söhne Israel, und geht hin, dient dem HERRN, wie ihr gesagt habt!" *2. Mose 12,29.31*

Es gibt Situationen, da kommt Gott – menschlich gesprochen – nicht anders weiter als durch Gericht. So war es damals beim Pharao von Ägypten. Immer wieder verhärtete er sein Herz, als die Plagen über sein Land kamen (2. Mose 8,11.15.28 usw.), und gehorchte dem Befehl Gottes nicht, der lautete: „Lass mein Volk ziehen, damit sie mir dienen!" Ja, es steht sogar geschrieben, dass **Gott** sein Herz verhärtete (7,3; 9,12) – offenbar, nachdem Er eine entsprechende Gesinnung beim Ägypterkönig festgestellt hatte.

Sehr bekannt ist der Spruch: „Gottes Mühlen mahlen langsam, mahlen aber trefflich fein; was Er nicht erreicht durch Langmut, holt durch Schärf' Er wieder ein." So ging es damals. Wie viel Leid und Not wäre dem Pharao und seinem Volk erspart geblieben, wenn er gehorcht hätte! Gerichte Gottes sind zielführende Umwege. Letztlich kommt Gott doch zum Ziel. Nach der zehnten und schlimmsten Plage war der Pharao endlich bereit und willig, Israel ohne Bedingungen ziehen zu lassen, ja, er drängte sie geradezu hinaus!

Auch die heutige Völkerwelt ist wieder einmal reif zum Gericht. Das letzte Buch der Bibel berichtet in erschütternder Weise über kommende Gerichte. Gottes Ziel ist aber nicht Zerstörung und Zertrümmerung, sondern die Königsherrschaft Christi über die ganze Erde (Offb. 20,1-6).

Möchten wir uns doch in unserem Leben Umwege des Gerichts ersparen! Gott redet heute freundlich einladend zu uns. Hören wir doch auf die Stimme Seiner **Gnade** und gehorchen wir! Lassen wir uns versöhnen mit Gott (2. Kor. 5,18-20), dann erleben wir Rettung und Frieden mit Gott.

Israels Auszug aus Ägypten

„Und es geschah an eben diesem Tag, da führte der HERR die Söhne Israel, nach ihren Heerscharen geordnet, aus dem Land Ägypten heraus... Damals sangen Mose und die Söhne Israel dem HERRN dieses Lied: Singen will ich dem HERRN, denn hoch erhaben ist Er; Ross und Reiter warf Er ins Meer. Meine Stärke und mein Loblied ist der Ewige, denn Er ist mir zur Rettung geworden." *2. Mose 12,51; 15,1.2*

An den Auszug Israels aus Ägypten wird im Alten Testament immer wieder erinnert; es war ein völkisches Grunderlebnis. Und es war eine Grundoffenbarung Gottes, des Retters. So sagt Gott bei der Gesetzgebung am Sinai: „Ich bin der HERR, dein Gott, der ich dich aus dem Land Ägypten herausgeführt habe." Zwar bereute es der Pharao schon bald, dass er Israel hatte ziehen lassen. Wieder gewann in seinem Herzen die Widerspenstigkeit gegen Gottes Willen die Oberhand und er sprach: „Was haben wir da getan, dass wir Israel haben ziehen lassen!" (14,5). Und er ließ 600 Streitwagen anspannen und nahm sein Kriegsvolk mit sich und jagte Israel nach. Israel geriet in arge Bedrängnis: vor sich die Wasser des Schilfmeers und hinter sich die immer näher kommenden Ägypter. Gott aber ließ Israel aufbrechen. Mose erhob seinen Stab und streckte seine Hand über das Meer aus und spaltete es; da konnte Israel trockenen Fußes durch das Meer hindurchziehen. Als die Ägypter dasselbe versuchten, ließ der HERR die Wasser zurückkehren und alle Wagen und Reiter kamen um, die ganze Heeresmacht des Pharao. Daraufhin stimmte Israel ein Loblied an.

Auch der an Jesus Christus Gläubige hat gleichsam einen „Auszug aus Ägypten" hinter sich. Er wurde aus Sündenschuld und Sündenherrschaft errettet und steht nun unter der Gnadenherrschaft und geht unter der Führung Gottes seinen Weg. Er darf in den Rettungsjubel von 2. Mose 15 mit einstimmen. Ist Ägypten ein Bild für Bedrückung und Finsternis, so der Pharao ein Bild für den Feind Gottes. Auch uns versucht der Feind zurückzuholen, wenn wir errettet sind, doch es kann ihm nicht gelingen, wenn wir auf Gottes Wegen bleiben. Auch wir dürfen sprechen: „Meine Stärke und mein Loblied ist der Ewige, denn Er ist mir zur Rettung geworden."

Die Gottesoffenbarung auf dem Berg Sinai

„Mose führte das Volk aus dem Lager hinaus, Gott entgegen, und sie stellten sich am Fuß des Berges auf. Und der ganze Berg Sinai rauchte, weil der HERR im Feuer auf ihn herabkam.“ 2. Mose 19,17.18

Es war eine Situation zum Fürchten. Zwar hatte Gott Israel „auf Adlerflügeln getragen“ und Sein Wille war: „Ihr sollt aus allen Völkern mein Eigentum sein... Ihr sollt mir ein Königreich von Priestern und eine heilige Nation sein“ (19,4-6). Doch Er hatte dies an eine Bedingung geknüpft: „Wenn ihr willig auf meine Stimme hören und meinen Bund halten werdet.“

Im Neuen Testament sagt Jesus: „Kommt her zu mir alle, die ihr mühselig und beladen seid; ich will euch erquicken“ (Matth. 11,28). Wir dürfen in Seine Nähe kommen, ja, Er will in uns wohnen. – Hier aber heißt es: Abstand halten! Kommt dem heiligen Gott nur nicht zu nahe! Niemand darf den Berg berühren, weder Mensch noch Tier, es würde das Leben kosten. Als Gott im Feuer auf den Sinai herabstieg, erbebte der Berg und der Ewige sprach zu Mose: „Warne das Volk, dass sie nicht zum HERRN durchbrechen; sonst müssten viele von ihnen fallen.“

Auf dem **Berg Sinai** erschien der **heilige** Gott und es hieß: Bleibt fern, ihr Sünder, denn ihr passt nicht zu Ihm! – Auf dem **Hügel Golgatha** aber, wo Jesus starb, offenbarte sich der **gnädige** Gott, und wir dürfen singen: „Komm zum Kreuz mit deinen Lasten, müder Pilger du... Trost, Vergebung, ewges Leben fließt vom Kreuz dir zu.“ Der Hebräerbrief beschreibt diesen Gegensatz mit den Worten: „Ihr seid nicht gekommen zu dem Berg, der betastet werden konnte, und zu dem entzündeten Feuer und dem Dunkel und der Finsternis und dem Sturm..., sondern ihr seid gekommen zum Berg Zion und zur Stadt des lebendigen Gottes... und zu Jesus, dem Mittler eines neuen Bundes, und zum Blut der Besprengung, das besser redet als das Blut Abels“ (12,18-24).

Wie dankbar dürfen wir dafür sein, dass wir von Gott nicht mehr zurückgewiesen, sondern eingeladen werden!

Die Zehn Gebote

„Gott redete alle diese Worte und sprach: Ich bin der HERR, der ich dich aus dem Land Ägypten, aus dem Sklavenhaus herausgeführt habe. Du sollst keine andern Götter haben neben mir.“ *2. Mose 20,1-3*

Wie im Vaterunser geht es in den Zehn Geboten zuerst um die Dinge Gottes und dann um die Dinge des Menschen. Es sind die unverrückbaren Normen des Allerhöchsten für alle Menschen. Es wäre falsch, sie nur auf Israel zu beziehen. Zwar werden sie hier, in 2. Mose 20, durch Mose dem Volk Israel kundgetan. Doch in Röm. 2,14.15 erfahren wir, dass Gott das Gesetz auch den Nationen – den übrigen Völkern – gleichsam ins Herz geschrieben hat. Das zeigt sich in den Reaktionen des Gewissens, sofern es nicht durch dauerndes Überhören seiner Stimme abgestumpft und verhärtet wurde. Normalerweise hat der Mensch auch ohne ein geschriebenes Gesetz ein Gespür dafür, dass er gewisse Dinge nicht tun darf (lügen, stehlen, morden), die ihm ja auch von andern nicht angetan werden sollen, und dass es einen Gott zu fürchten gilt.

Der Gott, der sich am Sinai Israel offenbarte, der einzig wahre und lebendige Gott, JAHWEH, der Ewigseiende, Wirklich-Seiende, Wirksam-Seiende, Beständige (so die Bedeutung dieses Namens), ist ein eifersüchtiger Gott (V. 5). Er will Seine Herrschaft über den Menschen mit keinem anderen Gott oder Götzen teilen. Er will den Menschen ganz für sich haben. Er will heilige, d.h. Ihm – Ihm allein – geweihte und gehorsame Menschen. Ist das hart von Gott? Nein, es ist heilsam; denn nur so kommt es zur Gemeinschaft mit Gott; nur so kann Er sich dem Menschen voll offenbaren und als Geist und Licht und Liebe in ihm wohnen.

Die allermeisten der Zehn Gebote finden wir im Neuen Testament wieder, so z.B. in Eph. 4,25-32. Hier sind die Gebote aber nicht wie im Alten Testament mit Drohung und Strafe verbunden, sondern kommen als liebevolle Ermahnungen auf uns zu. Jesus und Paulus sagen auch, dass die Liebe des Gesetzes Erfüllung ist (Matth. 22,35-40; Röm. 13,8-10). Die Liebe Gottes wohnt in jedem wahren Christen (Röm. 5,5). So lasst uns lieben!

Wirksame Fürbitte

„Der HERR sprach zu Mose: Ich habe dieses Volk gesehen, und siehe, es ist ein halsstarriges Volk. Und nun lass mich, dass mein Zorn gegen sie entbrenne und ich sie vernichte, dich aber will ich zu einer großen Nation machen. Mose jedoch flehte den HERRN, seinen Gott, an und sagte: Wozu, o HERR, entbrennt Dein Zorn gegen Dein Volk, das Du mit großer Kraft und starker Hand aus dem Land Ägypten herausgeführt hast?"

2. Mose 32,9-11

Hier erleben wir Mose als glaubenden Beter, der mitfühlend für andere eintritt. Gott macht Mose ein verlockendes Angebot: Dieses Volk beleidigt und kränkt mich. Statt mich allein zu verehren, haben sie sich ein goldenes Kalb gemacht und bringen ihm Opfer dar. Ich will diese Israeliten vernichten und mir aus dir ein neues Volk erwecken!

Sollte man nicht „Ja" sagen, wenn Gott etwas ankündigt? Hätte Mose einfach „Ja" gesagt, er wäre anstelle Abrahams Stammvater und Führer eines neuen Israel geworden. Aber das tut Mose nicht. Er appelliert an Gott, Seinem Zorn nicht freien Lauf zu lassen. Er sagt Gott gewissermaßen: Es geht hier um Dein Werk, Deine Ehre, Dein Wort, Deinen Schwur. Ein kühnes, ein wunderbares Fürbitte-Gebet!

Es geht um **Dein Werk.** Gott hatte zu Mose gesagt: „Geh, steig hinab! Denn dein Volk, das du aus dem Land Ägypten heraufgeführt hast, hat schändlich gehandelt" (V. 7). Damit schiebt Gott dem Mose die Verantwortung zu. Kühn dreht Mose die Sache um und sagt zu Gott: „Es ist **Dein Volk,** das **Du** aus Ägypten herausgeführt hast" (V. 11). Du hast alles in Gang gesetzt. Du trägst die letzte Verantwortung.

Es geht um **Deine Ehre.** Kühn sagt Mose: Hast Du auch daran gedacht, wie Du in den Augen der Ägypter dastehst, wenn Du Israel vernichtest? Als ein Gott, der sich etwas vornimmt und es nicht hinausführen kann – als ein Gott, der Böses beabsichtigt (V. 12).

Es geht um **Dein Wort** der Verheißung, das Du schon Abraham gegeben hast.

Dieses Wort hast Du sogar **beschworen**!

Da gereute den HERRN das angedrohte Unheil und Er tat es nicht. Gott gefallen kühne Glaubensgebete besser als Jammergebete.

Mose zerschmettert die Tafeln Gottes

„Mose stieg vom Berg herab, die beiden Tafeln des Zeugnisses in seiner Hand... Diese Tafeln waren Gottes Werk und die Schrift war Gottes Schrift, auf den Tafeln eingegraben... Und es geschah, als Mose sich dem Lager näherte und das (gegossene) Kalb und die Reigentänze sah, da entbrannte der Zorn Moses und er warf die Tafeln aus seinen Händen und zerschmetterte sie unten am Berg." *2. Mose 32,15.16.19*

Bei der Gesetzgebung am Sinai hatte das ganze auserwählte Volk Israel noch gesagt: „Alles, was der HERR geredet hat, wollen wir tun!" (2. Mose 19,8). Das hört sich gut an – es klingt nach vollkommenem Gehorsam. Aber es bewahrheitete sich Röm. 7,18, wo Paulus erkennt: „Das Wollen ist bei mir vorhanden, aber das Vollbringen des Guten nicht."

Mose war zu Gott auf den Berg Sinai hinaufgestiegen. Dort gab ihm Gott weitere Anordnungen für Israel bekannt. Typisch für das Gesetz sind die Worte „Du sollst – du sollst", während Gott zu Abraham immer wieder gesagt hatte: „Ich will – ich will."

Als Mose längere Zeit bei Gott auf dem Berg blieb, wurde das Volk ungeduldig und sprach zu Aaron: Mach uns Götter, die vor uns herziehen; wir wissen nicht, was mit Mose geschehen ist! Der religiöse, aber innerlich unerneuerte Mensch will etwas Sichtbares, Greifbares haben, an das er sich halten kann.

Wir sahen schon, dass Mose als Mensch zum Jähzorn neigte (2. Mose 2,12). Hier nun packt ihn aufs Neue der Zorn. Als er das Volk Gottes um das goldene Kalb tanzen sieht, denkt er: Was nützen euch diese Tafeln noch? Ihr steckt ja bereits mitten in der Übertretung! Und er zerschmettert die Tafeln, das Werk Gottes! War das nicht ein furchtbarer Frevel? Aber der gnädige Gott tötet Mose nicht. Er sagt gleichsam zu Mose: Nun müssen wir das Ganze noch einmal wiederholen (34,1-4). – Dieser Vorgang hat auch eine symbolische Bedeutung: Gesetz richtet Zorn an (Röm. 4,15) und führt in den Zerbruch. Erst wenn Gott ein zweites Mal handelt (Gesetz – Gnade, Mose – Christus, Alter Bund – Neuer Bund), kommt Er mit uns Menschen voran.

Gott offenbart sich als barmherzig und gnädig

„Und der HERR ging vor seinem Angesicht vorüber und rief: JAHWEH, JAHWEH, Gott, barmherzig und gnädig, langsam zum Zorn und reich an Gnade und Treue.“ *2. Mose 34,6*

Gott hätte allen Grund gehabt, sich als zürnender, richtender Gott zu offenbaren, als Mose zum zweiten Mal bei Ihm auf dem Berg Sinai war. Denn Israel hatte Ihn durch den Tanz ums Goldene Kalb schwer enttäuscht und gekränkt. Doch immer wieder zeigte und zeigt es sich bis heute: „Gott handelt nicht mit uns nach unseren Vergehen und vergilt uns nicht nach unseren Sünden“ (Ps. 103,10). So offenbart Er sich dem Mose überraschenderweise als der gnädige Gott! Er kennt uns Menschen; Er ist im Grunde von unserem Versagen nicht überrascht.

Das vorangestellte Wort ist nicht irgendein unbedeutender Spruch, sondern enthält eine grundlegende **Wesensoffenbarung Gottes.** Seine Gerichte können furchtbar sein, doch im Grunde Seines Herzens ist Gott barmherzig und gnädig. Sein Zorn ist nicht wie der Zorn des Menschen, der nur allzu oft unbeherrscht und ungerecht ist. Gott ist „langsam zum Zorn“, warnend, geduldig, abwartend. Wenn aber Menschen bewusst nicht auf Ihn hören, sich auf die Dauer nicht um Ihn kümmern, kommt Sein Zorn (Röm. 1,18). Er zürnt aber mit Maßen und liebt über alle Maßen. Sein Zorn währt nur einen Augenblick, verglichen mit Seiner nie endenden Gnade (Jes. 54,7.8). Das empfinden wir Menschen vielleicht anders, doch von Gott her gesehen, der alle Zeiten überblickt, ist es so.

Zweimal nennt hier Gott Seinen Namen: JAHWEH. Er ist der Ewigseiende, Unwandelbare, Beständige. Er ist immer und überall da, in allen Räumen und zu allen Zeiten. Darum können wir immer mit Ihm rechnen, Ihn anrufen, Ihm vertrauen. Nie ist Er abwesend, überlastet, beurlaubt. Sein Wesen ist Gnade und Treue (anders übersetzt: Gnade und Wahrheit, oder: Liebe und Treue).

Das Wort 2. Mose 34,6 hat in den Psalmen und anderswo immer wieder ein Echo gefunden. Man vergleiche Psalm 86,15; 103,8 oder 145,8. Auch Joel nimmt darauf Bezug (2,13). Auf diese Wesensoffenbarung Gottes ist Verlass. Auch wir dürfen mit diesem Gott rechnen.

Wer Gottes Ordnungen hält, wird leben

„Meine Ordnungen und meine Rechtsbestimmungen sollt ihr halten. Durch sie wird der Mensch, der sie tut, Leben haben.“ *3. Mose 18,5*

Wozu hat Gott eigentlich das Gesetz gegeben? Die einen sagen: natürlich dazu, dass man es hält. So steht es ja auch im obigen Text. Andere sagen, von der Lehre des Paulus herkommend: damit man am Gesetz scheitert, damit man die Unzulänglichkeit aller eigenen Bemühungen, Gott zu gefallen, erkennt und Jesus Christus als Erlöser annimmt. So sagt ja Paulus in Gal. 3,24: „So ist das Gesetz unser Zuchtmeister (Erzieher) auf Christus hin geworden.“ Und in Röm. 7,10 schreibt er das erschütternde Wort: „Das Gebot, das doch zum Leben gegeben war, gerade das erwies sich mir zum Tod.“

Aber noch stehen wir ja mit unseren Betrachtungen im Alten Testament. Und das vorangestellte Wort klingt doch ganz positiv! Warum also so negativ denken? Es erklärt kurz und bündig: Durch das Halten des göttlichen Gesetzes wird der Mensch Leben haben!

Gott ist ein weiser Erzieher, der beste Pädagoge überhaupt. Er veranstaltet eine Heilsgeschichte durch die Jahrhunderte und Jahrtausende hindurch. Es ist ein **Erziehungsweg.** Dabei geht Gott Schritt für Schritt voran. Die Worte, die wir gerade von Paulus gelesen haben, konnten am Sinai noch nicht gesagt werden. Gott konnte nicht ein Gesetz anordnen und zugleich erklären: Ihr werdet es ja doch nicht halten können. Der Sinn ist vielmehr: Versucht euer Bestes! Nehmt es nur ja genau mit meinen Geboten. Dann werdet ihr Leben haben!

Wir fragen: Was für ein Leben ist hier gemeint? – Nun, es ist hier noch nicht an Gottesleben, ewiges Leben zu denken, sondern an ein irdisches Leben unter dem Segen Gottes. Gott verspricht Israel in 3. Mose 25,18: „Führt meine Ordnungen aus und haltet meine Rechtsbestimmungen und tut sie, dann werdet ihr in eurem Land sicher wohnen!“ Könnte das auch heute eine Bedeutung für Israel haben? Hängt die Sicherheit Israels letztlich nicht von Waffen, sondern von einem Leben nach Gottes Ordnungen ab? Auch in 5. Mose 28,1-14 wird Israel allerlei Segen für den Fall des Gehorsams verheißen.

Auch wir sind Gesegnete, wenn wir nicht lügen, stehlen, morden, sondern vor Gott in Reinheit und Ehrlichkeit leben.

Folgenschwerer Unglaube

„Der HERR sprach zu Mose: Wie lange will mich dieses Volk verachten und wie lange wollen sie mir ***nicht glauben*** *bei all den Zeichen, die ich in ihrer Mitte getan habe? ... Alle die Männer, die meine Herrlichkeit und meine Zeichen gesehen haben, die ich in Ägypten und in der Wüste getan habe, und mich nun zehnmal geprüft und nicht gehört haben auf meine Stimme, werden das Land nicht sehen, das ich ihren Vätern zugeschworen habe... außer Kaleb und Josua."* *4. Mose 14,11.22.23.30*

Gott achtet auf den **Gehorsam** Seines Volkes. Er achtet aber auch – vielleicht dürfen wir sagen: noch mehr – auf den **Glauben** oder Unglauben der Herzen. Die Frage des Glaubens spielt im Verhältnis des Menschen zu Gott eine wichtige, ja die entscheidende Rolle.

Mose hatte auf Anordnung Gottes 12 Kundschafter ausgesandt, die das Israel verheißene Land auskundschaften sollten (4. Mose 13,1). Nach ihrer Rückkehr erstatteten sie Bericht. Sie rühmten die Fruchtbarkeit des Landes. Sie brachten zum Beweis eine Traube aus dem Tal Eschkol (dem Traubental) mit, die so groß und schwer war, dass zwei Männer sie an einer Stange tragen mussten. Sie wiesen aber auch darauf hin, dass sie befestigte Städte und sehr große Menschen, geradezu Riesen, gesehen hatten. „Wir waren in unseren Augen wie Heuschrecken, und so waren wir auch in ihren Augen" (4. Mose 13,33). Fazit: Wir werden das Land niemals in Besitz nehmen können!

Ein ungläubiges Weinen erfasste daraufhin das ganze Volk. Auch murrten die Söhne Israel gegen Mose und Aaron und sprachen: „Wäre es nicht besser für uns, nach Ägypten zurückzukehren?" (14,3). Nur in Josua und Kaleb wohnte ein anderer Geist. Sie vertrauten darauf: „Wenn der HERR Gefallen an uns hat, wird Er uns in dieses Land bringen" (14,8). – So geschah es auch. Alle übrigen Israeliten aber, von 20 Jahren an und darüber, sollten das Land nicht sehen. Sie sollten 40 Jahre in der Wüste umherirren (14,29.34).

Jesus hat des Öfteren gesagt: „Dir geschehe nach deinem Glauben!" Der Glaube ist der Schlüssel zu allen geistlichen Segnungen. Es ist der Glaube, der sich auf Gottes Wort stützt und jeden Tag mit dem lebendigen und gnädigen Gott und Vater rechnet.

Gottes Liebe zu Israel

Gott sprach: „Du bist dem HERRN, deinem Gott, ein heiliges (für Ihn abgesondertes) Volk. Dich hat der HERR, dein Gott, erwählt, dass du Ihm als Eigentumsvolk gehörst aus allen Völkern, die auf dem Erdboden sind. Nicht weil ihr mehr wäret als alle Völker, hat der HERR sich euch zugeneigt und euch erwählt – ihr seid ja das geringste unter allen Völkern -, sondern wegen der Liebe des HERRN zu euch." 5. Mose 7,6-8

Dies sind Worte aus dem 5. Buch Mose, dem *Deuteronomium* = „zweites Gesetz" oder besser „Wiederholung des Gesetzes". Es versetzt uns in die Zeit, als die 40 Jahre des Gerichts, die Gott über Israel um seines Unglaubens willen als Strafe verhängt hatte (4. Mose 14,34), zu Ende gingen. Eine neue Generation Israels ist herangewachsen und ein neuer Aufbruch steht bevor, der zur Einnahme des ihm versprochenen Landes Kanaan führen sollte.

Gott hat Israel auserwählt. Viele heutige Israelis möchten aber kein „auserwähltes Volk" sein. Die Auserwählung – so denken sie – hat uns nur Not und Drangsal eingebracht. Das ist nicht ganz falsch, aber einseitig gedacht. Die Auserwählten sind immer die Ersten und damit Muster und Modell göttlichen Handelns für die Übrigen. Sie stehen im besonderen Maß unter Gottes Schutz und Segen; sie empfangen als die Ersten Sein Wort! Sie unterstehen aber auch im Besonderen der göttlichen Erziehung, Zucht und Strenge. Im göttlichen Gnadenerweis und im Gerichtsvollzug sind sie immer die Ersten. Aber sie werden auch im kommenden Königreich Christi die Ersten sein (Jes. 2,2-4).

Das alles geschieht nach Gottes freiem, souveränem, gnädigem Willen. Auserwählung kann man sich nicht verdienen. Gott weist ausdrücklich darauf hin: Ihr seid nicht größer oder besser als alle anderen Völker. Wie klein erscheint doch Israel auf der Landkarte! Aber Israel steht nun einmal im Zentrum der Welt- und Heilsgeschichte, das erleben wir bis auf den heutigen Tag.

Auch die Glieder der Gemeinde Jesu wurden von Gott nicht erwählt, weil sie weiser, mächtiger oder edler wären als die übrigen Menschen. Wieder werden wir an 1. Kor. 1,26-31 erinnert. Auch wir verdanken alles der göttlichen **Liebe** (Eph. 2,4).

Rückblick und neuer Aufbruch

„Du sollst an den ganzen Weg denken, den der HERR, dein Gott, dich diese 40 Jahre in der Wüste hat wandern lassen, um dich zu demütigen, um dich zu prüfen, um zu erkennen, was in deinem Herzen ist... Höre, Israel! Du gehst heute über den Jordan, um hineinzuziehen, (das Land von) Nationen in Besitz zu nehmen, die größer und stärker sind als du... So erkenne denn heute, dass der HERR, dein Gott, es ist, der vor dir her hinübergeht als ein verzehrendes Feuer." *5. Mose 8,2; 9,1.3*

Es war ein langer Weg, den der HERR Sein Volk 40 Jahre lang in der Wüste hatte wandern lassen. Israel erlebte Gericht und Gnade Gottes. **Gericht:** denn die ganze Generation des Auszugs aus Ägypten – alle, die älter als 20 Jahre waren – sollten bis auf Josua und Kaleb in der Wüste sterben (4. Mose 14,29). Aber auch **Gnade**: denn der HERR, der Ewige, tat Wunder über Wunder. Mose zählt so manches davon auf in 5. Mose 8. Wo sollte ein großes Volk in der Wüste Speise und Trank finden? Gott versorgte sie mit dem Manna und ließ Wasser aus dem Felsen strömen (2. Mose 16 und 17). Er bewahrte sie vor Schlangen und Skorpionen und sorgte dafür, dass ihre Kleidung nicht zerfiel. Es waren 40 Jahre der Prüfung und Erziehung. Ein Engel zog vor Israel her (2. Mose 23,20). Gottes Wolken- und Feuersäule zeigte ihnen den Weg und gab ihnen Licht in der Nacht (2. Mose 13,21). Im Neuen Testament erfahren wir, dass Christus selbst sie begleitete (1. Kor. 10,4). Paulus sagt weiter in 1. Kor. 10, dass alle diese Dinge als Vorbilder für uns – die heute an Christus glauben – geschehen sind und uns zur Ermahnung dienen sollen. Auch wir stehen in der Gefahr, Böses zu begehren oder gegen Gott zu murren.

Israel soll aber nicht nur zurück, sondern vorwärts schauen. Sie sollen nun endlich in das Land kommen, das ihnen der HERR wieder und wieder verheißen hat. Wie der HERR in der Wüste vor ihnen her zog, so will Er auch künftig bei ihnen sein, sogar als verzehrendes Feuer. Mit Ihm und durch Ihn werden sie ihre Feinde besiegen können.

Auch wir blicken gelegentlich zurück und danken Gott für Seine Führung, Erziehung und Bewahrung. Wir dürfen aber auch vertrauensvoll in die Zukunft schauen, denn Er geht täglich mit.

Segen und Fluch über Israel

„Und es wird geschehen: Wenn du der Stimme des HERRN, deines Gottes, genau gehorchst, dass du darauf achtest, alle Seine Gebote zu tun, die ich dir heute befehle, dann wird der HERR, dein Gott, dich als höchste über alle Nationen der Erde stellen. Und alle diese Segnungen werden über dich kommen und werden dich erreichen, wenn du der Stimme des HERRN, deines Gottes, gehorchst... Es wird aber geschehen, wenn du der Stimme des HERRN, deines Gottes, nicht gehorchst..., dann werden alle diese Flüche über dich kommen..." *5. Mose 28,1.2.15*

5. Mose 28 ist eines der erschütterndsten Kapitel in der ganzen Bibel. Gott führt Israel vor Augen, was die Folgen von Gehorsam oder Ungehorsam gegen Sein Gesetz sein werden: Segen oder Fluch. Zunächst ist vom Segen die Rede. Es ist nicht himmlischer, geistlicher Segen gemeint wie im Epheserbrief (Kap. 1), sondern irdischer, völkischer Segen. Würde Israel alle Gebote des HERRN genau beachten, dann käme der Segen: Fruchtbarkeit der Menschen, der Tiere, des Ackerlandes – Sieg über die Feinde – Überfluss an allerlei Gütern – ja Israel würde zur „höchsten über alle Nationen der Erde" aufsteigen. – Ganz anders der Fluch: Sollte Israel nicht gehorchen und nicht darauf achten, alle Gebote und Ordnungen des HERRN zu tun, dann würde seine Leibesfrucht und die Frucht des Ackerlandes und der Tiere verflucht sein; es würden Krankheiten, Hungersnöte und Niederlagen im Krieg das auserwählte Volk treffen, ja sogar Wegführung in die Gefangenschaft, Zerstreuung unter alle Völker. Das Schlimme ist in 5. Mose 28: Die Liste der Flüche (V. 15-68) ist viel länger als die der Segnungen (V. 1-14) und die Fluchliste ist nicht nur Ermahnung, sondern wird zur Prophetie – einer Prophetie, die sich im Lauf der Jahrhunderte auch wirklich an Israel erfüllt hat.

Würde Gott sich nur so in der Bibel offenbaren, man würde sie besser gar nicht aufschlagen. Doch gottlob zeigt Gottes Wort schon im Alten Testament – wir erinnern uns an 2. Mose 34,6 – und fortschreitend im Neuen Testament, dass Gott in Seinem Herzen ganz anders ist. Und wie dankbar dürfen wir sein, dass wir, wie Paulus sagt, „nicht unter **Gesetz**, sondern unter **Gnade** sind" (Röm. 6,14).

Eine Entscheidung über Leben und Tod

„Ich rufe heute den Himmel und die Erde als Zeugen gegen euch auf: das Leben und den Tod habe ich euch vorgelegt, den Segen und den Fluch! So wähle das Leben, damit du lebst, du und deine Nachkommen!“

5. Mose 30,19

Wir haben gestern in das Kapitel 5. Mose 28 hineingeschaut: ein erschütterndes Kapitel. Im vorangestellten Wort wird noch einmal bekräftigt, dass es bei der Frage „Gehorsam oder Ungehorsam gegen Gott“ um **Leben oder Tod** geht. Auch im Neuen Testament werden Sünde und Sündenfolgen sehr ernst dargestellt. Es finden sich da ganze „Lasterkataloge“, Auflistungen von Sünden, denn eine Sünde kommt selten allein. Gott sagt niemals Ja zu Sünde und Ungehorsam. Aber die ganze Fülle Seines Erbarmens steht für den bereit, der umkehrt.

Seit einigen Jahren kann man des Öfteren das Wort „Spaßgesellschaft“ hören. Trotz aller schlimmen und gefährlichen Entwicklungen – oder auch gerade deswegen! – im völkischen, militärtechnischen, gesellschaftlichen oder klimatischen Bereich flüchten sich viele in Späße. Nimm das Leben leicht! ist die Devise.

Ist Gott ein Spaßverderber? Nein und ja! Wenn du dich gerade über etwas freust, das keine Sünde ist – über Ehe- und Familienglück, einen schönen Urlaub, Erfolg bei der Arbeit usw. -, so gönnt es dir Gott von Herzen. Aber Er sagt Nein zu sündhaften Späßen wie z.B. zu Ehebruch und Gewalt verherrlichenden Filmen, zweideutigen Witzen, nicht ernst gemeinter sogenannter „Liebe“, Anpöbelungen anderer Menschen „zum Spaß“. Statt Spaß schenkt Gott **Freude:** Heilsfreude, Hoffnungsfreude, Freude der Gemeinschaft, Freude in Gott.

Leider hat sich die „Spaßgesellschaft“ weithin auch in Kirchen und Freikirchen breit gemacht. Das zeigt sich dann in wilder Musik und in einer Verkündigung, die mit vielen Späßen garniert ist, damit man die Leute zum Lachen bringt. Doch Evangelisation und Bibellehre sind ernste Sachen (was nicht bedeutet: traurig oder ganz humorlos). Es geht bei dem Verhältnis des Menschen zu Gott tatsächlich um Leben oder Tod, Gottesnähe oder Gottesferne, Heil oder Unheil. Man kann nicht zu ganzer Hingabe an Gott auffordern und drum herum Späße machen. Das sollten alle Verkündiger – und nicht nur sie – bedenken.

Der Tod Moses

„Und Mose, der Knecht des HERRN, starb im Land Moab nach dem Wort des HERRN. Und Er begrub ihn im Tal, im Land Moab, Bet-Peor gegenüber; und niemand kennt sein Grab bis auf diesen Tag. Mose aber war 120 Jahre alt, als er starb.“ *5. Mose 34,5-7*

Das Leben des Mose gliedert sich in drei Teile zu je 40 Jahren. Das geht aus Apg. 7 hervor. Im Alter von 40 Jahren verzichtete er auf Macht und Reichtum Ägyptens und stellte sich auf die Seite des versklavten Israel. Er musste fliehen und hütete Schafe in der Wüste, bis ihn nach weiteren 40 Jahren Gottes Ruf erreichte. Er führte dann Israel aus Ägypten heraus und durch die Wüste 40 Jahre. Gern hätte er Israel auch ins Land der Verheißung geführt, doch Gott verwehrte es ihm. Erst sein Nachfolger Josua brachte Israel nach Kanaan. Denn Mose war einmal ungehorsam gewesen. Wieder einmal fehlte es in der Wüste an Wasser. Gott gebot Mose und Aaron: „**Redet** zu dem Felsen, dann wird er sein Wasser geben!“ (4. Mose 20,8). Doch Mose **schlug** den Felsen, wie er es schon einmal getan hatte (2. Mose 17,6). Gott nahm diesen Ungehorsam so ernst, dass er Mose und Aaron nicht erlaubte, Israel ins verheißene Land zu bringen (4. Mose 20,12). Er begründete Seine harte Strafe mit den Worten: „weil ihr mir nicht **geglaubt** habt“.

Doch Gott tat, als Mose gestorben war, etwas Besonderes, geradezu Einmaliges: Er selbst begrub Seinen Knecht Mose. Niemand kennt sein Grab. War das nun das Ende? Ist mit dem Tode alles aus? Nein, Gott macht weiter. Bei der Verklärung Jesu ist Mose wieder da. „Mose und Elia erschienen und unterredeten sich mit Jesus“ (Matth. 17,3).

Es hat wohl auch eine symbolische Bedeutung, dass Mose das eine Mal den Felsen **schlagen**, das zweite Mal aber zu dem Felsen **reden** sollte. Christus ist der Fels (1. Kor. 10,4). Bei Seinem ersten Kommen sollte Er nach Gottes Plan **geschlagen** werden – ans Kreuz. Ein zweites Mal soll Er nicht mehr geschlagen werden. Heute genügt es, zu diesem Felsen zu **reden**, dann gibt Er uns Sein Wasser des Heils und des Lebens (vgl. Joh. 4,14). Machen wir von diesem Angebot Gebrauch und wenden wir uns im Gebet an diesen Felsen!

Mut machende Worte an Josua

„Und es geschah nach dem Tod des Mose, des Knechtes des HERRN, da sprach der HERR zu Josua...: Mein Knecht Mose ist gestorben. So mache dich nun auf und gehe über diesen Jordan, du und dieses ganze Volk, in das Land, das ich ihnen, den Söhnen Israel, gebe. Jeden Ort, auf den eure Fußsohle treten wird – euch habe ich ihn gegeben... Sei stark und mutig (oder: getrost und unverzagt)! Denn du, du sollst diesem Volk das Land als Erbe austeilen." *Josua 1,1-3.6*

Man sagt zuweilen, wenn jemand gestorben ist: Das Leben geht weiter. Das muss auch so sein; man kann nicht immer nur trauern und klagen. Nach Moses Tod geht aber nicht nur das irdische Leben Israels weiter, sondern die Heilsgeschichte Gottes läuft weiter. **Josua** ist nun der Führer des Volkes. Auch er ist (wie Isaak, Josef, David und andere) in gewissen Zügen ein Vorausdarsteller Jesu Christi. Was Mose nicht vollenden durfte – er sollte es vollenden. Auf die Herausrettung aus Ägypten und die Hindurchrettung durch die Wüste folgt nun die Hineinrettung ins gelobte Land. Das Ganze war kein Spaziergang. Es galt mächtige Feinde zu besiegen. Gott macht Josua Mut: „Wie ich mit Mose gewesen bin, so will ich auch mit dir sein. Ich will dich nicht verlassen noch von dir weichen; sei getrost und unverzagt" (1,5-7). Nur an eins soll Josua immer denken: „Lass das Buch dieses Gesetzes nicht von deinem Munde weichen, sinne Tag und Nacht darüber nach! Weiche nicht davon ab, weder zur Rechten noch zur Linken!" Dann – und nur dann – wird Josua in allen Dingen Erfolg haben (1,7.8).

Auch wer heute an Jesus Christus glaubt, hat gleichsam eine Herausrettung aus Ägypten (Bild für Finsternis und Sündenknechtschaft) erlebt und befindet sich auf einem Weg durch die Wüste. Der HERR will hindurchretten und vollenden. Unser Ziel ist nicht ein irdisches Land, sondern besteht darin, dass „das in uns angefangene gute Werk vollendet wird bis auf den Tag Christi Jesu" (Phil. 1,6). Dabei ist es auch für uns ganz wichtig, am Worte Gottes zu bleiben, ja es reichlich in uns und unter uns wohnen zu lassen – nicht das mosaische Gesetz, sondern das herrliche Evangelium Gottes.

Gott kämpft für Israel

„Der HERR hat große und starke Nationen vor euch vertrieben. Ihr aber – niemand hat vor euch standgehalten bis zum heutigen Tag. Ein Mann von euch jagt tausend. Denn der HERR, euer Gott, Er ist es, der für euch kämpft, wie Er zu euch geredet hat. So achtet um eures Lebens willen genau darauf, den HERRN, euren Gott, zu lieben!“ Josua 23,9-11

Gott hat Wort gehalten. Er hat Josua – und das Volk, das er führte – nicht im Stich gelassen. Die Mauern Jerichos fielen. Das südliche und dann auch das nördliche Kanaan wurden erobert. Josua 12 enthält eine beeindruckende Liste der vielen besiegten Könige.

Doch es gab auch Niederlagen. Der Grund war niemals eine Untreue auf Seiten Gottes, sondern menschliche Untreue. Man kann nicht sündigen und dann meinen: Gott ist mit mir und hilft mir in allem; Er hat es ja verheißen. Zwar ist Seine Liebe und Treue auch dann mit uns, doch Seine Liebe geht dann Wege der Erziehung, die auch schmerzlich sein können. Das erlebte Israel, als es den Ort Ai einnehmen wollte. Die ausgesandten Kundschafter meinten, es sei wohl eine Kleinigkeit, die Stadt zu erobern; man müsse nur einen Teil der Truppen einsetzen. Und was geschah? Die Männer von Ai schlugen Israel. Als Josua deswegen den HERRN befragt, sagt Er ihm: Israel hat gesündigt; darum werden die Söhne Israel vor ihren Feinden nicht mehr bestehen können. – Der Schuldige wurde gefunden: Es war **Achan**, der vom Beutegut einen schönen Mantel und Silber und Gold an sich genommen und in seinem Zelt vergraben hatte. Dieser Achan wurde dann trotz seines Sündenbekenntnisses gesteinigt. Danach konnte Ai erobert werden (Josua 7 und 8).

Auch die Bewohner von Gibeon konnten die Israeliten nicht besiegen. Sie fielen auf eine List der Gibeoniter herein, weil sie den Mund des HERRN nicht befragt hatten (Josua 9).

Gott kämpft auch für uns und mit uns. Er gibt uns auch eine hervorragende Waffenrüstung (Eph. 6,10-20), in der wir allen Listen des Teufels widerstehen können. Achten wir nur darauf, dass nicht Sünde erneut in uns Raum gewinnt und dass wir nicht vergessen, auf die Führung des HERRN zu achten!

Rettende Richter und richtende Retter

„Wenn der HERR ihnen Richter erstehen ließ, war der HERR mit dem Richter und rettete sie aus der Hand ihrer Feinde alle Tage des Richters... Und die Söhne Israel schrieen zu dem HERRN um Hilfe. Da ließ der HERR den Söhnen Israel einen Retter erstehen, der sie rettete: Otniel, den Sohn des Kenas... Und der Geist des HERRN kam über ihn und er richtete Israel." *Richter 2,18; 3,9.10*

Vor der Königszeit Israels gab es die Richterzeit. Es war eine schwierige Zeit. Weil es keine Zentralgewalt gab, sondern nur Oberste über einen Teil der Stämme, „tat jeder, was recht war in seinen Augen" (17,6). Mehrfach wiederholte sich der schlimme Kreislauf: Die Israeliten trieben Götzendienst – Der HERR geriet in Zorn und gab sie dahin in die Hand ihrer Feinde – Da schrieen sie zum HERRN – Dieser erweckte ihnen einen Befreier – Danach erzürnten sie aufs Neue den HERRN (Richter 2 und 3).

Die Richter hatten eine Doppelfunktion: Befreiung vom Feind und Rechtsprechung, anders gesagt: Sie waren Retter und Richter. So ist auch unser Gott beides in einer Person: ein Rettergott und ein Richter. Beides gehört zusammen. Doch was überwiegt in Seinem Herzen? Heil und Rettung. Durch die Gerichte straft Gott nicht nur, Er will immer auch zurechtbringen, Ordnung wiederherstellen. Im Gericht lernt das Geschöpf das Schreien zu Gott; danach kann ihm geholfen werden (vgl. Psalm 107,6.13.19.28).

Den an Ihn Glaubenden sagte Jesus einmal: „Wer an mich glaubt, kommt nicht ins Gericht" (Joh. 5,24). Heißt das, dass wir kein Gericht brauchen? Keineswegs. Wir haben aber die Möglichkeit, uns selbst zu richten (1. Kor. 11,31). Wir kommen auf keinen Fall ins Weltgericht, müssen aber vor dem Richterstuhl Christi offenbar werden (2. Kor. 5,10).

Unter den Richtern ragt **Gideon** als eine Gestalt hervor, von der überwiegend Positives gesagt wird (Richter 6-8); dagegen ist **Simson** eine seltsame Gestalt. Zwar geriet der Geist des HERRN zeitweise über ihn, doch führte dies nur zu ungeahnter körperlicher Kraft, nicht zur Kraft des Glaubens und der Liebe Gottes (Richter 13-16). – Bald wird Gott **Samuel** berufen und die Königszeit vorbereiten.

Gott wendet Bitterkeit in Freude

„Noomi sagte zu ihnen: Nennt mich nicht Noomi, nennt mich Mara! Denn der Allmächtige hat mir sehr bitteres Leid zugefügt. Voll bin ich gegangen und leer hat mich der HERR zurückkehren lassen... Da sagten die Frauen zu Noomi: Gepriesen sei der HERR, der es dir heute nicht an einem Löser hat fehlen lassen! Sein Name werde gerühmt in Israel! Und er wird dir ein Erquicker der Seele sein und ein Versorger deines Alters!"

Ruth 1,20.21 und 4,14.15

Das Buch Ruth gibt Einblicke in eine Familiengeschichte zur Zeit der Richter. Ein Israelit namens Elimelech (d.h. „Mein Gott ist König") zog mit seiner Frau Noomi (oder Naemi) einer Hungersnot wegen von Bethlehem ins Gebiet der Moabiter (südöstlich vom Toten Meer). Seine beiden Söhne nahmen sich moabitische Frauen, Orpa und Ruth. Elimelech starb und einige Jahre später starben auch die beiden Söhne. Nun stand Noomi allein und unversorgt da. Darum sagte sie das oben angeführte Wort: „Nennt mich nicht Noomi (die Liebliche), nennt mich Mara (die Bittere, Betrübte)."

Doch der HERR wendet ihr Los. Ihre moabitische Schwiegertochter Ruth kümmert sich liebevoll um sie. Als Noomi im Begriff steht, nach Bethlehem zurückzukehren, sagt sie ihr das schöne Wort: „Wohin du gehst, will ich auch gehen und wo du bleibst, da bleibe auch ich!" So zogen sie gemeinsam nach Bethlehem. Dort liest Ruth Ähren auf den Feldern des Boas, eines vermögenden Mannes aus der Verwandtschaft des Elimelech. Wir finden seinen Namen im Stammbaum Jesu Christi in Matth. 1,5. Er ist also ein Vorfahr Jesu, ein Glied in der Geschlechterfolge von Abraham bis David. Boas findet Gefallen an der Ruth und heiratet sie. Nun wird sie eine Stammmutter Jesu. Boas zeugte Obed von der Ruth, Obed zeugte Isai (oder Jesse) und dieser zeugte den David (Ruth 4,21.22; Matth. 1,5.6).

Es hatte Gott sicher nicht gefallen, dass sich die Söhne Noomis moabitische Frauen nahmen, doch Gott kann auch auf verkehrten Wegen Heil und Segen erstehen lassen. So wird Noomi in Ruth 4 von den Frauen gepriesen. Gott hat – durch die Ehe der Ruth mit Boas und die Geburt eines Sohnes – ihre Bitterkeit in Freude verwandelt.

Das Dankgebet einer Mutter

„Hanna betete und sprach: Mein Herz frohlockt in dem HERRN... Keiner ist so heilig wie der HERR, denn außer Dir ist keiner. Und kein Fels ist wie unser Gott... Der HERR tötet und macht lebendig, Er führt ins Totenreich hinab und wieder herauf. Der HERR macht arm und macht reich, Er erniedrigt und erhöht. Er hebt den Geringen aus dem Staub empor, aus dem Schmutz erhöht Er den Armen.“ *1. Sam. 2,1.2.6.7.8*

Kinderlosigkeit galt in Israel als eine große Not und Schmach, sie bereitete den betroffenen Frauen großen Kummer. Mehrfach finden wir in Gottes Wort Frauen, die an ihrer Kinderlosigkeit (auch „Unfruchtbarkeit“ genannt) leiden und denen der treue Gott wider Erwarten doch noch ein Kind schenkt; es sind sogar Kinder, mit denen der HERR etwas Besonderes vorhat: Sara gebiert den Isaak (1. Mose 21), Hanna den Samuel (1. Sam. 1) und Elisabeth den Johannes, den wir “Johannes den Täufer” nennen (Luk. 1).

Auch Hanna bekommt nach viel Kummer und Gebet einen Sohn, den Samuel. Daraufhin preist sie Gott mit einem wunderbaren Lobgesang, aus dem wir einige Sätze entnommen haben. Es erfüllt sie nicht nur irdische Freude, sondern Freude im HERRN. In Vers 6 wird sie geradezu zur Prophetin, sie macht eine erstaunliche Aussage: „Der HERR (Jahweh, der Ewigseiende) tötet und macht lebendig, Er führt ins Totenreich hinab und wieder herauf.“ Wie Abraham (in 1. Mose 22) traut sie es Gott zu, dass Er Tote lebendig machen und Verstorbene aus dem Totenreich (hebr. Scheol, griech. Hades) wieder heraufholen kann – und dies viele Jahrhunderte vor der Auferweckung Jesu Christi.

Sie erkennt: Arme macht Er reich und Niedrige erhöht Er. In Luk. 1,46-55 finden wir den Lobpreis der Maria, der Mutter Jesu. Er hat viel Ähnlichkeit mit dem Lobgesang der Hanna, der wohl der Maria bekannt war. Auch Maria preist Gott als den, der Niedrige erhöht und Hochmütige, Mächtige, Reiche demütigt.

Beide Lobgesänge spenden all denen Trost, die zu den Niedrigen, Armen, Geringen zählen. Der HERR blickt auf sie und hört ihr Beten und erhöht sie aus der Niedrigkeit zu Seiner Zeit. Damit dürfen auch wir rechnen, in Ihm wollen auch wir uns freuen.

Israel begehrt einen König

„Da versammelten sich alle Ältesten von Israel und kamen zu Samuel nach Rama. Und sie sagten zu ihm: Siehe, du bist alt geworden und deine Söhne wandeln nicht in deinen Wegen. Nun setze doch einen König über uns, damit er über uns Richter sei, wie es bei allen Nationen (der Fall ist)!" *1. Sam. 8,4.5*

Samuel wurde von Gott zum Propheten berufen. Doch was er anzukündigen hatte, war zunächst Unheil und nicht Heil. Den Priester Eli und sein Haus würde Fluch statt Segen treffen. Auch erlitt Israel eine Niederlage durch die Philister. Sogar die Bundeslade – das Zeichen der Gegenwart Gottes – wurde weggenommen und befand sich sieben Monate lang im Gebiet der Philister (1. Sam. 6,1).

Samuel amtierte auch als Richter. Als Israel seine Sünde bekannte und Samuel zum HERRN um Hilfe schrie, schenkte Er dem Volk wieder Sieg und sie schlugen die Philister (1. Sam. 7).

Zu den Aufgaben Samuels gehörte es auch, Könige zu salben. In seinen Tagen begehrte Israel einen König. Das gefiel Samuel nicht. War er als Richter nicht gut genug? Das war nicht der Grund. Die Ältesten Israels blickten in die Zukunft. „Deine Söhne wandeln nicht in deinen Wegen – wer soll dann unser Richter sein?"

Gott gefiel dieses Verlangen auch nicht. Dennoch sprach Er zu Samuel: „Höre auf die Stimme des Volkes... Nicht dich haben sie verworfen, sondern mich haben sie verworfen, dass ich nicht König über sie sein soll" (8,7). Israel war Theokratie. Gott selbst war ihr König und Herr. Nun aber lässt Gott sich verwerfen. Auch Jesus ließ sich verwerfen und sogar kreuzigen. Gott hält die Menschen von falschen Wegen, wenn sie sie denn unbedingt gehen wollen, nicht in jedem Fall ab. Dann muss der Mensch ernten, was er gesät hat. So sagt Samuel dem Volk: Der König, den ihr wollt, wird nehmen – nehmen – nehmen: eure Söhne und Töchter, eure Felder und Gärten, eure Knechte, Mägde, Esel, Schafe. Bisher hattet ihr Gott zum König, der immer wieder gab und gab. Nun denn, es ist eure Entscheidung.

Wer soll Herr unseres Lebens sein: Satan, der alles Gute von uns wegnimmt, oder der gnädige und gütige Gott? Möchten wir die rechte Wahl treffen!

Saul wird verworfen und David zum König gesalbt

„Und der HERR sprach zu Samuel: Wie lange willst du um Saul trauern, den ich doch verworfen habe, dass er nicht mehr König über Israel sei? Fülle dein Horn mit Öl und geh hin! Ich will dich zu dem Bethlehemiter Isai senden, denn ich habe mir unter seinen Söhnen einen zum König ausersehen... Da nahm Samuel das Ölhorn und salbte David mitten unter seinen Brüdern." 1. Sam. 16,1.13

Der König, den Israel bekam, hieß Saul. Zuerst lesen wir durchaus Positives von ihm: Der Geist Gottes kam über ihn und gab ihm ein anderes Herz, verwandelte ihn in einen anderen Menschen (10,6.9.10). Leider war das aber nicht von Dauer. Der Geist Gottes kam – und der Geist Gottes wich von ihm (16,14). So soll es bei uns nicht sein. Wenn wir durch den Glauben den Heiligen Geist empfangen, soll eine **bleibende Innewohnung** daraus erwachsen (Joh. 14,17).

Bald schon zeigte sich Sauls Ungehorsam. Er handelte eigenmächtig und erfüllte Gottes Willen nur teilweise. Als er die Amalekiter schlagen sollte – und zwar ganz und gar -, verschonte er ihren König Agag und die besten Schafe und Rinder. Er brüstet sich Samuel gegenüber noch damit, er habe das Wort des HERRN erfüllt. Doch Samuel entgegnet: Was ist das denn für ein Blöken von Schafen und Brüllen von Rindern, das ich höre? Der König will sich fromm herausreden: Diese Tiere wollen wir dem HERRN opfern! Doch Samuel muss ihm sagen: „Siehe, **Gehorsam ist besser als Opfer** und Aufmerken besser als das Fett von Widdern. Denn **Ungehorsam ist Sünde wie Zauberei** und Widerstreben ist wie Abgötterei und Götzendienst. Weil du das Wort des HERRN verworfen hast, hat Er dich auch verworfen, dass du nicht mehr König seist" (1. Sam. 15,22.23).

Kaum im Amt – und schon von Gott verworfen. Saul denkt aber nicht daran aufzugeben, auch nicht, als Samuel den jungen David salbte, damit er König werde. Lange Auseinandersetzungen waren die Folge; immer wieder kommen sie in 1. Sam. 16-31 zur Sprache.

Wir aber wollen uns merken: Gott legt Wert auf unseren **Gehorsam** – nicht auf allerlei Planungen und Unternehmungen, die wir uns selber ausdenken, angeblich zu Seiner Ehre. Gott sucht bei uns den Gehorsam des Glaubens (Röm. 1,5; 16,26).

Saul verfolgt David

„Ein böser Geist von dem HERRN kam über Saul, als er in seinem Haus saß, seinen Speer in seiner Hand. David aber spielte (auf der Zither). Und Saul suchte David mit dem Speer an die Wand zu spießen. Aber er wich aus vor Saul... Und David floh und entrann in jener Nacht."

1. Sam. 19,9.10

Wie kann ein böser Geist **vom HERRN** kommen? Wie kann, um einen ähnlichen Vorgang aus 1. Kön. 22,23 zu nennen, der HERR, Jahweh, der Ewigseiende, einen Lügengeist in den Mund von 400 Propheten ausgehen lassen? – Zu beachten ist, dass es nicht heißt: Ein böser **Geist des HERRN** kam über Saul; denn das gibt es nicht. Gottes Geist ist heilig und gerecht, gnädig und rein und gut. Aber Gott gebraucht auch böse Geister zum Zweck des Gerichts, Er stellt auch Seine Feinde in Seinen Dienst. - So herrschte der verworfene König Saul lange Jahre noch über Israel, während der von Gott ausersehene und von Samuel schon gesalbte David fliehen und sich verstecken musste. Wer war nun König? Wie es schien, weiterhin Saul.

Der jüdische Denker Schalom Ben-Chorin stand durchaus positiv zu Jesus. Doch er anerkannte Ihn nicht als Messias, als Welterlöser, als Sohn Gottes, als gottmenschlichen Mittler. Er schrieb: „Jesus von Nazareth war nicht der... verheißene Heiland und Erlöser, weil Er die Welt nicht erlöst hat... (Er ist) nicht der Messias, denn die Welt ist unerlöst" („Das Judentum im Ringen der Gegenwart"). – Das klingt durchaus plausibel und ist doch falsch. Ja, die Welt ist noch immer unerlöst. Satan ist noch „der Fürst dieser Welt" (Joh. 16,11) und der „Gott dieses Zeitalters" (2. Kor. 4,4). Ist denn aber Jesus nicht „alle Macht gegeben im Himmel und auf Erden" (Matth. 28,18)? Sitzt Er nicht zur Rechten Gottes? – Ja, aber der Andere, der Böse, darf noch eine Weile herrschen. Mit demselben Recht, mit dem Ben-Chorin Jesus als Welterlöser verneint, hätte man zur Zeit Davids sagen können: David soll unser König sein? Das kann nicht sein; Saul ist weiterhin unser Herr. - Der Glaube aber blickt auf Gottes Verheißung. Satan ist verworfen und wird bald gestürzt werden (Offb. 12); dann wird der wahre König, Jesus Christus, als König der Welt Seine Herrschaft beginnen (Offb. 11,15-17).

Davids Salbungen zum König über Juda und Israel

„Die Männer von Juda kamen und salbten David zum König über das Haus Juda... Und alle Ältesten Israels kamen zum König nach Hebron... Und sie salbten David zum König über Israel.“ *2. Sam. 2,4; 5,3*

Wir lesen dreimal, dass David gesalbt, d.h. für seine künftigen Aufgaben geweiht wurde: Das erste Mal salbte Samuel den jungen Mann, der gerade noch die Schafe gehütet hatte (1. Sam. 16,13). Jahre später – Saul hatte seinem Leben durch Selbstmord ein Ende gesetzt – salbten ihn die Männer von Juda zum König über das Haus Juda. Und noch später geschah die dritte Salbung: Nun wurde David König über ganz Israel.

Wir greifen ein wenig voraus und blicken auf das, was dann folgte. Nach mancherlei Kämpfen heißt es endlich in 2. Sam. 7,1: Der HERR hatte David Ruhe verschafft vor all seinen Feinden. Nun wollte David dem Ewigen ein Haus bauen. Doch Gott verweigerte es ihm. Nicht David soll Gott ein Haus bauen, sondern der HERR will David ein Haus bauen, indem Er den Thron seines Königtums in die Zukunft hinein befestigt. „Dein Haus und dein Königtum sollen vor dir Bestand haben für ewig, dein Thron soll feststehen für ewig“ (2. Sam. 7,16).

Der 89. Psalm erinnert an diese Verheißung. Doch er stellt auch fest: „Preisgegeben hast Du den Bund mit Deinem Knecht, hast entweiht seine Krone..., hast zur Erde gestürzt seinen Thron“ (V. 40.45). Denn im Jahr 587 hatte Nebukadnezar Jerusalem zerstört. Hatte Gott den Bund gebrochen? Nein, Gott erfüllt Seine Verheißungen. Er erfüllt sie durch Jesus Christus. Über Ihn sagt der Engel Gabriel bei der Ankündigung der Geburt Jesu: „Der Herr, Gott, wird Ihm den Thron Seines Vaters David geben“ (Luk. 1,32). So reicht das Königtum Davids in die Zukunft hinein, bis ins Tausendjährige Königreich Christi auf Erden, wo auch David, aus den Toten auferweckt, als Hirte Israels und Fürst Israels wieder eine Rolle spielen soll (Jer. 30,9; Hes. 34,23.24).

Ein langer Kampf

„Und der Kampf währte lange zwischen dem Haus Sauls und dem Haus Davids. David aber wurde immer stärker, während das Haus Sauls immer schwächer wurde." *2. Sam. 3,1*

Auch nach dem Tode Sauls gingen die Kämpfe noch weiter. Nun stritten nicht mehr Saul und David miteinander, sondern ihre Familien bzw. Anhänger. Die Kapitel 2. Sam. 3 und 4 berichten davon.

Wir denken aber jetzt an einen anderen Kampf, der viel bedeutungsvoller ist. **David** ist – wie Isaak, Josef, Josua und andere – in vielen Zügen ein Vorausdarsteller Jesu Christi. **Saul** dagegen, über den ja zeitweise ein böser Geist kam, der eigenwillig war und von Gott verworfen wurde, ist in vielem ein Abbild Satans. Christus und Satan trafen bei der Versuchung Jesu in der Wüste aufeinander. Jesus wehrte alle Anfeindungen siegreich ab. Aber hat Satan nicht doch gewonnen und triumphiert, als Jesus am Kreuz starb? Nein, sagt uns Paulus in Kol. 2,14.15, **Gott** triumphierte dort über alle gottfeindlichen Gewalten und Mächte und in der Auferweckung Christi besiegte Er sogar den Tod.

Es gibt aber auch ein **Haus Sauls** und ein **Haus Davids.** In der symbolischen Deutung denken wir da an alle jene, die entweder dem Teufel oder Jesus Christus gehören. Es gibt tatsächlich, wie Jesus einmal sagte, Menschen, deren Vater der Teufel ist (Joh. 8,44), so wie es andererseits Kinder Gottes gibt. Auch zwischen ihnen tobt ein lange währender Kampf. Satan hat viele Anhänger: gefallene Engel, die in Eph. 6,12 „Weltbeherrscher dieser Finsternis" und „Geister der Bosheit" genannt werden, sowie gottfeindliche Menschen. Gegen sie haben die Kinder Gottes einen Verteidigungskrieg, keinen Angriffskrieg zu führen. Wir haben auch nicht in eigener Kraft zu kämpfen noch mit irdischen Waffen, sondern „im Herrn".

Gottlob sagt unser Text: David wurde immer stärker und das Haus Sauls wurde immer schwächer. Das bedeutet im übertragenen Sinn: Christi Machtbereich dehnt sich aus, die Macht des Teufels und seiner Anhänger aber schwindet. Noch sieht es in der Welt anders aus. Die Macht der Finsternis scheint noch zuzunehmen. Doch auf die Dauer gesehen gilt: **Jesus ist Sieger!** – Lasst uns bewusst auf Seine Seite treten und in Seiner Kraft den Kampf des Glaubens kämpfen!

Davids große Sünde und Buße

„Nathan sagte zu David: Warum hast du das Wort des HERRN verachtet, indem du tatest, was böse ist in Seinen Augen? Uria, den Hetiter, hast du mit dem Schwert erschlagen und seine Frau hast du dir zur Frau genommen. Ihn selbst hast du ja umgebracht durch das Schwert der Söhne Ammon. Nun denn, so soll das Schwert von deinem Haus auf ewig nicht weichen... Da sagte David zu Nathan: Ich habe gegen den HERRN gesündigt." *2. Sam. 12,9.10.13*

Wie wir schon des Öfteren sahen, verschweigt die Bibel die Sünden der Frommen nicht. Das gilt auch für David. Er war keine unantastbare Lichtgestalt, sondern ein Sünder, der Gnade fand, genauso wie die Kinder Gottes heute. Einerseits ein Mann des Glaubens, ein Psalmsänger und siegreicher König, andererseits ein Knecht seiner Lust, der sich von seiner Begierde zu Ehebruch und Mord hinreißen ließ. Das erfahren wir in 2. Sam. 11. David schickt seine Leute in den Krieg, bleibt aber selbst in Jerusalem. Um die Abendzeit steht er von seinem Lager auf und sieht vom Dach des Königshauses aus eine Frau von sehr schönem Aussehen baden. Die will er haben und er lässt sie holen und die Frau wird schwanger.

Es war aber eine verheiratete Frau. David hatte Ehebruch begangen. Und es kommt noch schlimmer. Er will die Frau namens Batseba heiraten. Da ist aber ihr Mann Uria im Weg. Da lässt der König sich etwas einfallen. Er schreibt seinem Heerführer Joab einen Brief. Darin steht: „Stellt Uria dahin, wo die Kampffront am härtesten ist, und zieht euch hinter ihm zurück, dass er getroffen wird und stirbt!" Und so geschieht es auch. David denkt: „Das ist ja noch einmal gut gegangen" und heiratet Batseba. Aber in den Augen des HERRN war die Sache böse. Ehebruch, Heimtücke und Mord waren im Spiel. Das lässt Gott auch Seinem erwählten König nicht durchgehen. Darum schickt er den Propheten Nathan zu David. David bekennt seine Sünde. Aus den Psalmen 32 und 51 ersehen wir, dass David gründlich Buße tat.

Auch wir können vom Feind überlistet werden – so oder so. Das Kind Gottes hat zwei Naturen. Unsere Frömmigkeit bietet keine Garantie gegen Ärger, Wut, böses Begehren, Hochmut und dergleichen. Tägliche Wachsamkeit tut not.

Davids Dankpsalm

„Und David redete zu dem HERRN die Worte dieses Liedes: ... Der HERR lebt! Gepriesen sei mein Fels! Erhoben werde Gott, der Fels meines Heils, der Gott, der mir Vergeltung verschaffte und mir die Völker unterwarf und der mich herausholte von meinen Feinden weg... Darum will ich Dich preisen, HERR, unter den Nationen und will spielen Deinem Namen, der Seinem König große Rettung schenkt und Gnade erweist Seinem Gesalbten, David und seinen Nachkommen ewig." *2. Sam. 22,1.47-51*

Trotz seiner schweren Sünde, von der wir in 2. Sam. 11 und 12 erfahren, war und blieb David „ein Mann nach dem Herzen Gottes" (1. Sam. 13,14; Apg. 13,22). Warum wohl? Weil er den HERRN von ganzem Herzen liebte. Gott war sein höchstes Gut und ganzes Glück. Dies geht besonders aus Psalm 16 hervor. Auch viele andere David-Psalmen zeigen uns ihn als einen Mann des Glaubens, dem Gott sogar prophetische Ausblicke schenkte. Er war König und Hirte seines Volkes, Feldherr, Musiker, Psalmdichter und Prophet in einer Person.

Gegen Ende seines Lebens dichtete er einen Dankpsalm, der in 2. Sam. 22 und Psalm 18 überliefert ist. Der HERR hatte ihn endgültig aus der Hand aller seiner Feinde errettet. In bewegten Worten schildert er seine Bedrängnisse, die ihn oft genug an den Rand des Todes brachten, und die Rettermacht seines Gottes (V. 5-20). Manches weist in diesen Versen prophetisch über David hinaus auf Jesus Christus hin – auf Sein Todesleiden und Seine Auferstehung (Apg. 2,24-31; man vergleiche Ps. 16,8-11 und 18,5.6.17).

Er klammert sich, wie die vorangestellten Worte zeigen, an seinen Herrn als seinen Fels, der ihm Halt und Schutz bietet. Er weiß aus eigener Erfahrung: Jahweh, der Ewige, lebt! Er ist ein Rettergott!

Demütig bekennt er in 2. Sam. 22,36: „Deine Herablassung machte mich groß." Er hat nicht vergessen, dass er als der jüngste unter seinen Brüdern von Gott auserwählt worden war, dass er nach seinem schweren Fall in die Sünde Vergebung erfuhr und darüber hinaus unzählige Male Gottes Gnade und Bewahrung erlebte.

Mit diesem Rettergott, mit diesem Felsen des Heils, dürfen auch wir in unserem Leben rechnen.

Gott erhört Salomos Gebet um ein weises Herz

„Der HERR erschien dem Salomo in einem Traum bei Nacht. Und Gott sprach: Bitte, was ich dir geben soll! Und Salomo sagte: Gib deinem Knecht ein gehorsames Herz... Und Gott sprach zu ihm: Ich tue nach deinen Worten. Siehe, ich gebe dir ein weises und verständiges Herz... Und auch, was du nicht erbeten hast, gebe ich dir, sowohl Reichtum als auch Ehre.“ *1. Kön. 3,5.9.12.13*

Wir sehen hier ein einmaliges Handeln Gottes. Er sagt einem Menschen: Du darfst dir etwas wünschen! Er will Salomo, Sohn und Nachfolger des großen Königs David, auf die Probe stellen. Was ist ihm das Wichtigste? Was hat in seinem Denken und Wollen Vorrang? – Salomo besteht die Probe. Er bittet Gott um ein gehorsames, weises und verständiges Herz. Er denkt nicht zuerst an die eigene Ehre und Macht, sondern an die vor ihm liegende Aufgabe, Israel zu regieren. Dazu braucht er vor allem Weisheit.

Solch ein Gebet erhört Gott gern. Und das andere – Reichtum und Ehre – bekommt er noch dazu. Wir werden an das Wort Jesu erinnert: „Trachtet zuerst nach dem Königreich Gottes und seiner Gerechtigkeit, so wird euch dies alles (was für das irdische Leben erstrebenswert ist) dazugegeben werden“ (Matth. 6,33).

Salomo bekam von Gott viel Weisheit geschenkt. Es zeigte sich schon bald in dem weisen Urteil, das er fällte, als zwei Frauen sich um ein neugeborenes Kind stritten (1. Kön. 3,16-28). Und es zeigte sich besonders in den Sprüchen Salomos. Schade, dass er im Alter, wie wir noch sehen werden, die ihm geschenkte Weisheit verließ und in Torheit verfiel. Das zeigt, dass uns Gaben Gottes nicht als unser Eigentum für immer gehören. Wenn wir unwachsam oder untreu sind, können sie uns auch wieder genommen werden.

Was würden wir uns wünschen, wenn Gott uns einen Wunsch freigäbe? Würden wir um einen sicheren Arbeitsplatz, viel Geld, eine größere Wohnung, ein neues Auto bitten? Das ist ja nicht schlecht, aber doch zweitrangig vor Gott. Oder dächten wir zuerst an Gottes Reich und Gottes Ehre und an die uns von Ihm zugedachten Aufgaben?

Die unermessliche Größe Gottes

„Salomo sprach: Sollte Gott wirklich auf der Erde wohnen? Siehe, die Himmel und die Himmel der Himmel können Dich nicht fassen, wie viel weniger dieses Haus, das ich gebaut habe!“ *1. Kön. 8,27*

David hatte Gott einen Tempel bauen wollen. Doch der HERR erlaubte es ihm nicht, weil er ein Mann des Krieges war und viel Blut vergossen hatte. Sein Sohn Salomo sollte dem Allerhöchsten ein Haus bauen (1. Chron. 22,8; 28,3.6). So geschah es auch. 1. Könige 8 führt uns zum Zeitpunkt der Tempelweihe und enthält in den Versen 22-53 das großartige Gebet, das der König Salomo bei diesem Anlass sprach. Er rühmt den unvergleichlich großen Gott Israels und bittet um Erhörung der Gebete, die die Israeliten in allen möglichen Wechselfällen des Lebens in diesem Tempel oder in Richtung auf diesen Tempel hin in Zukunft sprechen mögen. Dabei sagt er auch das vorangestellte Wort.

Es ist erstaunlich, wie Salomo hier die Größe Gottes erkennt und rühmt. Normalerweise sagen wir – und sagt auch die Schrift -: Gott wohnt im Himmel. Das Vaterunser beginnt mit der Anrede: „Unser Vater im Himmel!“ Genauere Übersetzungen sagen: „Unser Vater in den Himmeln“, denn hier steht – wie an vielen Stellen der Bibel – die Mehrzahlform. Salomo aber spricht nicht nur von den Himmeln, sondern von den „Himmeln der Himmel“. Er hatte gewiss noch nichts Näheres von den Galaxien gehört, von denen es nach den Schätzungen unserer Physiker 100 Milliarden geben soll, die wiederum durchschnittlich je 100 Milliarden Sterne enthalten sollen. Genaues wissen wir nicht und werden wir auch in Zukunft nicht wissen. Dazu ist das Geschöpf einfach zu klein. Ob Salomo der Unterschied bewusst war zwischen dem **Lufthimmel** über uns und dem **Thronhimmel** des Höchsten (Offb. 4) und dem **Lichthimmel** Gottes (1. Tim. 6,16)? Wie immer es auch sei, Salomo weiß: Es gibt keine Dimension, die den Schöpfer des Alls einfangen oder begrenzen könnte. Er ist über allem. Und nun soll Gott auf der Erde wohnen, in einem für Ihn erbauten „Gotteshaus“ wohnen? Wohnt Gott in einer Kirche? Nein, wenn wir an die Steine und den Bau denken. Ja, wenn darin Gläubige versammelt sind. Er wohnt ja in den Herzen der Seinen!

Salomo betet für sein Volk

„Wenn sie gegen Dich sündigen – denn es gibt keinen Menschen, der nicht sündigt – und Du über sie erzürnst und sie vor dem Feind dahingibst... und sie nehmen es sich zu Herzen und kehren um und flehen zu Dir im Land ihrer Bezwinger..., dann höre im Himmel, der Stätte, wo Du thronst, und vergib Deinem Volk... und lass sie Erbarmen finden vor ihren Bezwingern!" *1. Kön. 8,46.47.49.50*

Dies ist ein Teil des salomonischen Tempelweihegebets. Salomo denkt, wie wir gestern schon sahen, an alle möglichen Situationen, aus denen heraus Israeliten – oder auch Ausländer (8,41) – im Tempel oder zum Tempel hin ausgerichtet zu Gott rufen mögen. **Wir** müssen heute nicht in einer bestimmten Richtung – etwa zum heiligen Land hin ausgerichtet – beten. Gott erfüllt das All und steht noch über dem All; Er ist auch auf Erden allgegenwärtig, und sogar im Totenreich und in jeglicher Finsternis ist Er als JAHWEH, der Ewigseiende, da. Das erkennt David im 139. Psalm (V. 7-12). In welcher Richtung also sollten wir Ihn suchen? – Es kommt unserem Gott nicht auf die Gebetsrichtung und Gebetshaltung an (die allerdings eine ehrfürchtige sein soll!), sondern auf unsere Aufrichtigkeit und unser glaubendes und liebendes Vertrauen.

Salomo weiß: Es gibt keinen Menschen, der nicht sündigt. Auch die Großen und die Frommen (wie David und Salomo) sind Sünder. Und Johannes rechnet in seinem 1. Brief damit, dass auch Gläubige noch sündigen (1. Joh. 2,1). Und was geschieht dann? Für die Menschen, die Ihm gehören, ist Jesus selbst ihr Beistand, Anwalt und Helfer. Er ist ja als der Gekreuzigte die Sühnung für unsere Sünden und die der ganzen Welt. Darum dürfen wir voll Vertrauen Gott unsere Sünden bekennen und mit Seiner Vergebung rechnen (1. Joh. 1,9).

Es ist, als würde Salomo in diesem Gebet auch zum Propheten. Er rechnet mit der Möglichkeit, dass sein Volk sündigt – Gott darüber in Zorn gerät – Er sie in die Hand der Feinde und sogar ins Exil dahingibt – und sie dann in Feindesland an ihren Gott denken und umkehren und zu Ihm um Gnade flehen in Richtung auf ihr Heimatland, ihre Stadt Jerusalem und den Tempel (8,48). Dann möge Gott Vergebung und Erbarmen schenken.

Salomos Torheit

„Der König Salomo aber liebte viele ausländische Frauen... Und es geschah zur Zeit, als Salomo alt geworden war, da neigten seine Frauen sein Herz anderen Göttern nach. So war sein Herz nicht ungeteilt mit dem HERRN, seinem Gott.“ *1. Kön. 11,1.4*

Auch Fromme können sündigen und auch ältere Menschen können noch sündigen. Das wird im Leben des Salomo in erschütternder Weise deutlich. Wie viel Weisheit hatte Gott ihm gegeben! Und wie großartig war sein Gebet bei der Einweihung des vom ihm gebauten Tempels! Dennoch wurden seine vielen Frauen ihm zum Verhängnis.

Man sagt, im Alter würden die Menschen milder. Das mag in vielen Fällen auch so sein. Aber viele werden milder **gegen sich selbst.** Man wird unwachsam und meint, es mit der Sünde nicht mehr so genau nehmen zu müssen. „Gott wird mir schon vergeben.“ Aber so dürfen wir nicht denken, ob alt oder jung. Es ist nicht dasselbe, ob man als Sünder zu Jesus kommt und auf Sein Kreuz blickt und Seine Vergebung erbittet und empfängt – oder ob man, wie immer man auch lebt, mit der Vergebung als einer Selbstverständlichkeit rechnet.

Nicht dass Salomo mehr als eine Frau besaß, war die große Sünde. Das hat Gott – der grundsätzlich die Einehe will – in der Übergangszeit des Alten Bundes gelegentlich geduldet, sogar Ehescheidungen mit einem Scheidebrief (5. Mose 24,1-4). Die Sünde bestand darin, dass er sich und wie er sich von seinen vielen Frauen beeinflussen ließ – nämlich zum Götzendienst. Damit sündigte er gegen das allererste Gebot des Gesetzes: „Du sollst keine anderen Götter haben neben mir“ (2. Mose 20,3). Sein Herz hing nicht mehr ungeteilt an seinem Gott. Und auf das geteilte Herz Salomos folgte in der nächsten Generation das geteilte Reich.

Möchten wir dem Herrn mit ungeteiltem Herzen allezeit vertrauen und gehorchen – in der Jugend und bis ins Alter!

Reichsteilung

„Israel brach mit dem Haus Davids. Und es geschah, als ganz Israel hörte, dass ***Jerobeam*** *zurückgekehrt war, da sandten sie hin und ließen ihn zur Gemeinde rufen und machten ihn zum König über ganz Israel... Und* ***Rehabeam*** *kam nach Jerusalem und versammelte das ganze Haus Juda und den Stamm Benjamin." 1. Kön. 12,19-21*

Nach dem Kommentar von John F. Walvoord regierte Salomo von 971-931 v.Chr. über Israel; 931 erfolgte dann die Reichsteilung. Denn nicht nur Salomo hatte sein Herz anderen Göttern zugeneigt, auch alle Stämme Israels hatten Jahweh, ihren Gott, verlassen und sich vor der Göttin Astarte und anderen Göttern niedergeworfen (1. Kön. 11,33). Das konnte Gott nicht ungestraft lassen. Salomos Reich wurde geteilt und damit geschwächt. König über die zehn Nordstämme wurde ein Untergebener Salomos namens Jerobeam; über die Stämme Juda und Benjamin (beide zusammen werden oft als „Juda" bezeichnet) sollte Salomos Sohn Rehabeam herrschen. Die Teilung in zehn und zwei Stämme veranschaulichte der Prophet Ahija dem Jerobeam, indem er seinen neuen Mantel in zwölf Stücke zerriss und Jerobeam sagte: „Nimm dir zehn Stücke! Denn so spricht der HERR, der Gott Israels: Siehe, ich will das Königreich aus der Hand Salomos reißen und will dir zehn Stämme geben" (11,31). Salomo suchte Jerobeam zu töten; dieser aber floh nach Ägypten und blieb dort bis zum Tode Salomos (11,40). Nach seiner Rückkehr wurde er dann zum König ausgerufen. Auch er erwies sich als Götzendiener und verführte sein Volk zum Götzendienst. Fortan ging es abwärts mit Israel.

Aber auch mit dem Südreich Juda ging es abwärts. Rehabeam, der Sohn Salomos, erwies sich als eigenwillig und töricht. Statt nach dem Rat der Alten die Steuern und Arbeitsbelastungen der Israeliten zu erleichtern, folgte er dem Rat der Jungen, noch strenger als sein Vater zu sein. Er war zunächst als König über ganz Israel vorgesehen. Doch Rehabeams Krönung wurde zur Krönung Jerobeams und Rehabeam blieben nur Juda und Benjamin. Die Glanzzeiten unter David und Salomo waren vorüber.

Elias Ruf zur Entscheidung

„Elia trat zum ganzen Volk hin und sagte: Wie lange hinkt ihr auf beiden Seiten? Wenn der HERR der (wahre) Gott ist, dann folgt Ihm nach, wenn aber der Baal, dann folgt ihm nach!“ *1. Kön. 18,21*

Infolge der Reichsteilung berichten die Königebücher ab 1. Kön. 14 abwechselnd über das Reich Juda und das Reich Israel. Das meiste klingt negativ. Immer wieder versanken sowohl das Nordreich Israel als auch das Südreich Juda im Ungehorsam gegen Gott und im Götzendienst. Doch es gab auch einzelne leuchtende Gestalten. So kann von Asa, dem König über Juda, gesagt werden, dass er tat, was recht war in den Augen des HERRN. Vor allem aber treten die Propheten Elia und Elisa in den Königebüchern als Männer Gottes und Zeugen Gottes auf. Sie rufen das Volk und seine Führer – von denen die meisten „taten, was böse war in den Augen des HERRN“ – zur Buße. Besonders böse waren Ahab von Israel und seine Frau Isebel. Zu ihrer Zeit trat Elia auf (1. Kön. 17). In jenen Tagen trieben nicht weniger als 450 Propheten der falschen Gottheit Baal und 400 Propheten der Göttin Aschera ihr Unwesen in Israel, während von den Propheten Jahwehs nur 100 der Ausrottung entgangen waren (18,13.19). Das Volk Israel war zutiefst verunsichert und schwankte hin und her. Da rief es Elia in der Kraft des lebendigen Gottes zur Entscheidung auf. Er ließ zwei Opferstätten zurichten. Die Baalspriester sollten den Namen des Baal anrufen und er, Elia, wollte den Namen Jahwehs, des Gottes Abrahams und Isaaks und Israels, anrufen. Welcher Gott würde das Opfer mit Feuer verzehren? Von Baal kam keine Antwort und Elia verspottete ihn öffentlich: „Vielleicht ist euer Gott in Gedanken oder austreten gegangen oder auf der Reise oder er schläft“ (18,27). Israels Gott aber antwortete mit Feuer und das Volk rief: „JAHWEH (der Ewigseiende, der HERR), Er ist Gott!“

Wir Heutigen haben es nicht mit Baal oder Aschera zu tun, wohl aber mit der Gefahr des Götzendienstes durch Habgier, Zügellosigkeit, Betrug und dergleichen. Auch uns gilt der Ruf: Diene ganz und entschieden dem wahren Gott!

Gott hilft Elia, als er am Ende seiner Kraft ist

„Elia ging in die Wüste eine Tagereise weit und kam und ließ sich unter einem Ginsterstrauch nieder und wünschte sich zu sterben und sprach: Es ist genug... Und siehe, das Wort des HERRN geschah zu ihm: Was tust du hier, Elia? Und er sagte: Ich habe sehr geeifert für den HERRN, den Gott der Heerscharen... Und ich allein bin übriggeblieben und sie trachten danach, mir das Leben zu nehmen." *1. Kön. 19,4.10*

Es ist tröstlich für uns, die wir uns im Glauben nicht immer nur auf Höhen der Freude und des Sieges bewegen, dass auch Gottesmänner der Bibel Stunden tiefer Verzagtheit kennenlernten. So hier Elia. Gerade noch hatte er mit außerordentlichem Mut die Baalspriester herausgefordert und in ihrer Ohnmacht bloßgestellt und sie sogar getötet. Er war in der Kraft des HERRN der absolute Sieger geblieben. Nun aber ist er erschrocken und verzagt. Denn die mächtige Isebel – das böse Weib des Königs Ahab – hatte ihm die Botschaft überbringen lassen: Morgen um diese Zeit wird es dir ergehen wie jenen Baalsdienern, die du umgebracht hast (19,2).

Wo war nun Elias Gottvertrauen geblieben? Er schaute auf Menschen statt auf seinen Gott. Jakobus schreibt über ihn: „Elia war ein Mensch von gleichen Gemütsbewegungen wie wir" (Jak. 5,17) – mal mutig bis aufs Äußerste, mal zu Tode geängstigt wegen der Worte einer bösen Frau.

Elia fühlte sich alleingelassen. „Ich bin übriggeblieben, ich allein, und sie trachten danach, mir das Leben zu nehmen" (1. Kön. 19,14). Doch Gott sagt ihm: Du bist nicht allein! Da sind noch 7000 andere in Israel, die ihre Knie nicht vor dem Baal gebeugt haben. Dieses Wort greift Paulus im Römerbrief auf. Er fragt: Hat Gott etwa Sein Volk verstoßen: Die Antwort lautet: Nein. Wie in den Tagen des Elia hat Gott auch jetzt einen heiligen Überrest nach Wahl der Gnade (Röm. 11,1-5).

Fühlen wir uns auch manchmal allein? Sind wir verzagt und ohne Hoffnung? Da ist es wohltuend, wenn Gott uns zeigt: Nein, du bist nicht allein. Der Herr ist bei dir, aber auch viele andere, die auch mit dem Herrn leben und den gleichen Glauben und dieselbe Hoffnung haben.

Eine himmlische Ratsversammlung

„Micha sprach: Darum höre das Wort des HERRN! Ich sah den HERRN auf Seinem Thron sitzen und das ganze Heer des Himmels stand um Ihn, zu Seiner Rechten und zu Seiner Linken. Und der HERR sprach: Wer will Ahab betören, dass er hinaufzieht und bei Ramot in Gilead fällt?... Da trat der Geist hervor und sagte: Ich will ihn betören... Ich will ausgehen und will ein Lügengeist sein im Mund aller seiner Propheten. Und Er sprach: Geh aus und mache es so! Und nun, siehe, der HERR hat einen Lügengeist in den Mund all dieser deiner Propheten gegeben!" *1. Kön. 22,19-22*

Hier wird uns ein Blick in den Himmel geschenkt und wir sehen Erstaunliches: Es tagt gleichsam das „Himmelsparlament". Es ist von einer Rechten und einer Linken die Rede. Gibt es auch droben so etwas wie Regierungspartei und Opposition? Ja, Gott will, obwohl Er allmächtig ist, nicht nur einsame Entschlüsse fassen. Obwohl Er den ganzen Weltverlauf und Heilsplan schon vor Grundlegung der Welt mit Seinem Sohn besprochen hat, lässt Er doch auch die Geschöpfe zum Zuge kommen – nicht weil Er sie als Ratgeber braucht, sondern weil Er sie als Werkzeuge einsetzen will.

Von einer ähnlichen „himmlischen Ratsversammlung" ist in Hiob 1 und 2 die Rede. Dort erscheint sogar der Satan vor dem HERRN. Hier bittet Gott um einen Freiwilligen, der Ahab, den damaligen König Israels, betört. Er soll bei Ramot in Gilead fallen. Ein Lügengeist meldet sich und Gott setzt ihn als Gerichtswerkzeug ein. So kam es, dass alle Propheten des Ahab, denen er vertraute, ihm Falsches weissagten.

Wir lernen daraus, dass das Geschehen auf Erden von droben gesteuert wird. Es gibt gute und böse Engelmächte. Gott gebraucht beide. Auch die Bösen und das Böse – Lüge und Gewalt – sind Gerichtsmittel in Seiner Hand. Wer das Weltgeschehen so betrachtet, hat einen besseren Durchblick. Die Mächtigen der Erde können nicht tun und lassen, was sie wollen; alles läuft nach Gottes Gerichts- und Rettungsplan. Möchten **wir** uns von Gott zum Guten und zum Segen gebrauchen lassen!

Elias Himmelfahrt

„Und als sie miteinander gingen und redeten, siehe da: ein feuriger Wagen und feurige Pferde, die sie beide voneinander trennten. Und Elia fuhr im Sturmwind auf zum Himmel." *2. Kön. 2,11*

Sowohl das Leben des Mose als auch das des Elia endeten auf ungewöhnliche Weise. Mose wurde von Gott selbst begraben und niemand fand sein Grab (5. Mose 34,6). Und Elia erlebte eine Himmelfahrt. Wir finden diese beiden dann wieder bei der Verklärung Jesu (Matth. 17,3). Und manche Ausleger vermuten, dass es sich bei den beiden Zeugen Gottes, die nach Offb. 11 in der Endzeit in Israel auftreten sollen, wiederum um Mose und Elia handeln könne.

Können denn Menschen einfach von der Erde weg zum Himmel auffahren? Normalerweise nicht. Doch Gott kann jederzeit die Gesetze der Schwerkraft aufheben und Menschen zu sich ziehen – nicht nur geistlich. So lesen wir von Henoch in 1. Mose 5,24, dass er nach einem Lebenswandel mit Gott zu Gott hinweggenommen wurde. Der Hebräerbrief sagt von ihm: „Durch Glauben wurde Henoch entrückt (an einen anderen Ort versetzt), sodass er den Tod nicht sah" (Hebr. 11,5). Es handelte sich also bei Henoch wie bei Elia um Menschen des Glaubens. Auch die gläubige Gemeinde Jesu wartet darauf, zu einem Termin, den Gott allein bestimmt, „entrückt zu werden in Wolken dem Herrn entgegen in die Luft" (1. Thess. 4,17). Es wiederholt sich dann gleichsam die Himmelfahrt Jesu an einer Menge von Menschen. Voraussetzung dafür ist in jedem Fall der persönliche, entschiedene **Glaube**, das Ja zum Herrn als dem Retter.

Elias Nachfolger Elisa stand schon bereit, sein Prophetenamt weiterzuführen. Wunderbare Taten durfte er tun (Ölvermehrung, schwimmendes Eisen, Wiedererweckung eines gestorbenen Knaben) (2. Kön. 4 und 6). Auch besaß er die Gabe, nicht nur irdische Pferde und Kriegswagen, sondern auch feurige Pferde und Kriegswagen der himmlischen Welt wahrzunehmen (2. Kön. 6,14-17).

Wegführung der 10 Stämme Israels nach Assur

„Im neunten Jahr Hoscheas nahm der König von Assur Samaria ein und führte Israel gefangen fort nach Assur.“ *2. Kön. 17,6*

Schon in 5. Mose 28 hatte Gott gewarnt, ja geweissagt, dass Er Sein auserwähltes Volk ins Exil wegführen würde, falls es nicht in allen Geboten und Ordnungen Gottes wandeln würde. Wir lesen dort: „Der HERR wird dich und deinen König, den du über dich setzen wirst, zu einer Nation wegführen, die du nicht gekannt hast, du und deine Väter. Und du wirst dort anderen Göttern dienen, Göttern aus Holz und Stein. Und du wirst zum Entsetzen werden, zum Sprichwort und zur Spottrede unter allen Völkern, wohin der HERR dich wegtreiben wird“ (5. Mose 28,36.37).

Warum handelt Gott so? Ist Er nicht gnädig und barmherzig? Ist Er nicht „langsam zum Zorn“ (2. Mose 34,6)? Ja, Er war wirklich geduldig und langsam zum Zorn! Er ertrug die Sünden Seines Volkes Jahrhunderte hindurch, bevor Er im Jahr 722 das Nordreich Israel in die Gefangenschaft nach Assyrien ziehen ließ. Irgendwann ist das Maß voll und das Abwarten Gottes zu Ende: Er greift richtend ein.

Der Abschnitt 2. Kön. 17,7-17 zählt die Gründe auf, die zur Wegführung des Nordreichs nach Assyrien führten, ja führen mussten: Statt den HERRN da anzubeten, wo Er es wollte (5. Mose 12,2-7.13-14), in einem Zentralheiligtum, baute sich das Volk „Höhen“ zur Anbetung Gottes und verehrte „heilige“ Steine. Es weigerte sich, auf die Propheten Gottes zu hören, und ahmte die Sünden der Heidenvölker nach. Sie machten sich Kälber aus Metall, verehrten die Göttin Aschera und den Baal und die Sterne, brachten ihre Kinder wie die Heiden den Göttern als Opfer dar und trieben Wahrsagerei und Zauberei.

Da sah die Liebe Gottes nur noch einen Weg der Erziehung: das Exil. Über 100 Jahre später wurde auch das Südreich Juda weggeführt und noch später wurde Israel unter alle Nationen zerstreut. – Wie wichtig ist es doch, Gottes Mahnungen und Warnungen ernst zu nehmen!

Hiskias Vertrauen

„Der Rabschake sagte zu ihnen: Sagt doch zu Hiskia: So spricht der große König, der König von Assur: Was ist das für ein Vertrauen, mit dem du vertraust? ... Auf wen vertraust du, dass du dich gegen mich empört hast? Nun, siehe, du vertraust auf diesen geknickten Rohrstab, auf Ägypten... Wenn ihr aber zu mir sagt: Auf den HERRN, unseren Gott, vertrauen wir! – ist Er es nicht, dessen Höhen und Altäre Hiskia beseitigt hat?"

2. Kön. 18,19-22

Während es bei den Königen von Israel immer wieder hieß: „Er tat, was böse war in den Augen des HERRN", finden wir in der Geschichte des Südreichs Juda überwiegend Könige, die dem HERRN gefielen. Unter ihnen ragte **Hiskia** besonders hervor. Er war ein radikaler Reformer und zudem ein Mann des Glaubens. In seinen Tagen zog das assyrische Heer gegen alle befestigten Städte Judas herauf und nahm sie ein; danach belagerte der Assyrerkönig die Stadt Jerusalem. Zunächst versuchte Hiskia den Assyrer durch eine große Summe von Silber und Gold zu beschwichtigen. Der Assyrer nahm das Geld, bestand aber weiter darauf, Jerusalem zu übergeben. Mit einem großen Heer bedrohte er die heilige Stadt. Doch Hiskia vertraute auf den Gott Israels und übergab nicht. Es kam zu einer Propagandarede der Abgesandten des Assyrerkönigs an der Stadtmauer von Jerusalem, die auch in Jes. 36 nachzulesen ist. Sie wiesen darauf hin, dass es doch sinnlos sei, vor der gewaltigen Übermacht Assurs standhalten zu wollen. Vor allem ärgerte sie Hiskias Vertrauen. Man beachte, wie oft im vorangestellten Text das Wort „vertrauen" vorkommt! Doch Hiskia blieb standhaft. In einem wunderbaren Glaubensgebet bat er den Ewigen, den Gott Israels, um Rettung, und dieses Gebet wurde auch erhört (2. Kön. 19,14-19.35).

Das Ganze ist ein Vorbild für unseren Glaubenskampf nach Eph. 6,10-20. Vernehmen wir nicht geradezu die Stimme des Feindes Gottes, wenn der Assyrerkönig wütend ausruft: **„Was ist das für ein Vertrauen, mit dem du vertraust?"** Der Teufel weiß, dass am Schild des Glaubens alle seine feurigen Pfeile abprallen (Eph. 6,16). Lasst uns dem Herrn und Seiner Macht und Gnade in jeder Lebenslage völlig vertrauen!

Hiskias Gebet und Heilung

„In jenen Tagen wurde Hiskia todkrank. Und der Prophet Jesaja kam zu ihm und sagte zu ihm: So spricht der HERR: Bestelle dein Haus, denn du wirst sterben! Da wandte er sein Gesicht zur Wand und betete zu dem HERRN... Und Hiskia weinte sehr... Da geschah das Wort des HERRN zu Jesaja: Kehre um und sage zu Hiskia: So spricht der HERR: Ich habe dein Gebet gehört. Siehe, ich will dich heilen... und ich will zu deinen Tagen 15 Jahre hinzufügen." *2. Kön. 20,1-6*

Der Bescheid des Propheten Jesaja war eindeutig: „Bestelle dein Haus, denn du wirst sterben!" Was bleibt da dem Menschen anderes übrig, als sich zu beugen und zu fügen und zu sprechen: „HERR, Dein Wille geschehe!"?

So reagiert aber der fromme, tief gläubige König Hiskia nicht. Auch Mose hatte sich nicht einfach in den Willen Gottes ergeben, als Gott gesagt hatte: „Lass mich, dass mein Zorn gegen die Israeliten entbrenne und ich sie vernichte" (2. Mose 32,10). So auch Hiskia. Er setzt dem sehr klaren Wort Gottes ein „Ach, HERR" entgegen. „Ach, HERR! Denke doch daran, dass ich vor Deinem Angesicht in Treue... gelebt und getan habe, was gut ist in Deinen Augen!" Und Gott geht erstaunlicherweise darauf ein und ändert Seinen Beschluss. Er fügt Hiskias Leben noch 15 Jahre hinzu.

Wir wollen aus diesem Bericht keine falschen Schlüsse ziehen. Normalerweise ist es richtig, zu dem Willen Gottes JA zu sagen: „Ja, Herr, Dein Wille geschehe!" So betete Jesus im Garten Gethsemane (Matth. 26,39.42). Wenn Gott uns heute Seinen Willen in einer bestimmten Richtung kundtut – einer Richtung, die uns vielleicht nicht gefällt -, nicht durch einen Propheten, sondern vielleicht durch einen Arzt oder eine Behörde oder den Arbeitgeber, so sollten wir nicht rebellieren. Auch Hiskia hat nicht rebelliert! Im Gegenteil, er war seinem Gott innig und voll Vertrauen verbunden. Er war Ihm so eng verbunden und hatte Seine Hilfe gerade eben so großartig erfahren (1. Kön. 19!), dass er dachte: Mit diesem Gott kann man doch reden; vielleicht ändert Er, was Er gesagt hat. Aus solcher Haltung kindlichen, demütigen Vertrauens heraus können auch wir in bestimmten Situationen wohl einmal beten: HERR, geht es nicht auch anders?

Wegführung Judas nach Babel

„In jener Zeit zogen die Knechte Nebukadnezars, des Königs von Babel, nach Jerusalem herauf und belagerten die Stadt... Und der König von Babel führte ganz Jerusalem gefangen fort, alle Obersten, alle Kriegsleute, zehntausend Gefangene und alle Schmiede und Schlosser. Niemand blieb übrig als nur das geringe Volk des Landes.“ *2. Kön. 24,10.14*

Auf den frommen König Hiskia folgte in der Gestalt seines Sohnes Manasse ein sehr böser, Gott ungehorsamer Herrscher über Juda. Hatte Hiskia die „Höhen“ – die falschen Anbetungsstätten Jahwehs – beseitigt, so baute sie Manasse wieder auf. Hatte Hiskia die Götzenbilder zerstört, so errichtete sie Manasse von Neuem (18,4; 21,3), bevor der fromme König Josia sie wieder zermalmte (23,5.6) – ein wahrhaft unrentables, unsinniges Verhalten. Das Schlimmste aber war: Der immer wieder aufflammende Götzendienst erregte den Zorn Jahwehs, des Gottes Israels. Das Südreich Juda wurde reif zum Gericht, wie vordem das Nordreich Israel. In den Tagen der frommen Könige Hiskia und Josia wartete Gott noch ab. Auf Josia folgten wiederum Könige, die „taten, was böse war in den Augen des HERRN“: Joahas, Jojakim und Jojachin. Inzwischen war Gott so gereizt und gekränkt, dass von der „großen Glut Seines Zorns“ die Rede ist (23,26). Das Gericht konnte nicht mehr abgewendet werden. Gott gebrauchte Nebukadnezar, den König von Babel, als Gerichtswerkzeug. Das Gericht war in seiner Gründlichkeit erschreckend und furchtbar. Nebukadnezar „hatte kein Mitleid mit Jüngling oder Jungfrau, mit Altem oder Greis... Alle Geräte des Hauses Gottes und die Schätze des Hauses des HERRN brachte er nach Babel. Und sie verbrannten das Haus Gottes und rissen die Mauer von Jerusalem nieder... Und was vom Schwert übriggeblieben war, führte er gefangen nach Babel“ (2. Chron. 36,17-20).

Man möchte fragen: Wie konnte Gott das zulassen, ja sogar wollen? Kann ein solcher Gott die Liebe sein? Wir dürfen hier nicht vorschnell vom Gefühl her urteilen. Es waren harte Erziehungswege Gottes.

Ein Danklied Davids

„Singt dem HERRN, ganze Erde! Verkündet von Tag zu Tag Sein Heil! Erzählt unter den Nationen Seine Herrlichkeit, unter allen Völkern Seine Wundertaten! Denn groß ist der HERR und sehr zu loben, furchtbar ist Er über alle Götter! Denn alle Götter der Völker sind Götzen (Nichtigkeiten), aber der HERR hat die Himmel gemacht... Es freue sich der Himmel und es frohlocke die Erde! Und man sage unter den Nationen: Der HERR ist König!... Preist den HERRN! Denn Er ist gut, denn Seine Gnade währt ewig." 1. Chron. 16,23-26.31.34

Wir unterbrechen für zwei Tage die Beschäftigung mit der Geschichte Israels. Wir achten auf ein Danklied Davids im 1. Chronikbuch. Hier werden unsere Blicke konzentriert auf den HERRN und Sein Heil und Seine Herrlichkeit gewiesen. Der Gott Israels ist der einzig wahre Gott; Ihm gegenüber sind alle Götter der Völker nur Nichtigkeiten oder Kleinigkeiten. Es gibt sie, diese Götter, sie werden im Alten Testament auch „Söhne Gottes" genannt (Hiob 1,6). Sie sind nicht nur Einbildungen. Im 82. Psalm hält Gott Gericht inmitten der Götter. Auch Paulus rechnet mit der Existenz vieler Götter. **Wir** aber haben es nur mit **einem** Gott und **einem** Herrn zu tun (1. Kor. 8,5.6). Die Götter werden in Eph. 6,12 als „Gewalten, Mächte, Weltbeherrscher (Kosmokratoren) und Geister der Bosheit" näher gekennzeichnet. Sie sind also durchaus mächtig, aber **dem wahren Gott gegenüber** Nichtigkeiten. Die gefallenen Engelmächte sind nur Geschöpfe, wogegen unser Gott der Schöpfer ist. Darum blicken wir auf Ihn, lobpreisen Ihn und halten uns in unserem Leben an Ihn. Er ist Seinem Wesen nach **gut**, also nicht hinterlistig, heimtückisch, böse. Seine **Gnade** (Güte, Liebe) hört niemals auf. Bevor Er richtet, mahnt und warnt Er in großer Geduld. Wer aber Seine Stimme, Sein Wort, fortdauernd missachtet, muss irgendwann die Folgen tragen.

Den Ewigseienden, den Schöpfer der Himmel und der Erde, den Guten, den Gnädigen, den König wollen auch wir loben und preisen und durch unser Leben ehren!

Ungeteilte Hingabe

„Die Augen des HERRN durchlaufen die ganze Erde, um sich mächtig zu erweisen an denen, deren Herz ungeteilt auf Ihn gerichtet ist."

2. Chron. 16,9

Bei den Augen des HERRN, die die ganze Erde durchlaufen, denken wir an den siebenfältigen Heiligen Geist. Denn in Offb. 5,6 sieht Johannes ein Lamm, Jesus Christus, das sieben Hörner und sieben Augen hat, und es wird uns gesagt, diese Augen seien „die sieben Geister Gottes, ausgesandt über die ganze Erde". In Jesaja 11,2 erfahren wir Näheres über die sieben Geister Gottes. Es sind nicht etwa „kosmische Elementargeister", wie man schon gemeint hat, sondern es ist wirklich **Gottes Geist** in seinen verschiedenen Funktionen und Wirkungen. Denn die sieben Geister Gottes spenden **Gnade und Frieden** (Offb. 1,4) und haben ihr Dasein angesichts des Thrones Gottes. Von dort werden sie ausgesandt.

Der Ausleger Heinrich Langenberg sah in den sieben Augen „Jesu durchdringenden Geistesblick, Seine Richterfähigkeit, alles durchschauend zu erkennen". Der Geist Jesu Christi wirkt also nicht nur an einzelnen Menschen, sondern er durchläuft das ganze Erdenrund – beobachtend, prüfend, richtend. Er möchte sich mächtig erweisen, denn er ist ja auch ein „Geist der Kraft" (Jes. 11,2). Dies kann er aber nur an Menschen tun, deren Herz ungeteilt auf den Herrn ausgerichtet ist. Welch verheerende Auswirkung ein geteiltes Herz haben kann, sahen wir schon bei dem alt gewordenen Salomo (1. Kön. 11,4 und 9-13). – Lasst uns mit Gerhard Tersteegen sprechen:

Hab ich sonst mein Herz geteilet,
hab ich hier und da verweilet,
endlich sei der Schluss gemacht,
meinen Willen ganz zu geben,
meinem Gott allein zu leben,
Ihm zu dienen Tag und Nacht.

Rückkehr Esras nach Jerusalem

„Esra zog herauf von Babel. Er war ein kundiger Schriftgelehrter im Gesetz des Mose, das der HERR, der Gott Israels, gegeben hatte. Und der König gewährte ihm, da die Hand des HERRN, seines Gottes, über ihm war, all sein Begehren.“ *Esra 7,6*

70 Jahre lang dauerte die Gefangenschaft der Juden in Babel (2. Chron. 36,21 und Jer. 25,11.12). Um auf die Zahl 70 zu kommen, muss man von der ersten Wegführung ums Jahr 606/605 ausgehen; sie betraf eine Auswahl junger Männer aus vornehmem Geschlecht. Das Kapitel Daniel 1 berichtet darüber. Ab 538 erfolgte dann die erste Rückwanderung. In diesem Jahr gab es den berühmten Erlass des Perserkönigs Kyrus, der den Israeliten die Rückkehr in ihr Land und den Wiederaufbau ihres Tempels gestattete.

Es gab insgesamt drei Rückwanderungen der Israeliten aus der babylonischen Gefangenschaft ins Land Israel (538, 458 und 444 v.Chr.), so wie es drei Deportationen gegeben hatte (605, 597 und 586 v.Chr.). Die erste Rückwanderung wurde von Serubbabel geleitet und diente vor allem dem Wiederaufbau des Tempels. Die zweite Rückwanderung wurde von Esra angeführt, der den Opferdienst und die Rechtsprechung nach den Bestimmungen Gottes wieder einführte und die Mischehen auflöste. Die dritte Rückwanderung wurde von Nehemia angeführt, der den Wiederaufbau der Mauern Jerusalems organisierte (Walvoord-Kommentar).

Esras Reformen waren radikal, aber sie entsprachen dem Willen und Wohlgefallen Gottes. Es zeigte sich, dass die notvolle Zeit der Gefangenschaft in Babel doch etwas Gutes bewirkt hatte: Das Volk hatte sich vom heidnischen Götzendienst gelöst und war bereit und willig geworden, sich mit Esra vor Gott zu demütigen und auch die Auflösung der Ehen der Israeliten, die ausländische Frauen ungeachtet ihrer heidnischen Gräuel geheiratet hatten, zu akzeptieren.

Für uns ergibt sich die Frage: Muss uns Gott erst schwere Wege führen, bis wir gehorchen lernen? Viel leichter und segensreicher ist es doch, Ihm sofort in Glauben und Liebe zu gehorchen.

Bau der Mauern Jerusalems mit Schwert und Schild

„Und es geschah, als Sanballat und Tobija und die Araber... hörten, dass die Ausbesserung an den Mauern Jerusalems Fortschritte machte, da wurden sie sehr zornig. Und sie schlossen sich zusammen, alle miteinander, um zu kommen und gegen Jerusalem zu kämpfen... Und es geschah: Die eine Hälfte meiner jungen Männer war an dem Werk beschäftigt und ihre andere Hälfte hielt die Speere und Schilde bereit... Und die Lastträger arbeiteten mit der einen Hand am Werk, während die andere die Waffe hielt. Und von den Bauleuten hatte jeder sein Schwert um seine Hüften gegürtet, so bauten sie." Nehemia 4,1.2.10-12

Nehemia hatte vom Perserkönig Artaxerxes die notwendigen Vollmachten erhalten, um die Stadtmauer Jerusalems wieder aufzubauen (Neh. 2,5-9). Mit großer Energie und Umsicht ging Nehemia ans Werk. Er ermutigte das Volk zum Bau der Mauer, teilte den Einzelnen ihre Arbeit zu und die Ausbesserungen machten Fortschritte. Dies gefiel den Feinden Israels ganz und gar nicht und sie schlossen sich zusammen, um den Wiederaufbau zu stören, ja zu stoppen. In diese Lage versetzt uns der vorangestellte Text. Die Israeliten mussten gleichzeitig **bauen und bereit sein zu kämpfen.**

Steht nicht auch heute die Gemeinde Gottes im Kampf? Zwar haben wir nicht mit Fleisch und Blut zu kämpfen, wohl aber mit Mächten und Gewalten der unsichtbaren Welt. Noch einmal sei auf Eph. 6,10-20 hingewiesen. Es geht heute im Heilsplan Gottes um die Auferbauung der Gemeinde Gottes. Die gefällt dem Feind Gottes genauso wenig wie damals der Wiederaufbau der Mauern Jerusalems. „Gottes Werk geht selten ohne Widerstand voran" (Walvoord-Kommentar). Das scheint nicht allen Christen bewusst zu sein. Manche bauen gar nicht, andere nur ein wenig pflichtgemäß. Auch für uns gilt die Losung: bauen und kämpfen – bauen und wachsam sein. „Bauen" bedeutet, dass jeder an seinem Platz mit den Gaben dient, die Gott ihm gegeben hat (1. Petr. 4,10.11). Und „wachsam sein" bedeutet, daran zu denken: Gemeinde Jesu ist ein Brückenkopf in Feindesland. Mit Verfolgung oder Verführung oder Einschläferung will der Feind Gottes die Auferbauung des Leibes Christi verhindern.

Abwendung der tödlichen Bedrohung des Juden Mordechai

„Haman sagte: Alles genügt mir nicht, solange ich den Juden Mordechai im Tor des Königs sitzen sehe. Da sagten seine Frau Seresch und alle seine Freunde zu ihm: Man soll einen Holzpfahl herrichten, 50 Ellen hoch! Und am Morgen sage dem König, dass man Mordechai daran aufhängen soll... In jener Nacht konnte der König nicht schlafen... Man hängte Haman an dem Holzpfahl auf, den er für Mordechai errichtet hatte."

Ester 5,13.14; 6,1.10

Das bekannte Sprichwort „Wer andern eine Grube gräbt, fällt selbst hinein" stammt aus der Bibel (Sprüche 26,27 u.a.). Man könnte es in Anbetracht des obigen Textes auch so abwandeln: „Es baut einer einen Galgen und hängt selbst daran."

Das Buch Ester versetzt uns in die Zeit der Herrschaft der Perser. Bei dem darin erwähnten König Ahasveros dürfte es sich um Xerxes I. handeln, der von 486-465 v.Chr. regierte. Viele Israeliten waren damals nicht in ihre Heimat zurückgekehrt, obwohl es ihnen der König Kyrus erlaubt hatte; unter diesen befanden sich auch Ester und Mordechai.

Viele haben sich schon gefragt, warum das Buch Ester überhaupt in der Bibel steht; denn der Name Gottes komme darin überhaupt nicht vor. Das stimmt, aber das ganze Buch zeigt Gottes Walten in der Geschichte und Seine Fürsorge für Sein erwähltes Volk. Gott ist im Buche Ester der verborgene Gott.

Ein gewisser Haman wurde damals vom König befördert und über alle anderen Fürsten des Reiches erhoben; alle mussten vor ihm die Knie beugen. Dies tat der Jude Mordechai nicht. Das erregte den Zorn Hamans so sehr, dass er dem König vorschlug, alle Juden seines Reiches auszurotten. Doch dem König wurde in einer schlaflosen Nacht klar, dass dies ein großes Unrecht sei und dass man dem Mordechai im Gegenteil Ehre und Dank schulde (6,1-11). Und so wurde nicht Mordechai, sondern der Judenhasser Haman erhängt.

Auch heute ist Gottes Walten nicht immer als solches zu erkennen. Oft handelt Er im Verborgenen. Und doch ist Er der Herr im Leben der Einzelnen und der Völker. „Gott sitzt im Regimente und führet alles wohl."

Gott – Satan – Mensch

„Es geschah eines Tages, da kamen die Söhne Gottes, um sich vor dem HERRN einzufinden. Und auch der Satan kam in ihrer Mitte. Und der HERR sprach zum Satan: Woher kommst du? Und der Satan antwortete dem HERRN und sagte: Vom Durchstreifen der Erde und vom Umherwandern auf ihr. Und der HERR sprach zum Satan: Hast du achtgehabt auf meinen Knecht Hiob? Denn es gibt keinen wie ihn auf Erden – ein Mann, so rechtschaffen und redlich, der Gott fürchtet und das Böse meidet! Und der Satan antwortete: Ist Hiob etwa umsonst so gottesfürchtig?"

Hiob 1,6-9

Wie in 1. Mose 3 begegnen wir auch hier dem Satan. Er ist der Oberste über allen Mächten der Finsternis. Und wie in 1. Könige 22 versetzt uns der Text in eine himmlische Ratsversammlung. Gott ist so groß, dass Er sogar Seinem ärgsten Feind erlaubt, sich zu betätigen. Er darf im Lauf der Geschichte zeigen, was er kann – besser gesagt, was er nicht kann. Er muss aber Gott Rede und Antwort stehen.

Der Teufel ist kein „dummer Teufel". Er hat eine gewisse Menschenkenntnis, allerdings keine wahre Gotteserkenntnis. Er kennt den menschlichen Egoismus, weil ja dieser durchaus seinem eigenen Denken entspricht. Als sich daher Gott der Frömmigkeit Seines Knechtes Hiob rühmt, fragt der Satan sofort zurück, ob dessen gottgefälliger Lebenswandel nicht lauter Berechnung sei. Er sei nur so fromm, weil Gott ihn reichlich gesegnet und beschützt habe. Ohne diese „Gegenleistung" auf Seiten Gottes wäre er nicht fromm. Das heißt mit anderen Worten: Hiob liebt nicht Dich, sondern sich selbst.

Es gibt gewiss auch Fromme, die so denken. Und wenn heutzutage sogenannte Prediger des Evangeliums lehren, dem wahrhaft Gläubigen würde es immer gut gehen, ihm würden Erfolg und Reichtum und großer Wohlstand zufallen, so wird das falsche und egoistische Denken dadurch gefördert. – Hiob aber war von anderer Wesensart. Er liebte Gott um Seiner selbst willen. Tun wir das auch?

Hiob nimmt alles aus Gottes Hand

„Hiob sagte: Der HERR hat gegeben und der HERR hat genommen, der Name des HERRN sei gelobt!“ *Hiob 1,21*

Es ist erstaunlich, dass sich Gott nicht nur auf ein Gespräch mit Seinem ärgsten Feind einlässt, sondern auch dessen Argumentation ernstnimmt. Der Satan hatte ja gefragt, ob nicht die ganze Frömmigkeit des Hiob nur Berechnung, also Egoismus sei. Nur weil und solange es ihm gutgehe, sei er fromm. Würde aber alles, was er hat, angetastet werden, so werde er Gott verfluchen. Gott nimmt diesen Vorwurf so ernst, dass Er gleichsam sagt: Wir machen die Probe. Du darfst ihm alles nehmen. Nur gegen ihn selbst strecke die Hand nicht aus! Und der Satan ging hin und tat es.

Hiob bestand die Probe. Er sprach das oben angegebene Wort. Er verfluchte Gott nicht, sondern lobte Ihn auch jetzt. Dabei war die über ihn verhängte Prüfung überaus hart und schwer. Der Satan versteht sich darauf zu verderben. Er benutzt dabei Menschen oder Naturgewalten. Dem Hiob wurde nicht nur sein reicher Viehbestand genommen – Tausende von Tieren (Hiob 1,3) -, sondern auch seine sieben Söhne und drei Töchter kamen um.

Hiob nahm das alles aus Gottes Hand. Er hätte ja mit einem gewissen Recht sagen können: Da steckt wohl der Teufel dahinter, so geht doch Gott nicht mit mir um! Oder er hätte sprechen können: Diese Sabäer und Chaldäer sind überaus neidische und räuberische Völker; möge Gott sie strafen! Oder: Was kann man gegen Blitz und Sturm ausrichten? – Nein, so redet er nicht. Er sieht Gott am Werk und findet sogar ein JA dazu!

Man kann leicht singen und sagen: „Sag JA zu Gottes Wegen!“ Doch wie würden wir reagieren, wenn uns auch nur ein Teil von dem träfe, was über Hiob hereingebrochen war? Würden wir nicht Gott und Menschen Vorwürfe machen? Würden wir nicht verzweifelt in Trauer versinken, statt Gott zu loben?

Hiob bestand die erste Prüfung, ohne zu sündigen. Aber es sollte noch eine zweite kommen.

Gutes und Böses kommt von Gott

„Hiob sagte: Das Gute nehmen wir von Gott an, sollten wir da das Böse nicht auch annehmen?“ *Hiob 2,10*

Der Satan gab sich noch nicht geschlagen. Bei einer zweiten himmlischen Ratsversammlung kommt es erneut zu einem Gespräch zwischen Gott und dem Widersacher. Der HERR fragt den Satan: „Von woher kommst du?“ Er antwortet: „Vom Durchstreifen der Erde und vom Umherwandeln auf ihr.“ Gott rühmt sich wieder Seines Knechtes Hiob: „Noch hält er fest an seiner Rechtschaffenheit. Und dabei hattest du mich gegen ihn aufgereizt, ihn ohne Grund zu verschlingen.“

Wieder zeigt sich der Teufel als guter Menschenkenner. Er sagt etwa so: Noch ging es nicht an seinen eigenen Körper. Der Mensch kann vieles verkraften, solange er's nicht am eigenen Leib verspürt. Lass mich mal sein Gebein und sein Fleisch antasten, dann wird er Dich verfluchen!

Gott genehmigt auch diese zweite Prüfung. Doch wie bei der ersten setzt Er dem Satan eine Grenze: Nur schone sein Leben! – Es ist tröstlich zu erkennen, dass nicht nur alle Prüfungen, die vonseiten böser Mächte kommen, einer göttlichen Genehmigung bedürfen, sondern dass sie auch von Gott genau begrenzt werden. So kann Paulus schreiben: „Gott ist treu, der nicht zulassen wird, dass ihr über euer Vermögen versucht werdet, sondern mit der Versuchung auch den Ausgang schaffen wird, dass ihr sie ertragen könnt.“ – Und Hiob besteht auch die zweite schwere Probe. Gutes und Böses nimmt er (anders als seine Frau) aus Gottes Hand.

Wir wollen aus Hiob 1 und 2 keine falschen Schlüsse ziehen. Wenn wir krank oder arbeitslos werden oder durch üble Machenschaften Geld oder Besitz verlieren, so muss dem nicht ein himmlisches Gespräch zwischen Gott und Satan vorausgegangen sein. Wir müssen auch nicht darüber nachgrübeln, inwieweit der Teufel oder seine Untergebenen bei unseren Schwierigkeiten die Hand im Spiel haben. Eines aber dürfen wir wie Hiob tun: Gutes und Böses, Angenehmes und Unangenehmes **aus Gottes Hand** annehmen. Glaubende Menschen haben es immer und überall mit **Ihm** zu tun.

Darf der Mensch mit Gott rechten?

„Sollte ein Mensch gerechter sein als Gott oder ein Mann reiner als sein Schöpfer? Siehe, selbst Seinen Knechten vertraut Er nicht und Seinen Engeln legt Er Irrtum zur Last, wie viel mehr denen, die in Lehmhäusern wohnen und deren Grund im Staub ist!" Hiob 4,17-19

Hiob 3 beginnt mit dem Satz: „Danach öffnete Hiob seinen Mund und verfluchte seinen Tag." Es ist ein schwerwiegendes „Danach". Wenn der Epheserbrief einmal die Gläubigen ermahnt, Gott **allezeit** und **für alles** zu danken (Eph. 5,20), so ist das eine doppelte schwere Aufgabe. **Für alles** danken – das konnte Hiob. Beide Prüfungen (Hiob 1 und 2) bestand er zur Ehre Gottes. Doch **allezeit** – das vermochte er nicht.

Man kann etwas Schweres spontan akzeptieren und Gott danken, doch auf die Dauer der Zeit können sich Selbstmitleid, Zweifelsgedanken oder gar Murren gegen Gott einstellen. So kommen ab Hiob 3 andere Töne aus Hiobs Mund: Wäre ich doch gar nicht geboren! Warum starb ich nicht bald nach der Geburt? Denn Hiob war voll von bösen Geschwüren, von der Fußsohle bis zum Scheitel (2,7). Auch ein Besuch dreier Freunde half ihm nicht wirklich, sondern machte alles noch schlimmer. Es ist das Große am Buche Hiob, dass es alle diese Anfechtungen nicht verschweigt, sondern in mehreren Gesprächen alles vor uns ausbreitet: das Ringen Hiobs, Gott zu verstehen, und die Ratschläge und Vorwürfe seiner Freunde Elifas, Bildad und Zofar.

Hiob gerät immer mehr in Wehleidigkeit und Selbstgerechtigkeit hinein. Er fragt anklagend: Warum? Warum? (3,11.20). Das provoziert die Freunde dazu, ihm entgegenzutreten. Willst du gerechter sein als Gott? fragt Elifas. Sogar Engel können irren – wie viel mehr wir Menschen!

Es gibt Wahrheiten, die stimmen, aber seelsorgerlich nicht hilfreich sind. Die Freunde sind schlechte Seelsorger, „leidige Tröster" (16,2). Es braucht viel Gnade von Gott, mit Schwergeprüften recht zu reden.

Die Tiefen des Wesens Gottes

„Kannst du die Tiefen Gottes erreichen oder die Vollkommenheit des Allmächtigen ergründen? Himmelhoch sind sie – was kannst du tun? Tiefer als das Totenreich – was kannst du erkennen? Länger als die Erde ist ihr Maß und breiter als das Meer.“ *Hiob 11,7-9*

Das sind Worte des Freundes Zofar. Man hat schon darüber gestritten, ob die Reden der drei Freunde Hiobs auch „Wort Gottes“ sind. Darf man das glauben, was sie sagen, oder ist alles falsch? Sagt nicht Gott am Ende, die Freunde hätten nicht recht von Gott geredet (42,7)? – Die Lösung liegt wohl darin, es so anzusehen: Die Freunde wenden richtige Erkenntnisse seelsorgerlich falsch an. Sie kennen die wahren Hintergründe der Leiden Hiobs nicht (sowenig wie er selbst), die der Leser in Hiob 1 und 2 erfährt, und so kommen sie zu falschen Schlüssen, etwa in der Richtung: Etwas muss bei dir nicht stimmen. Du musst gesündigt haben, sonst ginge es dir nicht so schlecht.

Davon abgesehen sprechen die drei jedoch großartige Wahrheiten aus, sprachgewaltig und bildhaft. Zofar spricht von den „Tiefen Gottes“, die kein Mensch ergründen kann, und von der Vollkommenheit Gottes. Wie kannst du dir, Hiob, anmaßen, über Gott zu urteilen?

Wenn Zofar hier von den Tiefen und Höhen Gottes und von der Länge und Breite Seiner vollkommenen Macht und Weisheit spricht, die kein Geschöpf berechnen kann, so werden wir an ein paulinisches Gebet in Epheser 3 erinnert. Da stehen wir auf dem Boden des Evangeliums. Da sind Gotteskinder angeredet. Sie dürfen, ja sie sollen „mit allen Heiligen völlig erfassen, was die Breite und Länge und Höhe und Tiefe ist“. Nach dem Zusammenhang geht es hier um Gottes Wesen und Liebesgedanken. Der Mensch kann sie von sich aus niemals erfassen, doch in der Verbundenheit mit Jesus Christus haben wir Zugang dazu. Wir sollen ja fortschreitend „erfüllt werden zur ganzen Fülle Gottes“ (Eph. 3,14-19). Was für ein Vorrecht!

Hiob blickt weinend zu Gott auf

„Siehe, auch jetzt noch ist mein Zeuge im Himmel und mein Fürsprecher in der Höhe. Meine Freunde verspotten mich; unter Tränen blickt mein Auge zu Gott auf, dass Er Recht schaffe für einen Mann gegen Gott und für einen Menschensohn gegen seine Freunde." Hiob 16,19-21

An zwei Stellen im Buche Hiob (in Kap. 16 und 19) leuchtet etwas davon auf, dass der leidgeprüfte Gottesknecht – irre geworden an Menschen und Gott – doch an Gott festhalten möchte. Ihn quält die Frage: Ist Gott etwa mein Feind? Er fragt in Kapitel 7,20: „Warum hast Du mich Dir zur Zielscheibe gesetzt?" und in 13,24: „Warum verbirgst Du Dein Angesicht und hältst mich für Deinen Feind?" – Doch dabei bleibt Hiob nicht stehen. Wie die vorangestellten Worte zeigen, dringt sein Glaube dazu durch, dass er denkt: **Eigentlich kann Gott nicht gegen mich sein!** Und so ruft er gleichsam Gott gegen Gott zum Kampf auf. Der Gott der Liebe und Treue, den er doch von früheren Jahren her gut kennt, möge ihm Recht verschaffen gegen den Gott, der ihn so schwer heimsucht und sein Feind zu sein scheint, und gegen die Vorwürfe seiner Freunde. Diesen Gott muss es doch geben. Wo ist Er nur?

Es ist etwas Großes, auch in Kummer und Leidensnächten und auf unverständlichen Gerichtswegen mit dem Gott der Liebe zu rechnen. Kann es Größeres geben als das Dennoch des Glaubens und der Liebe in Nacht und Not?

Im Apostel Paulus lebte diese Gesinnung. Er, der Schweres erlebte bis zum Verzweifeln, hielt doch an Gott als seinem Retter fest und wurde nicht zuschanden (2. Kor. 1,8-10). Und im Römerbrief ruft er triumphierend aus: „Wenn Gott für uns ist, wer gegen uns? Er, der doch Seinen eigenen Sohn nicht verschont, sondern Ihn für uns alle hingegeben hat, wie wird Er uns mit Ihm nicht auch alles schenken?... Wer wird uns scheiden von der Liebe Christi?" (Röm. 8,31.32.35). – Wohl uns, wenn dies auch unser Bekenntnis ist!

„Ich weiß, dass mein Erlöser lebt!"

„Hiob sprach: Doch ich weiß, dass mein Erlöser lebt, und als der Letzte wird Er über dem Staub sich erheben. Und ist meine Haut noch so zerschlagen und mein Fleisch dahingeschwunden, so werde ich doch Gott sehen. Ich selbst werde Ihn für mich sehen, meine Augen werden Ihn schauen, aber nicht als Fremden." *Hiob 19,25-27*

Noch deutlicher, tiefer und schöner als in Kapitel 16,19-21 bringt Hiob in diesen Worten Vertrauen und Hoffnung seines Glaubens zum Ausdruck. Das schließt nicht aus, dass er in den folgenden Reden aufs Neue an Gott zweifelt und Ihn anklagt. In einem solchen Glaubensringen geht es hin und her; es gibt Höhen und Tiefen.

Sehr bekannt geworden ist Hiobs Wort: **„Ich weiß, dass mein Erlöser lebt!"** Wenn wir uns dies vom Neuen Testament her zu Eigen machen, dann denken wir an Jesu volle Erlösung aufgrund Seines Todes und Seiner Auferstehung. Und das dürfen wir auch. Wir dürfen es in allen Lebenslagen festhalten: Jesus ist unser Erlöser und Retter, Beistand, Herr und Haupt. – Hiob aber konnte bei dem Wort „Erlöser" an dies alles noch nicht denken. Er verstand darunter einen Anwalt oder Fürsprecher, der für ihn eintritt und deutlich macht: Hiobs Krankheit ist **nicht**, wie die Freunde meinen, die Strafe für ein Sündenleben. Sein Glaube schwingt sich sogar zu der Gewissheit auf: **Ich werde einmal Gott sehen.** Ich werde Ihn sehen „für mich", nicht gegen mich, und nicht als Fremden, der sagt: „Ich kenne dich nicht", sondern als vertrauten Freund.

Auch wir werden Ihn sehen, den Sohn und letztlich sogar den Vater. Jesus verhieß Seinen Jüngern ein Wiedersehen und eine Wiedersehensfreude, die niemand mehr von ihnen nimmt (Joh. 16,22). Und Johannes schreibt in 1. Joh. 3,2: „Geliebte, jetzt sind wir Kinder Gottes, und es ist noch nicht offenbar geworden, was wir sein werden. Wir wissen aber, dass wir, wenn es offenbar werden wird, Ihm gleich sein werden; denn wir werden Ihn sehen, wie Er ist." Und im letzten Kapitel der Bibel steht: „Seine Knechte werden Ihm dienen und sie werden Sein Angesicht sehen" (Offb. 22,3.4). Was heute, im Fleisch, noch nicht möglich ist, dürfen wir dann erleben. Voraussetzung ist nur, dass wir Jesus in Glauben und Liebe gehören.

Wer ist rein vor Gott?

„Siehe, selbst der Mond scheint nicht hell und die Sterne sind nicht rein in Seinen Augen – wie viel weniger der Mensch, die Made, und das Menschenkind, der Wurm!" *Hiob 25,5.6*

Schon einmal hatte Elifas dem Hiob Ähnliches vorgehalten (4,17-19): „Sollte ein Mensch gerechter sein als Gott? ... Selbst Seinen Engeln legt Er Irrtum zur Last, wie viel mehr denen, die in Lehmhäusern wohnen und deren Grund im Staub ist!" – Nun ist es Bildad, der Hiob vorwirft, sich selbst für rein und gerecht zu halten. Nein, du bist nicht ohne Sünde – du bist nicht rein! Nicht einmal Mond und Sterne sind rein vor Gott, wie viel weniger du Erdenwurm!

Haben sie nicht recht, die Freunde Hiobs? Sind sie nicht hervorragende Bußprediger und Evangelisten? O ja, doch sie irren, wenn sie meinen, Hiobs Leiden habe seinen Grund in irgendeiner Sünde Hiobs.

Die Selbstgerechtigkeit beherrscht auch heute viele Menschen, gerade auch fromme Menschen. „Ich habe mir nichts vorzuwerfen, ich habe immer anständig gelebt", so heißt es dann, oder auch: „Ich bin ein guter Christ, ich besuche regelmäßig die Gottesdienste!" – Jesus kämpfte gegen die Selbstgerechtigkeit der Pharisäer und Schriftgelehrten Seiner Tage und Er schreckte nicht davor zurück, ihnen zu sagen: Die groben und lasterhaften Sünder finden eher Eingang ins Gottesreich als ihr (Matth. 21,31)!

Wir müssen uns aber davor hüten, dass wir beim Verurteilen der Selbstgerechten nicht selber selbstgerecht werden! **Alle** Menschen sind Sünder. Wir sind **alle** als gefallene Menschen von Natur aus unrein vor Gott und der Sünde zugeneigt, wenn nicht gar von ihr beherrscht. Wir brauchen Reinigung und wir finden sie im Blute Jesu (Offb. 7,14) sowie durch Gottes Wort (Joh. 15,3). Unser Herz und unser Gewissen, unser Denken und unsre Fantasie bedürfen der Reinigung. Der Sündenvergebung sollen Reinigung und Heiligung folgen.

Hiob hält an seiner Gerechtigkeit fest

„An meiner Gerechtigkeit halte ich fest und werde sie nicht fahren lassen." *Hiob 27,6*

Hiob ist auf seine Weise hartnäckig und konsequent. Noch so gut gemeinte und ernste Bußpredigten bringen ihn nicht davon ab, seinen Freunden gegenüber zu beteuern: Ich habe recht und werde mich vor Gott verteidigen; ihr dagegen seid Lügendichter und Kurpfuscher (13,4)! Ich lasse mich durch euch nicht irremachen; an meiner Gerechtigkeit halte ich fest!

Eine völlig andere, entgegengesetzte Haltung nahm Paulus ein – allerdings erst nach seinem Zusammenbruch vor Jesus Christus auf dem Weg nach Damaskus. Im Philipperbrief bezeugt er mit heiligem Ernst: „Was auch immer mir Gewinn war, das habe ich um Christi willen für Verlust geachtet..., damit ich Christus gewinne und in Ihm erfunden werde, indem ich **nicht mehr meine eigene Gerechtigkeit habe** – die aus dem Gesetz -, sondern... die Gerechtigkeit aus Gott aufgrund des Glaubens" (Phil. 3,7-9). Hier stoßen zwei Haltungen, zwei Einschätzungen, zwei Welten aufeinander. Hiob beteuert: „An meiner Gerechtigkeit halte ich fest", während Paulus sagt: Ich will nicht mehr meine eigene Gerechtigkeit haben, sondern die Gerechtigkeit aus Gott aufgrund des Glaubens. Er hatte erkannt, dass er als frommer Pharisäer, der sich selbst für gerecht hielt – weil er sich ja auch wirklich bemühte, alle Gebote Gottes zu halten und sündlos zu leben -, auf völlig falschem Weg war und sich selbst falsch einschätzte. Er erkannte: Meine Selbstgerechtigkeit ist Sünde. Sie reicht nicht aus vor Gott.

Im Buche Hiob wird zunehmend deutlich, dass auch Hiob – der zu seiner Zeit einer der frömmsten Menschen auf Erden war, wenn nicht gar der allerfrömmste, rechtschaffen und redlich und gottesfürchtig und das Böse meidend (1,1) – dennoch vor Gott ein Sünder war. Denn er verstieg sich dazu, sogar Gott selbst anzuklagen und zum Rechtsstreit herauszufordern.

Mit unserer eigenen Gerechtigkeit kommen wir nicht weiter. Uns hilft nur – wie Paulus – die Gerechtigkeit aus Gott aufgrund des Glaubens.

Hiobs früheres Leben als Vater, Tröster, Haupt

„Ein Vater war ich für die Armen... Sie warteten auf mich wie auf den Regen und sperrten ihren Mund auf wie nach dem Spätregen. Ich lächelte ihnen zu, wenn sie kein Vertrauen hatten, und das Licht meines Angesichts konnten sie nicht trüben. Ich wählte für sie den Weg aus und saß da als ihr Haupt und thronte wie ein König unter der Kriegsschar, wie einer, der Trauernde tröstet." *Hiob 29,16.23-25*

Hiob 29 ist – auch sprachlich – eines der schönsten Kapitel des Buches. Und doch ist es im Grunde nichts anderes als eine wehmütige Rückschau. Das kennen wir ja auch aus Gesprächen oder Selbstgesprächen älterer Menschen: Wie war ich doch einmal so jung und gesund! Keine Arbeit war mir zu anstrengend, kein Weg zu weit. Die Ehrenurkunden meiner Berufsvereinigung – hängen sie nicht an der Wand?

Hiob erinnert sich an die Wertschätzung, ja Ehrfurcht, die ihm die Menschen entgegenbrachten. Hatte er geredet, so gab es keine Gegenrede. Als Helfer der Armen war er bekannt und berühmt. „Auge war ich dem Blinden und Fuß dem Lahmen. Ich befreite den Elenden, der um Hilfe rief. Das Herz der Witwe ließ ich jauchzen."

Hiob wird in diesem Kapitel zum Christusdarsteller. Jesus Christus ist im Vollsinn der Helfer und Retter. Er „lächelt uns zu, wenn wir kein Vertrauen haben" – ein Mut machendes Lächeln. Er wählt unsern Weg aus, ja Er **ist** für uns der Weg zum Vater. Er ist das Haupt des Leibes, der Gemeinde, der König Israels und der Welt, und Er ist es, der Trauernde tröstet (Jes. 61,2.3 und Joh. 14).

Auf Hiob 29 folgt allerdings Kapitel 30. Da zeigt Hiob in traurigen Worten den Gegensatz zwischen Einst und Jetzt. Er schwelgt in Selbstbemitleidung. „Jetzt aber verlachen mich, die jünger sind als ich... Jetzt bin ich ihr Spottlied geworden... Und nun zerfließt in mir meine Seele" (V. 1.9.16).

Es ist gut, wenn wir nicht hängen bleiben im Gedenken an einstiges Glück und im Mitleid mit uns selbst in traurig machender Gegenwart, sondern uns die lebendige Hoffnung vor Augen halten, die wir in Christus Jesus haben dürfen!

Hiobs „Reinigungseid"

„Wenn mein Schritt vom Weg abgebogen und mein Herz meinen Augen gefolgt ist und an meinen Händen ein Makel klebt, dann möge ich säen und ein anderer essen und meine Sprösslinge mögen entwurzelt werden!"

Hiob 31,7.8

Man nennt Kapitel 31 den „großen Reinigungseid Hiobs". Hiob zählt eine lange Reihe von Sünden auf – nicht um sie als Schuld zu bekennen, sondern im Gegenteil um zu beteuern, dass er sie **nicht** begangen habe. Er benutzt dabei die Eidesformel „Wenn – dann". Der Sinn ist: **Wenn** ich dies getan habe, so treffe mich Gottes Zorn. Aber ich habe es nicht getan. Weder ließ ich mich von einer Frau betören noch habe ich das Gold zu meiner Zuversicht gemacht oder meinem Knecht den Lohn vorenthalten. Nie habe ich Geringen einen Wunsch verweigert; ich sah auch nicht weg, wenn einer ohne Kleidung umherirrte oder ein Armer keine Decke hatte. Ich freute mich weder über meinen großen Reichtum noch über den Untergang dessen, der mich hasste. Ich habe kein Vergehen zugedeckt (beschönigt) und bin auch mit meinem Ackerboden sorgsam umgegangen. Also weder ethisch noch juristisch noch ökologisch betrachtet habe ich gegen Gott gesündigt, weder in der Gesinnung noch durch Unterlassung!

Doch noch in derselben Rede wird Hiob zum **Sünder**! Denn er fordert den Allerhöchsten zum Rechtsstreit heraus. „Hiermit unterschreibe ich meinen Reinigungseid. Der Allerhöchste antworte mir! Besitzt Er etwa eine Klageschrift gegen mich? Ich würde den Prozess gewinnen! Ich würde Gott nahen wie ein Fürst!"

Also nicht wie ein Bettler, der sagt: „Nichts hab ich zu bringen; alles, Herr, bist Du!", auch nicht wie ein armer Sünder, der Gnade braucht, oder als elender todgeweihter Erdenwurm, nein, als Fürst, sozusagen „auf gleicher Augenhöhe", will er Gott begegnen (31,35-37).

Nein, wir können Gott nicht als Fürsten begegnen, sondern nur als Sünder und Bettler. Wenn wir das im Glauben tun, schenkt Er Vergebung und Gnade. Und mehr noch: Er macht uns zu Fürsten, zu Königen und Priestern, die mit Christus königlich herrschen sollen (2. Tim. 2,12 und Offb. 1,5.6).

Hiob erkennt und bereut seine Selbstgerechtigkeit

„Da antwortete Hiob dem HERRN und sagte: Siehe, zu gering bin ich! Was kann ich Dir erwidern? Ich lege meine Hand auf meinen Mund. Einmal habe ich geredet und will nicht mehr antworten, und zweimal und will's nicht wieder tun... Ich habe erkannt, dass Du alles vermagst und kein Plan für Dich unausführbar ist." *Hiob 40,3-5; 42,2*

Wie geht nun Gott mit Hiob um, der Ihn zum Rechtsstreit herausgefordert hatte (Kap. 31,35-37)? Sehr gnädig und barmherzig. Er weiß ja um die Leiden Seines Knechts und um sein Glaubensringen. Doch ohne eine Zurechtweisung geht es nicht. Zunächst schickt Gott einen jungen Mann vor, den Elihu. Der erinnert Hiob an Gottes Allmacht und Größe. Danach redet Gott selbst (Kap. 38). Was wird Er sagen? Wie wird Er reagieren? Wird Er Hiobs „Reinigungseid" Punkt für Punkt durchleuchten und ihm nachweisen, dass er doch gesündigt habe? – Nein, Gott stellt ihm nur eine ganz einfache Frage: **„Wo warst du, als ich die Erde gründete?"** Warst du etwa dabei? Bist du der Herr der Naturgewalten? Bist du der Herr aller Tiere? Hast du die Sterne erschaffen und kennst du ihre Gesetze?

Hiob wird immer kleiner. Er hatte den Platz des Geschöpfes verlassen und damit auch die Furcht des Herrn, die Ehrfurcht vor Gott, die der Weisheit Anfang ist (Ps. 111,10). Nun kehrt er wie ein Schüler, dessen Dummheit öffentlich bloßgestellt wurde, beschämt auf seinen Platz zurück. Auch ein Schwerkranker darf Gott nicht zur Rechenschaft ziehen. Er ist und bleibt der HERR, der **uns** zur Rechenschaft zieht. Das sieht Hiob ein. Nun kann Gott ihm gnädig sein, denn „den Demütigen gibt Gott Gnade" (Jak. 4,6). Gott ist es, der Recht behält im Buch Hiob. Otto Riethmüller dichtete:

Zeig uns Dein königliches Walten,
bring Angst und Zweifel selbst zur Ruh.
Du wirst allein ganz Recht behalten:
Herr, mach uns still und rede Du!

Gott ist ein Erstatter

„Und der HERR wendete das Geschick Hiobs, als er für seine Freunde Fürbitte tat. Und der HERR vermehrte alles, was Hiob gehabt hatte, auf das Doppelte... Und der HERR segnete das Ende Hiobs mehr als seinen Anfang." *Hiob 42,10.12*

Man könnte meinen: Am Schluss des Buches Hiob kommt ein „Happy End". So wird der Leser nach all dem Traurigen doch wieder fröhlich. Doch so ist es nicht. Am Schluss steht nicht ein „glückseliges Ende", sondern der Sieg der Gerechtigkeit Gottes. Hiob hatte ja insofern recht – und das wusste Gott am allerbesten -, als sein Leiden keineswegs eine Strafe für Sünde war. Es hatte einen himmlischen Hintergrund (siehe Hiob 1 und 2). Darum konnten die „evangelistischen Ansprachen" seiner drei Freunde (so gut und richtig sie an und für sich auch waren) dem Hiob nicht gerecht werden. Und darum stellt sich Gott am Ende auf Hiobs Seite, nicht auf die der Freunde (42,7).

An diesem Punkt übertrifft das Buch Hiob sogar das Gesetz des Mose. Nach dem mosaischen Gesetz belohnt Gott die genaue Beobachtung Seiner Gebote durch Segen in vielfältiger Form: Gesundheit und Reichtum und Bewahrung vor allem Bösen, während die Ungehorsamen Gottes Fluch zu spüren bekommen (5. Mose 28). Darf man hier den Umkehrschluss ziehen? Ist also ein Gesunder und Reicher ein Mensch, dessen Frömmigkeit Gott belohnt hat? Und steht ein Kranker und Elender seiner Sünde wegen unter Gottes Fluch? – Nein, sagt uns das Buch Hiob, Gott kann ganz andere Gründe haben, Not und Leid zu verhängen. Und im Neuen Testament wird es vollends deutlich, dass Bedrängnisse aller Art sogar ein Segen sein können und Herrlichkeit bewirken.

Gott ist ein Erstatter. Er gibt Hiob nicht nur recht, Er erstattet ihm auch seine Verluste, und zwar doppelt. So segnet Er das Ende Hiobs mehr als seinen Anfang (42,10-13). – Auch im Blick auf die Leiden unserer Zeit und die Bedrängnisse vieler Menschen dürfen wir die Hoffnung haben: Gott macht das Ende herrlicher als den Anfang!
(Man vergleiche 1. Kor. 15 oder Offb. 20-22.)

Der Gerechte und der Gottlose – zwei Lebensentwürfe

„Glückselig der Mann, der dem Rat der Gottlosen nicht folgt, der auch den Weg der Sünder nicht betritt noch im Kreis der Spötter sitzt, sondern seine Lust hat am Gesetz des HERRN und über Sein Gesetz nachsinnt Tag und Nacht... Nicht so sind die Gottlosen..." *Ps. 1,1.2.4*

Sehr eindrucksvoll stellt der 1. Psalm zwei Lebensentwürfe einander gegenüber. Da ist einerseits ein Mann – ein Mensch -, der sich an Gottes Wort hält und die Gebote Gottes beachtet. Er tut es nicht einfach nur pflichtgemäß („Als Christ musst du täglich in der Bibel lesen!"), sondern er hat Lust dazu. Das Bibellesen macht ihm Freude! Und er denkt auch über das Gelesene nach, er liest Gottes Wort mit steigendem Interesse. Gottes Ordnungen geben ihm Wegweisung und Halt. – Die Gemeinschaft mit Sündern und Spöttern würde dazu nicht passen, darum meidet er sie. Das Interesse an Gott und Seinem Wort siegt über das Interesse an der sündigen Lust der Welt. Sein Leben ist fruchtbar für Gott und ein Segen für andere.

Dem stellt der 1. Psalm ab Vers 4 den Weg der Gottlosen (der Frevler, der Gesetzlosen) gegenüber. Sie haben keinen festen Halt im Leben. Sie sind wie Spreu, die der Wind vor sich dahintreibt. Sie werden leicht zum Spielball ihrer Lust oder böser Ideologien. Solche Menschen können vor Gott im kommenden Gericht nicht bestehen. Ihr Weg gleicht einer Sackgasse. Sie merken (hoffentlich) irgendwann: So kann ich doch nicht weiterleben! Dann kann ihnen, wenn sie umkehren, geholfen werden.

In den Psalmen stehen wir noch nicht auf dem Boden des Evangeliums von Jesus Christus. Doch hier und da begegnet uns auch im Alten Testament schon Evangelium! Gott kann es gar nicht abwarten, Seine Gnade und Liebe zu offenbaren. Wenn hier von der Lust am **Gesetz** Gottes die Rede ist – wie viel mehr Lust und Freude und Interesse sollten wir dann verspüren, uns mit dem **Evangelium** von Jesus Christus zu beschäftigen, das uns Halt und Hilfe und Hoffnung gibt!

Jesus Christus ist der von Gott erwählte König

„Der im Himmel wohnt, sagt: Ich selbst habe meinen König eingesetzt auf Zion, meinem heiligen Berg! – Ich will von einer Festsetzung erzählen: Der Ewige sprach zu mir: Mein Sohn bist du, ich selbst habe dich heute gezeugt. Erbitte es von mir, so gebe ich dir Nationen zum Erbe und die Enden der Erde zum Eigentum. Mit eisernem Herrscherstab magst du sie zerschlagen, wie Töpfergeschirr sie zertrümmern.“ *Ps. 2,6-9*

Kann unser Gott auch lachen? Ja, Er kann hohnlachen und spotten. Das erfahren wir zu unserer Überraschung im 4. Vers von Psalm 2. Er kann nur lachen, wenn die Mächtigen der Erde meinen, sie wären die Herren und bestimmten den Lauf der Dinge und könnten Gott und Seinem Christus mit Erfolg entgegentreten. Gott sagt: Ich habe doch schon vor Grundlegung der Welt – als ihr Geschöpfe noch gar nicht da wart – meinen Sohn zum König eingesetzt! Er wird vom Zionsberg in Jerusalem aus königlich herrschen (Jes. 2,2-4). Er ist der König der Juden (Matth. 2,2) und darüber hinaus der König der Völker, ja der König der Könige (Offb. 15,3; 19,16).

Es geht im 2. Psalm nicht etwa nur um die Thronbesteigung eines Königs in Israel, nein, es geht um Gott den Vater und den Sohn. Das bestätigt Hebr. 1,5 und 5,5. Jesus war beim Vater schon vor Grundlegung der Welt. Im Hohepriesterlichen Gebet blickt Jesus auf jene Zeit zurück (Joh. 17,5.24). Und hier, im 2. Psalm, erzählt uns Jesus, was der Vater damals – wahrscheinlich als Allererstes – zu Ihm gesagt hat: **„Mein Sohn bist du, ich selbst habe dich heute gezeugt.“** Darum ist Jesus **Gottes Sohn.** Er ist nicht etwa ein Adoptivsohn, sondern ein gezeugter und geborener Sohn. So ist Er dem Vater wesensgleich (Joh. 10,30).

Als Kinder Gottes haben auch wir das ungeheure Vorrecht, aus Gott gezeugt und geboren zu sein. Das sagt uns der 1. Johannesbrief mehrfach (1. Joh. 3,9; 4,7; 5,1 u.a.). So sind wir dem “neuen Menschen” nach “der göttlichen Natur teilhaftig” (2. Petr. 1,4). Aber wir besitzen auch noch die alte Natur. Lasst uns als Kinder Gottes darauf bedacht sein, dem neuen Wesen Raum zu geben!

Was ist der sterbliche Mensch?

„Wenn ich Deine Himmel anschaue, Werke Deiner Finger, den Mond und die Sterne, die Du eingerichtet hast, was ist (dann) der sterbliche Mensch, dass Du sein gedenkst, und des Menschen Sohn, dass Du dich um ihn kümmerst?“ *Ps. 8,4.5*

Schon wenn wir von einem hohen Berg – etwa vom Jungfraumassiv in der Schweiz – ins Tal hinabschauen, kommen uns die Häuser, die Autos und erst recht die Menschen klein und winzig vor, ja wir können sie überhaupt nicht mehr erkennen. Und wie klein sind wir Menschen erst angesichts unserer Sonne oder unserer Milchstraße (Galaxie) oder der Gesamtheit der Galaxien – man schätzt sie auf 100 Milliarden! Es ist interessant, dass diese Anfechtung – wie klein sind wir und wie groß die Welt der Sterne! – schon einem David vor ca. 3000 Jahren bekannt war! **„Was ist der sterbliche Mensch?“**, so fragte er schon damals. Diese Frage ist bis heute nicht verstummt. Und die Antworten darauf fallen sehr verschieden aus. Während die einen der Menschenverachtung frönen – er sei „eine Wegwerfpackung – eine Hautkrankheit der Erde – ein Ungeziefer der Erdrinde – ein Irrweg der Evolution“ -, halten ihn andere doch wenigstens für kostbar. Er sei einzigartig, flüchtig, winzig, bedroht. So meinte Carl Sagan (in „Unser Kosmos“): „Jeder Einzelne von uns stellt in kosmischer Sicht eine Kostbarkeit dar. Schlagen wir also dem Andersdenkenden nicht gleich den Schädel ein. Denn in 100 Milliarden Galaxien werden wir seinesgleichen nicht noch einmal begegnen.“

Bei dem Größenvergleich bleibt aber David nicht stehen. Er staunt über etwas ganz Anderes: dass der große Gott, der Schöpfer des Alls, sich um dieses kleine Wesen kümmert! Wir sind für Ihn interessant und wichtig! Wir sind dazu bestimmt, Sein Bild zu sein (1. Mose 1,26.27). Sehr schön hat das der Theologe Helmut Gollwitzer einmal in die Worte gefasst: „Der Mensch ist bestimmt, diejenige Stelle in der Schöpfung zu sein, an der Widerspiegelung der göttlichen Liebe stattfindet.“ Das kann von keinem noch so großen Sternsystem gesagt werden. Gott beachtet das Kleine, Geringe und auch das Arme, Kranke, Sündige! Das ist unser Glück und unser Heil. Das ist die wahre „Menschenwürde“, dass Gott auf uns achthat!

Gott kümmert sich um Geringe und Elende

„Wegen der Misshandlung Geringer und Elender, wegen des Seufzens der Armen will ich jetzt aufstehen, spricht der HERR, ich will dem Rettung schaffen, der sich danach sehnt.“ *Ps. 12,6*

Schon in der vorausgehenden Betrachtung sahen wir: Gott kümmert sich um uns Menschen, obwohl wir im Vergleich mit der Welt der Sterne winzig und kaum wahrnehmbar sind. Er hat etwas mit uns vor. Und innerhalb der Menschenwelt kümmert Er sich besonders um die Kleinen und Elenden! Er ist darin ganz anders als wir, die wir auf das Große, Bedeutende (oder sich für bedeutend Haltende!) und das ins Auge Fallende achten. Darum muss in der modernen Werbung alles grell und schrill und aufreizend und wichtigtuerisch daherkommen.

Schon in den ersten Psalmen wird Gott verschiedentlich gebeten: **Steh auf!** So heißt es in Ps. 7,7: „Steh auf, Ewiger, in Deinem Zorn! Erhebe dich gegen die Zornesausbrüche meiner Bedränger und werde wach für mich!“ Und in Ps. 9,20: „Steh doch auf, Ewiger, dass nicht der sterbliche Mensch triumphiere!“ Und in Ps. 10,12: „Steh doch auf, Ewiger! Gott, erhebe Deine Hand! Vergiss die Elenden nicht!“ – Unser vorangestelltes Wort klingt wie eine Antwort auf diese Bitten. „Jetzt will ich aufstehen. Ich habe das Seufzen der Armen gehört, die Misshandlung Elender gesehen.“ Und so wird in den Psalmen immer wieder Gottes doppelseitige Gerechtigkeit gerühmt: Er demütigt und richtet die Starken und Stolzen, die lügen und Unrecht tun, und hilft den Elenden und Armen. Auf diesen Ton sind auch die Seligpreisungen Jesu gestimmt (Matth. 5,3-12).

Vielleicht zählen sich auch manche, die dies lesen, zu den Geringen und Elenden. Sie dürfen wissen: Gott achtet auf mich und Er nimmt mein Gebet ernst. Er ist ein Helfer der Armen und Schwachen. – Fühlen wir uns aber gesund und stark, sind wir erfolgreich im Beruf und angesehen bei den Menschen, so müssen wir darum nicht verzagen. Entscheidend ist, wie wir vor Gott dastehen. Auch erfolgreiche Menschen können demütig sein, und den Demütigen gibt Gott Gnade.

Ich werde nicht wanken, ich habe Hoffnung

„Ich habe den Ewigen beständig vor Augen; weil Er zu meiner Rechten ist, werde ich nicht wanken. Darum freut sich mein Herz und jubelt meine Seele, auch sogar mein Fleisch wird sicher und sorglos ruhen. Denn Du wirst meine Seele nicht dem Totenreich überlassen noch zugeben, dass Dein Frommer die Grube schaut. Du wirst mich erfahren lassen den Weg des Lebens, Sättigung mit Freuden vor Deinem Angesicht, Segensgaben in Deiner Rechten immerdar." Ps. 16,8-11

Dieser Psalm lässt uns verstehen, warum David trotz schwerer Sünde ein „Mann nach dem Herzen Gottes" war (Apg. 13,22). Er sagt ja im 2. Vers zum Herrn: „Du bist mein Herr, es gibt für mich kein Glück (nichts wirklich Gutes) außer Dir!" Die Nähe Gottes ging ihm über alles – über irdisches Liebesglück, Erfolg, Macht und Ehre. Ihn, den Ewigen, hatte er beständig vor Augen. Das war die Grundausrichtung seines Lebens. Ihn wusste er zu seiner Rechten. Wer so denkt und glaubt, muss nicht wanken; er ist im Herrn geborgen und fürchtet sich auch nicht vor der Zukunft.

David spricht hier aber auch als **Prophet.** Die Verse 8-11 werden in Apg. 2,25-28 nach der Septuaginta (griechisches Altes Testament) zitiert und auf Jesus Christus bezogen. Da heißt es dann: „Du wirst meine Seele nicht im Totenreich zurücklassen noch zugeben, dass Dein Heiliger Verwesung sehe." Geht es in Psalm 16 um Davids Bewahrung **vor** dem Tod, so in Apg. 2 um Jesu Errettung **aus** dem Tod durch Auferstehung. – In diesem Sinn dürfen auch wir uns die vorangestellten Verse zu Eigen machen. Sie sind wegweisend für Gegenwart und Zukunft. Heute gilt: Habe ich den Herrn beständig vor Augen – lebe ich mit Jesus Christus -, dann muss ich nicht wanken, ich darf innere Festigkeit gewinnen. Er gibt meiner Seele Freude. Und für die Zukunft darf ich aufgrund der Auferstehung Jesu wissen: Nach dem Sterben bin ich nicht im Totenreich, sondern bei Jesus Christus, der mein Leben ist (Phil. 1,23 und Joh. 11,25). Dort erwarten mich nicht Angst und Schrecken, sondern Sättigung mit Freuden und Segensgaben.

„Der HERR ist mein Hirte“

*„Der HERR ist mein Hirte, mir wird nichts mangeln. Auf grünen Auen lässt Er mich lagern, Er führt mich zu Wassern, wo ich ruhen kann... Auch wenn ich wanderte im Tal der Todesschatten, so fürchte ich kein Unheil, denn **Du bist bei mir**.“* *Ps. 23,1.2.4*

Bei diesem Psalm, der Gott als Hirten darstellt, denken wir vor allem an Jesus Christus. Er nennt sich selbst in Joh. 10,11.14 den guten Hirten. Israel besaß zur Zeit des Propheten Hesekiel schlechte Hirten. Von ihnen lesen wir: Sie weideten sich selbst. „Die Schwachen habt ihr nicht gestärkt und das Kranke nicht geheilt und das Gebrochene nicht verbunden und das Versprengte nicht zurückgebracht und das Verlorene nicht gesucht, sondern mit Härte habt ihr über sie geherrscht und mit Gewalt“ (Hes. 34,2.4). Jesus hingegen geht dem Verlorenen nach, bringt das Verirrte zurück, stärkt das Schwache und erquickt die Seele.

Der gute Hirte ist unser Führer. Auf grünen Auen lässt Er uns lagern. „Er ist kein Treiber, der seine Schafe zu Tode hetzt oder verschmachten lässt, sondern eben darin ihr Hirte, dass er ihnen (auch) Zeit der Ruhe gönnt (Matth. 11,28)“ (Helmut Lamparter). Dem Führer haben die Schafe zu gehorchen. Sie erkennen ihn an seiner Stimme. „Meine Schafe hören auf meine Stimme und ich kenne sie und sie folgen mir und ich gebe ihnen ewiges Leben und sie werden gewiss nicht umkommen ewiglich und niemand wird sie aus meiner Hand reißen“ (Joh. 10,27.28).

Der gute Hirte führt die Schafe auch im „Tal der Todesschatten“. Man kann daran denken, dass die Herde auf ihrer Wanderschaft auch Schluchten, finstere Talgründe zu durchqueren hat; immer ist der Hirte bei ihr. Er ist ausgerüstet mit Stecken und Stab, einer mit Eisen beschlagenen Keule als Schutzwaffe und dem leitenden Stab. Doch kann man hier auch an den Tod denken. Im Leben mit all seinen Gefahren wie auch im Sterben darf der Glaubende wissen: **„Du bist bei mir.“** Das ist der entscheidende Trost. Er gilt all denen, die Jesus als den Herrn ihres Lebens und als ihren Führer auf der Wanderschaft bejahen.

Gottes Zorn währt nur einen Augenblick

„Lobsingt dem HERRN, ihr seine Frommen; dankt Ihm und denkt an Seine (einzigartige) Heiligkeit! Denn Sein Zorn währt nur einen Augenblick, doch lebenslang Sein Wohlwollen; am Abend kehrt das Weinen ein, doch am Morgen ist Jubel da.“ *Ps. 30,5.6*

Im 30. Psalm bringt David seinen Dank und seine Freude zum Ausdruck. In den Kämpfen, in die er immer wieder verwickelt wurde, war er dem Tod schon nahe gekommen, doch der HERR hat ihm geholfen. „Jahweh, Du hast meine Seele (gleichsam) aus dem Totenreich heraufgeholt, hast mich belebt (und bewahrt) vor dem Hinabsinken zur Grube“, so betet er in Vers 4. Und in den vorangestellten Versen kennzeichnet er das Wesen Gottes – das Verhältnis von Gottes Zorn zu Gottes Gnade – in wunderschönen Worten. Gottes Zorn währt nur einen Augenblick, doch lebenslang Seine Gnade (Gunst oder Wohlwollen). Jahrhunderte später lässt Gott Israel durch Jesaja Ähnliches sagen: „Einen kleinen Augenblick habe ich dich verlassen, aber mit großem Erbarmen werde ich dich sammeln. Im aufwallenden Zorn habe ich einen Augenblick mein Angesicht vor dir verborgen, aber mit ewiger Gnade werde ich mich über dich erbarmen, spricht der HERR, dein Erlöser“ (Jes. 54,7.8). Aber dauerte das Exil (erst in Assyrien, danach in Babylon) wirklich nur einen Augenblick? Waren es nicht viele Jahrzehnte? Wenn vor Gott 1000 Jahre nur wie ein Tag sind (Ps. 90,4), dann sind vor Ihm die 70 Jahre der babylonischen Gefangenschaft nur eine kurze Zeitspanne. Erst recht ist Sein noch so heftiger Zorn **gemessen an Seiner Gnade,** die lebenslang, ja ewig währt, kurz und leicht. Im gleichen Sinn bezeugt auch Paulus in 2. Kor. 4,17: „Unsre Drangsal, die zeitlich und leicht ist, verschafft uns ein über jedes Maß hinausgehendes ewiges Gewicht an Herrlichkeit.“

So ist unser Gott – Israel gegenüber, aber auch für uns. Wohl dem, der mit David sprechen lernt: „Du hast mir meine Klage in Reigentanz verwandelt, hast mein Trauergewand gelöst und mich mit Freude umgürtet“ (Ps. 30,12)!

Das Glück der Sündenvergebung

„Glückselig der, dessen Übertretung vergeben, dessen Verfehlung bedeckt ist! Glückselig der Mensch, dem der HERR die Verschuldung nicht zurechnet!“ *Ps. 32,1.2*

In den Psalmen 32 und 51 steht David seine große Schuld vor Augen. Er war zum Ehebrecher und Mörder geworden (2. Sam. 11 und 12). Er hatte vor dem Propheten Nathan zugegeben (was einem König nicht leichtfällt): „Ich habe gegen den HERRN gesündigt!“ Daraufhin sagt ihm Nathan: „So hat auch der HERR deine Sünde weggenommen; du wirst nicht sterben!“ Das könnte man so verstehen, als wäre die ganze Angelegenheit ziemlich schnell erledigt gewesen; denn Sündenbekenntnis und Gnadenzuspruch folgen unmittelbar aufeinander. Doch die Psalmen 32 und 51 zeigen, dass der König David doch durch tiefe Buße und ernstes Selbstgericht ging. Es ist wohl eine Zeit dahingegangen, bevor Gott nach Davids Sünde den Propheten Nathan zu ihm sandte. In dieser Zeit hat David geschwiegen. Er hat das Ganze wohl auch vor sich selbst verdrängt. Doch Sünde, die nicht bekannt, sondern verdrängt wird, macht krank. „Als ich schwieg, zerfielen meine Gebeine (oder: schwanden meine Knochen dahin) und ich stöhnte den ganzen Tag“ (32,3). Schließlich konnte er's nicht mehr aushalten: „So tat ich Dir meine Verfehlung kund und verbarg meine Verschuldung nicht länger“ (32,5).

Kennen wir noch das **Glück der Sündenvergebung**? Oder halten wir Gottes Vergebung für selbstverständlich? Nun, wir sind ja wohl nicht so schlimm wie David, sind keine Ehebrecher und Mörder. (Oder doch vielleicht in Gedanken?) Doch Vorsicht – auch „kleine Sünden“ zeigen unser Verdorbensein. In gefährlichen Situationen von Verführung oder innerer Empörung können schnell „große Sünden“ daraus erwachsen. Ob „klein“ oder „groß“ nach unserem Empfinden – lasst uns dem Herrn unsre Sünden bekennen, im Sinne von 1. Joh. 1,9: „Wenn wir unsre Sünden bekennen, so ist Er treu und gerecht, dass Er uns die Sünden vergibt und uns reinigt von aller Ungerechtigkeit.“ Und dann wollen wir das Danken nicht vergessen, denn Gottes Gnade ist nie selbstverständlich.

Befiehl dem HERRN deinen Weg!

„Habe deine Lust am HERRN, so wird Er dir die Bitten deines Herzens gewähren. Befiehl dem HERRN deinen Weg und vertraue auf Ihn, so wird Er handeln und wird deine Gerechtigkeit aufgehen lassen wie das Morgenlicht und das gerechte Urteil über dich wie die Mittagshelle. Sei still vor dem HERRN und warte auf Ihn!" Ps. 37,4-7

Dies ist der Psalm, nach dem Paul Gerhardt das bekannte Lied „Befiehl du deine Wege" gedichtet hat. Statt „Befiehl dem HERRN deinen Weg" kann auch übersetzt werden: „Wälze auf Jahweh deinen Weg (dein Ergehen)!" Das kann ich aber nur tun, wenn ich **vertraue**. Wer Gebete für Selbstgespräche hält und nicht wirklich damit rechnet, dass der HERR hört und erhört, kann nicht recht beten. Wer aber wirklich mit Gott rechnet, wird auch Sein Handeln erfahren – so oder so. Dazu gehört aber auch, wie die obigen Worte zeigen, das Stillwerden und Warten. Gott hilft nicht immer sofort. Er kann Erhörungen jahrelang hinauszögern. Am Ende des Zweiten Weltkriegs haben so manche gläubige Eltern jahrelang um die Rückkehr ihres Sohnes aus Kriegsgefangenschaft gebetet. Nach Jahren hatten sie die Hoffnung schon fast aufgegeben – da stand er plötzlich in der Tür!

Kennen wir die Lust am Herrn und die Lust zu beten? Es ist befreiend, nicht alles mit sich selbst ausmachen zu wollen. Wir dürfen Ihm **alles** sagen und wirklich auf Ihn **wälzen** – unsre Sünden und Abhängigkeiten, unsre Zweifel und Zukunftsängste und Sorgen. Er kann unsre Finsternisse vertreiben, wie die Tageshelle die Nacht hinter sich lässt. Machen wir also Gebrauch von der freundlichen Einladung unseres Psalms! Im Neuen Testament empfiehlt uns Petrus Ähnliches: „Alle eure Sorge werft auf Ihn; denn Er sorgt für euch" (1. Petr. 5,7). Wir sollen das Geworfene aber nicht gleich wieder in neue Sorge verwandeln – wie ein Kind, das den Ball an die Wand wirft und wieder auffängt -, sondern wirklich Ihm überlassen. Der Herr möge uns ein vertrauensvolles Wälzen und Werfen schenken und – ob bald oder nicht so bald – das dankbare Erleben einer Gebetserhörung!

Ermunterung einer bedrückten Seele

„Warum bist du so bedrückt, meine Seele, und warum bist du so unruhig in mir? Harre auf Gott, denn ich werde Ihm noch danken als dem Heil meines Angesichts und meinem Gott." *Ps. 42,12*

Ab Psalm 42 begegnen uns Psalmen der Korachsöhne. Ihr Vater hatte sich mit seinen Anhängern auf dem Wüstenzug gegen Mose empört und kam in einem entsetzlichen Strafgericht um (4. Mose 16), doch seine Söhne wurden verschont, weil offenbar eine andere Gesinnung in ihnen war (4. Mose 26,11).

Der Verfasser des 42. Psalms befindet sich im Gebiet der Jordanquellen (V. 7). Dem Rauschen der Wasserfälle entspricht der Zustand seiner eigenen Seele, wo es auch tobt und stürmt. Seine Seele ist bedrückt; dazu wird er seines Glaubens wegen verspottet (V. 11). Vielleicht hat man ihn gewaltsam in den Norden Israels, an den Südhang des Hermon-Gebirges verbannt. Er trägt schwer daran, vom Hause Gottes und seinen feierlichen Gottesdiensten getrennt zu sein.

Der Psalm ist ein Psalm der **Sehnsucht,** der **Selbstermunterung** und der **Hoffnung.** „Meine Seele dürstet nach Gott, nach dem lebendigen Gott", bekennt er in Vers 3. Die Sehnsucht richtet sich nicht auf ein Geschöpf oder eine Landschaft oder auf Macht und Reichtum, sondern auf Gott selbst. Er ermuntert seine eigene Seele, doch nicht zu verzagen. Solche Selbstermunterung – Zuspruch für die eigene Seele – finden wir auch in anderen Psalmen (62,6; 103,1.2 u.a.). Er wartet harrend auf Gottes Hilfe und rechnet fest damit: „Ich werde Ihm noch danken als dem Heil meines Angesichts und meinem Gott." Diese Worte des 12. Verses finden sich auch in Vers 6 und Ps. 43,5.

Sehr leicht kann es geschehen, dass unsre Seele bedrückt, belastet, beschwert ist. Da kann ein Wort Gottes oder ein christliches Lied gute Dienste tun. Auch kann die Selbstermutigung der Seele eine Hilfe sein, wo gleichsam der in Gott ruhende Geist der unruhigen Seele Zuspruch oder auch Befehle gibt. Noch wichtiger aber ist es, den Blick wartend und vertrauend auf Gott zu richten. – Friedrich Räder dichtete:

Harre, meine Seele, harre des Herrn!
Alles Ihm befehle, hilft Er doch so gern.

Gott wohlgefällige Opfer

„Opfere Gott Dank und bezahle dem Höchsten deine Gelübde! Und rufe mich an am Tag der Not, so will ich dich herausreißen und du sollst mich verherrlichen." *Ps. 50,14.15*

Gott hatte Israel im Gesetz einen vielfältigen Opferdienst auferlegt (siehe 3. Buch Mose). Rinder, Stiere, Schafe, Ziegen oder auch junge Tauben sollten als Brandopfer, Friedensopfer, Sündopfer oder Schuldopfer Gott dargebracht werden; das Blut der Tiere sollte u.a. der Sühnung und Vergebung der Sünden des Volkes dienen. Aber kann Ochsen- oder Bocksblut Sünden tilgen? „Nein", sagt Hebr. 10,4, „unmöglich kann Blut von Stieren und Böcken Sünden wegschaffen". Widerspricht sich hier nicht Gottes Wort? Was nach dem 3. Mosebuch geboten war, soll unnötig und unwirksam sein? Die Lösung liegt darin, dass der gesamte Opferdienst ein **Hinweis auf das Opfer Jesu Christi** am Kreuz war und nur in diesem Sinn Vergebung bringen konnte. Das Gesetz war nur ein **„Schatten",** in Christus aber ist das **Wesen** erschienen, der Körper, der den Schatten wirft (Hebr. 10,1). Der Opferdienst sollte der Erziehung der Israeliten dienen, er sollte ihnen ihre Schuld und die Notwendigkeit der Vergebung bewusst machen. Gott nimmt die Sünde so ernst, dass es „ohne Blutvergießen keine Vergebung gibt" (Hebr. 9,22).

Es ist interessant zu sehen, dass Gott schon im 50. Psalm zum Ausdruck bringt, dass Er die Tieropfer im Grunde gar nicht braucht. Geradezu ironisch sagt Er dort: Mir gehört doch alles Getier des Waldes, alles Vieh und alle Vögel! Was wollt ihr mir geben? Soll ich etwa Ochsenfleisch essen und Blut von Böcken trinken? Bringt mir statt der Tiere euern **Dank** als Opfer dar und euern **Bittruf** in der Not (50,9-15)! – Noch radikaler sagt es der 51. Psalm: „Du hast keine Lust am Schlachtopfer, Brandopfer gefällt Dir nicht. Die Opfer Gottes (die Ihm gefallen) sind ein zerbrochener Geist!" (51,18.19).

Aufgrund von Psalm 50,15 hat man schon gesagt, 5015 sei die Telefonnummer Gottes. „Ruf mich doch wieder einmal an", sagt der Allerhöchste zu uns. „Bring mir deine Not, ich will dir helfen! Du brauchst mir keine Tiere zu opfern, gib mir vielmehr Dank und Bitte!"

Bitte um totale Erneuerung

„Erschaffe in mir, Gott, ein reines Herz und bilde in meinem Innern einen neuen, beständigen Geist! Verwirf mich nicht von Deinem Angesicht und nimm den Geist Deiner Heiligkeit nicht von mir! Lass mir wiederkehren die Freude Deines Heils!" *Ps. 51,12-14*

Wie wir es bereits im 32. Psalm gesehen haben, hat David nach seiner großen Sündenschuld die Vergebung nicht leichtfertig in Anspruch genommen. Das zeigt der 51. Psalm noch deutlicher. David betet darin: „Wasche mich gründlich von meiner Schuld und von meiner Verfehlung reinige mich! Denn meine Übertretungen – ich kenne sie gut, und meine Verfehlung steht mir ständig vor Augen" (51,4.5). David erklärt dann im 12. Vers seinen totalen Bankrott vor Gott: Mir hilft keine Reparatur, keine Flickschusterei; ich muss von Grund auf erneuert werden: mein Herz, meine Gesinnung, mein Innerstes! **„Erschaffe in mir, Gott, ein reines Herz!"** Das Wort „Erschaffe" ist hier zu beachten. Es ist dasselbe Wort, das schon im 1. Kapitel der Bibel dreimal vorkommt, wo es heißt: **Gott schuf** (1. Mose 1,1.21.27). Aus dem Nichts erschafft Gott durch Sein Wort und Seinen Geist etwas ganz Neues. Dasselbe erbittet David hier. Gott möge ihn auch nicht von sich stoßen und möge Seinen Geist – der ihn befähigte, kostbare Psalmen zu dichten – nicht von ihm nehmen. Und die Heilsfreude (die durch Sünde getrübt wird oder ganz verloren geht) möge ihm wiederkehren.

Auch wir brauchen etwas ganz Neues. Heiligung ist nicht Reparatur. Von diesem Neuen, das an die Stelle des Alten treten soll, spricht Paulus u.a. im Epheserbrief. Er sagt dort: „Habt den **alten Menschen** abgelegt, der sich durch trügerische Begierden zugrunde richtet, und werdet erneuert im Geist eurer Gesinnung und habt den **neuen Menschen** angezogen, der gottgemäß erschaffen worden ist in Gerechtigkeit und Heiligkeit der (göttlichen) Wahrheit" (Eph. 4,22-24). Das ist Geschenk und Mahnung zugleich. Gott schenkt uns die neue Wesensart. Aber das Alte ist lebenslang auch noch da. Lasst uns vom Neuen her leben!

Gottes Herrlichkeit erhebe sich über alles!

„Erhebe dich über die Himmel, o Gott, und über der ganzen Erde sei Deine Herrlichkeit!“ *Ps. 57,6*

Der Kommentator Eduard König bemerkte seinerzeit zu diesem Psalm: „Dieses Lied passt gut in die Situation, wo David auf seinen Fluchtwegen und in den Kämpfen mit Völkerschaften des südwestlichen Kanaan oft in der Einsamkeit übernachten musste... Sieht man ihn nicht mit seiner Zither auf dem nächtlichen Wachtposten stehen und die Morgenröte erwarten?“ Da betet David: So wie die Sonne in Kürze Himmel und Erde erglänzen lassen wird, so erfülle Gott die Himmel und die ganze Erde mit Seiner Herrlichkeit!

Er war aber wohl nicht einsam, als er diesen Psalm dichtete. Er hat ihn verfasst, „als er vor Saul in die Höhle geflohen war“ (V. 1). Gemeint ist wohl die dramatische Situation von 1. Sam. 21,11-16 und 22,1.2. David hält sich auf der Flucht vor Saul und dem König von Gat in der Höhle Adullam auf. Dort sammeln sich um ihn lauter Bedrängte, Verschuldete und Leute mit erbittertem Gemüt – 400 Mann. Was für eine unruhige Nacht muss hinter David liegen! Und er weiß, dass man ihm nachstellt und ihn vernichten will. Doch er ergreift seine Zither und dichtet ein Lied und blickt nicht auf Angst und Zorn und Jammer, sondern auf Gottes Herrlichkeit! Das ist ein gewaltiger und vorbildlicher Glaubensschritt. Er ist auch nicht voll innerer Unruhe, sondern kann in diesem Psalm bezeugen: „Fest, o Gott, ist mein Herz, fest ist mein Herz; singen will ich Dir also und spielen... Ich will Dich rühmen unter den Völkern... Denn groß bis zu den Himmeln ist Deine Gnade und bis zu den Wolken Deine Treue“ (V. 8.10.11).

Wir haben im Alten und im Neuen Testament viele Verheißungen der Herrlichkeit Gottes. Sie soll sich offenbaren im Tempel in Jerusalem, in ganz Israel, in der gläubigen Gemeinde heute sowie im Himmel und auf der ganzen Erde. Offb. 21 und 22 lassen uns die neue Lichtwelt Gottes erahnen. Noch ist es nicht soweit. Noch umgibt uns viel Finsternis. Aber wir dürfen wie David das Höhlendunkel der Traurigkeit und Angst verlassen und die Morgenröte erwarten: die Wiederkunft Christi in Herrlichkeit. Dämmert es nicht schon am Horizont?

Zu Gott hin gewandt wird meine Seele still

„Nur zu Gott hin gewandt sei still, meine Seele, denn von Ihm kommt meine Hoffnung. Nur Er ist mein Fels und meine Rettung, meine feste Burg, ich werde nicht wanken... Vertraut auf Ihn, alles Volk; schüttet euer Herz vor Ihm aus; Gott ist unsre Zuflucht.“ *Ps. 62,6.7.9*

Auch in diesem Psalm Davids geht es um das Stillwerden der Seele. Zur Zeit Sauls war David jahrelang ein Verfolgter. Wie kann man als ein Verfolgter innerlich ruhig und still sein? Wir sahen bereits in der gestrigen Betrachtung, wie David wunderbarerweise schon in der Morgendämmerung Angst und Sorge hinter sich lässt, aus seiner Höhle heraustritt und Gott lobpreist. Auch im 62. Psalm lässt er erkennen, wie die Seele still werden kann: Er empfiehlt uns nicht Psychopharmaka, sondern die Hinwendung zu Gott. Er spricht ermunternd zur eigenen Seele, wie die Korachsöhne im 42. Psalm. Gott ist sein Fels, der ihm Halt und Schutz bietet, seine Rettung und feste Burg. Das sagt er zweimal in diesem Psalm (V. 3 und 7).

Wie unruhig und gehetzt ist doch der heutige Mensch! Viele technische Hilfsmittel stehen ihm zur Verfügung, die man zur Zeit Davids, ja auch vor 100 Jahren noch nicht kannte. Sie sollen das Leben leichter und angenehmer machen. Man denke an Autos, Computer, Handy, Internet und Supermärkte. Die Fortbewegung wie auch das Einkaufen geht leichter und schneller. Doch wo bleiben Stille und Dankbarkeit, ruhige und freundliche Gespräche? Sie werden zur Ausnahme. Lärm, Stress, Medienkonsum, Jagd nach Arbeit oder Vergnügen lassen keine Stille aufkommen. Auch bei Waldspaziergängen wollen viele auf wilde Musik nicht verzichten; die Technik macht es möglich.

Man muss sich schon von alledem bewusst losreißen und auf Gott konzentrieren, um in der Seele still zu werden. Da kann man über sich selbst und über Gottes Wort nachdenken. Da kann man das Herz vor Gott ausschütten und Ihm alles sagen. Der HERR schenke uns dieses Stillwerden – Er schenke es uns heute!

Gott hat Ausgänge aus dem Tod

„Gott ist uns ein Gott der Rettungen, und für Jahweh (den Ewigseienden), den Herrn, gibt es auch dem Tod gegenüber Ausgänge.“ *Ps. 68,21*

Es gibt ein Fortschreiten in der göttlichen Heilsoffenbarung. Manche Heilswahrheiten treten nur langsam und schrittweise ans Licht. Die biblischen Schreiber haben nicht alle die gleiche Höhe und Tiefe der Gotteserkenntnis. Jesus steht über Mose, wenn Er in der Bergpredigt sagt: „Ich aber sage euch...“ Und als der erhöhte Christus konnte Er mehr offenbaren (z.B. über die Berufung Seiner Gemeinde), als es Ihm auf Erden möglich war.

Auch das so wichtige Thema der **Todesüberwindung** nimmt erst nach und nach eine deutliche Gestalt an. Im Predigerbuch lesen wir noch: „Es geht dem Menschen wie dem Vieh: Wie dies stirbt, so stirbt auch er... und der Mensch hat nichts voraus vor dem Vieh; denn es ist alles eitel. Es fährt alles an **einen** Ort. Es ist alles aus Staub geworden und wird wieder zu Staub“ (3,19.20). Das ist ja rein irdisch und biologisch gesehen auch wahr; aber es ist nur ein Teil der Wahrheit. Immerhin weiß Salomo aber doch (12,7), dass beim Sterben des Menschen zwar der Staub zur Erde zurückkehrt, der Geist aber kehrt zu Gott zurück.

Auch der 49. Psalm schlägt zunächst düstere Töne an. Wir lesen in Vers 13: „Der Mensch in all seiner Pracht bleibt nicht; er gleicht den Tieren, die verstummen“ (Lutherbibel: „Er muss davon wie das Vieh“). Doch dann erkennen die Korachsöhne im 16. Vers: „Gott aber wird meine Seele erlösen aus der Gewalt des Totenreichs, denn Er wird mich aufnehmen.“ Hier bricht sich der Auferstehungsglaube schon Bahn wie auch in unserem vorangestellten Wort. Da wird bereits deutlich: Tod und Totenreich sind nicht das Letzte.

Im Neuen Testament sagt dann Jesus: „Ich bin die Auferstehung und das Leben. Wer an mich glaubt, wird leben, auch wenn er stirbt“ (Joh. 11,25). Und Paulus darf bezeugen: „Wie sie in Adam alle sterben, so werden sie in Christus alle lebendig gemacht werden... Als letzter Feind wird der Tod entmachtet“ (1. Kor. 15,22.26). Wie gut, dass wir das wissen dürfen!

„Hat Gott vergessen, gnädig zu sein?“

„Wird der Herr auf ewig verstoßen? Und wird Er uns künftig keine Gunst mehr erweisen? Ist Seine Gnade für immer zu Ende? Ist das Wort (der Verheißung) nicht mehr gültig von Generation zu Generation? Hat Gott vergessen, gnädig zu sein? Oder hat Er im Zorn Seine Erbarmungen verschlossen?“ *Ps. 77,8-10*

Immer wieder fragen die Psalmsänger in bedrängter Zeit, warum Gott sie und ihr Volk so leiden lasse. Der Sänger Asaf stellt hier sechs Fragen an Gott, die, aus der Not geboren, sehr kühn und radikal formuliert sind.
Wird der Herr auf ewig verstoßen? Jahrhunderte später ist es Paulus, der in Röm. 11,1 fragt: Hat Gott etwa Sein Volk verstoßen? Und er zeigt in diesem Kapitel, dass das nie und nimmer der Fall ist.
Wird Er uns künftig keine Gunst mehr erweisen? Hat Er sich in Seinem Herzen von uns abgewandt – vielleicht sogar für immer?
Ist Seine Gnade für immer zu Ende? Ist sie irgendwann erschöpft? Heißt es wie im Geschäftsleben: „leider nicht mehr lieferbar, ausverkauft, wird auch nicht mehr erscheinen“?
Ist das Wort der Verheißung nicht mehr gültig? Fühlt sich Gott an Seine Zusagen nicht mehr gebunden, vielleicht, weil das Geschöpf Ihn enttäuscht hat?
Hat Gott vergessen, gnädig zu sein? Bei uns Menschen heißt es: Man kann nicht immer an alles denken! Geht es so auch dem unendlichen Gott?
Hat Er im Zorn Seine Erbarmungen verschlossen? Was ist stärker, Gottes Zorn oder Seine Gnade? Wir fanden das in Ps. 30,6 schon beantwortet: „Sein Zorn währt nur einen Augenblick, doch lebenslang Sein Wohlwollen.“
Man braucht nur an drei Worte zu denken, um all diese Zweifelsgedanken hinwegzufegen. Sie lauen: **Gott ist treu!** Das sagt die Bibel an vielen Stellen (u.a. in 1. Kor. 1,9; 10,13). Oder an die drei Worte: **Gott ist Liebe** (1. Joh. 4,8.16). Und diese Liebe ist niemals am Ende (1. Kor. 13,8). Auch Seine Gnade ist ewig, sie hört niemals auf. Das steht 26 Mal im 136. Psalm. Daran dürfen auch wir uns in Zeiten der Anfechtung halten.

Ein Ruf der Liebe Gottes

„O wenn doch mein Volk auf mich hörte, Israel auf meinen Wegen ginge! Wie leicht könnte ich dann ihre Feinde demütigen und meine Hand gegen ihre Bedränger wenden!“ *Ps. 81,14.15*

Der 81. Psalm beginnt mit einer Aufforderung, Gott zu loben, mit Pauke, Zither, Harfe und Posaune Ihm zuzujubeln. Doch dann „stört“ Gott die feierliche Stimmung. Ein Gottesspruch unterbricht ab Vers 4 den Aufruf, Ihm freudig ein Fest zu feiern. Der Inhalt ist sehr ernst. Freut sich Gott denn nicht, wenn wir Ihm singen und spielen und Feste feiern? Hatte Er sie Israel nicht geboten (3. Mose 23)? – Die Antwort muss wohl lauten: Unser Loben, Preisen, Singen gefällt Gott nur dann, wenn etwas anderes vorausgeht: unser **Hören und Gehorchen!** Daran mangelte es in Israel immer wieder und Gott macht deutlich: Loben und Feiern ist kein Ersatz für Hören und Gehorchen! Wie setzen wir die Prioritäten richtig? Die Reihenfolge sollte lauten: **Hören – gehorchen – danken – feiern!** Oft ändert man auch heute diese Reihenfolge und will zunächst einmal Gott loben, Jesus feiern. Das klingt gut, aber wissen die Gottesdienstbesucher überhaupt, warum sie Gott loben sollen? Wurden sie schon „errettet aus dem Machtbereich der Finsternis und versetzt in das Königreich des Sohnes Seiner Liebe“? Kennen sie Gottes Wort und Verheißungen? Gott lehnt unsre Gottesdienste ab, wenn sie nur Stimmungsmache, Gewohnheit oder Formsache sind (man vergleiche Jes. 1,10-17).

Gott redet aber im vorangestellten Wort sehr liebevoll. „O wenn doch mein Volk auf mich hörte! Wie leicht könnte ich dann ihre Feinde demütigen!“ Ob das nicht auch eine Bedeutung für das heutige Israel hat?

Es ist aber auch eine liebevolle Mahnung an uns. Was könnte Gott in unserm Leben tun, wie viel Freude und Segen könnten wir erleben, wenn wir wirklich auf Ihn hören und Ihm gehorchen wollten! Darum ist das Lesen der Bibel und das Hören guter Predigten keine Nebensache! Lasst uns im Glauben hören und gehorchen!

Glückselig der Mensch, der in Gott seine Stärke hat!

„Glückselig der Mensch, der in Dir seine Stärke hat, (Menschen) in deren Herzen gebahnte Wege sind! Durch das Tränental gehend machen sie's zu einem Quellort; ja, mit Segnungen bedeckt es der Frühregen. Sie gehen von Kraft zu Kraft, (bis) sie erscheinen vor Gott in Zion." Ps. 84,6-8

Ein Ton der Freude durchzieht dieses Pilgerlied, den 84. Psalm. Die Pilger freuen sich, nun bald Jerusalem und das Heiligtum Gottes zu erreichen. Auch tiefes Gottvertrauen und eine innige Gottverbundenheit bringt dieser Psalm zum Ausdruck: „Jahweh Gott ist Sonne und Schild. Gnade und Herrlichkeit wird der HERR geben; nichts Gutes wird Er denen vorenthalten, die in Lauterkeit ihr Leben führen" (V. 12).

Die Korachsöhne als die Verfasser dieses Psalms klagen und jammern nicht. Sie sprechen allerdings von einem „Tränental". Ist es ein Bild für ihre beschwerliche Reise oder denken sie an eine besonders gefährliche Schlucht, die sie durchqueren mussten? Wir wissen es nicht. Jedenfalls verfallen sie nicht in Selbstmitleid, sondern sind glückselige Menschen; denn ihre Stärke ist der HERR. Offensichtlich haben sie erfahren, was Psalm 23 bezeugt: „Auch wenn ich wanderte im Tal der Todesschatten, so fürchte ich kein Unheil, denn Du bist bei mir." Außerdem haben sie ein kostbares Ziel vor Augen. „Die Freude, Gott auf dem Zion (zu begegnen), wirft ihre Strahlen voraus, sie ist eine Quelle der Kraft" (Helmut Lamparter). Und diese Gotteskraft wird ihnen beständig erneuert.

Auch Christen pilgern der Heimat entgegen. Es ist die himmlische Heimat im Licht. Im HERRN haben sie ihre Stärke. Als Glaubende dürfen auch sie erfahren, dass ihre innere Kraft allen Widrigkeiten zum Trotz beständig erneuert wird. Ist die uns umgebende Welt auch oft ein „Tränental" oder „Jammertal" – Christen sollen nicht nur gerade so „mit heiler Haut davonkommen", nein, sie sollen im Tränental Quellen sprudeln lassen. Was heißt das konkret? Wir können Traurige trösten, dem Ich verhaftete Menschen zum Glauben rufen, Hoffnung verkündigen und auch ganz praktisch Nächstenliebe üben. – Wie viele Quellorte haben wir im Tränental schon sprudeln lassen?

Verhärtet euer Herz nicht!

„Kommt, lasst uns anbeten und uns beugen, die Knie beugen vor dem HERRN, der uns gemacht hat! Denn Er ist unser Gott und wir sind das Volk Seiner Weide und die Herde Seiner Hand. Möchtet ihr doch heute auf Seine Stimme hören (die euch sagt): Verhärtet euer Herz nicht!"

Ps. 95,6-8

Ähnlich wie im 81. Psalm folgt auch in Psalm 95 der Aufforderung, Gott zuzujubeln und Ihn zu preisen, ab Vers 8 ein ernster Gottesspruch. Er wird im Neuen Testament in Hebr. 3,7-11 zitiert. Doch unser Psalm bringt mehr als der 81. Psalm **Glaubensfreude** zum Ausdruck: „Er ist unser Gott und wir sind das Volk Seiner Weide und die Herde Seiner Hand."

Die Schafe sollen auf die Stimme des guten Hirten hören. Das tun sie normalerweise auch. Unser guter Hirte ist Jesus (Joh. 10,11.27). Bei uns Menschen besteht allerdings die Gefahr der **Herzensverhärtung,** der Verstockung. So hatte einst, beim Auszug der Israeliten aus Ägypten, der Pharao ein verhärtetes Herz. Aber auch die Israeliten verhärteten ihre Herzen beim Zug durch die Wüste. Unser Psalm erinnert in Vers 8 an das Geschehen bei Meriba und Massa (zu deutsch: Streit und Versuchung) (2. Mose 17,7). Dort hatte das Volk gemurrt und Gott versucht, indem sie sagten: „Ist der HERR in unsrer Mitte oder nicht?"

Der Hebräerbrief ermahnt die Glaubenden, nicht in denselben Fehler zu verfallen: „Sehet zu, Brüder, dass nicht in jemandem von euch ein böses Herz des Unglaubens sei im Abfall vom lebendigen Gott, sondern ermuntert einander jeden Tag, solange es **‚heute'** heißt, damit niemand von euch verhärtet werde durch den Betrug der Sünde" (3,12.13).

Heute ruft uns Jesus zum Glauben und **heute** sollen wir Ihm unser Herz überlassen und Ihm im Vertrauen folgen, ohne zu murren oder Gott herauszufordern. Denn **heute** will Er uns Gnade schenken. Böse und verhärtete Herzen erfahren Gottes Zorn; wer Ihm aber im Glauben folgt, wird hindurchgerettet bis zum Ziel der Vollendung. Lasst uns **heute** freudig Gottes Willen tun!

Gericht – Bedrängnis – Rettung – Dank

„Die in Finsternis und Todesschatten saßen, gefesselt in Elend und Eisen, weil sie Gottes Wort getrotzt und den Ratschluss des Höchsten verachtet hatten, deren Herz beugte Er durch Mühsal – sie strauchelten und kein Helfer war da. Da schrien sie zu Jahweh in ihrer Not und aus ihren Bedrängnissen errettete Er sie... Mögen sie Jahweh danken für Seine Gnade und für Seine Wundertaten an den Menschenkindern!“ Ps. 107,10-15

Der wunderschöne 107. Psalm zeigt uns vier Lebenssituationen bzw. vier Gruppen von Menschen, die alle dasselbe erleben: große und gefährliche Bedrängnis – das Schreien zu Gott – die Erfahrung Seiner Rettung – Dank für Seine Gnade.

Erste Gruppe: Da sind Menschen, die in der Wüste den Weg nicht mehr wissen. So etwas ist lebensbedrohlich. Sie schreien zum Herrn und Er zeigt ihnen den Weg und führt sie heraus.

Zweite Gruppe: Menschen befinden sich im Gericht Gottes, in Finsternis und Todesschatten. Sie hatten Gottes Wort getrotzt. Nun beugt Er ihr Herz durch Mühsal. Das kann lange gehen, äonenlang. Endlich lernen sie das Schreien und erfahren Gottes Rettung. Von dieser Gruppe spricht der vorangestellte Text.

Dritte Gruppe: Es sind Menschen, die von Gott abgefallen waren, Rebellen, die mit Gott gebrochen hatten. Nun schreien sie zu Ihm in ihrer Not. Auch sie will Gott zurechtbringen. Wie macht Er das? „Er sendet Sein Wort und heilt sie“ (V. 20). Wunderbar wird hier die **heilende Kraft** des Wortes Gottes deutlich gemacht.

Vierte Gruppe: Seefahrer befinden sich in größter Not. Vom Sturmwind gepeitscht, steigen die Wellen zum Himmel empor und sinken hinab in die Tiefen. Sie wissen sich nicht mehr zu helfen. Da schreien sie zum Herrn und Er stillt den Sturm.

In allen vier Fällen geht es **durch Gericht zum Heil.** Der Bibelausleger Heinrich Langenberg bezeugte immer wieder: „Es gibt kein Heil ohne Gericht und kein Gericht ohne Heil.“ Unser Gott ist ein **Rettergott**, der „Retter aller Menschen“ (1. Tim. 4,10). In welcher Not du auch bist – ruf Ihn an! Dann wirst du – so oder so – Seine Hilfe erfahren.

Eine Prophetie auf Jesu Verwerfung und Wiederkunft

„Der Stein, den die Bauleute verwarfen, der ist zum Eckstein geworden. Vom HERRN aus ist dies geschehen, es ist wunderbar in unsern Augen. Dies ist der Tag, den der HERR gemacht hat; lasst uns jubeln und fröhlich an ihm sein! Ach, HERR, gib doch Rettung; ach, HERR, gib doch Gelingen! Gesegnet sei, der da kommt im Namen des HERRN!"

Ps. 118,22-26

Der 118. Psalm schildert einen Festzug mit Wechselgesang, eine feierliche Prozession, die sich den Toren zum Tempelbezirk nähert. Offenbar spricht in den Versen 5-21 ein siegreich heimkehrender Feldherr, vielleicht sogar ein König. Er war wohl mit seinen Truppen in die Enge getrieben worden und schon dem Tode nahe, doch Jahweh, der Ewigseiende, ließ seinen Tod nicht zu (V. 17.18). Nun will er dem HERRN dafür danken.

Ab Vers 22 wird der Psalm zur Prophetie. Jesus bezieht selbst die Verse 22 und 26 auf sich. Er fragt die Hohenpriester und Pharisäer in Matth. 21,42: „Habt ihr nie in den Schriften gelesen: Der Stein, den die Bauleute verworfen haben, dieser ist zum Eckstein geworden"? Jesus ist dieser Stein. Er wurde von der führenden Geistlichkeit Israels verschmäht, verworfen, ja gekreuzigt. Aber genau diesen Stein hat der Vater erwählt und dazu bestimmt, der Grundstein, das Fundament der Gemeinde (1. Kor. 3,11), und der krönende Schlussstein des Tempels Gottes zu sein (Eph. 2,20 und Apg. 4,11.12). Jesus ist uns Anfänger und Vollender, A und O, das Fundament unseres Glaubens und das Ziel.

Auch Vers 26 wird von Jesus zitiert. Er sagt in Matth. 23,37-39: „Jerusalem, Jerusalem, die da tötet die Propheten und steinigt, die zu ihr gesandt sind! Wie oft habe ich deine Kinder versammeln wollen... und ihr habt nicht gewollt! Siehe, euer Haus wird euch wüst und leer überlassen werden; denn ich sage euch: Ihr werdet mich von jetzt an nicht mehr sehen, bis ihr sprecht: Gesegnet sei, der da kommt im Namen des Herrn!" – So wird Jesus nach lange währendem Gericht über Sein Volk Israel einmal als der Retter Israels erscheinen und herzlich begrüßt werden. Auch Paulus spricht von diesem kommenden Retter (Röm. 11,26), der auch unser Retter ist.

Der Tränensaat folgt Freudenernte

„Wende, Ewiger, unser Geschick, wie Du die Bäche im Südland (wieder füllst)! Die mit Tränen säen, werden mit Freuden ernten. Er geht weinend hin und trägt den Samen zur Aussaat; Er kommt heim mit Jubel und trägt Seine Garben.“ *Ps. 126,4-6*

Helmut Lamparter rühmt mit Recht „die edle Sprache, die wundervolle Wahl der Bilder“ und „die Innigkeit und Tiefe der Empfindung“ dieses Liedes. Vers 1 blickt auf die Zeit zurück, als „Jahweh die Gefangenschaft Zions wendete“, die Rückwanderer Zions aus der babylonischen Gefangenschaft ab 538 v.Chr. zurückführte. Ein solches Geschehen löst unbeschreiblichen Jubel aus. – Doch auch dieser Psalm steht wie andere Psalmen in der Spannung zwischen geschehenem und zukünftigem Heil. Darum folgt auf den Dank der Verse 1-3 die Bitte des 4. Verses. Denn der Rückkehr aus Babel folgte eine Zeit kümmerlicher Anfänge. So spricht Sacharja vom „Tag kleiner Anfänge“ (4,10) und die Israeliten dachten: Wo bleibt die Herrlichkeit des uns verheißenen Königreichs? „Wende, o HERR, unser Geschick!“

Auch das heutige Israel steht in dieser Spannung. Gott schenkte zwar 1948 die Staatsgründung und Sieg und Bewahrung in mehreren Kriegen. Doch „Friede und Sicherheit“ sind immer noch nicht erreicht und die Bedrohung (etwa durch Raketen) nimmt eher zu als ab.

Doch dem unbekannten Verfasser wird eine wunderbare Zuversicht geschenkt und er kann sagen: **„Die mit Tränen säen, werden mit Freuden ernten.“** Er erblickt in allem gegenwärtigen Jammer eine **Saat.** Der HERR wird Israels Geschick noch einmal wenden!

Die Lutherbibel hat in Vers 6 die Mehrzahlform beibehalten, doch im Grundtext steht die Einzahl: „Er geht weinend hin und trägt den Samen zur Aussaat.“ Wir denken dabei an Jesus, der gesagt hat: „Wenn das Weizenkorn nicht in die Erde fällt und stirbt, bleibt es allein; wenn es aber stirbt, bringt es viel Frucht“ (Joh. 12,24). Es gibt einen göttlichen Grundsatz, der lautet: Der Tränensaat folgt eine Freudenernte. Es geht durch Leid zur Herrlichkeit, durch Sterben zum Leben, durch Kreuz zur Krone. Das gilt für Jesus selbst, für Israel und auch für die Glieder der Gemeinde Jesu.

Gott ist allwissend und allgegenwärtig

„O Ewiger, Du hast mich erforscht und erkannt. Du weißt um mein Sitzen und mein Aufstehen, Du verstehst meine Gedanken von ferne... Mit allen meinen Wegen bist Du vertraut. Denn das Wort ist noch nicht auf meiner Zunge – siehe, da kennst Du es, HERR, schon ganz genau. ***Von allen Seiten umgibst Du mich*** *und hältst Deine Hand über mir."* *Ps. 139,1-5*

In einzigartiger Weise beschreibt hier David Gottes Allwissenheit und Allgegenwart, soweit das überhaupt menschenmöglich ist. Man kann vor Gott nichts verstecken und kann Ihm nicht entkommen.

Man kann vor Gott nichts verstecken. – Wir sind heute von Satelliten umgeben, die von ihrer Höhe aus alles auf Erden metergenau beobachten und messen können. Ihre Messungen dienen dem Militär, aber auch dem Autoverkehr. Der Autofahrer kann sich „von oben" auf dem kürzesten Weg zu einem Ziel führen lassen. Vorbei sind die Zeiten, als Spähtrupps in Kriegen die Linien des Feindes unter Lebensgefahr erkunden mussten – der Satellit ermöglicht genaue Fotos. Von da aus verstehen wir gut, dass man erst recht vor dem Schöpfer des Alls nichts verstecken kann. Hat Er nicht viel bessere Beobachtungsmöglichkeiten als wir? Durchlaufen Seine „Augen" nicht die ganze Erde (2. Chron. 16,9)? Er sieht aber nicht nur unsre Häuser und Straßen, sondern auch jeden Menschen und jedes gute oder böse Werk. Er kennt sogar unsre Gedanken und unsre Worte, ehe sie gesprochen sind!

Man kann Gott nicht entkommen. – David sagt: Wohin sollte ich fliehen vor einem solchen Gott? Wo mich verstecken? Könnte ich zum Himmel auffahren – da bist Du, aber auch im Totenreich bist Du da. Auch der Selbstmord ist also keine Fluchtmöglichkeit! Auch am „Ende der Welt" (wo ist das?) habe ich's mit Dir zu tun. Auch in Nacht und Finsternis bist Du da, und wo Du bist, wird die Finsternis taghell (V. 7-12).

Angesichts dieser Tatsachen gibt es nur einen guten Rat: **Fliehe nicht von Gott weg, sondern zu Ihm hin!** Berufe dich auf Jesu Erlösung und du wirst nicht hinausgestoßen werden (Joh. 6,37)! Bitte Ihn um Sein Heil und Seine Nähe und Er wird sie dir schenken!

Gott ist gut und ist uns nahe

„Der HERR ist gut gegen alle und Seine Erbarmungen walten über all Seinen Werken... Nahe ist der HERR allen, die Ihn anrufen – allen, die Ihn mit Ernst anrufen.“ *Ps. 145,9.18*

Während der 139. Psalm Gottes Allwissenheit und Allgegenwart bezeugt, rühmt Psalm 145 Seine Güte und Nähe, auch Sein Erbarmen und Seine Gerechtigkeit. Das Wort „alle“ kommt in den Versen 9-20 immer wieder vor; das bringt etwas Radikales, Universales in diesen Psalm: Gott ist gut gegen alle – Seine Erbarmungen gelten all Seinen Werken – Sein Königreich ist ein Reich für alle Zeitalter – Seine Herrschaft erstreckt sich auf alle Generationen – Jahweh stützt alle Fallenden und richtet alle Gebeugten auf – Er sättigt alles Lebende mit Wohltat – Er ist allen nahe, die Ihn mit Ernst anrufen – Er bewahrt alle, die Ihn lieben – Alle Frevler vertilgt Er.

Wir wollen dies nicht missverstehen. Gott ist nicht ein Automat, der auf Knopfdruck reagiert. Es gibt auch Fallende, die liegen bleiben, und Menschen, die verhungern. Da greift Gott nicht immer ein, um jedes Elend zu verhindern. Was will also David hier sagen? Dass Gott immer nur gütig ist und niemals richtet? Nein, es heißt ja auch: „Alle Frevler vertilgt Er.“ Dass Er jedes Gebet automatisch erhört? Nein, aber jedem Beter ist Er nahe, der Ihn **mit Ernst** anruft. Das sollten wir bedenken. Ist unser Gebet Routine, Formsache, nur angelernt oder nachgesprochen, oder ein Dank, eine Bitte, eine Weihung von ganzem Herzen und mit ganzem Ernst?

David will deutlich machen: Gottes Herz steht **allen offen,** Seine Liebe gilt der ganzen Welt. Gerne stützt Er Fallende und richtet Er Gebeugte auf. Doch der Psalm enthält auch Bedingungen: „Das Verlangen derer, **die Ihn fürchten,** wird Er erfüllen“ (V. 19) und, wie wir schon sahen: Denen, die Ihn **mit Ernst** anrufen, ist Er nahe. „Er bewahrt alle, die **Ihn lieben**“ (V. 20). Ehrfurcht und Ernst sind gefordert. An liebenden Herzen will Er sich verherrlichen.

Gott, der die Sterne zählt, achtet auf unser Elend

„Gott heilt, die zerbrochenen Herzens sind, und verbindet ihre Wunden. Er zählt die Zahl der Sterne, Er ruft sie alle mit Namen... Der HERR richtet die Elenden auf." *Ps. 147,3.4.6*

Dieser Psalm zeichnet ein umfassendes Bild von Gottes Liebe und Größe und segensreichem Tun. Er hat damit begonnen, die Vertriebenen Israels nach der babylonischen Gefangenschaft wieder zu sammeln. Er kümmert sich auch um die Einzelschicksale, um zerbrochene Herzen. Ihm untersteht das Wettergeschehen: Er lässt es regnen und lässt das Gras sprossen. Das Schreien der jungen Raben überhört Er nicht.

Und nun erfahren wir in Vers 4: Dieser Gott, der zerbrochene Herzen heilt, der sich um die Elenden persönlich kümmert – Er ist es auch, der die Sterne zählt und sie sogar mit Namen ruft! – Dem Abraham hat Er einst gesagt: „Zähle die Sterne, wenn du es kannst!" Nein, er konnte es nicht. Und auch unsere Physiker kommen über Schätzungen nicht hinaus. Vielleicht gibt es 100 Milliarden Galaxien mit je 100 Milliarden Sternen (durchschnittlich), vielleicht auch noch mehr. Aber unendlich ist ihre Zahl nicht. Unendlich ist nur Gott. Er kennt die genaue Zahl – Er ist ja ihr Schöpfer – und ruft sie sogar mit Namen! Jesaja sagt als Sprecher Gottes: „Mit wem wollt ihr mich vergleichen? ... Hebt zur Höhe eure Augen! Wer hat diese (da oben) geschaffen? Er, der ihr Heer herausführt nach der (Ihm bekannten) Zahl, Er ruft sie alle mit Namen" (40,26). Karl Elliger bemerkt dazu: „Die Sprache stammt aus dem militärischen Gebiet. ‚Der herausführt nach der Zahl ihr Heer' ist der Oberkommandierende. Wenn Jahweh das Heer der Sterne aufruft, dann haben sie sich zur Stelle zu melden und Seiner Befehle zu harren. Und das tun sie auch alle ohne Ausnahme."

Und dieser große Gott hat Zeit für dich und mich! Ist das nicht unfassbar? Sind Ihm die Sterne nicht wichtiger als unsere Herzen? Nein, in unseren Herzen will Er wohnen, nicht in den Galaxien. Größer als Seine Schöpfermacht ist Seine Liebesmacht. Anbetung sei Ihm!

Verachte nicht die Zucht des HERRN!

„Mein Sohn, verachte nicht die Zucht des HERRN und widersetz dich nicht, wenn Er dich zurechtweist! Denn wen der HERR liebt, den züchtigt Er – wie ein Vater den Sohn, den er gern hat.“ *Spr. 3,11.12*

Zur Liebe eines Vaters gehört auch, dass er seine Kinder erzieht. Nicht das ist ein lieber Vater, der seinem Kind jeden Wunsch von den Augen abliest, um ihn so schnell wie möglich zu erfüllen. (Für die Mütter gilt dasselbe.) Das Kind kann ja noch gar nicht abschätzen, was ihm guttut oder schadet – gesundheitlich und auch charakterlich. Da ist es die Aufgabe der Eltern, in Liebe Maßstäbe zu vermitteln, Grenzen zu setzen, Erziehung und Zucht walten zu lassen. Bei der „Zucht“ müssen wir nicht gleich an Schläge denken, wohl aber an Zurechtweisung und nötigenfalls auch Strafe. – Heute aber behandeln viele ihre Kinder, als seien es lauter Prinzen und Prinzessinnen. Diesen niedlichen Wesen muss man doch jeden Wunsch erfüllen und ihre Launen tolerieren. Damit schaden die Eltern nicht nur sich selbst – denn die so heranwachsenden Kinder werden immer anspruchsvoller -, sondern auch dem Kind. Es lernt keinen Gehorsam. Es meint, alles habe sich nach ihm zu richten. Wenn es dann aber ganz anders kommt im Leben, gerät es in Gefahr, aggressiv oder depressiv zu werden. Eltern sollten wissen: **Erziehung und Zurechtweisung ist Liebe.** Alles tolerieren und laufen lassen („Mach doch, was du willst!“) ist dagegen Verantwortungslosigkeit und Sünde. „Was aus dem Fleisch geboren ist, ist Fleisch“ (Joh. 3,6) – das muss beachtet werden.

Gott ist das Urbild eines rechten Vaters. Er erzieht und züchtigt Seine Kinder. Unser Wort aus den Sprüchen wird im Hebräerbrief zitiert (12,5.6). Auch da lesen wir: „Wen der Herr liebt, den züchtigt Er.“

Wir haben also als Kinder Gottes nicht damit zu rechnen, dass uns Gott alle Schwierigkeiten aus dem Weg räumt und wir „alle Tage Sonnenschein“ erleben. Im Gegenteil: Schwere Wege sind Normalität! Wir bedürfen der Erziehung. Wer sich’s gefallen lässt, darf aber auch erfahren, wie liebevoll Gott in den Schwierigkeiten hilft.

Eine Mahnung an die Völker

„Gerechtigkeit erhöht ein Volk; aber die Sünde ist der Leute Verderben."
Spr. 14,34

Wir blicken in dieser Betrachtung einmal nicht so sehr auf die Gemeinde Gottes, sondern auf unser Volk und die heutige Gesellschaft. Unsre Gesellschaft ist in den letzten Jahrzehnten kälter und egozentrischer geworden. In der Not der Kriegs- und Nachkriegsjahre hat man sich noch viel mehr umeinander gekümmert. Beim Wiederaufbau der zerstörten Städte half einer dem andern. Doch dann kamen Wohlstand und Vergnügungssucht. Das Fernsehen bezauberte die Menschen; später kam das Internet dazu; familiäre Gespräche wurden seltener. Die antiautoritäre Strömung kam auf und wirkt bis heute nach. Wehe dem, der mein Ich antastet! Diese Gesinnung führte dazu, dass immer mehr Ehen geschieden werden oder man überhaupt nicht mehr heiratet.

Wir wollen damit nicht die Vergangenheit verklären und alles Neue schlechtreden. Die Hitlerdiktatur war furchtbar und das Elend der 40er Jahre einmalig. Und Fernsehen und Internet bieten auch Nützliches an. Doch es ist unübersehbar, dass sie auch der Sünde gegen Gottes Gebote eine großartige Plattform bieten.

Das Thema „Gerechtigkeit" beschäftigt heute unzählige Sitzungen der Politiker und viele Talkshows. Die Argumente werden hin und her diskutiert. Man beklagt sich bitter darüber, dass „die Armen immer ärmer und die Reichen immer reicher werden". Das Thema „Geld" ist immer wieder ein Hauptthema. Die wichtigste Frage aber wird kaum diskutiert: Ist unsre Kälte gegenüber anderen Menschen, unsre Ichbezogenheit und Habgier nicht **Sünde vor Gott**? Unser Volk braucht Buße und Vergebung. Auch die kirchliche Verkündigung klammert die Themen Buße und Umkehr leider weithin aus.

Wir wollen uns nicht damit beruhigen zu sagen: Die Völkerwelt ist heute im Plan Gottes nicht „dran"; heute wird die Gemeinde Gottes herausgerufen und zubereitet. Das stimmt zwar, aber unsre Liebe soll allen gelten. Wir können den Zug der Zeit nicht aufhalten, aber doch hier und da die Gesinnung Christi aufleuchten lassen. Sie ist wahr vor Gott und hilfsbereit, demütig und sanftmütig.

Die Wichtigkeit des Hörens auf Gottes Wort

„Wer sein Ohr abwendet vom Hören des Gesetzes: selbst sein Gebet ist ein Gräuel." *Spr. 28,9*

Wir sahen schon in einer früheren Betrachtung (zu Ps. 81), dass das Hören auf Gottes Wort wichtiger ist als das Festefeiern. Hier nun wird uns gesagt, dass das Hören sogar vor dem Beten Vorrang haben soll. Dieses Wort darf man nicht pressen. Es ist nicht gemeint, dass man nicht beten darf, ohne vorher ein Gotteswort gelesen zu haben. Doch man kann die Erfahrung machen, dass man nach einem Gotteswort oder einer Bibelstunde besser, d.h. inhaltsreicher beten kann. Das Gebet knüpft an das Gehörte an, es ist ein Echo oder eine Antwort darauf.

Unser Text spricht von Leuten, die auf Gottes Wort nicht **hören wollen.** Damals ging es um das Gesetz, heute haben wir das Evangelium. Wer das Evangelium von Jesus Christus verachtet, erleidet einen noch größeren Verlust als der, der Gottes Gesetz verschmäht. Immer wieder werden wir schon im Alten Testament auf das Hören gewiesen, auch in den Psalmen und Propheten. Wie sollen wir Gottes Willen erkennen, wie sollen wir für unsern Lebensweg eine gute Wegweisung bekommen, wie sollen wir Heil und Rettung finden, das Hoffnungsgut der Bibel erfassen, wenn wir nicht **hören**? – Auch im Neuen Testament ist viel vom Hören die Rede. Wir sollen Jesu Worte hören und tun (Matth. 7,24). Jesu Schafe hören auf Seine Stimme (Joh. 10,27). Wer hört und glaubt, hat ewiges Leben (Joh. 5,24). Wie kann man glauben, ohne zu hören (Röm. 10,14)? Wer hört und glaubt, empfängt den Heiligen Geist (Eph. 1,13).

Gott geht so weit, dass Er sagt: Wenn du dich beharrlich weigerst, die Bibel zu lesen oder Auslegungen zu lesen oder Predigten zu hören, dann ist mir dein Gebet ein **Gräuel**. Wie kann ich auf biblischen Linien beten, wenn ich diese Linien nicht kenne? Wer Gottes Wort nicht hören will, verachtet und beleidigt Ihn. Von Ernst F. Ströter stammt der Satz: „Wie viel wird gebetet, geschrien, gerungen – wie wenig Erhörung geschieht! Warum? Weil wir meinen, Gott müsse zuerst auf uns hören. Er aber besteht darauf, dass wir zuerst auf Ihn hören, dann hört Er uns." – Wir wollen diese Reihenfolge beachten, wollen hören, was Gott sagt!

Alles unter der Sonne ist nichtig

„Es ist alles ganz eitel, sprach der Prediger, es ist alles ganz eitel (oder: alles ist Nichtigkeit). Welchen Gewinn hat der Mensch von all seinem Mühen, mit dem er sich abmüht unter der Sonne? ... Ich sprach in meinem Herzen: Wohlan, ich will Wohlleben und gute Tage haben! Aber siehe, das war auch eitel (oder: auch das ist Nichtigkeit).“ *Pred. 1,2.3; 2,1*

Man könnte den Eindruck haben, hier spräche ein Philosoph des Nihilismus und nicht ein gläubiger König Israels (Salomo). Ist das nicht Pessimismus in Reinkultur? Dieser Prediger sagt doch: Es ist alles im Leben nichtig, vergeblich, eitel, umsonst – meine Mühe, aber auch mein Wohlstand. Es geht alles seinen Gang. Soll das heißen: Das Leben hat keinen Zweck? Wir sind sinnlos und ziellos ins Dasein geworfen? Spricht hier wirklich ein Philosoph des Nihilismus oder äußert sich hier ein alt gewordener König, der Weisheit und Reichtum und Macht und Ehre und viele Frauen besaß und am Ende doch den Schluss zieht: Alles nichtig und umsonst?

Gibt es keinen Lichtblick im Predigerbuch? Immerhin spricht Salomo des Öfteren von Gott, auch in den beiden letzten Kapiteln: „Du kennst das Werk Gottes nicht, der alles wirkt – Gott wird dich zur Rechenschaft ziehen – Nach dem Sterben kehrt der Geist zu Gott zurück – Fürchte Gott und halte Seine Gebote“ (11,5.9; 12,7.13). Also ist er doch kein Nihilist, der Gott und alle positiven Werte leugnet. Er weiß um Gott und rechnet mit Gott. Warum aber sieht er fast alles so düster, freud- und hoffnungslos? Die Lösung liegt in einem Ausdruck, den er häufig benutzt: **„unter der Sonne“.** Er schildert also den Menschen im Diesseits. Das ist das Thema dieses Buches. Gottesnähe, Heilsgewissheit, Heilsfreude, ewiges Leben und lebendige Hoffnung – das alles findet man „unter der Sonne“ nicht. Auch dieses Buch ist Wahrheit, es beschreibt aber fast überall nur eine Teilwahrheit: das nichtige Leben unter der Sonne. Das Buch bedarf dringend der Ergänzung, und die finden wir ja auch im Worte Gottes: Die Psalmen, Propheten und das gesamte Neue Testament weisen hin auf Gottes Heil, das „über der Sonne“ vorhanden ist und von da aus zu uns kommt.

Liebe ist stark wie der Tod

„Liebe ist stark wie der Tod und Leidenschaft unwiderstehlich (oder: ihr Eifer unbeugsam) wie das Totenreich. Ihre Gluten sind Feuergluten, eine Flamme des HERRN. Große Wasser vermögen nicht die Liebe auszulöschen und Ströme überfluten sie nicht.“ *Hohelied 8,6.7*

Wie vielfältig und verschiedenartig ist doch das von Salomo Gesagte und Geschriebene! Wir kennen sein großartiges Gebet bei der Tempelweihe (1. Kön. 8). In den Sprüchen gibt er eine Fülle guter Ratschläge und auch im Predigerbuch (trotz der Düsternis vieler Aussagen). Und nun folgt hier ein Liebeslied.

Bevor wir uns einer geistlichen Deutung zuwenden, bleiben wir beim Irdisch-Natürlichen stehen. Denn auch auf dieser Ebene hat uns das „Lied der Lieder“ viel zu sagen. Es schildert die Sehnsucht einer Liebe, die Rücksicht nimmt und warten kann. Dabei nimmt es die Liebende in Kauf, zeitweise geradezu „krank vor Liebe“ zu werden. Es ist immer nur von **einem** Gelieben und **einer** Liebenden die Rede. Diese Liebe ist rein und treu. Da ist kein Platz für eine Dreiecksbeziehung oder häufigen Partnerwechsel. Und es ist eine ganzheitliche Liebe, die nicht nur auf den Körper bezogen ist. Viermal spricht die Geliebte in Kapitel 3,1-4 von dem, den „meine Seele liebt“. Wo die Liebe zwischen den Geschlechtern nur Sex haben will, geschieht eine außerordentliche Verarmung. Es fehlt die **Liebe der Seele,** die viele Liebeslieder besingen (etwa „Dein ist mein ganzes Herz“). Nur die behutsame, keusche, wartende Liebe kennt diese Dimension.

Von alters her hat man aber auch dieses Lied **geistlich** (allegorisch) gedeutet. Gott steht ja in einem Ehebund mit Israel (Jes. 62,4.5). Dieser soll in der Endzeit erneuert werden (Hosea 2,16-22). Und die Liebe Christi zu Seiner Gemeinde wird in Eph. 5,25-33 mit der ehelichen Liebe und Fürsorge verglichen. Nur von der göttlichen Liebe kann im Vollsinn gesagt werden, sie sei stark wie der Tod und unbeugsam wie das Totenreich. Ja, sie ist noch stärker als der Tod, denn der Tod wird einmal entmachtet, weggetan werden, Gottes Liebe aber vergeht nie (1. Kor. 15,26; 13,8). – Möge diese Liebe unser Leben bestimmen! Sie gibt auch der Ehe eine noch höhere Dimension.

„Hört, ihr Himmel!"

„Hört, ihr Himmel, und horch auf, du Erde! Denn der HERR hat geredet: Ich habe Kinder großgezogen und auferzogen und sie sind von mir abgefallen!" *Jes. 1,2*

Dies ist der großartige Anfang des Jesajabuches. Himmel und Erde sollen zuhören, wenn Jahweh, der Ewigseiende, redet. Das ist mehr als Rhetorik! Denn Gott hatte, als Er Israel das Gesetz gab, Himmel und Erde zu Zeugen bestimmt (5. Mose 30,19 und 31,28). Sie sollen vernehmen und bezeugen, was Gott Seinem Volk zu sagen hat. Und nun, Jahrhunderte später, erinnert Gott Himmel und Erde an ihre Zeugenpflicht. Was ist geschehen? Israel, Gottes erstgeborener Sohn in der Völkerwelt (2. Mose 4,22), ist von Gott abgefallen. Der HERR lässt dem Volk sagen: „Ein Ochse kennt seinen Besitzer und ein Esel die Krippe seines Herrn, doch Israel hat keine Erkenntnis, mein Volk keinen Verstand" (1,3). Wie ein ratloser Erzieher steht Gott vor Seinem Volk. „Was soll man mit euch nur noch machen? Ihr reagiert weder auf Güte noch auf Schläge" (1,5). So muss Jesaja Verstockung und Gericht verkündigen (6,9-12). Sogar die Gottesdienste und Festversammlungen des abgefallenen Volkes sind Gott zuwider: „Eure Feste hasst meine Seele... Ich bin es müde, sie zu ertragen" (1,14).

Doch Gott, der „langsam ist zum Zorn", ruft auch jetzt noch Sein Volk zur Umkehr. „Wascht euch, reinigt euch... lernt Gutes tun! Schafft Recht der Waise, führt den Rechtsstreit der Witwe!" (1,16.17). Es klingt wie eine letzte Warnung, doch noch umzukehren und dem Gericht zu entgehen.

Dass erwachsene Kinder sich vom Elternhaus lösen, ist im irdischen Bereich normal; sehr traurig ist es aber, wenn sie es mit Undank und Empörung tun. Auch Gottes Kinder sollen erwachsen werden und nicht Unmündige bleiben. Das sagen die Apostelbriefe des Neuen Testaments sehr deutlich. Doch es soll keine empörerische Trennung vom himmlischen Vater geben, sondern Gehorsam und Dank. Das erwartet der HERR auch von uns.

Das Friedensreich Jesu Christi

„Und es wird geschehen am Ende der Tage, da wird der Berg des Hauses des HERRN feststehen auf dem Gipfel der Berge und erhaben sein über die Hügel; und alle Nationen werden zu ihm strömen. Und viele Völker werden hingehen und sagen: Kommt, lasst uns hinaufziehn zum Berg des HERRN, zum Haus des Gottes Jakobs, dass Er uns belehre aus Seinen Wegen und wir auf Seinen Pfaden gehn! Denn von Zion wird das Gesetz ausgehen (oder: die Weisung, die Lehre ausgehen) und des HERRN Wort von Jerusalem. Und Er wird richten zwischen den Nationen und Recht sprechen vielen Völkern. Und sie werden ihre Schwerter zu Pflugscharen umschmieden und ihre Speere zu Winzermessern. Nicht wird Nation gegen Nation das Schwert erheben und sie werden den Krieg nicht mehr lernen.“ *Jes. 2,2-4*

Gottes Pläne kann der menschliche Ungehorsam nicht durchkreuzen. So ernst Jesaja 1 auch klingt – es folgt darauf im 2. Kapitel die großartige Schau vom kommenden Friedensreich. Dem Abfall Israels folgt Gericht, dem Gericht aber folgt Erlösung. „Zion wird erlöst werden durch Gericht“ (1,27).

Es kommt die Zeit, da sich der vorangestellte Text voll erfüllen wird. Auch Jesus sprach immer wieder vom kommenden Reich. (Bei Matthäus heißt es „Königreich der Himmel“, weil es vom Himmel her, durch Gottes Eingreifen, aufgerichtet wird und nicht vom Menschen her.) Dann wird Jerusalem die Welthauptstadt sein, und die Menschen werden – soweit sie im Völkergericht zur Rechten gestellt wurden und das Reich ererben dürfen (Matth. 25,34) – willig nach Jerusalem strömen, wo sie göttliche Weisung empfangen. Wer aber ist der König dieses Reiches? Niemand anders als Jesus Christus, unser Herr!

Dann wird der Krieg für immer ein Ende haben. Dann werden die Grenzen zwischen den Völkern endgültig festgelegt werden. Und dann wird möglich sein, was man heute so gern proklamiert, was aber in diesem bösen Äon (Gal. 1,4) niemals gelingen kann: Die Völker werden ihre Schwerter zu Pflugscharen umschmieden.

Wir warten auf dieses Reich. Es bringt der Völkerwelt die große Wende. Es soll 1000 Jahre lang währen (Offb. 20). Es ist also nur eine Vorstufe zum nie endenden Reich der Vollendung.

Finsternis bleibt nicht

„Man wird sich nach oben wenden und wird zur Erde blicken, und siehe: Not und Finsternis, bedrängendes Dunkel, und in dichte Finsternis ist man hineingestoßen. Doch ***nicht bleibt Finsternis*** *dem Land, das Bedrängnis hat (Luther: Doch es wird nicht dunkel bleiben über denen, die in Angst sind)... Das Volk, das im Finstern dahingeht, sieht ein großes Licht; die da wohnen im Land des Todesschattens, Licht leuchtet über ihnen."*

Jes. 8,21-23; 9,1

Immer wieder verkündigt Jesaja Gericht, doch immer wieder bricht sich auch die Hoffnung Bahn. Auch enthält gerade dieses prophetische Buch eine Fülle messianischer Weissagungen. Sie betreffen Jesus und Sein Reich.

Jesaja 8 spricht von der Bedrohung Judas durch Assyrien. Das Wasser wird Juda bis zum Halse reichen, es aber nicht völlig verderben. Die Bedrohung betrifft speziell das nördliche Westjordanland und das Ostjordanland. Jesaja 8,23 spricht vom Land Sebulon und vom Land Naftali und vom Land jenseits des Jordan. Das Volk soll nicht im Dunkeln bleiben, sondern Licht sehen. Dies wird in Matth. 4,14-16 zitiert. Jesus, das Licht der Welt, war nach Kapernaum (im Gebiet von Sebulon und Naftali) gekommen. Darin sieht Matthäus eine Erfüllung von Jesaja 9,1: „Das Volk, das im Finstern saß, hat ein großes Licht gesehen."

Wie tröstlich ist doch die Verheißung: **Finsternis bleibt nicht!** Das darf auch der Einzelne wissen, der sich im Dunkel bedrängender Verhältnisse oder in der Umklammerung von Sünde und Schuld, im „Machtbereich der Finsternis" (Kol. 1,13) befindet und sich nach Licht sehnt. In Jesus ist das Licht der Welt erschienen. Wer Ihm nachfolgt, wird nicht länger in der Finsternis leben, sondern das Licht des Lebens haben (Joh. 8,12). An die Christen in Ephesus schreibt Paulus: „Einst wart ihr Finsternis, jetzt aber seid ihr Licht im Herrn" (Eph. 5,8). Gottes Programm lautet: Errettung aus der Finsternis – Licht haben – Licht werden. Hast du das schon erlebt oder bist du dabei, es zu erleben?

Finsternis bleibt nicht, wo Jesus herrscht. Das darf heute der Einzelne erleben und das soll am Ende weltweit gelten (Offb. 21,23-25).

„Ein Kind ist uns geboren“

„Ein Kind ist uns geboren, ein Sohn ist uns gegeben, und die Herrschaft ruht auf Seiner Schulter, und man nennt Seinen Namen: Wunderbarer Berater, starker Gott, Vater der Ewigkeit, Friedefürst. Die Mehrung der Herrschaft und der Friede werden kein Ende haben auf dem Thron Davids und in Seinem Königreich.“ *Jes. 9,5.6*

Dies ist eine der bekanntesten messianischen Weissagungen. Sie betrifft Jesus. Gern wird sie an Weihnachten zitiert. Bemerkenswert ist – und typisch für die alttestamentliche Schau -, dass Jesu erstes und zweites Kommen, Seine Geburt als Kind, Sein Wirken als Gottes Sohn und Sein zukünftiges Königreich noch nicht zeitlich unterschieden werden, es fließt in **einem** Bild zusammen, es ist eine Zusammenschau (Synopse). Erst im Neuen Testament wird klar, dass Jesu erstes Kommen noch nicht Seine Herrschaft auf Erden und Sein Königreich brachte. Erst musste Jesus sterben und auferstehen und erhöht werden und die Zeit der Gemeinde kommen.

Schon in Jesaja 2 begegnete uns eine Weissagung vom Friedensreich des Messias, des Christus. Hier ist wieder davon die Rede, aber so, dass der Blick auf die Person des Königs gerichtet wird. Jesus wird herrschen als ein wunderbarer Berater. Auf Ihm ruht ja der Geist des Rates und der Kraft (Jes. 11,2). Er benötigt keine irdischen Ratgeber, die so oft irren. Durch Ihn wird der „starke Gott“ und der „Vater der Ewigkeit“ repräsentiert. Er schenkt der Erde den wahren Frieden. Bei der Ankündigung der Geburt Jesu wurde Maria gesagt: „Du wirst schwanger werden und einen Sohn gebären... Dieser wird groß sein und Sohn des Höchsten genannt werden und der Herr, Gott, wird Ihm den Thron Seines Vaters David geben und Er wird über das Haus Jakobs herrschen in Ewigkeit“ (Luk. 1,31-33).

Dieser Herr will heute über **uns** herrschen. Er will auch unser Berater sein, unser starker Helfer, unser Friedefürst. Er herrscht heute über Seine Gemeinde, dann – im Lauf der Zeitalter – über Israel, die Völkerwelt, die ganze Schöpfung. Heute kommt es für uns darauf an, Seine Herrschaft in unserem Leben voll und ganz zu bejahen, „also dass sich kein Gebiet Seinem Einfluss mehr entzieht“.

Auf Jesus ruht der siebenfache Heilige Geist

„Ein Spross wird hervorgehen aus dem Stamm Isais und ein Schössling aus seinen Wurzeln Frucht bringen. Und auf Ihm wird ruhen der Geist Jahwehs (des HERRN), der Geist der Weisheit und des Verstandes, der Geist des Rates und der Kraft, der Geist der Erkenntnis und der Furcht Jahwehs.“ *Jes. 11,1.2*

Auch dies ist eine messianische Weissagung; sie handelt von Jesus, dem Messias, dem Christus. Zunächst denken wir an David, dessen Vater Isai war (1. Sam. 16,10.11), dann aber an den Davidssohn Jesus Christus. Auf Ihm ruht der Heilige Geist in seiner ganzen Fülle.

Er wird hier dargestellt als ein **siebenfacher** Geist. So ist ja auch in Offb. 1,4 und 3,1 von den sieben Geistern Gottes die Rede. Die Zahl sieben wird als die Zahl der Vollkommenheit oder eines vollendenden göttlichen Wirkens gedeutet. So finden wir im Buch der Offenbarung sieben Siegelgerichte, sieben Posaunengerichte und sieben Zornschalengerichte.

Eine treffende Anschauung für den siebenfachen Gottesgeist ist der siebenflammige Leuchter Israels. In der Mitte sehen wir einen Lichtträger für sich allein, darunter – von innen nach außen gesehen – drei Leuchterarme mit je zwei Lichtern. So ist auch im vorangestellten Wort zunächst nur vom **Geist des Herrn** die Rede, dann folgen drei Paare: Geist der Weisheit und des Verstandes, Geist des Rates und der Kraft, Geist der Erkenntnis und der Furcht des Herrn. Nicht umsonst stehen je zwei zusammen; denn was hilft mir große Weisheit, wenn ich keinen Verstand habe, sie richtig im Leben anzuwenden; was nützt mir ein guter Rat ohne die Kraft zum Vollbringen; und Erkenntnis ohne Gottesfurcht ist gefährlich, sie kann uns hochmütig machen.

Auf Jesus ruhte der Geist in seiner Fülle (Luk. 4,1); wir aber werden wachstümlich in seine Fülle hineingeführt. Zunächst empfangen wir, wenn wir glauben, den **Geist des Herrn**; nun können wir Jesus aus innerster Überzeugung „Herrn“ nennen (Eph. 1,13 und 1. Kor. 12,3). Wir sollen aber auch den „Geist der Weisheit und Offenbarung“ empfangen (Eph. 1,15-17) und schließlich „voll Geistes“ werden (Eph. 5,18-20). Wie kann es dazu kommen? Durch Glauben, Liebe und Gehorsam.

Ein Danklied der Erlösten

„An jenem Tage wirst du sagen: Ich danke Dir, HERR, denn Du warst gegen mich erzürnt; Dein Zorn hat sich gewendet und Du hast mich getröstet. Siehe, Gott ist mein Heil, ich vertraue und fürchte mich nicht; denn Jahweh, der HERR, ist meine Stärke und mein Gesang und Er ist mir zur Rettung geworden." *Jes. 12,1.2*

Das Überraschende und beinahe Unfassbare ist, dass Israel einmal in der Zukunft („an jenem Tag") Gott sogar für Seine Zorngerichte rückblickend wird danken können. Kann man Gott auch für schwere Führungen danken? Das ist, wenn überhaupt, erst nach dem Ende aller Not möglich, wenn Gottes Zorn sich gewendet hat und Seine Tröstungen kommen. Von ihnen spricht Jesaja 40 nachdrücklich, wo es heißt: „Tröstet, tröstet mein Volk! Redet zum Herzen Jerusalems!" (V. 1). Erst wenn Gottes Tröstungen Israel erreicht haben, wenn Auferstehungen, Erstattungen und die Königsherrschaft Christi sichtbare Wirklichkeit geworden sind, wird Israel für alles danken können.

Auch ein Hiob gab am Ende Gott Recht und erfuhr eine wunderbare Erstattung und gewiss hat er Gott herzlich dafür gedankt. Solange ihn Krankheit und Elend bedrückten, konnte er es noch nicht. Er fragte: Warum? Warum? und hielt Gott für seinen Feind. Doch zwischendurch rang sich sein Glaube zu dem Wissen durch, dass Gott doch für ihn und nicht gegen ihn sei. Das sahen wir bei der Betrachtung von Hiob 16,19-21 und 19,25-27.

Auch wir fragen zuweilen: Warum lässt Gott so viel Schreckliches zu: die Judenmorde unter Hitler, die Getöteten des Zweiten Weltkriegs, dazu die Naturkatastrophen? Ist Gott sowohl allmächtig als auch die Liebe? Das halten viele für unmöglich, unser Glaube aber hält an **beidem** fest. **Verstehen** werden wir's erst am Ende. – Im Blick auf Seine erfahrene Liebe und Sein alles umfassendes Verheißungswort dürfen wir heute schon sprechen: „Siehe, Gott ist mein Heil, ich vertraue und fürchte mich nicht." So wollen wir unseren Weg durch das Dunkel unsrer Zeit im Glauben weitergehen.

Deine Augen werden den König schauen

„Deine Augen werden den König schauen in Seiner Schönheit, sehen werden sie ein weithin offenes Land... Schaue Zion an, die Stadt unsrer Festversammlungen! Deine Augen werden Jerusalem sehen, eine sichere Wohnung, ein Zelt, das nicht mehr abgebrochen wird." Jes. 33,17.20

Wer ist der hier genannte König? Ohne Zweifel Jesus Christus. Und welche Zeit ist hier gemeint? Die Zeit Seines Friedensreiches auf Erden, das immer wieder dem Propheten Jesaja vor Augen steht. Es fällt auf, dass im vorangestellten Text mehrmals vom „Schauen" und „Sehen" geredet wird. Heute – sagt Paulus in 2. Kor. 5,7 – gehen wir „im Glauben und nicht im Schauen" unseren Weg. Doch werden wir in der Zukunft zum Schauen gelangen; „wir werden Ihn sehen, wie Er ist" – Ihn, unseren Herrn und Retter (1. Joh. 3,2).

In unserem Text wird Israel verheißen, dass es seinen König schauen wird – nicht in Niedrigkeit, sondern in Herrlichkeit und Schönheit. Israel wird Jahweh, den Ewigen, in der Gestalt von Jesus Christus sehen als seinen Richter, Führer, König und Retter (V. 22). Jerusalem wird eine sichere Wohnung sein, ein Zelt, das nicht mehr abgebrochen wird. Das ist heute noch nicht der Fall. Der Staat Israel muss sich durch Waffen und Mauern schützen; Friede und Sicherheit sind noch nicht in Sicht. Alles wartet auf den wiederkommenden HERRN: die Gemeinde Jesu wie auch alle Israelis, die dem Wort der Propheten glauben.

Israel denkt in unserem Text an die Schrecken früherer Zeiten zurück, die dann endgültig vorüber sind: „Wo ist nun, der da zählte? Wo ist, der da wog? Wo ist, der die Türme zählte? Das freche Volk wirst du nicht mehr sehen, das Volk mit dunkler, unverständlicher Rede, mit stammelnder, sinnloser Sprache" (V. 19). Tributpflicht, Unterdrückung, Lagerleben sind für immer Vergangenheit.

Israel hat Hoffnung und auch wir haben Hoffnung, die wir heute an Jesus Christus glauben. Diese Hoffnung ermutigt uns, schon heute – ohne zu schauen – im Glauben in Ihm und mit Ihm zu leben.

Israels Erwählung und Tröstung

„Du aber, Israel, mein Knecht, Jakob, den ich erwählt habe, du Spross Abrahams, meines Freundes – du, den ich ergriffen habe von den Enden der Erde und von ihren fernsten Gegenden her gerufen habe, zu dem ich sprach: Mein Knecht bist du, ich habe dich erwählt und nicht verworfen -: Fürchte dich nicht, denn ich bin mit dir; weiche nicht, denn ich bin dein Gott. Ich stärke dich, ja ich helfe dir, ja ich halte dich mit der Rechten meiner Gerechtigkeit." *Jes. 41,8-10*

Wir sahen in einer früheren Betrachtung (zu 1. Mose 32,29), dass Gott Jakobs Namen in „Israel" änderte. Jakob heißt „Überlister", Israel „Gotteskämpfer". Jakob steht für das alte und Israel für das neue Wesen. Hier redet Gott Sein Volk mit den Worten an: „Israel, mein Knecht, Jakob, den ich erwählt habe". Das heißt doch: Im neuen Wesen – als Israel – sollst du mir dienen; als Jakob habe ich dich erwählt, d.h. in genauer Kenntnis deines alten Wesens. – Auch die Glieder der Gemeinde Jesu sind Auserwählte (Eph. 1,4). Auch unser altes Wesen hat Gott von jeher gekannt und uns trotzdem nicht verschmäht; und auch wir sollen Ihm im neuen Wesen dienen.

Franz Delitzsch schrieb zu dem vorangestellten Text: „Jedes Wort atmet hier innige Liebe." Es fällt auf, dass überall **Gott** der Handelnde war und ist: Er hat Israel erwählt – ergriffen – gerufen, und für die Gegenwart verheißt Er Seinem erwählten Volk: „Ich stärke dich – ich helfe dir – ich halte dich! Fürchte dich nicht, denn ich bin mit dir!"

Die Erwählung Israels begann mit Abraham. Ihn hat Gott „von den Enden der Erde her ergriffen", nämlich von Ur in Chaldäa. Die Erwählungslinie läuft dann weiter über Isaak zu Jakob/Israel. In der Geschichte Israels gab es Ungehorsam und Gericht. Nun aber tritt – besonders in Jesaja 40-45 – Israels Wiederherstellung ins Blickfeld des Propheten. Die obigen Worte gelten auch heute und in Zukunft, denn Gott ist treu.

Eine Kette göttlichen Handelns erlebt auch die Gemeinde. Ihre Glieder sind nach Röm. 8,29.30 zuvor erkannt – vorherbestimmt – berufen – gerecht gemacht – verherrlicht. Und auch jedem Einzelnen von uns sagt der Herr: „Fürchte dich nicht, denn ich bin mit dir!"

Jesus, Gottes Knecht und Auserwählter

„Siehe, mein Knecht, den ich stütze, mein Auserwählter, an dem meine Seele Wohlgefallen hat: Ich habe meinen Geist auf Ihn gelegt, Er wird den Nationen gerechtes Gericht kundtun... Das geknickte Rohr wird Er nicht zerbrechen und den glimmenden Docht nicht auslöschen." Jes. 42,1.3

Bei manchen Jesajatexten stellt sich die Frage: Ist hier Jesus gemeint oder Israel? Beides kann ineinander übergehen. Der Kommentator Franz Delitzsch verglich den Begriff „Knecht Jahwehs" mit einer **Pyramide.** Er schrieb: „Die unterste Basis ist Gesamtisrael, der mittlere Durchschnitt das Israel ‚nach dem Geist', also das jahwehtreue Israel, und die Spitze ist Jesus Christus, die Person des aus Israel erstehenden Mittlers des Heils." So ist Israel berufen, Licht der Nationen zu sein, im Vollsinn aber ist es Jesus Christus, das Licht der Welt (Jes. 42,6 und 60,1-3). Er ist Gottes Auserwählter. An Ihm hat der Vater Wohlgefallen (Matth. 3,17). Auf Ihm ruht der siebenfache Heilige Geist (Jes. 11,2). Und so wird unser vorangestellter Text in Matth. 12,17-21 auf Jesus bezogen. Er erfüllt dieses Wort.

Unser Text spricht in Vers 3 von der **Seelsorge Jesu.** Er kümmert sich um das Schwache, Geknickte, den nur noch glimmenden Docht. Ein Ausleger bemerkte dazu: Der Geist des Menschen – ursprünglich eine „Leuchte des HERRN" (Spr. 20,27) – sei durch den Sündenfall zu einem glimmenden Docht verkümmert. Und nun kommt Jesus. Im Gegensatz zu uns Menschen, die wir dazu neigen, ein angeknicktes Schilfrohr vollends zu zertrampeln und einen nur noch glimmenden Docht ganz auszublasen, nimmt Er sich des Halbzerstörten, Heruntergekommenen in Liebe an. Der Docht soll wieder zur leuchtenden Flamme werden. – Die zarte Seelsorge Jesu sehen wir z.B. in Joh. 4. Er verurteilt die Samariterin nicht, sondern spricht freundlich mit ihr. Das Thema „Sünde" kann Er ihr nicht ersparen, doch ganz behutsam lenkt Er das Gespräch darauf. (Siehe auch Joh. 8,3-11: Jesus und die Ehebrecherin!)

Hat dein Lebenslauf einen Knick? Fühlst du dich nur noch als glimmenden Docht? Verzage nicht! Jesus will dich nicht verachten, sondern dir helfen!

Israels volle Erlösung

„Denke daran, Jakob und Israel, denn du bist mein Knecht... Ich habe deine Übertretungen getilgt wie einen Nebel und wie eine Wolke deine Sünden. Kehre um zu mir, denn ich habe dich erlöst! Jubelt, ihr Himmel, denn der HERR hat es getan; jauchzt, ihr Tiefen der Erde! Brecht in Jubel aus, ihr Berge, du Wald und jeder Baum darin! Denn der HERR hat Jakob erlöst und an Israel verherrlicht Er sich." Jes. 44,21-23

Nicht umsonst nennt man Jesaja den Evangelisten des Alten Bundes. Er darf wunderbares Evangelium im Auftrag Gottes verkündigen. Wie die Sonne den Nebel auflöst und wie der Wind Wolken vertreibt, so will Gott Israels Sünden tilgen. „Kehre um zu mir, denn ich habe dich erlöst!" Noch war Golgatha nicht geschehen. Noch sollten Jahrhunderte vergehen, bis Jesus auf die Erde kam und durch Seinen Kreuzestod die Erlösung vollbrachte. Doch der Prophet sieht Zukünftiges so, als wäre es schon da.

Wir sahen in Jes. 1, dass Gott Himmel und Erde als Zeugen aufruft. Kurz vor Moses Tod wurde ihnen eine Zeugenpflicht auferlegt (5. Mose 31,28). Daran werden sie in Jes. 1 erinnert; denn Israel ist im Abfall begriffen. Nun aber geht es um Israels Erlösung und Wiederannahme, und auch da sollen Himmel und Erde Zeugen sein; ja, die ganze Natur soll sich mitfreuen.

Wir neigen heute dazu, wenn es um Gott geht, nur noch „geistlich" zu denken. Aus dem Alten Testament können wir lernen, dass Gott auch für das „Natürliche" zuständig ist. Er ist der Gott des Himmels und der Erde, des geistlichen und des natürlichen Segens. Er ist der Gott, der Sünden vergibt, und zugleich der Gott, der es immer wieder Frühling werden lässt und die Felder und Wälder schmückt.

Wohl jedem Sünder, der Jesus als Retter annimmt und persönlich erleben darf, was Gott hier Israel verheißt: „Ich habe deine Übertretungen getilgt wie einen Nebel und wie eine Wolke deine Sünden!" Ja, in Ihm haben wir die Erlösung durch Sein Blut, die Vergebung der Sünden (Eph. 1,7). Für die geistlichen Gaben, aber auch für die Naturgaben wollen wir Ihm herzlich danken.

Jesu Kreuzesleiden

„Unsre Leiden – Er hat sie getragen, und unsre Schmerzen – Er hat sie sich aufgeladen. Wir aber hielten Ihn für bestraft, von Gott geschlagen und niedergebeugt. Doch Er wurde um unsrer Freveltaten willen durchbohrt, um unsrer Sünden willen zerschlagen. Die Strafe lag auf Ihm zu unserm Frieden und durch Seine Wunden wurden wir geheilt... Durch Seine Erkenntnis wird mein gerechter Knecht den Vielen zur Gerechtigkeit verhelfen, indem Er ihre Sünden auf sich lädt... Er hat die Sünden der Vielen getragen und für die Frevler Fürbitte getan." *Jes. 53,4.5.11.12*

Es gibt im Alten Testament zwei Kapitel, die Jesu Kreuzesleiden so treffend beschreiben, als würden hier Augenzeugen berichten: Psalm 22 und Jesaja 53. Der 22. Psalm beginnt mit den Worten: „Mein Gott, mein Gott, warum hast Du mich verlassen?" Genau das hat Jesus am Kreuz nach Matth. 27,46 gerufen. Der Psalmdichter David spricht auch vom Spott der Leute und von Jesu Durst. Er sieht auch schon im Geist, wie die Soldaten Jesu Kleider unter sich teilen (Joh. 19,23.24).

Ebenso erstaunlich ist der vorangestellte Text. Auch er nennt Einzelheiten des Kreuzesleidens Jesu, so z.B. die Fürbitte Jesu. Er betete ja am Kreuz: „Vater, vergib ihnen, denn sie wissen nicht, was sie tun" (Luk. 23,34). Darüber hinaus aber wird in unserm Text der Kreuzestod Jesu **gedeutet.** Sein **stellvertretendes Sühneleiden** wird bezeugt. „Die Strafe lag auf Ihm zu unserm Frieden und durch Seine Wunden wurden wir geheilt... Er wird den Vielen zur Gerechtigkeit verhelfen." Man meint, Jesaja habe die Paulusbriefe gelesen, etwa Röm. 5,19 oder 2. Kor. 5,21. Aber Paulus lebte Jahrhunderte nach Jesaja! Solche präzisen Aussagen über das Geschehen und die Bedeutung des Kreuzesleidens Jesu – Jahrhunderte, bevor es geschah – kann nur der Geist der Weissagung, kann nur göttliche Inspiration hervorbringen. Man darf hier auch nicht nur an das Volk Israel denken (das ja auch im Lauf seiner Geschichte geschlagen und misshandelt wurde); nein, es geht um Jesus, was auch Apg. 8,26-35 bestätigt.

Wir aber wollen dem Herrn danken, dass Er dies alles für uns und für alle erlitten hat!

Ein neuer Himmel und eine neue Erde

„Denn siehe, ich schaffe einen neuen Himmel und eine neue Erde. Und an das Frühere wird man nicht mehr denken... Vielmehr freut euch und frohlockt allezeit über das, was ich schaffe. Denn siehe, ich werde Jerusalem (gleichsam) neu erschaffen zu einer jubelnden (Stadt) und ihr Volk zur Freude.“ *Jes. 65,17.18*

In den beiden letzten Kapiteln seines prophetischen Buches schaut Jesaja ganz weit in die Ferne. Er sieht den neuen Himmel und die neue Erde, die Gott schafft. Die genaue Reihenfolge der Dinge aber sieht er noch nicht so klar wie Johannes im letzten Buch der Bibel. So fließen Aussagen über den neuen Himmel und die neue Erde mit Aussagen über das Friedensreich des Messias, das Tausendjährige Reich, in **einem** Bild zusammen. Wir fanden eine solche Zusammenschau (Synopse) auch schon bei der Betrachtung von Jes. 9,5.6.

Ein Bild mag das veranschaulichen. Ich mache eine Wanderung im Schwarzwald. Von meinem Höhenweg aus sehe ich jenseits des Ortes, der drunten im Tal liegt, die Burg. Zu meinem Erstaunen steht direkt neben der Burg ein Terrassenhaus. Ich denke: Das stand vor einigen Monaten noch nicht da! Aber man baut ja heute sehr schnell. – Ich gehe meinen Waldweg weiter und schaue nach zehn Minuten wieder zur Burg hinüber. Und was sehe ich? Das Terrassenhaus ist verschwunden. Ich entdecke es weiter unten, weit weg von der Burg. – Ähnlich ergeht es manchen Wanderern im Gebirge. Sie sehen in der Ferne **einen** Bergkamm. Beim Näherkommen merken sie, dass es sich um mehrere Gebirgszüge handelt, durch Täler getrennt.

So sieht Johannes in Offb. 20-22 die Reihenfolge deutlicher: Erst schenkt Gott das Tausendjährige Reich; dann kommt das Weltgericht. Danach vergehen Himmel und Erde und Gott schafft einen neuen Himmel und eine neue Erde.

Unsere heutige Welt ist also nicht bleibend. Halten wir uns an das Bleibende: an Gott den Vater und Seinen Sohn, an Seinen Geist und Sein Wort und an Seine Liebe, die nie vergeht!

Gottes Reue

„Einmal rede ich über ein Volk und über ein Königreich, es ausreißen, niederbrechen und zugrunde richten zu wollen. Kehrt aber jenes Volk... von seiner Bosheit um, so lasse ich mich des Unheils gereuen, das ich ihm zu tun gedachte. – Und ein anderes Mal rede ich über ein Volk und über ein Königreich, es bauen und pflanzen zu wollen. Tut es aber, was in meinen Augen böse ist..., so lasse ich mich des Guten gereuen, das ich ihm verheißen hatte zu tun." *Jer. 18,7-10*

Wir lesen in Psalm 33,4: „Des HERRN Wort ist wahrhaftig und was Er zusagt, das hält Er gewiss" und in Psalm 119,89: „HERR, Dein Wort bleibt ewiglich, so weit der Himmel reicht" (Luther). Viele ähnliche Zeugnisse der Bibel ließen sich nennen. – Wie passen sie aber zu dem vorangestellten Text? Haben wir da nicht den Eindruck, dass Gott Drohungen oder Heilszusagen eben doch nicht einhält, sondern – je nach dem Verhalten eines Volkes – einfach zurücknimmt? Ist Gottes Wort also doch nicht immer gültig? Kann das Verhalten des Menschen seine Verwirklichung verhindern, ja den Willen Gottes ändern?

Vielleicht kann uns der Gedanke weiterhelfen: **Es gibt Verheißungen Gottes mit und ohne Bedingung.** Typisch für Verheißungen mit Bedingung ist das Wörtlein „wenn". Wir finden es in 5. Mose 28, wo Gott Israel Segen oder Fluch in Aussicht stellt. Beides macht Er vom Verhalten des Volkes abhängig: „Es wird geschehen, **wenn** du der Stimme des HERRN, deines Gottes, genau gehorchst..." – dann kommt der Segen. Wenn aber nicht – dann kommt der Fluch. Auch bei Paulus finden wir Verheißungen mit Bedingung. Da handelt es sich aber nicht um Gesetz, sondern um geistliche Gesetzmäßigkeiten. So lesen wir in 2. Tim. 2,11.12: „Wenn wir mitgestorben sind, werden wir auch mitleben; wenn wir ausharren, werden wir auch mitherrschen." Es kommt also auch auf unser Verhalten an!

Es gibt aber auch Gottesverheißungen ohne Bedingung. Ich liebe sie besonders, denn da kann nichts schiefgehen! So sagt Gott in Offb. 21,5: „Siehe, ich mache alles neu!" Und in Phil. 1,6 lesen wir: „Der ein gutes Werk in euch angefangen hat, wird's auch vollenden bis auf den Tag Christi Jesu" und in 1. Kor. 15,26: „Als letzter Feind wird der Tod entmachtet." Solches gilt bedingungslos und felsenfest.

Gottes neuer Bund mit Israel

„Siehe, Tage kommen, spricht der HERR, da schließe ich mit dem Haus Israel und mit dem Haus Juda einen neuen Bund, nicht wie der Bund gewesen ist, den ich mit ihren Vätern schloss..., diesen meinen Bund haben sie gebrochen... Sondern das ist der Bund, den ich mit dem Haus Israel nach diesen Tagen schließen werde, spricht der HERR: Ich werde mein Gesetz in ihr Inneres legen und werde es auf ihr Herz schreiben. Und ich werde ihr Gott sein und sie werden mein Volk sein.“ *Jer. 31,31-33*

Es gibt ein „Gesetz vom Zweiten oder Dritten“ (Adolf Heller). Das soll heißen, dass Gott Seine Ziele oft erst beim zweiten oder dritten Anlauf erreicht. Man denke an Adam und Christus, an den alten und den neuen Bund, den alten und den neuen Menschen. Ja, es gibt nach 2. Petr. 3 einen vergangenen, gegenwärtigen und zukünftigen Kosmos. Da kommt Gott erst beim dritten „Versuch“ zum Ziel.

Aber darf man so von Gott reden? Ist Er nicht allmächtig? Warum scheint Ihm so vieles zu misslingen? Ist Sein Handeln ein „Probieren“? – So könnte es scheinen, aber so ist es nicht. Dass Gott nicht immer beim ersten Mal zum Ziel kommt, liegt daran, dass Er die Geschöpfe mitmachen lässt. Sie sollen Gelegenheit haben zu zeigen, was sie können bzw. nicht können. Gottes alter Bund mit Israel scheiterte, weil Israel den Bund gebrochen hat. Nun „versucht“ es Gott auf andere Weise. Er legt Israel nicht äußere Verordnungen auf, sondern erneuert ihr Inneres, ihr Herz. Dieser Bund wird gelingen.

Da fragen wir altklugen Menschen: Warum hat Gott das nicht von Anfang an so gemacht? Die Antwort kann nur lauten: aus **erzieherischen Gründen.** Wir Menschen sollen lernen, dass unser Heil und unsre Heiligung nur gelingen, wenn wir alles Gute nur noch von Ihm erwarten und nicht von uns selbst. Dazu sind schmerzliche Umwege der Erziehung notwendig. Das Geschöpf ist sonst nicht bereit zuzugeben, dass es, auf sich selbst gestellt, ein Versager ist.

Jesus brachte den neuen Bund. Beim ersten Abendmahl sagte Er Seinen Jüngern, als Er ihnen den Kelch als Zeichen reichte: „Dieser Kelch ist der neue Bund in meinem Blut“ (Luk. 22,20). Jesus musste sterben, damit Israel – und auch wir – neues Leben bekämen.

Nicht von Herzen plagt Gott die Menschen

„Nicht für ewig verstößt der Herr, sondern wenn Er betrübt hat, erbarmt Er sich nach der Fülle Seiner Gnadenerweise. Denn nicht von Herzen plagt und betrübt Er die Menschenkinder.“ *Klag. 3,31-33*

Der geschichtliche Hintergrund der Klagelieder ist der Untergang Jerusalems im Jahr 587 v.Chr. Die Stadt wurde zerstört und auch der Tempel. Große Teile der Bevölkerung wurden nach Babylon ins Exil verschleppt. Es war die größte völkische Katastrophe seit dem Auszug Israels aus Ägypten, schlimmer noch als die Wegführung der Bewohner Nordisraels im Jahr 722. Denn nun waren Gottes Stadt und Gottes Heiligtum direkt betroffen.

Nun haben wir es hier mit einem Buch voller Klagen zu tun. Umso erstaunlicher ist es, dass wir in der Mitte des Buches – im 3. Kapitel – zwei Stellen finden, die in Worten innigen Vertrauens Gottes Güte preisen. In Klag. 3,22.23 lesen wir: „Die Gnadenerweise des HERRN sind nicht zu Ende“ (Luther: „Die Güte des HERRN ist's, dass wir nicht gar aus sind“), „ja, Sein Erbarmen hört nicht auf, es ist jeden Morgen neu. Groß ist Deine Treue.“ Die zweite Stelle ist das vorangestellte Wort.

Es gibt Christen, die die Meinung vertreten, man dürfe als Christ nicht klagen. Loben und Danken sei unsre Aufgabe. Sie berufen sich gern auf Eph. 5,20: „Sagt Dank allezeit für alles!“ Aber ist Klagen verboten? Nein, **wir dürfen auch klagen**! Das zeigt uns das Buch der Klagelieder. Wir sollen allerdings Gott nicht **anklagen**! Doch wir dürfen Ihm alles sagen und hinlegen: Elend und Jammer und Not und Verzweiflung ebenso wie Lobpreis und Dank.

Gott hat es dem Verfasser der Klagelieder – nach der Septuaginta und nach 2. Chron. 35,25 ist es Jeremia – geschenkt, mitten in der Klage einen Blick in Gottes Herz zu tun. Und er darf erkennen: **Nicht von Herzen** plagt und betrübt Gott die Menschen. Viel lieber erbarmt Er sich. Und wenn Er auch verstößt (verwirft, abweist), so ist das nicht Sein letztes Wort. Auf das scheinbare Verstoßen folgt die Wiederannahme, auf die Betrübnis neue Gnade. Das zeigt auch Paulus in Röm. 11. Und das darf auch der Einzelne wissen und festhalten. Gottes Herz ist uns zugewandt in Jesus Christus.

Israels Sammlung und Erneuerung

„Und ich werde euch aus den Nationen herausholen und euch aus allen Ländern sammeln und euch in euer Land bringen. Und ich werde reines Wasser auf euch sprengen und ihr werdet rein sein... Und ich werde euch ein neues Herz geben und einen neuen Geist in euer Inneres geben und ich werde das steinerne Herz aus eurem Fleisch wegnehmen und euch ein fleischernes Herz geben. Und ich werde meinen Geist in euer Inneres geben." *Hes. 36,24-27*

Der Prophet Hesekiel wirkte im babylonischen Exil, wohin er 597 v.Chr. deportiert worden war. Er darf in Kapitel 36 seines Buches die äußere und innere Wiederherstellung Israels weissagen. Die oben angeführten Worte fanden und finden im Lauf der Geschichte eine **mehrfache Erfüllung** – bis in unsere Tage und in die Zukunft hinein. Zunächst denken wir an Israels Heimkehr aus der babylonischen Gefangenschaft ab 538 v.Chr. Gott holte Sein Volk aus den Völkern heraus. „Die Mehrzahl ‚Völker' und ‚Länder' bezieht sich nicht nur auf Babylonien, sondern auch auf Ägypten, Persien, Arabien..." (Gerhard Maier). Erfuhr aber Israel damals auch eine innere Erneuerung? Nur ansatzweise, teilweise. Die Vollerfüllung steht noch aus.

Israel wurde dann im Jahr 70 n.Chr. noch einmal zerstreut, und zwar unter alle Völker. Und so gibt es auch eine nochmalige Sammlung. Diese fällt in unsere Zeit – ins 20. und 21. Jahrhundert. 1948 wurde der Staat Israel ausgerufen. Folgte danach nun auch die innere Erneuerung? Nur an einem Teil des Volkes. Es sind die Erstlinge (Röm. 11,16). Im Vollsinn bringt erst der wiederkommende Herr Israels Erlösung, und zwar dem ganzen Volk (Röm. 11,25-29).

Die innere Erneuerung geschieht in drei Schritten: reines Wasser – neues Herz – Gottes Geist. Das Erste ist die **Reinigung** (verbunden mit Sündenerkenntnis und Sündenbekenntnis, 1. Joh. 1,9). Dann erst ist die **Erneuerung des Herzens** möglich. An die Stelle des steinernen (kalten, verstockten, gefühllosen) Herzens soll ein fleischernes (d.h. empfindsames) Herz treten. Dann kann der **Empfang des Heiligen Geistes** folgen. - So arbeitet Gott auch an uns. Er will uns Reinigung, Herzenserneuerung und die Innewohnung Seines Heiligen Geistes schenken. Wohl dem, der dieses Sein Wirken voll bejaht!

Auferstehung der Toten Israels

„So spricht der Herr, Jahweh (der Ewigseiende): Siehe, ich öffne eure Gräber und lasse euch aus euren Gräbern heraufkommen als mein Volk und bringe euch ins Land Israel. Und ihr werdet erkennen, dass ich Jahweh bin, wenn ich eure Gräber öffne und euch aus euren Gräbern heraufkommen lasse als mein Volk. Und ich gebe meinen Geist in euch, dass ihr lebt, und werde euch in euer Land setzen.“ *Hes. 37,12-14*

Alles Wirken Gottes – an Israel, an Seiner Gemeinde und an der Welt – bliebe unvollständig, wenn es keine **Auferstehung der Toten** gäbe. Dass Gott Tote auferwecken kann und will – zuletzt **alle** Toten -, bezeugt Paulus klar und mit Nachdruck in seinem gewaltigen Auferstehungskapitel 1. Korinther 15. Auch sagte Jesus der Maria, der Schwester des Lazarus: „Ich bin die Auferstehung und das Leben; wer an mich glaubt, wird leben, auch wenn er stirbt“ (Joh. 11,25).

Unser vorangestellter Text spricht von der Auferstehung der Toten **Israels.** Gern wird Hes. 37,1-14 symbolisch gedeutet. Hesekiel schaut im Geist ein Land voller Totengebeine, nach Gerhard Maier „vermutlich das Tiefland Südbabyloniens“. Die vertrockneten Gebeine sollen durch Gottes Wort und Geist wieder lebendig werden. Sehr konkret ist von der Wiederherstellung der Leiber die Rede (Knochen, Sehnen, Fleisch, Haut). Nein, meint auch Gerhard Maier, von Gräbern könne nicht im wörtlichen Sinn gesprochen sein, es seien „die Gräber der Hoffnungslosigkeit“ gemeint.

Die bildliche Deutung ist sicher nicht falsch, aber sie schließt die wörtliche nicht aus. Mit Recht schreibt *Heinrich Langenberg* in seiner Hesekiel-Auslegung: „Es handelt sich hier wie in Jes. 26,19 um die Frage nach dem Umfang der Auferstehung. An der Möglichkeit braucht der Prophet nicht zu zweifeln, denn Totenerweckungen hatten in Israel schon stattgefunden (1. Kön. 17,17-24 und 2. Kön. 4,18-37). Aber in allen diesen Fällen handelte es sich um Ausnahmen und um die Wiederbelebung soeben Verstorbener. Hier dagegen handelt es sich um eine allgemeine Auferstehung solcher, deren Gebeine schon längst verdorrt waren.“

Gottes Wort gibt allen Toten Hoffnung: denen aus Israel, aus der Gemeinde Gottes und auch aus der gesamten Völkerwelt.

Nebukadnezars Hochmut und Demütigung

„Der König sagte: Ist das nicht das große Babel, das ich durch die Stärke meiner Macht und zur Ehre meiner Herrlichkeit zum königlichen Wohnsitz erbaut habe? – Noch war das Wort im Mund des Königs, da kam eine Stimme aus dem Himmel: Dir, König Nebukadnezar, wird gesagt: Das Königtum ist von dir gewichen! Und man wird dich von den Menschen ausstoßen und bei den Tieren des Feldes wird deine Wohnung sein." Dan. 4,27-29

Nebukadnezar war der bedeutendste König der Babylonier. 43 Jahre lang, von 605 bis 562 v.Chr., regierte er das babylonische Weltreich. Als Militär und Architekt war er gleich bedeutend. Er war der Erbauer des neuen Babel und machte diese Stadt zu einer der glänzendsten und prächtigsten Städte des Altertums. (Nach Gerhard Maier.)

So ist es menschlich verständlich, dass dieser König auf sich selbst und seine Leistung stolz war. Gott aber kann es nicht hinnehmen, wenn die Großen dieser Welt sich selbst statt ihrem Schöpfer die Ehre geben. **Gott** ist der Lenker der Geschichte.

Doch Gott geht sehr geduldig mit diesem König um. Es ist spannend, in den Kapiteln Daniel 2-4 zu beobachten, wie Gott diesen König erzieht. Und immerhin muss man sagen: Nebukadnezar lässt sich erziehen. In Dan. 2 hat der König einen Traum, der ihn beunruhigt. Niemand vermag ihn zu deuten. Da macht Daniel, einer der gefangenen jungen Männer aus Juda, auf sich aufmerksam. Er deutet dem König den Traum. Dieser zeigt den Gang der Weltreiche: Babylon – Medopersien – Griechenland – Rom. Am Ende wirft sich der König vor Daniel nieder und anerkennt Daniels Gott als „Gott der Götter" (2,47).

In Daniel 3 geht Gottes Erziehung weiter. Am Ende erkennt Nebukadnezar: „Es gibt keinen anderen Gott, der so erretten kann" (3,29). Doch noch ist Nebukadnezars Hochmut nicht überwunden, wie der vorangestellte Text zeigt. Da greift Gott zu einem sehr scharfen Mittel: Nebukadnezar verfällt dem Wahnsinn und hält sich für ein Tier. Er wird für die Dauer von „7 Zeiten" (d.h. wohl von 7 Jahren) aus der menschlichen Gesellschaft ausgestoßen und frisst Kraut wie die Rinder. Danach kehrt sein Verstand zurück und er lobt und ehrt den Allerhöchsten. – So kann Gott erziehen und Hochmütige demütigen.

Die Tiergestalt der Weltreiche

„Daniel sprach: Ich sah ein Gesicht (eine Vision) in der Nacht, und siehe, die vier Winde des Himmels wühlten das große Meer auf. Und vier große Tiere stiegen aus dem Meer herauf, jedes verschieden vom anderen."

Dan. 7,2.3

Daniel 7 läuft parallel mit Daniel 2. In beiden Kapiteln geht es um den Lauf der Weltgeschichte von der Zeit Nebukadnezars an. In Dan. 2 sieht Nebukadnezar im Traum ein Standbild. Das Haupt ist von Gold. Der Text selber gibt die Deutung: „Du (Nebukadnezar) bist das Haupt von Gold" (2,38). Gemeint ist **Babylonien** und sein König. Ihm folgt ein geringeres Reich: **Medopersien,** es wird geschaut als „Brust und Arme von Silber" (2,32.39). **Griechenland** wird geschaut als „Bauch und Lenden von Bronze (oder Kupfer)"; die Beine stellen das **römische Weltreich** dar. Dieses Reich hat eine Verlängerung bis in die Endzeit hinein, bis in die Zeit, da das Gottesreich auf die Erde kommt und aller menschlichen Größe ein Ende macht.

In Daniel 7 werden diese vier Reiche als Tiere dargestellt: als Löwe mit Adlerflügeln – als gefräßiger Bär – als buntscheckiger Panther mit vier Vogelflügeln – und als ein besonders furchtbares Tier, das frisst und zermalmt und mit seinen Füßen zertritt.

Uns interessieren jetzt nicht die Einzelheiten, sondern das Wesen der Tiere, die die Weltreiche darstellen. Es sind keine sanften Haustiere oder süßen Schoßhündchen, sondern **Raubtiere.** So heißt auch der letzte Weltherrscher in Offb. 13 „das Tier". Ohne Gott sind wir Menschen Tiere. Solange es uns gutgeht, lässt sich das verbergen, doch in Situationen von Hungersnot, Krieg oder Verführung zeigen sich Brutalität und Gier. Nur wo Christi Geist herrscht, wird es anders.

Ernst F. Ströter schrieb zu Dan. 7: „Daniel sieht aus dem Völkermeer vier Bestien aufsteigen – allesamt wilden, blutgierigen, mordlustigen Charakters. Ist das das Gesamtergebnis des gegenwärtigen Weltlaufs mit seiner gepriesenen Kultur, Zivilisation, Menschheitsverbrüderung und Weltverbesserung?" – Hilfe kann nur von dem herkommen, der gesagt hat: „Siehe, ich mache alles neu" (Offb. 21,5). Er kann uns vom Tierwesen befreien und ins Gotteswesen umgestalten. „Herr, fange heute bei uns an!"

Gottes neue Ehe mit Israel

„Ich will dich mir verloben in Ewigkeit und ich will dich mir verloben in Gerechtigkeit und Gericht und in Gnade und Erbarmen, und ich will dich mir verloben in Treue und du wirst den HERRN erkennen."

Hosea 2,21.22

Gottes Bund, den Er mit Israel schloss, war nicht nur ein Bund des Gesetzes, sondern auch ein Bund der Liebe (Hes. 16,8). Israel – und speziell Jerusalem – war gleichsam die Braut, ja die Ehefrau und Jahweh selbst der Ehemann (Jes. 54,5 und 62,5). Doch in Hesekiel 16 und Hosea 1 beklagt sich Gott bitter über die Untreue Seiner Ehefrau; sie ist vielfältig zur Ehebrecherin geworden. Israel hat sich, statt in Liebe und Treue an seinem Gott zu hängen, anderen Mächten hingegeben: anderen Völkern (z.B. Ägypten) und sogar fremden Göttern. Normalerweise würde sich ein Mann von einer solchen Frau endgültig trennen, das aber tut Gott nicht. In unfassbarer Liebe und Treue wendet sich Gott der Ehebrecherin wieder zu; Er lockt und umwirbt sie sogar (Hosea 2,16). Und sie selber sagt: „Ich will mich aufmachen und zu meinem ersten Mann zurückkehren; denn damals ging es mir besser als jetzt" (Hosea 2,9). Und so ist der große Gott bereit, sich aufs Neue mit Seinem auserwählten Volk zu **„verloben"**. Das Wort wird gebraucht „für die Werbung um ein reines, unberührtes Mädchen. Es handelt sich hier also um eine ganz neue Ehe. Gott will sich als Schöpfer Israels Seine Gemeinde neu schaffen, ehe Er sich mit ihr wieder verbinden wird. Das ist nach allem, was vorgefallen ist, so unvorstellbar, dass Gott dreimal wiederholt: ‚Ich werde mich verloben'" (Martin Holland). – Gott zahlt sogar einen Brautpreis: er besteht in göttlicher Gerechtigkeit und läuterndem Gericht, in Gnade und Erbarmen und in beständiger Treue.

Hier praktiziert Gott schon das, was im Neuen Testament noch deutlicher hervortritt: unverdiente Gnade, Vergebung, Liebe und Treue. Auch wir werden gerecht gemacht „nicht aus Werken, sondern aus Gnade" und auch wir werden in Christus gleichsam ganz neu erschaffen, um nun wirklich fähig zu sein zu einem neuen Lebenswandel in Glaubensgehorsam und Treue (Eph. 2,8.9).

Der große und furchtbare Tag des HERRN

„Es kommt der Tag des HERRN, ja er ist nahe: ein Tag der Finsternis und der Dunkelheit, ein Tag des Gewölks und der Wolkennacht... Doch auch jetzt, spricht der HERR, kehrt um bis zu mir mit eurem ganzen Herzen und mit Fasten und mit Weinen und mit Klagen. Und zerreißt euer Herz und nicht eure Kleider und kehrt um zum HERRN, eurem Gott! Denn Er ist gnädig und barmherzig, langsam zum Zorn und reich an Gnade... Und danach wird es geschehen, dass ich meinen Geist ausgießen werde über alles Fleisch." *Joel 2,1.2.12.13; 3,1*

Joel blickt in seiner Prophetie auf einen zukünftigen Gerichtstag, den „Tag des HERRN". Er ist groß und furchtbar. Es wird zunächst eine Heuschreckenplage beschrieben. In nie dagewesener Weise fressen die Heuschreckenschwärme alles ab: Weizen und Gerste, Weinstock und Feigenbaum und alle Bäume des Feldes. Auch im 2. Kapitel ist noch von der Heuschreckenplage die Rede. Doch sind nur sie gemeint, wenn von einem großen Heer gesprochen wird, das sich über die Berge ausgebreitet hat, vor dem die Völker erzittern, das mit Feuer und Flammen vorankommt, vor dem gar die Erde erbebt und der Himmel wankt? Nein, **vordergründig** sind es die Heuschrecken, die Juda in so großes Leid stürzen, doch darüber hinaus ist an ein **Heer Gottes** zu denken (2,11) – seien es menschliche Krieger oder Engel. So ist ja auch in 2,20 von einem Feind aus dem Norden die Rede.

Wir wollen aber das Positive nicht übersehen, das der vorangestellte Text enthält: Auch jetzt – mitten im Gericht – ruft die Liebe Gottes Sein Volk zur Umkehr: Kehrt doch zu mir um mit eurem ganzen Herzen! Gott ist ja (wie schon in 2. Mose 34,6 gesagt) gnädig und barmherzig, langsam zum Zorn und reich an Gnade. Darum ist dieses Gericht nicht das Letzte. Der HERR wird das Land wieder ergrünen lassen (2,18-27). Und in der Ferne schaut Joel sogar die **Ausgießung Seines Geistes** über alles Fleisch. Dieses Wort erfuhr eine teilweise Erfüllung an Pfingsten in Jerusalem (Apg. 2,15-18).

Das Buch Joel zeigt Gottes **Gericht und Gnade** in erschütternden Worten und dramatischen Bildern. Wir wollen Seinen Ruf zur Umkehr nicht überhören.

Nach dem Gericht wird Israel neu aufgebaut

„An jenem Tag werde ich die verfallene Hütte Davids aufrichten und ihre Risse vermauern und ihre Trümmer aufrichten und ich werde sie bauen wie in den Tagen der Vorzeit... Und ich werde das Geschick meines Volkes Israel wenden... Und ich werde sie in ihr Land einpflanzen und sie sollen nicht mehr aus ihrem Land herausgerissen werden, das ich ihnen gegeben habe, spricht der HERR, dein Gott." *Amos 9,11.14.15*

Amos blickt in diesen Worten in die Zukunft, sogar auch in die ferne Zukunft. In seinen Tagen war das Davidische Königshaus zwar geteilt, aber noch nicht zur armseligen, verfallenen Hütte verkommen. Dies geschah erst nach der Zerstörung des Nordreichs durch die Assyrer (722) und der Zerstörung Judas und Jerusalems durch die Babylonier (587).

Was Amos im obigen Text schaut, erfüllt sich mehrfach:
Zum ersten ab 538 v.Chr. Damals erlaubte der Perserkönig Kyrus den Juden die Rückkehr aus Babel und den Wiederaufbau Jerusalems und des Tempels.
Dann ist es Jakobus, der auf dem Apostelkonzil in Jerusalem das Wort ergreift und Amos zitiert. Es war die Zeit, als durch den Dienst der Apostel die ersten Heiden (Nichtisraeliten) zum Glauben an Jesus Christus kamen. Jakobus sagt: „Simon hat erzählt, wie Gott zuerst darauf gesehen hat, **aus den Nationen** ein Volk zu nehmen für Seinen Namen. Und hiermit stimmen die Worte der Propheten überein: ‚Danach will ich zurückkehren und die verfallene Hütte Davids wieder aufbauen..., damit die Übrigen der Menschen den Herrn suchen und alle Nationen, über die mein Name angerufen ist'" (Apg. 15,13-17). Gottes Rettungsplan sieht also vor, zuerst ein Volk aus den Nationen zum Heil zu führen (die Gemeinde), sich danach des ganzen Israel wieder anzunehmen und zuletzt aller Völker (Röm. 11,25-32).
In Amos 9,15 ist verheißen, dass Israel nicht mehr aus seinem Land herausgerissen werden soll. Das hat sich zur Zeit des Jakobus noch nicht erfüllt, Israel wurde im Jahr 70 noch einmal zerstreut. Es ist eine Verheißung für **heute**!

Übermütige bringt Gott zu Fall

„Der Übermut deines Herzens hat dich betrogen, dich, der in den Felsenklüften wohnt, in der Höhe seinen Sitz hat und in seinem Herzen spricht: Wer wird mich zur Erde hinabstürzen? Wenn du dein Nest auch hoch bautest wie der Adler und wenn es zwischen die Sterne gesetzt wäre: Ich werde dich von dort hinabstürzen, spricht der HERR." Obadja 3.4

Dies ist ein Gerichtswort über Edom. Es zeigt beispielhaft den Hochmut des menschlichen Herzens. Dieser kann sich zum Übermut oder gar zum Größenwahn steigern. Hochmut ist die Ursünde. Als der Fall Satans geschah – als Luzifer zum Satan wurde -, sprach er in seinem Herzen: „Ich will hinaufsteigen auf Wolkenhöhen, dem Höchsten mich gleich machen" (Jes. 14,14). Dem Hochmut Nebukadnezars begegneten wir in Dan. 4. Er sprach: „Ist das nicht das große Babel, das ich durch die Stärke meiner Macht und zur Ehre meiner Herrlichkeit erbaut habe?" Dies konnte Gott nicht hinnehmen. – Der Größenwahn eines Hitler führte Deutschland in die größte Katastrophe seiner neueren Geschichte. Warum folgte ihm die Masse des Volkes so bereitwillig? Weil man so leicht auf selbstherrliche, hochmütige Reden hereinfällt.

Auch der kommende Antichrist, der Weltherrscher der Endzeit, wird überaus hochmütig sein. Dan. 8,9.10 weist darauf hin. Dort schaut Daniel in einer Vision ein kleines „Horn" (Bild für Macht und Stoßkraft). Es wird „übermäßig groß gegen Süden und gegen Osten und gegen das Land der Zierde (Israel). Und es wuchs bis an das Heer des Himmels und warf (einige) von dem Heer und von den Sternen zur Erde herab und zertrat sie." Dies Gesicht gilt für die Zeit des Endes (Dan. 8,17). In seinem Hochmut wird der Antichrist es gern zulassen, dass man ihm zu Ehren ein Bildnis errichtet, das sogar reden kann und das alle Erdbewohner anbeten sollen (Offb. 13).

Gott widersteht den Hochmütigen (Jak. 4,6). Möchten wir doch nie zu den Menschen gehören, denen Gott widersteht! Dann ist Er nicht mit uns, sondern gegen uns, bis Er uns zerbrochen hat. Möchten wir vielmehr zu den Demütigen gehören, denen Er Gnade schenkt!

Das „Dennoch des Glaubens“

„Da sprach ich: Verstoßen bin ich von Deinen Augen hinweg; dennoch werde ich wieder hinblicken zu Deinem heiligen Tempel.“ *Jona 2,5*

Das Buch Jona ist ein Buch voller Wunder. Jona, der ungehorsame Prophet, soll Ninive, der Hauptstadt des assyrischen Weltreichs, das Gericht ankündigen, verbunden mit einer Bußpredigt. Denn Gott will Ninive vor dem möglichen Untergang noch 40 Tage Zeit geben, sich vom Bösen abzuwenden und zu Gott umzukehren (3,3.4). Jona aber begibt sich in die entgegengesetzte Richtung und besteigt ein Schiff nach Tarsis (Tartessus) in Südwestspanien. Er will diesen Auftrag nicht ausführen. Er fürchtet – so paradox es klingt -, die Leute von Ninive könnten auf seine Predigt hin Buße tun und Gott könnte ihnen gnädig sein und die Stadt verschonen (3,10 und 4,1.2). Das aber will der fromme Prophet nicht. Er will den Untergang der Hauptstadt des Feindes.

Gott tut lauter Wunder. In allem ist Er der Handelnde. Er schickt einen gewaltigen Sturm, sodass das Schiff zu zerbrechen droht. Man wirft Jona ins Meer. Dort verschlingt ihn ein großer Fisch. Jona überlebt drei Tage im Bauch jenes Fisches, dann wird er aufs trockene Land ausgespien.

Das Buch Jona ist kein Märchenbuch. Wenn Gott 14 Tage nach einem gewaltigen Erdbeben noch Verschüttete lebend aus den Trümmern bergen lässt (wie im Januar 2010 geschehen), dann kann Er auch einen Jona drei Tage im Fischbauch überleben lassen. Das größte Wunder ist aber meines Erachtens etwas anderes: Jona spricht im Fischbauch ein Gebet (Jona 2). Und das Unfassbare ist: Er betet zuversichtlich, obwohl seine Lage hoffnungslos ist. Im „Dennoch des Glaubens“ weiß er: Ich bleibe hier nicht. Dies ist für mich nicht das Ende. „Ich bin (zwar) verstoßen von Deinen Augen hinweg, **dennoch** werde ich wieder hinblicken zu Deinem heiligen Tempel.“

Viele gläubige Männer und Frauen befanden sich schon in auswegloser Lage und vertrauten im Dennoch des Glaubens auf Gott und wurden gerettet. Wir wollen also nicht gleich verzagen, wenn Schweres in unser Leben kommt.

Eine Weissagung auf Jesus Christus

„Und du, Bethlehem Efrata, die du klein bist unter den Städten in Juda, aus dir wird mir hervorgehen, der Herrscher über Israel sein soll; und Seine Ursprünge sind von der Urzeit, von den Tagen der Ewigkeit her... Und Er wird auftreten und (Seine Herde) weiden in der Kraft des Ewigen, in der Majestät des Namens Jahwehs, Seines Gottes. Und sie werden (in Sicherheit) wohnen; denn nun wird Er groß sein bis an die Enden der Erde. Und Er wird der Friede sein.“ *Micha 5,1.3.4*

Diese Weissagung des Propheten Micha wird gern an Weihnachten zitiert. Jahrhunderte vor Christi Geburt sieht hier Micha, dass Er, der Herrscher über Israel sein soll, aus Bethlehem in Juda hervorgehen wird. Das ist das Wunder biblischer Prophetie. Weit Entferntes tritt ganz nahe vor das Auge des Propheten. Und die Weissagung wird präzise erfüllt, wenn die Zeit gekommen ist. So wird denn Micha 5,1 in Matth. 2,6 zitiert. Die Hohenpriester und Schriftgelehrten weisen den König Herodes auf dieses Wort hin.

Auch hier haben wir es wieder mit einer Zusammenschau (Synopse) zu tun. So etwas begegnete uns schon bei der Betrachtung von Jes. 9,5.6 und Jes. 65,17.18. Der Blick des Propheten geht von der Geburt Jesu Christi in Bethlehem **zurück** in die Urzeit und **voraus** in die Zeit Seines Friedensreiches auf Erden. Ja, Jesu Leben begann nicht mit Seiner Geburt in Bethlehem, war Er doch schon vor Grundlegung der Welt beim Vater (Joh. 17,5.24). Damals haben Vater und Sohn miteinander geplant und auch Jesu „Lammesweg“, Seinen Gang ans Kreuz, mit eingeplant (1. Petr. 1,19.20). Von der Urzeit bis in alle Ewigkeit – hier wirklich im Sinn von Unendlichkeit – reicht Jesu Leben. Den Tod hat Er für immer hinter sich.

Dieser Herr ist **der Friede** in Person. Heute schon dürfen wir in Ihm Frieden haben, Frieden mit Gott. Er ist unser Friede (Eph. 2,14). Bald schon wird Er Sein Friedensreich aufrichten. Dann endlich wird auch auf Erden Friede sein.

Gott ist ein vergeltender Gott und ein gütiger HERR

„Der HERR ist ein eifernder und vergeltender Gott, ja, ein Vergelter ist der HERR und zornig... Der HERR ist langsam zum Zorn und groß an Kraft; doch keineswegs lässt der HERR ungestraft... Der HERR ist gütig und eine feste Burg am Tag der Not und Er kennt die, die sich bei Ihm bergen (die bei Ihm Schutz suchen)." *Nahum 1,2.3.7*

Ninive, die Hauptstadt und das religiöse Zentrum Assyriens, hatte auf die Predigt des Jona hin Buße getan und wurde verschont. Die Buße hielt aber nicht an. Ninive kehrte wieder zum Bösen zurück. Darum war die Verschonung nur eine Verschiebung. Gut eineinhalb Jahrhunderte nach der Predigt des Jona war Ninive endgültig reif zum Gericht, das 612 v.Chr. durch die Meder und Chaldäer vollzogen wurde.

Der Prophet Nahum schaut Jahre zuvor die Zerstörung Ninives (Kap. 2). „Nahum freut sich auf den Fall Ninives und Assurs Untergang" (Martin Holland). Doch er lenkt am Anfang seines Buches den Blick auf Gott. Zuallererst interessiert ihn **Gottes Wesen.** Davon sprechen die vorangestellten Verse. Wie so oft im Alten Testament ist sowohl von Gottes **Zorn** als auch von Seiner **Güte** die Rede. Gott ist leidenschaftlich im Kampf gegen das Böse. Er ist „ein eifernder und vergeltender Gott". Der Kommentator C. F. Keil spricht von der „Energie Seiner Heiligkeit". Doch immer gilt: **Gott hasst nicht den Sünder, sondern die Sünde.** Denn zutiefst ist der HERR gütig (wörtlich: „Gut ist Jahweh") (V. 7). Darum ist Er langsam zum Zorn und sieht geduldig zu, bis das Böse vollends ausgereift ist (Matth. 13,30). Dann kommt die „Ernte", die Scheidung, das Gericht. Wir meinen oft, Gott müsse früher eingreifen und fragen z.B.: Warum wurde Hitler nicht früher gestoppt? Aber wir können Ihm Sein Handeln nicht vorschreiben noch sind wir Seine Ratgeber.

Denen, die Ihm vertrauen (die bei Ihm Schutz suchen), ist Er eine feste Burg, ein Ort der Zuflucht. Das heißt nicht, dass Er uns jede Bedrängnis erspart, wohl aber, dass Er uns in unsrer Not, unsren Problemen, unsrer Ratlosigkeit beisteht und hilft. Von Ihm wollen auch wir uns helfen lassen.

Von der Klage zum Jubel über Gott

„Wie lange, HERR, rufe ich schon um Hilfe und Du hörst nicht! (Wie lange) schreie ich zu Dir: Gewalttat! – doch Du rettest nicht!... Ich will in dem HERRN frohlocken, will jubeln über den Gott meines Heils. Jahweh, der Herr, ist meine Kraft. Er macht meine Füße (schnell) wie die Füße der Hirsche und über Höhen lässt Er mich einherschreiten."

Habakuk 1,2; 3,18.19

Dieses prophetische Buch beginnt mit Klagen und endet mit Jubel. Es ist interessant zu beobachten, wie es dazu kommt, dass sich die Klage in Freude und Zuversicht verwandelt. Denn auch uns ist manchmal zum Klagen zumute.

Als Erstes wird Habakuk gezeigt: Es kommt noch schlimmer, bevor es besser wird (1,5-11). Es kommen die Chaldäer, eine grimmige und ungestüme Nation. Ist der Klagende nun völlig am Boden zerstört? Nein, Habakuk ist ein Mann des Glaubens. Das zeigt sich in Kapitel 1,12.13, wo er sagt: Wir werden nicht sterben, HERR! Die Feinde hast Du zu unserer Züchtigung eingesetzt, nicht aber zu Judas Vernichtung. – In Kapitel 2 begibt sich der Prophet auf einen Wacht- oder Spähturm, er will von hoher Warte Ausschau halten. Dabei wartet er nicht auf die Feinde, sondern auf Gottes Antwort, die auch kommt. Darin findet sich der heilsgeschichtlich so bedeutende Satz: **Der Gerechte wird durch seinen Glauben leben** (2,4). Dieser Satz geht zurück auf Abraham (1. Mose 15,6) und weist voraus auf Paulus, der diesen Satz zur Grundlage seiner Lehre von der Rechtfertigung des Sünders aus dem Glauben gemacht hat (Röm. 1,17; Gal. 3,6-11). – Es folgen Weherufe über die Chaldäer und Nebukadnezar, den Gründer des chaldäisch-babylonischen Reiches, danach im 3. Kapitel ein Gebet Habakuks und die Schilderung einer Gotteserscheinung („Theophanie"). Darin heißt es: „Gott kommt... Du bist ausgezogen zur Rettung Deines Volkes" (3,3.13).

Wie kommt Habakuk vom Klagen zum Jubeln? Indem er sich nicht mit sich selbst beschäftigt, sondern auf Gott schaut. Gott führt ihn auf Höhen, er schaut im Geiste Gott und Seine zukünftigen Rettungen. – Auch wir sollen wegblickend von uns selbst auf Gott und Sein Heil schauen lernen.

Völkergericht und Völkererneuerung

„Darum wartet auf mich, spricht der HERR, auf den Tag, da ich mich aufmache zur Beute! Denn mein Rechtsspruch ist es, die Nationen zu versammeln, die Königreiche zusammenzubringen, um meinen Grimm über sie auszugießen, die ganze Glut meines Zorns; denn durch das Feuer meines Eifers wird die ganze Erde verzehrt werden. – Denn alsdann werde ich die Lippen der Völker in reine Lippen umwandeln, damit sie alle den Namen des HERRN anrufen und Ihm einmütig dienen.“ *Zephanja 3,8.9*

Es ist ein schlimmes Gerichtswort, das wir hier im 8. Vers vernehmen. Gott will Seinen Grimm ausgießen über Nationen und Königreiche. Das geschah zwar immer wieder im Verlauf der Weltgeschichte, hier aber scheint es eine Art „Endabrechnung“ zu sein; denn es soll die ganze Erde verzehrt werden. Dieser Satz erinnert an die Weissagung im 2. Petrusbrief: „Es wird aber der Tag des Herrn kommen wie ein Dieb. An ihm werden die Himmel mit lautem Geräusch vergehen, die Elemente, von Glut verzehrt, aufgelöst werden und die Erde und die Werke auf ihr nicht mehr gefunden werden“ (3,10). Ist nun alles aus? Es könnte so scheinen. Aber wir wissen auch aus Offb. 21,1, dass Gott, wenn Er alles vergehen lässt, sofort ein Neues und sogar Besseres schafft. Neue Himmel und eine neue Erde treten an die Stelle des Alten.

Hier nun erfahren wir im 9. Vers, dass kein „Weltuntergang“ stattgefunden hat. Die Völker sind noch da und sie werden sogar in ihrem Wesen verwandelt. Gott reinigt ihre sündigen Lippen, sodass sie mit reinen Lippen (also ohne Bosheit und Heuchelei) Ihn anrufen und Ihm dienen können.

Wir sahen schon beim Gericht der Sintflut (1. Mose 7), dass die damals Umgekommenen nicht einfach für immer verschwunden oder verloren sind. Jesus hat ihnen im Totenreich gepredigt (1. Petr. 3,19.20 und 4,6). Wenn auch uns Menschen so manches unmöglich ist, so ist doch unserem Gott alles möglich. Das sagt Jesus in Matth. 19,26. Wo alles verloren scheint, verbrennt, untergeht, kann unser neu schaffender, verwandelnder Gott immer noch eingreifen und retten. Und das tut Er auch.

Gott erschüttert die Völkerwelt

„Denn so spricht der HERR der Heerscharen (Jahweh Zebaoth): Noch einmal – nur kurze Zeit wird es dauern – erschüttere ich den Himmel und die Erde, das Meer und das Festland. Und ich werde alle Nationen erschüttern und die Kostbarkeiten aller Nationen werden kommen (oder: das Ersehnte aller Nationen wird kommen) und ich werde dieses Haus mit Herrlichkeit füllen, spricht der HERR der Heerscharen." Haggai 2,6.7

Dieses Wort passt gut zu dem gestern betrachteten Zephanja-Wort. Es ist von einem umfassenden Gericht die Rede, dem aber Heil und Segen folgen. „Noch einmal" will Gott Himmel und Erde erschüttern. Schon einmal hat Er die Erde erschüttert, nämlich bei der Gesetzgebung am Sinai (2. Mose 19,18). In der Zukunft aber wird Er nicht nur die Erde, sondern auch die Himmel erschüttern (Hebr. 12,26). Wir haben also nicht nur mit seismologischen, sondern auch mit klimatologischen und kosmologischen Erschütterungen zu rechnen. Wir können sie uns weder vorstellen noch sie im Einzelnen beschreiben.

Jedenfalls gehen die Nationen dabei nicht unter noch geht Jerusalem unter. Vielmehr werden die Völker ihre Kostbarkeiten zu dem Volk tragen, das sie in der Vergangenheit grausam verfolgt haben. Auch Jesaja spricht davon, dass der Reichtum der Nationen Jerusalem zugute kommen soll. Und der HERR verheißt: „Das Haus meiner Herrlichkeit werde ich herrlich ausschmücken... Und gebeugt werden zu dir kommen die Söhne deiner Unterdrücker" (Jes. 60,5-7.14).

Die „großen" wie die „kleinen" Propheten bezeugen einstimmig, dass Gericht und Erschütterungen sowohl Israel als auch die Nationen treffen sollen. Ihr Ziel ist vordergründig Zerbruch. Die Menschen – vor allem die Großen, Stolzen, Starken – sollen gedemütigt werden und zu Gott schreien lernen (vgl. Ps. 107). Danach kann dann Gott das tun, was Er viel lieber tut: Wiederherstellung, Verwandlung und Erneuerung schenken. Gericht ist bei Gott nie das Letzte. Das Thema „Heilsames Gericht" findet sich immer wieder in den prophetischen Büchern. Auch uns will der Herr nicht nur im Eigenwesen zerbrechen, sondern in Sein Bild umgestalten.

Jerusalem als Taumelschale und Stemmstein für die Völker

„Es spricht der HERR, der den Himmel ausspannt und die Erde gründet und des Menschen Geist in seinem Innern bildet: Siehe, ich mache Jerusalem zu einer Taumelschale für alle Völker ringsum, und auch für Juda wird dies gelten bei der Belagerung Jerusalems. Und es wird geschehen an jenem Tag, da mache ich Jerusalem zu einem Stemmstein für alle Völker; alle, die ihn hochstemmen wollen, werden sich wund reißen. Und alle Nationen der Erde werden sich gegen Jerusalem versammeln."

Sacharja 12,1-3

Viele Worte der alttestamentlichen Propheten zielen auf die „Endzeit", die Zeit vor der Wiederkunft Christi, die letzten Jahre und Tage dieses Zeitalters. Auch das vorangestellte Wort aus Sacharja betrifft die Endzeit im weiteren Sinn, betrifft **unsere Zeit.** Gott hat Sein Volk Israel aus den Nationen gesammelt und es 1948 wieder zu einem Staat werden lassen. Aber noch leben die Israelis nicht in Frieden und Sicherheit. Wir leben heute im Übergang zwischen erfüllter und noch unerfüllter Weissagung. Gut 60 Jahre nach der Staatsgründung ist Israel immer noch angefeindet und bedroht. Die Völker – allen voran die USA – schmieden immer neue Friedenspläne, die aber nicht umgesetzt werden können. Israel wird als „Besatzungsmacht" diffamiert, während Israel selber sagt: Das Land zwischen Jordan und Mittelmeer gehörte niemandem nach dem Ende des Zweiten Weltkriegs, es ist verhandelbar, wir dürfen durchaus darauf siedeln, Gott hat es uns zugesagt.

Besonders **Jerusalems Status** ist umstritten. Die Stadt ist wirklich eine **Taumelschale** und ein **Stemmstein** für die Völker. Wer das Problem lösen will, verfällt dabei einem Rausch (Taumelschale) oder reibt sich nur wund (Stemmstein). Ob US-Präsidenten, UNO oder Europäer – keiner findet eine für alle befriedigende Lösung. Nach Gottes Wort ist und bleibt Jerusalem die Hauptstadt Israels. Auch eine Belagerung Jerusalems wird daran nichts ändern können. Die Stadt hat nach Gottes Plan noch eine große Zukunft. Eine beständige Friedenslösung bringt erst der Messias Jesus.

Der kommende Elia

„Siehe, ich sende meinen Boten, dass er den Weg vor mir her bereite... Ich sende euch den Propheten Elia, bevor der Tag des HERRN kommt, der große und furchtbare." *Maleachi 3,1.23*

Der Prophet Maleachi beschließt das Alte Testament. Nach der Zeit der drei „nachexilischen Propheten" Haggai, Sacharja und Maleachi verstummte dann die Prophetie für einige Jahrhunderte, bis Jesus kam.

Interessant ist, dass der Schluss des Alten Testaments und der Anfang des Neuen Testaments sich inhaltlich eng berühren, indem sowohl in Maleachi 3,1.23 als auch in Matthäus 11,10.13 vom wiederkommenden Elia gesprochen wird. Die Elia-Weissagung Maleachis fand im Täufer Johannes eine Vorerfüllung. Johannes war nicht Elia. Matthäus 11,14 ist nur im übertragenen Sinn zu verstehen. Von Johannes dem Täufer sagt Luk. 1,17: „Er wird vor dem Herrn hergehen im Geist und in der Kraft des Elia." Der wirkliche Elia erschien zusammen mit Mose dem Herrn Jesus auf dem Berg der Verklärung. Hielten sie ihre Zeit für gekommen, in der Endzeit noch einmal aufzutreten – etwa als die zwei Zeugen von Offb. 11? Sie unterredeten sich dort mit dem Herrn über „Seinen Ausgang, den Er in Jerusalem erfüllen sollte" (Luk. 9,31). Offenbar hat der Herr ihnen gesagt: Ich komme diesmal, um zu leiden, und noch nicht, um zu herrschen. – Danach fragen die Jünger den Herrn: „Was sagen denn die Schriftgelehrten, dass Elia zuerst kommen müsse?" Der Herr gibt eine doppelte Antwort: a) „Elia kommt zwar und wird alles wieder herrichten." – b) „Elia ist schon gekommen" (in Johannes dem Täufer) (Matth. 17,10-13). – Daraus geht klar hervor, dass die Erfüllung der Elia-Weissagung in Johannes nur eine **Vorerfüllung** war. Die **Vollerfüllung** steht noch aus. Sicher ist es nicht falsch, bei den beiden Zeugen von Offb. 11 an die wiederkommenden Gestalten Mose und Elia zu denken, die Israel und die Völker durch Wort und Wunder auf den nun beginnenden großen „Tag des Herrn" hinweisen sollen.

Wir verlassen nun das Alte Testament und wenden uns dem Neuen Testament zu. Es geht von der **Weissagung** zur **Erfüllung,** vom Schatten zum Wesen, von Mose und den Propheten zu **Jesus selbst.**

Jesus – der wahre Abrahamssohn und der wahre Davidssohn

„Buch der Abstammung (Genesis) Jesu Christi, des Sohnes Davids, des Sohnes Abrahams.“ *Matth. 1,1*

Im 1. Vers des Neuen Testaments wird uns Jesus als Sohn Davids und Sohn Abrahams vorgestellt. Das ist mehr als Genealogie, mehr als ein Hinweis auf berühmte Vorväter. Damit ist angedeutet: Jesus ist der wahre Isaak – und Jesus ist der wahre Salomo.

Jesus ist der wahre Isaak. Wir sahen bei der Betrachtung von 1. Mose 22, wie der Vater Abraham mit seinem Sohn Isaak nach Morija ging, um dort seinen Sohn als Opfer darzubringen. Damals gab es ein Verschonen in letzter Minute. Wir erkannten das Ganze als eine Vorausdarstellung des Opfers Jesu am Kreuz und auch der Leiden des Vaters. Auf Golgatha aber gab es kein Verschonen – um unsertwillen. „Der Seinen eigenen Sohn nicht verschont, sondern Ihn für uns alle hingegeben hat, wie sollte Er uns mit Ihm nicht alles schenken?“ (Röm. 8,32). Was Isaak nicht wirklich erleiden musste, das sollte an Jesus, dem wahren Isaak, vollzogen werden.

Jesus ist der wahre Salomo. Er ist nicht nur Gottes **Leidensknecht,** sondern auch Gottes **König.** Auch dies wurde im Voraus dargestellt – durch den Davidssohn Salomo. Ihm gab Gott Weisheit und Reichtum und Bestand des Königreichs, solange er lebte. Wir sehen aber in der biblischen Typologie, dass alle Vorausdarsteller Jesu auch Mängel haben, Sünder sind. Darin bilden sie Jesus nicht ab. Doch in seiner von viel Weisheit geprägten Herrschaft weist Salomo auf Jesus Christus hin. Jesus wird in vollkommener Weisheit als König herrschen, und zwar über die ganze Erde. Dann endlich gibt es Frieden auf Erden.

Als Sohn Davids hat Jesus Anrecht auf den Königsthron. Als Sohn Abrahams legte Er den Grundstein zur Gerechtigkeit aus dem Glauben, die Abraham schon im Voraus praktizierte (1. Mose 15,6). Er wurde das Opfer zur Sühnung der Sünden der Welt.

Jesus ist kommen, Grund ewiger Freude.
Jesus ist kommen, der König der Ehren.
Jesus ist kommen, ein Opfer für Sünden;
Sünden der ganzen Welt trägt dieses Lamm.

Jesus – gezeugt vom Heiligen Geist

„Mit der Erzeugung und Geburt (Genesis) Jesu Christi aber war es so: Als Seine Mutter Maria mit Josef verlobt war, stellte sich heraus, noch ehe sie zusammengekommen waren, dass sie schwanger war, (und zwar) vom Heiligen Geist... Ein Engel des Herrn erschien dem Josef im Traum und sprach: Josef, Sohn Davids, fürchte dich nicht, Maria, deine Frau, zu dir zu nehmen, denn das in ihr Gezeugte ist vom Heiligen Geist."

Matth. 1,18.20

Wer die Jungfrauengeburt Jesu Christi – anders gesagt: Seine Zeugung durch den Heiligen Geist – leugnet, der leugnet damit nicht irgend etwas Nebensächliches. Denn an diesem Punkt entscheidet sich bereits die Frage: War Jesus ein Mensch wie wir alle, durch und durch Mensch, oder war in Ihm **Gott** ins Fleisch gekommen? War das ewige **Wort**, der „Logos", der schon vor Grundlegung der Welt beim Vater war, in Ihm Fleisch geworden (Joh. 1,1.14)? Stimmt der Satz von Allendorf: „Jesus ist kommen, Grund ewiger Freude... **Gottheit und Menschheit vereinen sich beide**"?

Dass der nichtsahnende Pflegevater Jesu, Josef, empört war, als er erfuhr, seine Verlobte sei schwanger geworden, ist gut verständlich. Gott gab ihm durch einen Engel des Herrn eine klare Auskunft und Josef glaubte der Stimme des Engels und gehorchte. Bis heute versucht der Unglaube, dieses Geschehen lächerlich zu machen, und ersinnt allerlei Einwände. So hat man behauptet, ein römischer Hauptmann habe die Maria verführt. Oder: Nach den Naturgesetzen sei eine Zeugung durch Gottes Geist unmöglich. Da stellt sich die Frage: Steht Gott über oder unter den von Ihm selbst geschaffenen Gesetzen? –Außerdem schließt die Naturwissenschaft einen solchen Vorgang nicht mehr aus. Dr. Paul Müller schrieb: „Die heutige Naturwissenschaft verneint das Weltbild des Jahres 1900, das seinerzeit Gott verneinte. Die heutige Biologie kennt die Jungfernzeugung, die Parthenogenese, die Fortpflanzung durch unbefruchtete Keimzellen bei Pflanzen, Wirbellosen und Wirbeltieren."

Wir bekennen mit Martin Luther: „Ich glaube, dass Jesus Christus, wahrhaftiger Gott, vom Vater in Ewigkeit geboren, und auch wahrhaftiger Mensch, von der Jungfrau Maria geboren, sei mein Herr."

Jesus – von Anfang an bedroht

„Als die Weisen (aus dem Morgenland) sich entfernt hatten, siehe, da erscheint ein Engel des Herrn dem Josef im Traum und spricht: Steh auf, nimm mit dir das Kind und seine Mutter und fliehe nach Ägypten und halte dich da so lange auf, bis ich dir (etwas anderes) sage! Denn Herodes ist dabei, das Kind zu suchen, um es umzubringen." *Matth. 2,13*

Wie alle Auserwählten Gottes, so wurde auch Jesus bedroht und verfolgt, und das schon als Kind. Der König Herodes hatte von den sogenannten „Weisen aus dem Morgenland" erfahren, dass ein „König der Juden" geboren sei. Das ließ ihm keine Ruhe. Denn Herodes der Große, von Cäsar 47 v.Chr. zum Prokurator Judäas eingesetzt, war in seiner Herrschsucht bedenkenlos in der Wahl seiner Mittel. So wollte er das Kind Jesus umbringen. Da griff Gott ein und befahl Josef die Flucht nach Ägypten.

Dahinter steckte Satan, der „Menschenmörder von Anfang an" (Joh. 8,44). In seinem Heft „Zwanzig Versuche Satans, Gottes Heilsträger auszurotten" hat seinerzeit *Adolf Heller* aufgezeigt, wie der Teufel immer wieder die Auserwählten Gottes zu töten versucht hat, wie aber Gott seine Anschläge vereitelte. Unter anderem nennt Adolf Heller folgende Punkte: Gott bewahrt durch Josef Sein Volk vor dem Hungertod – Satan will das gesamte Israel zerstören (2. Mose 1) – Der Feind sucht die königliche Linie zu zerstören – Atalja versucht, allen königlichen Samen des Hauses Juda zu vernichten – Der Plan, alle Juden des medo-persischen Weltreichs zu vertilgen – Der Kindermord des Herodes – Ein Seesturm soll den Sohn Gottes verschlingen – In Gethsemane versucht der Feind, Jesus noch **vor** Seiner Kreuzigung zu töten – Satan will die Ausreifung und Vollendung des Körpers Christi verhindern.

Noch immer tobt auch heute der Kampf zwischen Gott und Satan, zwischen Gottesreich und Weltreich. Wir befinden uns im Kampfgebiet (Eph. 6,11.12). Doch der HERR beschützt die Seinen – alle, die ihr Leben Jesus Christus überlassen haben und im Glauben mit Ihm rechnen.

Johannes – Bußprediger und Täufer

„In jenen Tagen tritt Johannes der Täufer auf, er predigt in der Wüste Judäas und spricht: Ändert euer Sinnen und Denken! (Tut Buße!) Denn das Königreich der Himmel ist nahe gekommen!“ *Matth. 3,1.2*

Wir sahen schon bei der Betrachtung von Maleachi 3, dass dieser Prophet das Wiederkommen Elias verheißt und dass diese Prophezeiung in Johannes dem Täufer eine vorläufige Erfüllung fand. Denn Johannes trat auf „im Geist und in der Kraft des Elia“ (Luk. 1,17). Auch Jesaja hatte schon über ihn geweissagt mit den Worten: „Stimme eines Rufenden in der Wüste: Bereitet den Weg des HERRN, macht gerade Seine Pfade!“ (Matth. 3,3). Johannes war der Vorläufer Jesu.

In der Wahl seiner Worte war der Täufer nicht zimperlich. Während man heute sehr bemüht ist, die Menschen – und besonders führende Geistliche – immer höflich anzusprechen, rief Johannes den Pharisäern und Sadduzäern zu: „Ihr Schlangenbrut, wer hat euch denn gewiss gemacht, dass ihr dem zukünftigen Zorn entrinnen werdet?“ (Matth. 3,7). Das war aber keine Entgleisung, kein unkontrollierter Gefühlsausbruch, sondern eine gottgewollte Buß- und Gerichtspredigt. Auch Jesus sprach sehr derb mit den Schriftgelehrten und Pharisäern (Matth. 23). Das heißt nicht, dass **wir**, wenn wir Gottes Wort verkündigen, genauso reden sollten! Wir sind ja keine Bußprediger wie Johannes. Doch es bedeutet schon, dass wir Gottes Wort und Wahrheit deutlich und ungeschminkt sagen und Sünde beim Namen nennen sollen, statt vor lauter Höflichkeit nur noch verschwommen zu reden.

Es ist erstaunlich, dass Menschen aus Jerusalem und ganz Judäa in großer Zahl zur Taufe des Johannes strömten. Offenbar gab es bei den Leuten ein starkes Suchen und Sehnen danach, von der Sünde frei zu werden. Ob es das insgeheim auch heute wieder gibt?

Auch Jesus ließ sich von Johannes taufen. Das zeigt Seine Solidarität mit den Sündern. Er nahm die Sünde der ganzen Welt auf sich, um sie am Kreuz zu sühnen.

Die Versuchung Jesu

„Dann wurde Jesus vom Geist (Gottes) in die Wüste hinaufgeführt, um vom Teufel versucht zu werden. Und als Er 40 Tage und 40 Nächte hindurch gefastet hatte, hungerte Ihn hernach. Da trat der Versucher an Ihn heran und sprach zu Ihm: Wenn Du Gottes Sohn bist, so sprich, dass diese Steine Brot werden! Er aber gab zur Antwort: Es steht geschrieben: Der Mensch lebt nicht vom Brot allein, sondern von jedem Wort, das aus dem Mund Gottes kommt." *Matth. 4,1-4*

Es war ein Teil der Erniedrigung Jesu, dass Er sich vom Teufel – einem Geschöpf – versuchen ließ. Wenig später heißt es sogar: „Der Teufel nimmt Ihn mit in die heilige Stadt" (V. 5) und „auf einen sehr hohen Berg" (V. 8). Wie konnte Jesus sich das gefallen lassen? – Er erkannte: Das ist jetzt mein Weg, und Er wusste sich vom Geiste Gottes an die Stätte der Versuchung geführt.

Der Versuchung Adams und Evas durch die Schlange (1. Mose 3) steht die Versuchung Jesu gegenüber. Paulus sieht in Adam den „ersten Menschen" und in Jesus Christus den „zweiten Menschen" und „letzten Adam" (1. Kor. 15,45.47). Gott hat es also im Grunde nur mit „zwei Menschen", zwei Sorten oder Typen Mensch, zu tun. Der erste steht unter der Herrschaft des Satans und der Sünde, der letzte überwindet sie. Das sollte erprobt werden. Die Erprobung erfasste drei Bereiche: Leib, Seele und Geist. In 1. Mose 3 lesen wir, dass Eva sah, dass der Baum a) gut zur Speise, b) eine Lust für die Augen war, und c) dass er klug machte. Auf diesen drei Gebieten musste auch Jesus versucht werden: a) Er soll Steine in Brot verwandeln (Speise für den Leib). b) Er soll von der Zinne des Tempels herunterspringen (Belustigung für die Seelen der Zuschauer). c) Er soll den Feind anbeten (Entscheidung des Geistes). Jesus weist den Feind ab mit der Waffe des Wortes: „Es steht geschrieben!" Was macht aber Jesus, wenn der Teufel auch selber ein Bibelwort zitiert? Er sagt: „Wiederum steht geschrieben!"

Mit der Waffe des Wortes können auch wir den Feind überwinden. Dabei ist es von Vorteil, die Bibel gut zu kennen, in ihr zu Hause zu sein. Nur dann können wir einer falschen biblischen Argumentation ein „Wiederum steht geschrieben!" entgegenhalten.

Jesus beginnt zu predigen

„Von da an begann Jesus zu predigen und zu sprechen: Ändert euer Sinnen und Denken! (Tut Buße!) Denn das Königreich der Himmel ist nahe gekommen!“ *Matth. 4,17*

Nach dem Matthäusevangelium beginnen sowohl der Vorläufer Johannes als auch Jesus selbst ihre Verkündigung mit einem **Ruf zur Buße.** Israel soll umkehren. Die Frömmigkeit des Volkes war im Äußerlichen und Gewohnheitsmäßigen erstarrt. Die hohe Geistlichkeit gab selbst ein schlechtes Vorbild. Die Hüter der Tradition – Schriftgelehrte und Pharisäer – bezeichnet Jesus in Matth. 23 als Heuchler, die „schwere Lasten auf die Schultern der Menschen legen, die sie selbst aber nicht einmal mit dem Finger bewegen wollen“ (23,4). – Jesus fordert statt äußerer, formeller Gesetzesfrömmigkeit eine von innen kommende Frömmigkeit, die Hingabe der Herzen. Sein Bußruf meint nicht, man solle noch genauer, noch gewissenhafter oder gar pedantisch die Gebote Gottes befolgen; vielmehr soll man das Sinnen und Denken ändern. Die Buße, die Er will, ist nicht bloße Moral, sondern Vorbereitung und Zurüstung auf das Kommen des „Königreichs der Himmel“.

Was ist denn dieses **„Königreich der Himmel“**? Leider lenkt die weithin übliche Übersetzung „Himmelreich“ das Verständnis in eine völlig falsche Richtung. Man denkt an den Himmel, ans Jenseits. Doch es geht hier nicht um ein Reich **im Himmel,** sondern **vom Himmel.** Es geht um das Friedensreich des Messias **auf Erden,** was auch das Vaterunser deutlich macht, wenn es darin heißt: „Dein Königreich komme; Dein Wille geschehe, wie im Himmel, so auch **auf Erden**“ (Matth. 6,10). Schon Nebukadnezar sah im Traumgesicht, wie ein Stein ohne menschliches Zutun von oben kommt, das Standbild der Weltreiche zerschlägt und zu einem Berg, d.h. zu einem Reich wird, das die ganze Erde erfüllt (Dan. 2,34.35).

Wahre Buße führt zu einer Herzensgesinnung, die auf das biblische Hoffnungsgut blickt und sich auf Gottes Herrschaft einlässt.

Die Seligpreisungen Jesu

„Jesus tat Seinen Mund auf, lehrte sie und sprach: Glückselig die Armen im Geist, denn ihnen gehört das Königreich der Himmel!“

Matth. 5,2.3

Was verstehen die Menschen unter Glück? – Dass man „glücklich verheiratet“ ist, „Glück“ hat im Beruf und Karriere macht, von Leid und Verfolgung verschont bleibt und dass man möglichst alle irdischen Wünsche erfüllt bekommt.

Ganz anders Jesus. Er preist die Armen im Geist, die Trauernden und sogar die um Gerechtigkeit willen Verfolgten glücklich. In Seinen Augen sind nicht die Starken wahrhaft glücklich, die Menschen mit großer Durchsetzungskraft, die Glieder einer Ellenbogengesellschaft, Leute, die ihr eigenes Ich über alles lieben, sondern die Sanftmütigen, die Barmherzigen, die Friedensstifter. Schon heute sind die Wohltäter glücklicher als die Übeltäter. Erst recht wird sich das im kommenden Königreich Gottes zeigen. Dort werden die Trauernden getröstet werden, die Sanftmütigen das Land erben, die Barmherzigen Barmherzigkeit erlangen, und die Menschen reinen (d.h. aufrichtigen) Herzens dürfen sogar Gott schauen.

Wenn Jesus später (in Matth. 25,31-46) vom Gericht über die Völker spricht, das darüber entscheidet, wer in Sein Friedensreich eingehen darf, so gelten da dieselben Maßstäbe. Besonders werden die Barmherzigen gerühmt. Jesus nennt sie „Gesegnete meines Vaters“. Sie haben sich der Armen, der Kranken, der Fremdlinge, der Gefangenen angenommen. Sehr bekannt wurde Jesu Wort: „Was ihr einem meiner geringsten Brüder getan habt, das habt ihr mir getan.“

Wir sehen, dass Jesus ganz anders urteilt als wir Menschen. Im Gottesreich gelten ganz andere Maßstäbe, als sie heute auf Erden an der Tagesordnung sind. In der heutigen Gesellschaft sind es die Starken, Mächtigen, Reichen, Schönen, die etwas gelten, im Königreich Gottes aber die geistlich Armen, die als Bettler zu Gott kommen, die Sanftmütigen und Barmherzigen. Möchten wir lernen, nach den Maßstäben Gottes zu urteilen!

„Ich aber sage euch“

„Ihr habt gehört, dass gesagt wurde: Du sollst deinen Nächsten lieben und deinen Feind hassen! ***Ich aber sage euch:*** *Liebet eure Feinde und betet für eure Verfolger, damit ihr Söhne eures Vaters in den Himmeln werdet; denn Er lässt Seine Sonne aufgehen über Böse und Gute und regnen über Gerechte und Ungerechte.“* *Matth. 5,43-45*

Jesus ist in Seiner Verkündigung radikal, das heißt im wörtlichen Sinn: Er geht an die Wurzel der Gesinnung Seiner Hörer. Das zeigt besonders Seine Bergpredigt (Matth. 5-7). Er sagt zwar, Er sei nicht gekommen, das Gesetz oder die Propheten aufzulösen. Doch Er verlangt eine andere, bessere, höhere Gerechtigkeit als die Selbstgerechtigkeit der Schriftgelehrten und Pharisäer (5,17.20). Der hier spricht, ist der Sohn Gottes. Er ist größer als Mose, größer als das Gesetz. Er besitzt – obwohl von Beruf Zimmermann (Mark. 6,3) – die Vollmacht eines Königs und Richters. So kann Er es wagen, den Gesetzesbestimmungen Sein **„Ich aber sage euch“** entgegenzuhalten (5,22.28.34.44). Er hebt aber das Gesetz nicht auf, sondern vertieft es in seinem Anspruch an den Menschen. Es genügt in Seinen Augen nicht, wenn man im Vollzug der Tat kein Mörder oder Ehebrecher ist; schon eine hasserfüllte Gesinnung oder ein lüstern umherschweifendes Auge sind für Ihn Mord und Ehebruch. Er treibt Seine Forderungen auf die Spitze, wenn Er in Matth. 5,48 sagt: „Ihr nun sollt vollkommen sein, wie euer himmlischer Vater vollkommen ist!“

Spätestens an dieser Stelle fragen wir: HERR, können wir Menschen das überhaupt? Du weißt doch selbst am besten, wie schwach und verloren wir sind, unfrei und untüchtig zum Guten! Mit Mühe und Not gelingt es uns, die Zehn Gebote einigermaßen zu befolgen, doch im Licht Deiner radikalen Forderungen – niemals! Da müssen wir unsren Bankrott erklären!

Genau das will Jesus erreichen! Hier in der Bergpredigt ist noch nicht von Erlösung durch Sein Blut und von Gerechtigkeit aus dem Glauben die Rede. Erst muss der Mensch sich selbst als Sünder erkennen, der nicht nur ein bisschen fehlerhaft ist, sondern verloren vor Gott. Dann kann ihm Jesus als Heiland begegnen.

Das Vaterunser

„Ihr nun sollt so beten: Unser Vater in den Himmeln, geheiligt werde Dein Name! Dein Königreich komme! Dein Wille geschehe, wie im Himmel, so auch auf Erden! Unser tägliches Brot gib uns heute! Und vergib uns unsre Schulden, wie auch wir unsern Schuldnern vergeben haben! Und führe uns nicht in Versuchung, sondern errette uns von dem Bösen!" Matth. 6,9-13

Zunächst eine Vorbemerkung: Jesus sagt im Zusammenhang unseres Textes, wir sollten, wenn wir beten, nicht plappern wie die Heiden, die da meinen, sie würden erhört, wenn sie viele Worte machen. Die Gottheit durch einen Wortschwall oder durch die dauernde Wiederholung einer Bitte beeindrucken zu wollen, ist typisch heidnisch. Auch ein gedankenloses Plappern gefällt Gott nicht. Und was ist geschehen? Gerade dieses Gebet wird oft nur gewohnheitsmäßig hergesagt.

Und nun zum Inhalt: Die Anrede lautet „Vater". Darf denn jeder Mensch zu seinem Schöpfer „Vater" sagen? Ist jeder Mensch ein Gotteskind? Nein. Dazu muss man aus Gott geboren sein (1. Joh. 3,1; 5,1). – Es ist aber zu beachten, dass Jesus hier zu Israeliten spricht. Israel war als **Volk** Gottes **Sohn** (2. Mose 4,22). Und in diesem Sinn war Gott der Vater des ganzen Volkes (Jes. 63,16; 64,7). Auf diesem Hintergrund ist die Vater-Anrede zu verstehen. Es fällt aber auf, dass Jesus in Seiner Bergpredigt sehr oft vom „Vater" spricht, wobei Er den Vaterbegriff vom rein Völkischen zum Persönlichen hin vertieft (6,18.32).

Bei den Bitten des Vaterunsers werden die Anliegen Gottes zuerst genannt, dann erst die Anliegen des Menschen. Daraus sollten wir für unser Gebetsleben lernen. Die Dinge Gottes – Sein Königreich, Sein Wille – sind wichtiger als unsre Sorgen und Nöte. Doch auch die dürfen und sollen wir Ihm sagen.

Es gibt auch ein „paulinisches Vaterunser". Es steht in Eph. 3,14-21. Man nennt es das **„Gemeindegebet"**, während das Vaterunser das **„Reichsgebet"** ist. Beide Gebete enthalten wichtige Anliegen: das Kommen des Reiches und das Wachstum des Gläubigen in die Fülle Gottes hinein. Auf diesen Linien sollen wir beten.

Was soll Vorrang haben im Leben?

„Sorgt euch nicht, indem ihr sprecht: Was sollen wir essen? Was sollen wir trinken? Was sollen wir anziehen? Nach diesem allen trachten die Nationen (oder Heiden). Euer himmlischer Vater weiß ja, dass ihr dies alles braucht. Trachtet vielmehr zuerst nach dem Königreich Gottes und seiner Gerechtigkeit, so wird euch dies alles dazugegeben werden."

Matth. 6,31-33

Es gibt ein falsches Sorgen, das nicht aus dem Glauben kommt. In einem biblischen Aufsatz über das Sorgen hat *Karl Layer* zwischen **Fürsorge, Vorsorge** und **Angstsorge** unterschieden. Keineswegs lehnt der Herr Jesus die **Fürsorge** ab. Karl Layer sagt dazu: „Kann eine Mutter sagen: ‚Die Fürsorge für meine Familie ist unnötig, der liebe Gott wird mir den Brotlaib schon ins Haus schicken'? Das geht nicht. Fürsorge ist Aufgabe. Häusliche Fürsorge und überhaupt Fürsorge für Menschen ist durchaus geboten." – Auch **Vorsorge** kann nützlich und sinnvoll sein. Sie ist in der Ernährungswirtschaft unverzichtbar. Betrieb nicht auch Josef in Ägypten „Vorsorgewirtschaft", als er in den 7 fetten Jahren mit guten Ernten das Getreide in Kornhäusern speichern ließ für die angekündigten 7 mageren Jahre (1. Mose 41)? – Was Jesus ablehnt, ist die **Angstsorge.** Sie entspringt dem Kleinglauben oder Unglauben. Der Mensch rechnet ständig mit dem Schlimmsten und wird von der Angstsorge geradezu gelähmt. Davon will Jesus uns freimachen.

In dem vorangestellten Text weist der Herr außerdem darauf hin, dass der vom falschen Sorgen geplagte Mensch eine falsche Grundeinstellung hat und die Prioritäten im Leben falsch setzt. Er dreht sich um das eigene Ich. Gläubige sollen aber „nicht mehr sich selbst leben, sondern dem, der für sie gestorben und auferweckt worden ist" (2. Kor. 5,15). Dann ist der Herr der Mittelpunkt und nicht mehr das eigene Ich. Dann haben die Dinge Gottes Vorrang vor unseren Wünschen und Sorgen. Und Jesus verspricht denen, die das praktizieren: Ihr selber kommt dabei nicht zu kurz! Das Nötige für euer irdisches Leben wird euch dazugegeben werden.

Echter Gehorsam

„Nicht jeder, der zu mir sagt: Herr, Herr!, wird ins Königreich der Himmel eingehen, sondern wer den Willen meines Vaters in den Himmeln tut. Viele werden mir an jenem Tage sagen: Herr, Herr, haben wir nicht in Deinem Namen geweissagt und in Deinem Namen Dämonen ausgetrieben und in Deinem Namen viele Machttaten getan? Und dann werde ich ihnen bekennen: Ich habe euch nie gekannt; weicht von mir, ihr Übeltäter!"

Matth. 7,21-23

Am Ende der Bergpredigt wird aufs Neue deutlich, dass hier nicht irgendein Wanderprediger spricht, sondern der **Richter der Welt!** Ihm hat der Vater das ganze Gericht übergeben, damit einmal alle den Sohn ehren, wie sie den Vater ehren (Joh. 5,22.23). Vor Ihm müssen sich „an jenem Tag", am Tag des Gerichts, alle verantworten. Dann wird es Sodom erträglicher ergehen als Kapernaum, denn die Bewohner jener lasterhaften Stadt wären umgekehrt, wenn sie Jesu Wort und Wunder erlebt hätten, - was die Bewohner von Kapernaum nicht taten (Matth. 11,20-24).

Es gab und gibt immer wieder bloße Namenchristen und auch falsche Propheten. Sie führen wohl den Namen des Herrn im Mund, gehorchen Ihm aber nicht. Jesus aber lässt sich nicht täuschen. Er durchschaut die Menschen bis auf den Grund ihrer Herzen; vor Ihm sind nicht nur die Taten und Worte, sondern auch die Motive (Pläne, Beweggründe) der Herzen offenbar (1. Kor. 4,5). Ein Festhalten an der christlichen Tradition genügt nicht, Ihm muss unser Herz und Leben gehören. Wir können Jesus auch nicht als **Retter** (Heiland) bejahen und Ihn als **Herrn** unseres Lebens ablehnen. Beides gehört zusammen. Er lässt sich auch durch scheinbar gottgesandte und geistbegabte Propheten und Teufelsaustreiber nicht beeindrucken – im Unterschied zu vielen Menschen, die in Massen herbeiströmen, wenn ein wortgewaltiger Heiler und Wundertäter auftritt. Er durchschaut sofort, was echt und was unecht ist. Dient ein Aufsehen erregender Prophet oder Wundertäter wirklich dem Herrn oder aber dem eigenen Ich? Arbeitet er im Geist Jesu Christi oder „fleischlich"?

Lasst uns dem Herrn in ungeheucheltem Gehorsam dienen!

Wunderglaube

„Und sieh, eine Frau, die schon 12 Jahre an Blutungen litt, trat von hinten herzu und rührte die Quaste (den Saum) Seines Gewandes an; denn sie sprach bei sich selbst: Wenn ich nur Sein Gewand anrühre, werde ich geheilt werden. Jesus aber wandte sich um und sah sie und sprach: Fasse Mut, Tochter; dein Glaube hat dich geheilt (gerettet)! Und die Frau war von jener Stunde an geheilt.“ *Matth. 9,20-22*

Es gibt verschiedene **Stufen des Glaubens.** Die unterste Stufe ist die zu glauben, dass Gott überhaupt existiert, dass **Einer** Gott ist. Das glauben auch die Dämonen und zittern (Jak. 2,19). Man kann es unschwer an den Werken der Schöpfung erkennen, denn wo eine Schöpfung ist, da ist ein Schöpfer (Röm. 1,20.21). Gott als Schöpfer, Herrn und Richter ernst zu nehmen, das ist der Anfang der Weisheit (Ps. 111,10).

Eine etwas höhere Stufe ist die des **Wunderglaubens.** Der Mensch erwartet Hilfe oder Heilung von Gott. So erwartet im vorangestellten Text eine Frau, dass Jesus sie heilt. Sie scheut sich, den Meister anzureden, und denkt: Wenn ich nur Sein Gewand anrühre, werde ich geheilt werden. War das nicht ein recht eigenmächtiger Glaube? Nein, es war wohl eher ein ganz kindliches Vertrauen. Und Jesus geht darauf ein. Er geht nicht immer auf unsere Wünsche und Vorschläge ein; wir müssen es Ihm überlassen. Hier aber – in Matth. 8 und 9 – ist Jesus gerade dabei, sich in 10 Wundertaten als der Messias Israels zu erweisen. Mose hatte sich einst durch **10 Plagen** über Ägypten als Retter Israels erwiesen – Jesus zeigt Seine göttliche Sendung durch **10 Heilstaten.**

Es gefällt dem Herrn aber nicht, wenn man Zeichen und Wunder zur Bedingung des Glaubens macht (Joh. 4,48). Das wäre ein berechnendes, kaufmännisches Denken in den Kategorien von Leistung und Gegenleistung. „Wenn Du mich, Herr, ein Wunder schauen lässt, bezahle ich es Dir mit meinem Glauben.“ So geht es nicht.

Es gibt höhere Stufen des Glaubens – so den Glauben an Jesus als Retter (Apg. 16,31), den Glauben in Christus Jesus (Eph. 1,15 wörtlich), den Glauben, der nicht schaut und doch vertraut (Joh. 20,29), und den Glauben, der auch bei Enttäuschungen an Gott festhält (Hiob 19,25-27). Möchten wir uns zu solchem Glauben führen lassen!

Jesu Einladung an alle Mühseligen und Beladenen

„Alles wurde mir übergeben von meinem Vater und niemand erkennt den Sohn als nur der Vater noch erkennt jemand den Vater als nur der Sohn – und wem der Sohn Ihn offenbaren will. Kommt her zu mir alle, die ihr euch abmüht (bis zur Erschöpfung) und schwere Lasten zu tragen habt (Luther: die ihr mühselig und beladen seid)! Ich will euch erquicken. Nehmt auf euch mein Joch und lernt von mir; denn ich bin sanftmütig und von Herzen demütig; so werdet ihr Ruhe finden für eure Seelen. Denn mein Joch ist sanft und meine Last ist leicht." *Matth. 11,27-30*

Diese Worte gehören zu den kostbarsten Jesusworten im ganzen Neuen Testament. Schon im Alten Testament kann man erkennen, dass sich der HERR gerade für die Elenden, Gebeugten, Demütigen interessiert und ihnen gerne hilft. Hier nun ruft Jesus alle Mühseligen und Beladenen zu sich. Es gab damals viele in Israel, die unter den schweren Lasten seufzten, die ihnen von den Schriftgelehrten und Pharisäern aufgebürdet worden waren (Matth. 23,4). Heute können es berufliche oder familiäre Lasten sein – etwa bei Stress, Unrecht, Ärger, Hetze -, die von uns kaum zu tragen sind. Es gibt aber noch ganz andere Lasten: die der Sorge, der Sünde und der Schuld. Da wollen wir dem Liedvers folgen, der uns zuruft: „Komm zum Kreuz mit deinen Lasten, müder Pilger du! Bei dem Kreuze kannst du rasten, da ist Ruh!"

Jesus offenbart uns hier Sein innerstes Wesen. Nicht in Seinen Weherufen und Gerichtsworten offenbart es sich zutiefst, sondern in Seiner Liebe. In Seiner Liebe ist Er sanftmütig und demütig. Das sollen wir von Ihm lernen. Nur so kommt die Seele zur Ruhe. Das heißt im Umkehrschluss: Solange Hochmut und Wut, Selbstgefälligkeit und Rechthaberei, Gier und Stolz einen Menschen beherrschen, ist seine Seele aufgewühlt und findet keine Ruhe. Man lebt im Streit mit sich selbst und anderen. Man schimpft über die böse Welt und kennt sich selber nicht. Da helfen keine Tabletten, sondern nur das Ablegen der Lasten bei Jesus. Auch Er lädt uns ein Joch auf, Er erwartet ja unsren Glaubensgehorsam. Doch es ist ein sanftes Joch, das Joch Seiner Liebe.

Sind wir noch aufgewühlt oder schon zur Ruhe gekommen bei Jesus?

Geheimnisse des Königreichs der Himmel

„Da traten die Jünger (Jesu) herzu und sagten zu Ihm: Warum redest Du in Gleichnissen zu ihnen? Er antwortete ihnen: Weil es euch gegeben ist, die Geheimnisse des Königreichs der Himmel zu erkennen, jenen aber ist es nicht gegeben.“ *Matth. 13,10.11*

Wir erinnern uns daran, dass Jesu Predigttätigkeit mit dem Ruf begann: „Ändert euer Sinnen und Denken! Denn das Königreich der Himmel ist nahe gekommen!“ (Matth. 4,17). Gemeint ist Jesu Friedensreich **auf Erden**, wie es schon die alttestamentlichen Propheten im Geist geschaut hatten. Es ist „nicht von dieser Welt“, d.h. es wird nicht durch menschliche Gewalt – etwa einen politischen Umsturz – herbeigeführt, sondern von Gott, vom Himmel her (Joh. 18,36). Nun war Jesus auf Erden erschienen. Der König war da! Insofern war Seine Königsherrschaft nahe, zum Greifen nahe. Hätte Israel als ganzes Volk Buße getan, hätte es aufgerichtet werden können.

Nun ist aber schon in Matth. 10-12 immer deutlicher zu erkennen, dass Jesus abgelehnt werden wird. Die Pharisäer begehen sogar eine besonders schwere Sünde: Sie lästern den Geist Gottes, in dem Jesus wirkte. Das zieht schweres Gericht nach sich (Matth. 12,22-32). Und die Jünger Jesu bewegen zwei Fragen: 1. Wie kommt es nur, dass unser Herr – dieser Wohltäter und Helfer – abgelehnt und verworfen wird? Und 2. Wie geht es nun weiter mit dem Reich?

In Matth. 13 beantwortet der Herr diese Fragen. Er sagt erstens: Auf dem Acker der Welt sind **zwei** Sämänner tätig: Jesus und Satan. Jesus sät das gute Wort, der Feind aber streut eine Giftsaat aus. Bis heute werden beide Saaten gesät. Wie viel Ungutes wird doch heute durch die Medien im Volk verbreitet! Doch auch Gottes Wort wird immer noch ausgesät. Der doppelten Aussaat folgt ein doppeltes Wachstum und zuletzt eine doppelte Ernte. Jesus sagt: „Lasst beides zusammen wachsen bis zur Ernte!“ (13,30). In diesem Prozess stehen wir heute noch. – Zweitens sagt Jesus: Das Kommen des Königreichs ist aufgeschoben, aber nicht aufgehoben. Es kommt die Ernte, die Scheidung, und dann das Reich (13,41-43). – So leben wir in einer Zeit doppelter Ausreifung. Zu welcher Saat gehören **wir**?

Jesus – der Herr der Dämonen

„Kaum dass Jesus aus dem Boot gestiegen war, lief Ihm sogleich von den Grabstätten her kommend ein Mensch mit einem unreinen Geist entgegen... Jesus sagte zu ihm: Fahre aus, du unreiner Geist, aus dem Menschen! ... Und sie kommen zu Jesus und schauen sich den zuvor von Dämonen Besessenen an, wie er dasitzt, bekleidet und vernünftig, und sie fürchteten sich.“ *Mark. 5,2.8.15*

Es gibt eine Welt der Dämonen, des Bösen, der Herrschaft des Teufels. Das zu sagen ist keine Schwarzmalerei. Sowohl die Bibel als auch die Menschheitsgeschichte bestätigen es uns – bis auf den heutigen Tag. Nach Gottes Wort gibt es nicht nur **das Böse,** sondern **den Bösen.** Und zu ihm gehört ein ganzes Heer böser Geister (Eph. 6,12). Ihre Tätigkeit nimmt in unserer Zeit nicht ab, sondern zu. Wer da meint, es gebe diese Welt des Bösen nicht – der Mensch sei nur eben fehlerhaft -, der sollte sich einmal fragen: Wie kam es, dass von Hitler eine solche Macht des Hasses gegen die Juden ausging, dass er Unzählige damit anstecken und den Hass in furchtbaren Massenmord umsetzen konnte? – Wie kommt es, dass immer wieder Selbstmordattentäter absichtlich sich selbst und möglichst viele Menschen, auch Frauen und Kinder, töten? – Woher kommt so viel Lüge und Betrug, unordentliches und zügelloses Wesen in die heutige Gesellschaft herein?

Der Besessene, von dem in Mark. 5 die Rede ist, wohnte in den Grabstätten; er war außerordentlich stark und wild und konnte von niemandem gebändigt werden. Er schrie herum und zerschlug auch sich selbst mit Steinen. Nach der Diagnose der Bibel war er von Dämonen besessen. Diese erkannten in Jesus den Sohn Gottes. Jesus treibt sie aus und der vorher Besessene sitzt plötzlich bekleidet und vernünftig da – eine wunderbare Befreiung!

Die Leute aber bitten Jesus, Er möge ihr Gebiet verlassen! Denn die Dämonen waren in eine Schweineherde gefahren, die sich daraufhin in den See stürzte und ertrank. Das war ein finanzieller Verlust. – Wir aber wollen den Herrn bitten, bei uns und in uns zu bleiben und uns durch Seine heiligende Gegenwart immer völliger vom Bösen zu reinigen.

Jesus – der Herr über den Tod

„Jesus tritt ein, wo das Kind war. Dann ergreift Er die Hand des Kindes und Er spricht zu ihr: ‚Talitha kum!' – das heißt übersetzt: Mädchen, ich sage dir: Steh auf! Und sogleich stand das Mädchen auf und ging umher; es war 12 Jahre alt." *Mark. 5,40-42*

Der Tod ist der „letzte Feind". Gott wird ihn einmal völlig entmachten (1. Kor. 15,26). Aber das geschieht nicht schlagartig, sondern Schritt für Schritt. Zunächst wurden Menschen, die soeben gestorben waren, wieder ins irdische Leben zurückgeholt. Das haben schon Elia und Elisa zur Zeit des Alten Bundes tun dürfen (1. Kön. 17 und 2. Kön. 4). Auch von Jesus wird es zweimal berichtet (Mark. 5 und Luk. 7). Dann aber geschah noch Größeres: Jesus weckte den Lazarus auf, der schon vier Tage tot war (Joh. 11). Doch alle diese mussten wieder sterben.

Etwas ganz Neues begann mit der Auferstehung Jesu Christi: Auferweckung in Geistleiblichkeit, um nie mehr zu sterben. Jesus war der Erstling. In einem Lied von *Karl Geyer* heißt es:

Vor Dir kam kein Menschenkind
aus des Todes Toren wieder.
Sterben war der Sold der Sünd.
Alle fuhren leidvoll nieder.
Selbst die Schar der Heilgen lag
bis zum ersten Ostertag.

Doch dann tratst Du, Held, hervor,
brachst die Siegel an dem Grabe,
schlossest auf des Todes Tor,
dass die Welt das Leben habe.
Du gabst eine offne Tür.
Niemand schließt sie für und für.

Damals weckte Jesus das zwölfjährige Mädchen auf. Dann überwand Er selbst den Tod für immer. Und Er will noch **alle** dem Tod entreißen (1. Kor. 15,22).

Jesus – der Herr der Natur

„Als es Abend geworden war, befand sich das Boot in der Mitte des Sees und Jesus selbst allein auf dem Land. Und da Er sie sieht, wie sie beim Rudern sich plagen – denn der Wind stand ihnen entgegen -, kommt Er um die vierte Nachtwache zu ihnen, dahingehend über den See... Sie dachten: ‚Es ist ein Gespenst!' und schrien laut auf; denn sie alle sahen Ihn und gerieten in Angst und Schrecken. Er aber spricht: Seid getrost, ich bin es, fürchtet euch nicht! Und Er stieg zu ihnen ins Boot und der Wind legte sich." *Mark. 6,47-51*

Vor Seinem Tod und Seiner Auferstehung trug der Herr einen Körper wie wir alle, sterblich und den Naturgesetzen unterworfen. Niemand von uns kann sich der Schwerkraft entziehen, keiner kann über der Wasseroberfläche eines Meeres oder Sees dahingehen, auch Jesus tat das normalerweise nicht. Doch gelegentlich durfte Er nach dem Willen Seines Vaters Seine Majestät zeichenhaft offenbaren – auch körperlich. So geschah es auf dem Berg der Verklärung, als Sein Angesicht leuchtete wie die Sonne (Matth. 17). Und im vorangestellten Text wird berichtet, dass Er über den See dahingehen konnte. Die Jünger erschraken zutiefst. Doch der Herr sagt: „Ich bin es, fürchtet euch nicht!" So kann Er uns auch heute trösten, wenn wir erschrocken oder verzagt sind.

Als Er dann zu den Jüngern ins Boot gestiegen war, legte sich der Wind. In Matth. 8,24-26 ist sogar von einem Sturm die Rede, den Jesus zum Schweigen bringt. Ihm gehorchen auch Wind und Wellen. Er ist es, „der das Brausen der Meere besänftigt, das Brausen ihrer Wellen und das Getümmel der Völker" (Ps. 65,8). Er kann auch in unserm Innern den Sturm in Stille verwandeln, dadurch dass Sein Friede Herz und Gedankenwelt beherrscht und bewahrt (Phil. 4,7).

Als Jesus geistleiblich auferstanden war, unterstand Sein Auferstehungsleib nicht länger den hier gültigen Naturgesetzen. Er konnte sich „frei bewegen" – durch verschlossene Türen gehen oder zur Lichtwelt Gottes auffahren. – **Wir** leben noch in der Raum-Zeit-Welt. Doch wir müssen uns als Glaubende nicht fürchten, denn Er ist bei uns.

Wer ist Jesus?

„Und es geschah: Als Jesus betend allein war und nur Seine Jünger bei Ihm waren, fragte Er sie: Was sagen die Volksmengen, wer ich sei? Sie aber antworteten: Johannes der Täufer, andere: Elia, wieder andere meinen, einer der alten Propheten sei auferstanden. Da sprach Er zu ihnen: Ihr aber, was sagt ihr, wer ich sei? Petrus aber antwortete: ***Der Christus Gottes****!"* *Luk. 9,18-20*

Bis heute ist die Frage nicht verstummt: **Wer ist Jesus?** Professoren und einfache Leute, Theologen und Philosophen, Naturwissenschaftler und andere Gelehrte haben sich die Köpfe darüber zerbrochen. Es gab eine Leben-Jesu-Forschung und Versuche, das Erdenleben Jesu möglichst exakt zu beschreiben. Doch bei all diesen Überlegungen besteht die Gefahr, Theologie mit Philosophie zu vermischen oder Dichtung und Wahrheit. Je gelehrter unsre Argumente klingen und je höher wir unsre Gedankengebäude auftürmen, desto rätselhafter wird uns Jesus und unser Glaube wird geschwächt statt gestärkt. Bleiben wir doch einfältig bei den Worten der Heiligen Schrift! Tun wir nichts dazu und nichts weg! Dann wird uns Jesus immer größer.

Wir sehen im obigen Text, dass es schon damals einen Streit um Jesus gab. Wer ist er eigentlich, dieser Wundertäter und vollmächtige Prediger – mit einer Ausstrahlung der Persönlichkeit, die keiner vor Ihm je besaß? Petrus erkannte: Du bist der Christus Gottes! Du bist jener geistgesalbte Gottesknecht, den die Propheten geschaut und verheißen haben! Du bist es, der das Königreich Gottes bringt!

Wenn wir die Bibel lesen, wollen wir nicht nur uns selbst kennenlernen in unsrer Sünde und Verlorenheit. Wir wollen auch nicht nur Gottes Plan kennenlernen und die verschiedenen Zeitalter unterscheiden – so wichtig das auch ist! Wir möchten Gott und Christus erkennen! Christus ist der Schöpfer des Alls, der König Israels und der Welt, der Sohn des lebendigen Gottes und Herr und Haupt Seiner Gemeinde. Und dieser große Herr will in unsren Herzen wohnen. Da können wir nur mit Gerhard Tersteegen beten:

Herr, komm in mir wohnen,
lass mein Herz auf Erden
Dir ein Heiligtum noch werden!

Selbstverleugnung

„Dann sagte Er zu allen: Will mir jemand nachfolgen, der verleugne sich selbst und nehme Tag für Tag sein Kreuz auf sich und folge mir nach! Denn wer seine Seele retten will (sein Leben unversehrt erhalten will), wird sie verlieren; wer aber seine Seele verliert um meinetwillen, der wird sie retten (bewahren). Denn was nützte es einem Menschen, wenn er die ganze Welt gewönne, sich selbst aber verlöre oder beschädigte?"

Luk. 9,23-25

Schon bei der Bergpredigt wurde deutlich: Jesus sprach so ganz anders als die Schriftgelehrten und Pharisäer Seiner Tage. Er sprach in Vollmacht als einer, der von Gott selbst beauftragt war. Er stellte radikale Forderungen auf, die kein Mensch aus sich heraus erfüllen kann – um den Menschen ihre Erlösungsbedürftigkeit bewusst zu machen und sie für die Erlösung vorzubereiten, die Er ihnen am Kreuz erwerben würde.

Auch heute gilt: Die Botschaft Jesu ist grundlegend anders als vieles, was sonntäglich von den Kanzeln herab gepredigt wird. Es ist ja gut gemeint, wenn man die Menschen trösten oder zur Nächstenliebe auffordern will, wenn man wieder und wieder von Gottes Liebe und Vergebung und Freundlichkeit spricht und zum Frieden in der Welt aufruft. Doch allzu viele Predigten sind einseitig. Das Gesagte ist nicht falsch, aber zu wenig. Es fehlt ein ganz wesentlicher Teil der Lehre Jesu, den die vorangestellten Worte zeigen: Es geht nur durch Sterben zum Leben! Verleugne dein eigenes Ich, stoß es vom Thron! Prüfe deine Wünsche am Willen Gottes! Wenn du deinem eigenen Ich folgst, bist du auf der Verliererseite; wenn du immer nur deinen Wünschen und Trieben folgst, beschädigst du deine Persönlichkeit, verlierst du deine inneren Werte! Geh wie Jesus den Kreuzesweg – durch Niedrigkeit zur Herrlichkeit!

Jesus geht aber nur deshalb mit unserem eigenen Ich – mit unsrer „Seele" und ihren Wünschen und Begierden – so hart ins Gericht, weil Er uns Besseres schenken will: An die Stelle des „alten Menschen" soll ein „neuer Mensch" treten, der „gottgemäß geschaffen ist in Gerechtigkeit und Heiligkeit der Wahrheit" (Eph. 4,22-24). Der Weg dahin führt über Buße und Annahme der Erlösung Jesu.

Weherufe Jesu

„Wehe euch, ihr Pharisäer, denn ihr verzehntet zwar die Gartenminze, Gewürzkraut und alles Gemüse, aber an Recht und Gericht und an der Liebe Gottes geht ihr achtlos vorüber! Dieses hätte man tun und jenes nicht lassen sollen!“ *Luk. 11,42*

Es gibt in unserer Gesellschaft so manchen Ärger über die Pedanterie von Erziehern oder Vorgesetzten oder Behörden. Muss denn einer Verkäuferin sofort gekündigt werden, wenn sie sich von Lebensmittelresten am Abend ein klein wenig eingesteckt hat? Muss ich Strafe zahlen, weil ich mit 46 km/h Geschwindigkeit statt mit 40 km/h durch einen Ort gefahren bin? Muss in Küche und Keller alles immer aufgeräumt sein? Muss die Wohnstube immer glänzen, als erwarte man den Bundespräsidenten?

Diese Liste könnte man sicher noch verlängern. Wir verstehen unter Pedanterie eine übertriebene Genauigkeit. Sie kann zuweilen nützlich sein; denn es gibt Bereiche, wo man sich keinen Fehler erlauben darf, etwa im Straßenverkehr. Wer dagegen an übertriebener Putzsucht leidet, sollte die Dinge gelassener sehen.

Gern machen die Menschen dann eine Gegenrechnung auf. Da sagt etwa der Heranwachsende zum Vater: Du nimmst es ganz genau mit mir; wehe, wenn ich des Abends auch nur eine Minute später heimkomme als vereinbart – aber wie lebst du?

Es gibt auch eine fromme Pedanterie. Daran litten die Pharisäer in den Tagen Jesu. Der Pedant nimmt zuletzt gar nicht mehr wahr, dass er über seinem kleinlichen Getue viel Wichtigeres übersieht. Das hält Jesus den Pharisäern vor. „Mit dem Zehntengeben nehmt ihr es ganz genau – ihr verzehntet sogar die Gartenkräuter -, aber es gibt doch im Gesetz viel Wichtigeres: Gerechtigkeit und Liebe!“ Man kann wegen Kleinigkeiten die Liebe verletzen und eine Beziehung oder Gemeinschaft belasten. Gott schenke es uns, die Dinge des Lebens in der rechten Größenordnung zu sehen,

„dass uns werde klein das Kleine
und das Große groß erscheine“!

Beurteilt die Zeichen der Zeit!

„Er sagte aber auch zu den Volksmengen: Wenn ihr eine Wolke im Westen aufsteigen seht, dann sagt ihr sogleich: Ein Regenguss kommt – und es geschieht so. Und wenn ihr den Südwind wehen seht, so sagt ihr: Es wird heiß werden – und es geschieht. Ihr Heuchler, das Aussehen der Erde und des Himmels versteht ihr zu deuten – wieso aber nicht diese (gegenwärtige) Zeit?" *Luk. 12,54-56*

Im Matthäusevangelium richtet der Herr ein ähnliches Wort an die Pharisäer und Sadduzäer, die von Jesus ein Zeichen aus dem Himmel verlangt hatten. Es gab damals schon eine Art Wetterkunde, wenn auch nicht mit Wettersatelliten wie heute. Aber man kannte gewisse Regeln: Ist der Himmel am Abend feuerrot, so wird es schönes Wetter geben. Ist er dagegen des Morgens feuerrot, so kommt stürmisches Wetter. Und in unserem Lukaswort sagt Jesus: Wenn ihr im Westen – vom Mittelmeer her – Wolken aufsteigen seht, so sagt ihr: Es gibt Regen. Weht aber der Südwind, so kommt Hitze. Und wie es beim Wetter gewisse Anzeichen gibt für das, was kommt, so auch beim Zeitgeschehen.

Wir sind ständig in Politik und Wirtschaft, Gesellschaft, Klima, Religion von Strömungen umgeben, die wir beachten und deuten sollen. Im 20. Jahrhundert gab es starke nationalistische Strömungen, zum Teil verbunden mit Antisemitismus und Arroganz, im Kaiserreich und erst recht unter Hitler. Das bedeutete Krieg. Es folgten Wirtschaftswunder und Vergnügungssucht, eine starke antiautoritäre Strömung und in den letzten Jahren immer mehr Tendenzen der Globalisierung. Das deutet auf das Welteinheitsreich von Offb. 13 hin. Einerseits dürfen wir dankbar sein für ein friedliches Miteinander der Völker (z.B. in Europa), andererseits werden die Waffen immer „moderner", d.h. schrecklicher. Ein ganz wichtiges Endzeitzeichen war 1948 die Geburt des Staates Israel. Auch wenn wir nicht mit Jahreszahlen rechnen dürfen, so sehen wir doch, wie die Völkerwelt gerichtsreif wird und wie ein „starker Mann" immer sehnlicher erwartet wird (der kommende Antichrist). Die Gemeinde aber erwartet ihren Herrn. Tut sie es wirklich? Oder muss der Herr auch uns tadeln, weil wir die Zeichen der Zeit nicht beachten?

Jesus sucht verlorene Sünder

„Er sagte ihnen folgendes Gleichnis: Welcher Mensch unter euch, der 100 Schafe hat und ***eins*** *aus ihrer Mitte verliert, lässt nicht die 99 in der einsamen Steppe zurück und geht dem verlorenen nach,* ***bis er es findet****? Und hat er es gefunden, so legt er's voller Freude auf seine Schultern, und sobald er nach Hause gekommen ist, ruft er die Freunde und Nachbarn zusammen und sagt zu ihnen: Freut euch mit mir, denn ich habe mein Schaf wiedergefunden, das verloren war! Ich sage euch: Ebenso wird im Himmel Freude sein über* ***einen*** *Sünder, der umkehrt!"* *Luk. 15,3-7*

Hier wird Jesu suchende Retterliebe in wunderbaren Worten beschrieben. Es ist Evangelium (frohe Kunde) für alle Verlorenen. Jesus interessiert sich für sie, Er sucht sie, Er geht ihnen nach.

Der 119. Psalm endet im 176. Vers mit dem Satz: „Ich bin umhergeirrt wie ein verlorengegangenes Schaf. Suche Deinen Knecht! Denn ich habe Deine Gebote nicht vergessen." Der Dichter dieses längsten Psalms – ein gesetzestreuer Israelit – muss am Schluss doch bekennen, er sei wie ein verlorenes Schaf; der HERR möge ihn suchen! Unser Text klingt wie eine Antwort darauf. **Verlorene suchen** – das war zutiefst Jesu Auftrag vom Vater (Luk. 19,10). Dazu allerdings musste Jesus sterben; anders war die Frage der Weltsünde nicht zu erledigen. Wenn dann ein Schaf – ein Mensch – gefunden ist und heimgetragen wird in die Gemeinschaft mit Gott, dann freut sich nicht nur Jesus, der Suchende, sondern mit Ihm der ganze Himmel. – Dazu gehört natürlich aufseiten des Menschen zweierlei: a) dass er seine Verlorenheit einsieht und b) dass er bereit ist, sich vom guten Hirten finden und heimbringen zu lassen.

Wichtig ist auch die Aussage: Jesus sucht das Verlorene, **bis Er es findet.** Geht Ihm aber nicht doch bei manchem hartnäckigen Sünder die Geduld aus? Wie lange sucht Er? Wer wollte dem Herrn da eine Grenze setzen! Dass Sein Suchen auch jenseits der Todesgrenze noch weitergeht, zeigt u.a. 1. Petr. 3,19.20. Nach Seiner Auferstehung suchte Er im Totenreich (Hades) diejenigen, die zur Zeit Noahs widerspenstig gewesen waren und umkamen. Unser Wort enthält **Hoffnung für alle Verlorenen!** Wir aber wollen uns **heute** retten lassen!

Die Heimkehr des verlorenen Sohnes

„(Der Vater sprach:) Dieser mein Sohn war tot und ist wieder lebendig geworden, war verloren und ist gefunden worden.“ *Luk. 15,24*

Bei diesem sehr bekannten Gleichnis Jesu steht die Liebe des himmlischen **Vaters** im Vordergrund. Es klingt sehr modern und passt gut in die heutige Zeit, wenn Jesus hier von einem Sohn spricht, dem es im Vaterhaus zu eng und zu langweilig wird. „Gib mir, Vater, den Teil des Vermögens, der mir zusteht!“ (15,12). Der Vater geht darauf ein. Er lässt ihm seinen Willen. Vielleicht hat er den Sohn gewarnt, aber er hält ihn nicht auf. Das ist in vielen Fällen auch gar nicht möglich, wenn ein junger Mensch in einem gewissen Alter „endlich frei sein will“ (wie er meint), um „endlich das Leben genießen zu können“.

Aber es geht dem jungen Mann wie so vielen: Er gerät auf die schiefe Bahn. Er vergeudet sein Geld in sündigen Vergnügungen. Dann steht er mittellos da und ist froh, wenn er wenigstens als Schweinehirt einen Job findet. – Da besinnt er sich aufs Vaterhaus. Eine Buße ohne Bußprediger findet statt; die Situation, in die er abgerutscht ist, predigt laut genug! Er sagt zu sich selbst: „Ich will mich aufmachen und zu meinem Vater gehen und ihm meine Sünde bekennen!“ Er macht sich auf den Weg. Aber wird der Vater ihn wieder aufnehmen? – Es ist der Höhepunkt in diesem Gleichnis, dass der Vater (der sich scheinbar die ganze Zeit nicht um ihn gekümmert hat) ihn in herzlicher Liebe wieder aufnimmt und sogar ein Fest veranstaltet. So freut sich der himmlische Vater über jeden Sünder, der umkehrt.

Von *Jakob Kroeker* stammt der Satz: „Wohl ist die Menschheit zu einem ‚verlorenen Sohn' geworden; aber die Möglichkeit, durch Erlösung ein ‚wiedergefundener Sohn' zu werden, hat sie unverlierbar in die Fremde mitgenommen.“ Das ist aber nur deshalb so, weil der himmlische Vater – wie der Vater im Gleichnis Jesu – sich nach Seinen verlorengegangenen Geschöpfen sehnt und weil Er „will, dass alle Menschen gerettet werden“ (1. Tim. 2,4). Er lässt den Menschen ihren Willen, Er lässt sie in ihr selbstverschuldetes Unglück laufen, aber in Seinem Herzen lässt Er sie nicht los – dich nicht und mich nicht und niemanden! Wohl jedem, der in seinem Herzen und Leben eine Umkehr vollzieht und durch Jesus heimkehrt zum Vater!

Gott ist nicht ein Gott von Toten, sondern von Lebenden

„Dass aber die Toten auferweckt werden, hat auch Mose beim Dornbusch angedeutet, wo er von dem Herrn als ‚dem Gott Abrahams und Gott Isaaks und Gott Jakobs' spricht. Er ist aber nicht ein Gott von Toten, sondern von Lebenden, denn ***Ihm leben alle****."* *Luk. 20,37.38*

Vom Weiterleben nach dem Sterben sprechen mehrere Stellen im Neuen Testament, so z.B. Röm. 14,9: „Dazu ist Christus gestorben und wieder lebendig geworden, dass Er über Tote wie Lebende Herr sei." Dies ist mit einer gänzlichen Auslöschung der Person oder einem bewusstlosen Schattendasein nicht zu vereinbaren. Oder 2. Kor. 5,9: „Darum setzen wir auch unsere Ehre darein – ob wir daheim sind (beim Herrn) oder (noch) in der Fremde (hier auf Erden) -, Ihm wohlgefällig zu sein." Oder Joh. 11,25, wo Jesus sagt: „Ich bin die Auferstehung und das Leben; wer an mich glaubt, wird leben, auch wenn er stirbt."

Im vorangestellten Text begründet Jesus das „Lebendigsein der Toten" auf ungewöhnliche Weise. Allein schon die Selbstbezeichnung Gottes als „Gott Abrahams, Gott Isaaks und Gott Jakobs" (2. Mose 3,6) ist dem Herrn ein Beweis dafür, dass diese Männer leben, jedenfalls für Gott. Er ist nicht ein Gott von Toten! Ihm leben sie alle! So ist ja auch in Luk. 16,23 von einem „Schoß Abrahams" die Rede und wir vernehmen ein Gespräch zwischen einem verstorbenen reichen Mann und Abraham. Es geht also weiter nach dem Sterben! Doch es wäre falsch, über den „Zwischenzustand" zu spekulieren und mehr erfahren zu wollen, als die Schrift in ihrer keuschen Zurückhaltung sagt. Der Schwerpunkt unserer Hoffnung ist die **Auferstehung.**

Jesus ist die Auferstehung und das Leben in Person. Wer bei Ihm ist, ist im Leben – auch wenn er gestorben ist – und nicht etwa bewusstlos oder ausgelöscht. Wenn wir heute „ein verborgenes Leben führen mit Christus in Gott" (Kol. 3,3), dann wird der Tod des Körpers daran nichts ändern. Entscheidend wichtig ist, dass wir **heute** dem Herrn bewusst gehören. Möge Röm. 14,8 unsre Losung sein: Leben wir, so leben wir dem Herrn! Sterben wir, so sterben wir dem Herrn!

Und was ist mit den ungläubig Verstorbenen? Auch sie kann Gott jederzeit rufen und erreichen.

Weissagung der Wiederkunft Christi in Herrlichkeit

„Dann werden Zeichen (zu beobachten) sein an Sonne und Mond und Sternen, während auf Erden Angst die Nationen ergreift mit Ratlosigkeit beim Brausen und Wogen des Meeres. Es werden Menschen vergehen vor Furcht und banger Erwartung der Dinge, die über den bewohnten Erdkreis kommen; denn die Kräfte der Himmel werden in Erschütterung geraten. Und dann werden sie den Menschensohn in einer Wolke kommen sehen mit großer Macht und Herrlichkeit. Wenn aber diese Dinge anfangen zu geschehen, so blickt auf und erhebt eure Häupter, weil eure Erlösung naht!" Luk. 21,25-28

Die Wiederkunft Christi geschieht in mehreren Akten. Zuerst kommt Er, um Seine **Gemeinde** zu sich zu nehmen. Dieses Kommen wurde dem Apostel Paulus geoffenbart und er beschreibt es in 1. Thess. 4,13-18. Es dürfte **vor** der Zeit des letzten Zornes – der „Endzeit" im engeren Sinn – geschehen (1. Thess. 1,10; 5,9). – Danach kommt Er, wie oben beschrieben, in Macht und Herrlichkeit. Davon spricht auch das Matthäusevangelium in Kapitel 24,29-31. Es betrifft vor allem **Israel.** Denn „dann werden wehklagen alle Stämme des Landes" (24,30). Es ist eine heilsame Wehklage im Geist der Gnade und des Flehens, die schon Sacharja beschrieben hat (12,10). – Ein anderer Akt der Wiederkunft Christi betrifft den **Antichristen** und die antichristliche Welt. Jesus wird den Antichristen, den Gesetzlosen, den letzten Weltherrscher, „vernichten durch die leuchtende Erscheinung Seiner Ankunft". Ein Hauch Seines Mundes genügt (2. Thess. 2,8). Und Er wird die vereinigten Völker, die angetreten sind, um gegen das „Lamm" (Jesus Christus) Krieg zu führen, überwinden. Dann ist Seine Gemeinde bereits bei Ihm; denn nach Offb. 17,14 bilden „Berufene und Auserwählte und Gläubige" Sein Gefolge. – Schließlich kommt Jesus zum **Völkergericht,** das in Matth. 25,31-46 beschrieben wird.

Führen wir heute ein verborgenes Leben mit dem Christus in Gott? Wenn das der Fall ist, werden wir, wenn der Christus geoffenbart wird, „mit Ihm geoffenbart werden in Herrlichkeit" (Kol. 3,3.4).

Jesus wird zum Tode verurteilt

„Nochmals redete Pilatus auf (die Menge) ein, weil er Jesus freilassen wollte. Sie aber riefen dagegen: ***Kreuzige, kreuzige ihn!*** *Da wandte er sich zum drittenmal an sie (und sprach): Was hat dieser denn Böses getan? Keine todeswürdige Schuld habe ich bei ihm feststellen können. Also werde ich ihn nach einer Züchtigung freilassen. Sie aber bestürmten ihn mit lautem Geschrei und forderten, dass er gekreuzigt würde, und mit ihrem Geschrei setzten sie sich durch. Daraufhin entschied Pilatus, dass ihrer Forderung entsprochen werde. So ließ er den (Barabbas) frei..., Jesus aber gab er ihrem Willen preis." Luk. 23,20-25*

Immer wieder wird gefragt: Wer ist schuld am Tode Jesu? Jahrhunderte hindurch hat man die Schuld vor allem den **Juden** zugeschoben. Aber es gibt keine Alleinschuld oder Hauptschuld der Juden am Tode Jesu. Allerdings sind sie nicht ohne Schuld. Die aufgebrachte Menge schrie ja: Kreuzige, kreuzige ihn! – Doch größere Schuld hat **Pilatus,** der Vertreter der römischen Weltmacht. Zunächst wollte er Jesus freilassen. Er sagt ganz klar: „Keine todeswürdige Schuld habe ich bei ihm feststellen können." Wieso lässt er sich dann aber umstimmen? Er war doch sonst nicht so nachgiebig gegenüber jüdischen Wünschen! Als sie aber drohend schrien: „Wenn du diesen (Jesus) losgibst, bist du des Kaisers Freund nicht mehr" (Joh. 19,12), packte ihn die Angst um die eigene Karriere. Man könnte ihn in Rom verklagen. Und so entschloss er sich, wider besseres Wissen Jesus kreuzigen zu lassen.

Sicher trifft auch **Judas** wegen seines Verrats eine Mitschuld am Tode Jesu. Viel größere Schuld hat **Satan selbst,** denn er ist es ja, der die Menschen zum Bösen anstiftet. Andererseits ist – so paradox es klingt – der **Vater selbst** der Verursacher des Todes Jesu – und zwar aus Liebe zur Welt! Denn „so sehr hat Gott die Welt geliebt, dass Er den einziggezeugten Sohn für sie dahingab" (Joh. 3,16). Überdies aber ist **jeder Mensch** mit schuld am Tode Jesu, denn um unserer Sünde willen musste Jesus leiden und sterben. „Ich, ich und meine Sünden, die sich wie Körnlein finden des Sandes an dem Meer, die haben Dir erreget das Elend, das dich schläget, und das betrübte Marterheer" (Paul Gerhardt).

Jesu Kreuzigung

„Und als sie an den Ort gekommen waren, der ‚Schädel' (Golgatha) heißt, kreuzigten sie Ihn dort und ebenso die Übeltäter, den einen zur Rechten, den andern zur Linken. Jesus aber sprach: Vater, vergib ihnen, denn sie wissen nicht, was sie tun!" Luk. 23,33.34

Sieben Kreuzesworte Jesu sind uns in den Evangelien überliefert worden. Sie lauten: „Vater, vergib ihnen, denn sie wissen nicht, was sie tun!" (Luk. 23,34). – Dann sagt Jesus zu Seiner Mutter: „Frau, siehe, dein Sohn!" und zu dem Jünger Johannes: „Siehe, deine Mutter!" (Joh. 19,26.27). – Zu einem der Mitgekreuzigten sagt Er: „Du wirst im Paradies mit mir zusammen sein!" (Luk. 23,43). – Es folgt der Ruf aus Psalm 22: „Mein Gott, mein Gott, wozu hast Du mich verlassen?" (Matth. 27,46 und Mark. 15,34). – Der Gekreuzigte ruft auch: „Mich dürstet!" (Joh. 19,28). – Danach spricht Er das Wort des Sieges und der Erlösung: „Es ist vollbracht!" (Joh. 19,30). – Zuletzt wendet Er sich sterbend an den Vater: „Vater, in Deine Hände übergebe ich meinen Geist!" (Luk. 23,46).

Auch in den unerträglichen Schmerzen denkt Er nicht nur an sich, sondern an die Menschen. Er bittet um Vergebung für Seine Mörder und kümmert sich um die Versorgung Seiner Mutter. Es gibt Worte der äußersten Not und ein herrliches Siegeswort. Am Ende steht das Vertrauen zum Vater.

Man nimmt an, dass Jesus den 22. Psalm ganz am Kreuz gebetet hat, denn es gibt mehrere Berührungspunkte. Er hat ihn aber nicht nur gebetet, sondern **erlebt.** Dazu gehört auch Ps. 22,22: „Rette mich aus dem Rachen des Löwen... Du hast mich erhört." Und im folgenden Vers heißt es: „Es werden daran gedenken und zum HERRN umkehren alle Enden der Erde, vor Dir werden niederfallen alle Geschlechter der Nationen."

Wir können die Tiefe dieses Leidens niemals ermessen, ebenso wenig die Höhe des trotz allem vertrauenden und siegenden Glaubens. Wir können nur danken und anbeten.

Jesu Tod

„Und es war um die sechste Stunde, da entstand eine Finsternis, die sich über das ganze Land ausbreitete, bis zur neunten Stunde. Die Sonne verlor ihren Schein und der Vorhang des Tempels riss mitten entzwei. Und Jesus rief mit lauter Stimme: ***Vater, in Deine Hände übergebe ich meinen Geist!*** *Und nachdem Er dies gesagt hatte, hauchte Er (den Lebensgeist) aus.“*
Luk. 23,44-46

Es war eine ungewöhnliche Finsternis, die sich am hellen Mittag drei Stunden lang über das ganze Land ausbreitete. Es war nicht einfach nur eine Gewitterfront, die durchzog. Sie war das äußere Zeichen für die Anwesenheit böser Mächte, die auch geistlich den Sohn Gottes bedrohten, und für die letzte Not des sterbenden Jesus. Nach Matth. 27 schrie Jesus am Ende der dreistündigen Finsternis: „Mein Gott, mein Gott, wozu hast Du mich verlassen?“ – bevor Er sterbend Seinen Geist dem Vater übergab. Er war nicht von der Liebe Gottes verlassen, wohl aber von irgendeinem hilfreichen Eingreifen des Vaters, wie es Israels Väter so oft erlebt hatten, wenn sie in ihrer Not zu Gott schrien (Ps. 22,5.6). In Psalm 22 werden die das Kreuz umlagernden Feindmächte als Tiere dargestellt, als Stiere, Hunde, Büffel und ein reißender und brüllender Löwe (22,13.14.17.22). Doch auch in diesem Psalm wendet sich die Not des Gekreuzigten in Vertrauen. Eine Gebetserhörung findet statt (V. 22). Nicht so, dass Er dem Sterben entginge, aber doch so, dass Er sich wieder mit dem Vater verbunden weiß.

Der Vorhang des Tempels, der den Zugang zum Allerheiligsten versperrte, wurde beim Sterben Jesu von oben nach unten in zwei Teile zerrissen (Matth. 27,51). Das drückte symbolisch aus: Fortan haben alle Glaubenden freien Zugang zur Gemeinschaft mit Gott im Allerheiligsten. Das betont auch der Hebräerbrief und verbindet damit die Aufforderung: **„Lasst uns hinzutreten!“** – und zwar „mit wahrhaftigem Herzen und in voller Gewissheit des Glaubens“ (Hebr. 9,1-8 und 10,19-21). Ja, lasst uns hinzutreten zum Vater! Wir haben ja nun aufgrund des Todes Jesu, aufgrund Seines vergossenen Blutes, **Zugang zum Vater** (Eph. 2,18)! Lasst uns die Vergebung der Sünden und die Gemeinschaft mit Jesus und dem Vater, die Er uns durch Seinen Tod erworben hat, voll in Anspruch nehmen!

„Was sucht ihr den Lebenden bei den Toten?"

„Am ersten Tag der Woche... kamen die Frauen zum Grab... Sie fanden aber den Stein von der Grabkammer weggewälzt, und als sie eingetreten waren, fanden sie den Leib des Herrn Jesus nicht. Und es geschah: Als sie noch darüber in Verlegenheit waren, siehe, da standen (plötzlich) zwei Männer in leuchtenden Gewändern bei ihnen..., die sprachen: Was sucht ihr den Lebenden bei den Toten? Er ist nicht hier, sondern ist auferweckt worden!" *Luk. 24,1-6*

Die Auferstehung Jesu ist nicht dasselbe wie irgendein sonstiges Wunder. Es geschah etwas völlig Neues, nie Dagewesenes. Hier kehrte nicht ein Verstorbener ins irdische Leben zurück, wie der Jüngling in Nain (Luk. 7,14.15) oder das Töchterlein des Jairus (Luk. 8,54.55) oder Lazarus (Joh. 11,43.44). Hier brach sich Unsterblichkeit Bahn. Jesus stand auf, um nie mehr zu sterben, und Sein Leib war ein unzerstörbarer Geistleib. - *Walter Künneth* nannte dieses Geschehen in seinem Werk „Theologie der Auferstehung" ein **Urwunder.** „In der Auferstehung Jesu vollzieht Gott die Setzung einer neuen Lebenswirklichkeit. Diese Wirksamkeit Gottes in der Auferweckung Jesu trägt das Gepräge eines Urwunders... Das Urwunder der Auferstehung ist Gottes schöpferische Tat, die wesensmäßig in Parallele zu dem Urwunder der Weltschöpfung zu setzen ist... Das Auferstehungsurwunder ist nach der Weltschöpfung die zweite und entscheidende Bezeugung der Lebensfülle und Lebensmacht Gottes."

Die Engel fragen die Frauen, die gekommen waren, um nach dem Grab Jesu zu sehen: **„Was sucht ihr den Lebenden bei den Toten?"** Eine großartige Frage, eine Provokation Gottes, der unsern Kleinglauben damit herausfordert. Man möchte diese Frage all jenen stellen, die Jesus zwar als großen Denker, als Religionsstifter, als Prediger der Nächstenliebe oder als Propheten achten – aber an Seine Auferstehung nicht glauben wollen. Sie reihen Ihn ein in die Schar großer verstorbener Denker und Dichter und Philosophen. „Nein, nein, ihr irrt alle", möchte man ihnen zurufen, „wir haben es nicht mit einem vergangenen Jesus zu tun, an den man sich in Ehrfurcht erinnert, dessen Lehre man verbreitet und dem man Denkmäler baut, sondern mit dem **gegenwärtigen** und **kommenden** Herrn! Er lebt in uns!"

Leiblich auferstanden

„Während sie noch darüber sprachen, trat Er selbst in ihre Mitte und Er spricht zu ihnen: Friede (sei mit) euch! ... Was seid ihr so aufgewühlt? ... Seht meine Hände und meine Füße an: Ich bin es selbst! Fasst mich an und überzeugt euch: Ein Geist hat nicht Fleisch und Knochen, wie ihr sie an mir schaut! ... Und Er sprach zu ihnen: Habt ihr hier etwas zu essen? Da reichten sie Ihm ein Stück gebratenen Fisches und Er nahm es und aß es vor ihren Augen." *Luk. 24,36-43*

Es gibt auch Denker unter den Philosophen und Theologen, die Jesu Auferstehung nicht so krass leugnen wie andere. Sie sprechen durchaus von der „Auferstehung Jesu", aber was verstehen sie darunter? Jesus sei auferstanden „ins Wort hinein" oder „in unseren Glauben hinein", aber doch nicht leiblich sichtbar und geschichtlich geschehen. Dies weist besonders Lukas in unserem Text entschieden zurück. Jesus selbst weist es zurück mit den Worten: „Fasst mich an und überzeugt euch: Ein Geist hat nicht Fleisch und Knochen, wie ihr sie an mir schaut!" In den Erscheinungen Jesu als Auferstandener zeigte sich einerseits ein Mensch, den man sehen und hören und anfassen konnte. Er konnte auch essen, musste aber nicht essen (Apg. 10,41). Andererseits war Seine Leiblichkeit eine verklärte Leiblichkeit, voll göttlicher Lichtherrlichkeit. Auf Erden war sie gleichsam abgeblendet, damit Menschen Seine Gegenwart ertragen konnten, ohne hinzustürzen oder blind zu werden. Dem Saulus (Apg. 9) und dem Johannes (Offb. 1) erschien Er in einem nicht abgeblendeten Herrlichkeitsleib, und sie fielen zu Boden. Der Körper des Auferstandenen war „Natur" – in einer Kontinuität zu dem Leib, der am Kreuz hing (das zeigen die Nägelmale und die durchbohrte Seite) – und zugleich „mehr als alle Natur" (Walter Künneth). Wir können diese Leiblichkeit nicht näher **beschreiben,** wohl aber als Menschen „in Christus" in Zukunft **erleben.** – Wir beten mit Dora Rappard:

„Sieger über Sünd und Tod,
auferstandner Herr und Gott,
weil Du lebest, leb auch ich,
Dein Sieg macht zum Sieger mich, Jesus!"

Jesus – das Wort (der Logos)

„Im Anfang war das Wort (der Logos); der war bei Gott, ja ***der war Gott.*** *Dieser war im Anfang bei Gott.* ***Alles ist durch Ihn geworden*** *und ohne Ihn ward auch nicht eins, was geworden ist.* ***In Ihm war Leben*** *und das Leben war das Licht der Menschen.“* *Joh. 1,1-4*

Das Johannesevangelium zeigt uns den Herrn von einer anderen, höheren Warte aus als Matthäus, Markus und Lukas. Während Markus sein Evangelium mit dem Auftreten des Täufers und des Herrn Jesus beginnt und Matthäus und Lukas mit den Geburts- und Kindheitsgeschichten Jesu, führt uns Johannes ganz weit zurück – zu einer „Zeit“ vor Grundlegung der Welt. Die Worte „im Anfang“, womit Johannes beginnt, sind zwar gleichlautend mit den beiden ersten Worten der Bibel in 1. Mose 1,1. Doch sie meinen etwas anderes, viel Früheres. Vor Beginn der Weltschöpfung war Jesus bereits als der Sohn beim Vater. Seit der Vater Ihn gezeugt hatte (Ps. 2,7), war Er beim Vater und war dem Vater wesensgleich. Darum wird Jesus an einigen Stellen des Neuen Testaments auch „Gott“ genannt und Er selbst kann sagen: „Wer mich gesehen hat, der hat den Vater gesehen“ (Joh. 14,9) und „Ich und der Vater sind eins“ (10,30).

Über diese „Zeit“ vor der Zeit – man sagt dazu auch „Ewigkeit“ – können wir keine näheren Angaben machen; wir wissen nur so viel, wie Gottes Wort uns offenbart. Demnach war Jesus ganz nahe beim Vater. Er war nach Joh. 1,18 „an der Brust“ oder „im Schoß“ des Vaters. Dann haben beide miteinander geplant; denn vor dem **Bauen** kommt das **Planen**, das ist auch bei uns Menschen so. Sie haben nach Eph. 3,11 den „Plan der Weltzeitalter“ entworfen (wörtlich den „Vorsatz der Äonen“). Und dann hat der Vater mit dem Sohn die Welt erschaffen. Jesus war also schon in 1. Mose 1 immer dabei (Kol. 1,16).

Jesus ist das **Wort Gottes** in Person. Wir haben also ein geschriebenes und ein Person gewordenes Wort. Jesus ist der Offenbarer des Vaters, das Ebenbild Gottes, und auch der Weg zum Vater. Ohne Jesus wissen wir zwar aus dem Alten Testament so manches über den Schöpfergott und den Führer Israels, doch des Vaters Herz und Wesen offenbart uns Jesus. Er ist auch Leben und Licht in Person – auch unser Licht und Leben für jeden Tag.

Recht und Vollmacht der Gotteskindschaft

„Er kam in das Seinige (Sein Eigentum), doch die Seinigen nahmen Ihn nicht auf. So viele Ihn aber aufnahmen, denen gab Er die Vollmacht, Kinder Gottes zu werden – denen, die an Seinen Namen glauben, die nicht aus dem Blut noch aus dem Willen des Fleisches noch aus dem Willen eines Mannes heraus, sondern aus Gott gezeugt worden sind.“ Joh. 1,11-13

Gott hat echte Kinder, keine Adoptivkinder. Sie sind aus Gott gezeugt und geboren, so wie Jesus aus dem Vater gezeugt und geboren ist (Hebr. 1,5). Darum sind sie „teilhaftig der göttlichen Natur“ (2. Petr. 1,4) und Jesus ist der „Erstgeborene unter vielen Brüdern“ (Röm. 8,29). Sowohl Paulus in Röm. 8 als auch Johannes in seinem 1. Brief sprechen von Gotteskindern und Gotteskindschaft. Es ist ein ganz großes Vorrecht, ein Kind Gottes sein zu dürfen, aber auch eine Würde und eine Verpflichtung. Unser Text spricht von der **„Vollmacht“**, ein Kind Gottes sein zu dürfen. Das hier gebrauchte griechische Wort *exousia* bedeutet auch: Vermögen, Berechtigung, Erlaubnis, Freiheit (etwas zu tun), Vorrecht, Macht, Amtsgewalt, Herrschaft. Es ist also nicht nur gemeint, das liebe Kind des Vaters zu sein, sondern es deutet sich hier schon an, dass Gott **Aufgaben** für Seine Kinder hat. Sie sollen zu **Söhnen** heranreifen und die Interessen des Vaters wahrnehmen.

Wie wird man ein Kind Gottes? Wie unser Text zeigt, gehört dazu ein bewusstes **Aufnehmen Jesu.** Haben wir Ihn in unser Herz und Leben schon aufgenommen? Wenn nicht, sollten wir es sehr bald tun. Dann und nur dann gelten uns alle Verheißungen, die den Kindern Gottes gegeben sind. Dann und nur dann können Heiligung, Umgestaltung, inneres Wachstum und segenausströmendes Leben gelingen. – Leider nahmen die Zeitgenossen Jesu Ihn in der Mehrheit nicht auf. Ausgerechnet das auserwählte Volk versagte. **Wir** aber, die wir heute Gottes Ruf vernehmen, wollen Ihm unser Herz öffnen.

Wir nehmen Jesus auf durch den **Glauben.** Auch Wachstum und Umgestaltung geschehen durch den Glauben. Der Glaube ist der Schlüssel zu allen geistlichen Segnungen. Glauben heißt: mit Ihm rechnen, Sein Wort beständig aufnehmen, hören und beten und in Seiner Gemeinschaft leben.

Gnade um Gnade nehmen

„Aus Seiner Fülle haben wir alle Gnade um Gnade in Empfang genommen. Denn das Gesetz wurde durch Mose gegeben, die Gnade und die Wahrheit (aber) sind durch Jesus Christus geworden.“ *Joh. 1,16.17*

Gott ist in Seinem Wesen gnädig und barmherzig. So offenbarte Er sich schon dem Mose (2. Mose 34,6). In Seiner Gnade beugt Er sich zu dem Geschöpf herab; in Seiner Herrlichkeit zieht Er das Geschöpf zu sich herauf – in den Bereich Seines Lichts und Seiner Liebe. – Wann begann die Gnade zu wirken? Nach 2. Tim. 1,9 schon vor Grundlegung der Welt, vor dem Beginn der Weltzeiten. Dort lesen wir: „Gott hat uns gerettet... nach Seinem Vorsatz und der Gnade, die uns gegeben wurde in Christus Jesus (schon) vor ewigen Zeiten (vor den Zeiten der Äonen).“ Das ist unvorstellbar. Gott hat uns, die wir glauben, Seine Gnade schon damals nicht nur zugedacht, bereitgestellt, sondern **gegeben.** Für Ihn waren wir damals schon da – und so konnte Er uns Gnade **geben.** Als wir dann ins Dasein traten, umgab uns schon Seine Gnade. Dann trat sie irgendwann als **rettende Gnade** in unser Leben. Er hat uns ja gerettet und berufen gemäß der Gnade, die Er uns vor den Zeiten der Zeitalter gab. Und nun tut sie ein vielfältiges Werk an allen, die glauben. Es gibt Gnade zum Dienst und zum Leiden, zum rechten Reden (Kol. 4,6), zur Kräftigung und Stärkung (2. Tim. 2,1), zur rechtzeitigen Hilfe (Hebr. 4,16) und zum Wachstum (2. Petr. 3,18). (Dies ist nur eine kleine Auswahl.)

Gott ist **„der Gott aller Gnade“** (1. Petr. 5,10) und so vermag Er uns **„jede Gnade** überfließend darzureichen“ (2. Kor. 9,8). Dies geschieht aber weder automatisch noch zwangsweise. Johannes sagt in unserm Text: „Wir alle haben aus Seiner Fülle Gnade um Gnade in Empfang genommen.“ Der griechische Grundtext betont sowohl das „empfangen, bekommen“ als auch das „nehmen, ergreifen“. Die Gnade Gottes sollen wir im dankbaren Glauben **ergreifen** – und zwar Gnade um Gnade, Tag für Tag. Dem Hochmütigen allerdings bleibt die Gnade verschlossen; er will sie auch gar nicht haben, er meint sie nicht nötig zu haben. Lasst uns zu den Demütigen gehören, denen Gott Gnade schenkt (1. Petr. 5,5). Lasst sie uns **heute** ergreifen!

Abhängigkeit und Vollmacht des Sohnes Gottes

„Jesus sprach: Amen, amen, ich sage euch: Der Sohn kann nichts von sich selbst aus tun – Er tut nur, was Er den Vater tun sieht... Denn wie der Vater die Toten auferweckt und lebendig macht, so macht auch der Sohn lebendig, welche Er will." *Joh. 5,19.21*

Im Johannesevangelium wird die Vollmacht Jesu in einzigartiger Weise herausgestellt. So auch in diesem Wort. – Wie passt aber dazu die Aussage: „Der Sohn kann nichts von sich selbst aus tun"? Wenn man den ganzen Textzusammenhang liest (Joh. 5,19-30), so könnte man verkürzend darüber schreiben: a) „Der Sohn kann **nichts**" (V. 19 und 30) und b) „Der Sohn kann **alles**" (V. 20-29). Er hat die Vollmacht zu richten und die Vollmacht, die Toten aufzuwecken und lebendig zu machen. Andererseits vermag Er „nichts".

Ist das nicht ein Widerspruch? Wie passt beides zusammen? Besteht hier vielleicht ein geheimnisvoller kausaler Zusammenhang, in dem Sinn: Gerade **weil** Jesus in all Seinem Wirken so völlig abhängig vom Vater ist, eben **deshalb** kann Ihm der Vater die allergrößten Vollmachten übertragen, ohne befürchten zu müssen, dass sie der Sohn missbraucht. Daran schließt sich die weitere Frage an: Könnte das auch bei uns so sein? Verleiht uns der Vater in dem Maße Kraft und Vollmacht, als wir gehorsam sind?

Jesus sagt einmal in Joh. 15,5: „Ohne mich könnt ihr nichts tun." Dazu können wir nur sagen: „Ja, Herr, wenn Du als der einzigartig erhabene Gottessohn ohne den Vater nichts tun kannst und tun willst – wie viel mehr gilt dann für uns, dass wir nur in Abhängigkeit von Dir (und damit auch vom Vater) irgend etwas Gutes und Nützliches vollbringen können!"

In Joh. 15,4 beschreibt Jesus diese Abhängigkeit mit den Worten: **„Bleibt in mir und ich in euch!"** Und Paulus bekennt: „Alles vermag ich in dem, der mir Kraft gibt!" (Phil. 4,13). In Jesus Christus leben und bleiben – hörend, glaubend, liebend -, ohne sich von der Welt allzu sehr ablenken zu lassen, das ist das Geheimnis eines Lebens in göttlicher Kraft. – Der Herr schenke uns die gesegnete innere Abhängigkeit von Jesus – täglich und stündlich! Er schenke sie uns heute!

Ewiges Leben haben

*„Amen, amen, ich sage euch: Wer mein Wort hört und glaubt dem, der mich gesandt hat, **hat ewiges Leben** und kommt nicht ins Gericht, sondern ist aus dem Tod in das Leben hinübergegangen. Amen, amen, ich sage euch: Es kommt die Stunde – ja sie ist schon jetzt -, da die Toten die Stimme des Sohnes Gottes hören werden, und die sie hören, werden leben.“*

Joh. 5,24.25

Dieses kostbare Evangeliumswort hat schon vielen Menschen dazu verholfen, ihres Heiles gewiss zu werden. Sie haben erkannt: Es ist nicht schwer, gerettet zu werden, ein Gotteskind zu werden. Ich brauche nur das Wort des Heils zu **hören** und dem Wort Jesu zu **glauben.** Natürlich ist mit dem „Hören“ nicht ein oberflächliches Nebenbei-Hören gemeint, sondern ein ganzes Hinhören, ein begieriges Aufnehmen. Das Hören kann das Hören einer Predigt oder das Hören einer Vortragskassette sein, es kann auch das Lesen der Bibel oder einer biblischen Auslegung sein. Dabei ist die Frage die: Glaube ich, was ich höre? Kann ich dem Gehörten trauen? – Wir leben doch in einer Welt, in der uns tausend Stimmen umgeben, die uns tausenderlei versprechen. Wehe dem, der alles glaubt, was uns Agitatoren oder die moderne Werbung weismachen wollen! Gottes Wort aber spricht für sich selbst; wer sich darauf einlässt, erkennt die Stimme der göttlichen Wahrheit und Liebe. – Wer so hört und glaubt, bekommt ein ganz großes Geschenk: er **hat ewiges Leben.** Dieser Begriff meint im Johannesevangelium das **Leben Gottes.** Der Glaubende bekommt es nicht erst nach dem Sterben, sondern **hat es heute!** – Hast du Leben Gottes? Ist der Kontakt mit Gott, der einst beim Sündenfall abbrach, wieder hergestellt? Dann kannst du recht hören und beten.

Jesus weckt die Toten auf – geistlich Tote und leiblich Tote. Von beidem spricht Joh. 5. Heute schon geschieht es, dass Jesus Menschen dem geistlichen Tod – der Gottesferne – entreißt und ihnen ewiges Leben schenkt. Und in der Zukunft werden nach und nach noch „alle die Stimme des Sohnes Gottes hören und hervorkommen“ zur Auferstehung zum Leben oder zur Auferstehung zum Gericht (5,28.29 und Offb. 20,11-15). Wer aber heute hört und glaubt, kommt nicht ins Gericht. Er ist aus dem Tod in das Leben Gottes hinübergegangen.

Jesus spendet Wasser des Lebens

„Jesus rief laut: Wenn jemand dürstet, so komme er zu mir, und es trinke, wer an mich glaubt – so wie die Schrift gesagt hat: Ströme lebendigen Wassers werden aus Seinem Leibe fließen! Dies aber sagte Er von dem Geist, den die an Ihn Glaubenden empfangen sollten." Joh. 7,37-39

Jesus vergleicht hier Sein Heil – insbesondere den Heiligen Geist – mit Strömen lebendigen Wassers. Sie ergießen sich aus dem Leib (oder dem Innern) Jesu, des Messias. So lesen wir in Jes. 44,3: „Ich werde Wasser gießen auf das Durstige und Bäche auf das trockene Land. Ich werde meinen Geist ausgießen auf deine Nachkommen und meinen Segen auf deine Sprösslinge." Und in Jes. 12,3 wird Israel verheißen: „Mit Freuden werdet ihr Wasser schöpfen aus den Quellen des Heils." – Auch in Joh. 4 ist von dem lebendigen (also fließenden) Wasser die Rede, das Jesus spendet. Dort unterhält Er sich mit einer Frau am Brunnen Jakobs. Sie war gekommen, um Wasser zu schöpfen. Jesus lenkt das Gespräch von dem irdischen Wasser auf das Wasser des Heils, das nur Er ihr geben kann. Er sagt ihr: „Wer von diesem Wasser trinkt, wird wieder Durst bekommen; wer aber von dem Wasser trinkt, das ich ihm geben werde, der wird in Ewigkeit nie mehr Durst haben, sondern das Wasser, das ich ihm geben werde, wird in ihm zu einem Wasserquell werden, der ins ewige Leben quillt." Wir sollen also nicht nur unsern eigenen Durst gestillt bekommen – nach Wahrheit, bleibendem Leben, göttlicher Liebe, Gerechtigkeit, Geisteskraft -, sondern sollen dies dann weiterreichen an dürstende Menschen, sollen selber ein Wasserquell werden. So wird ja Joh. 7,38 nach einer anderen Verseinteilung auch so verstanden: „Wer an mich glaubt, aus dessen Leibe werden, wie die Schrift gesagt hat, Ströme lebendigen Wassers fließen." Doch das Heil strömt zunächst aus Ihm, dann erst kann es auch von uns weitergegeben werden.

In jedem Fall ist die Voraussetzung, dass wir zu Jesus kommen! „Kein Bitten um den Heiligen Geist hilft, wenn wir nicht zu Jesus kommen" (Werner de Boor). – Es gibt auch in unserer Zeit viele Dürstende – nach Wahrheit, Reinheit, Leben und göttlicher Liebe. Möchten wir ihnen Wegweiser zu Jesus Christus sein!

Jesus – das Licht der Welt

„Jesus sprach: Ich bin das Licht der Welt. Wer mir folgt, wird keinesfalls in der Finsternis seinen Weg gehen, sondern das Licht des Lebens haben." *Joh. 8,12*

Dies ist eines der majestätischen „Ich-bin-Worte" Jesu, die wir vor allem im Johannesevangelium, aber u.a. auch in Matth. 14,27 und Offb. 1,17 finden. Der Ausdruck „Ich bin (es)" ist nach Ethelbert Stauffer eine „Theophanieformel". Sie erinnert jedes Mal an die Bedeutung des Namens JAHWEH: „Ich bin, der ich bin" oder „Ich werde sein, der ich sein werde" (2. Mose 3,13-15). Der Sinn ist nach dem Namenforscher E. Nestle: „Das was ich euch sein werde – was ich verheißen habe und was ihr erwartet -, als das will ich mich sicherlich erweisen... Das Volk fragt nach dem Namen des Erlösers, der durch Mose redet; sie möchten wissen, in welcher Eigenschaft Er sich ihrem Glauben offenbart. Aber die Allgenügendheit Jahwehs ist weiter als der weiteste Glaube. Was immer der Mensch bedürfen kann von seinem Gott, Er will es sein" (nach Schumacher, Die Namen der Bibel).

Als JAHWEH ist auch Jesus – wie der Vater – der Ewigseiende, Beständige, der Wirklich-Seiende und Wirksam-Seiende, der immer und überall **da ist.** Das alles klingt an, wenn Jesus sagt: **Ich bin.**

Er ist nach dem vorangestellten Wort **das Licht der Welt.** Auch Israel ist berufen, Licht der Nationen und Licht der Welt zu sein (Jes. 49,6 und Matth. 5,14). Doch zunächst ist es Jesus selbst – heute und für immer, bis in die Vollendung hinein. Darum braucht das neue Jerusalem weder Sonne noch Mond, „denn die Herrlichkeit Gottes gibt ihr Licht und ihre Leuchte ist das Lamm" (Offb. 21,23).

Wo Jesus nicht herrscht, hat die Finsternis freie Hand. Das erleben wir in unserer Zeit massiv. Warum gibt es so viele böse Gelüste und böse Taten in unserer Welt? Weil es eine **Macht der Finsternis** gibt! Wer aber Jesus wirklich nachfolgt, wer Ihm die Herrschaft über sein Leben übergibt, der darf Kol. 1,13 erleben: „Der Vater hat uns errettet aus dem Machtbereich der Finsternis und uns in die Königsherrschaft des Sohnes Seiner Liebe versetzt." Da weht ein anderer Geist, da ist göttliches Licht und göttliche Liebe zu verspüren. Möchte das bei uns der Fall sein!

Jesu Wort ruft Scheidungen hervor

„Da sprach Jesus: Zum Gericht bin ich in diese Welt gekommen, damit die Blinden sehend und die Sehenden blind werden.“ *Joh. 9,39*

Jesus war kein angenehmer Verkündiger. Er redete den Leuten nicht nach dem Mund. Zwar bekamen sie viele kostbare Verheißungen zu hören, daneben aber auch Ermahnungen und sogar Gerichtsworte. Seine Reden riefen Scheidungen hervor; heute würde man sagen: Er polarisierte. Er selbst weist am Ende Seiner Bergpredigt darauf hin, dass man sich entscheiden muss: Will man Seinen Worten folgen – dann gleicht man einem klugen Mann, der sein Haus auf einen Felsen baute; oder will man das nicht tun – dann gleicht man einem törichten Mann, der sein Haus auf Sand baute. Seine Brotrede (Joh. 6) spaltete sogar den Kreis Seiner Jünger und viele sagten: „Diese Rede ist unerträglich hart!“ und zogen nicht mehr mit Ihm umher. Da fragte Er die Zwölf: „Wollt ihr auch weggehen?“ Petrus antwortete: „Herr, zu wem sollen wir gehen? Du hast Worte ewigen Lebens und wir haben geglaubt und erkannt, dass Du der Heilige Gottes bist“ (6,60.66-69). – Nach Seiner Rede über das Wasser des Lebens gab es einen Meinungsstreit über die Frage: Ist Er der Christus, der verheißene Messias, oder nicht? und es entstand eine Spaltung in der Volksmenge (7,40-43). – Noch größer wurde der Ärger und der Widerspruch, als Jesus einem Teil der Juden vorwarf, Sklaven der Sünde zu sein, deren Vater der Teufel sei (8,34.44). Es kam so weit, dass sie sogar Steine aufhoben, um sie auf Ihn zu werfen; Er aber verbarg sich und verließ den Tempel. – Als Er dann einen Blindgeborenen am Sabbat geheilt hatte, ärgerte das die Pharisäer. Der Geheilte kam zum Glauben an Jesus, er war blind gewesen und war nun sehend (leiblich und geistlich); die Pharisäer aber erwiesen sich als geistlich blind. In diesem Zusammenhang sprach Jesus das vorangestellte Wort.

Auch in der Zukunft wird es Scheidungen geben. Zum einen beim Völkergericht nach Matth. 25,31-46. Zum andern beim Gericht über alle Toten (Offb. 20,11-15). Jesu Wort ist wie ein Schwert, das scheidet und schneidet (Hebr. 4,12). Wohl jedem, der Seine Rede erträgt, auch Seine Ermahnungen gern annimmt und an Seinem Wort bleibt; denn das sind Seine wahren Jünger (Joh. 8,31).

Lieben, wie Jesus liebt

„Ein neues Gebot gebe ich euch: Liebt einander, wie ich euch geliebt habe!" *Joh. 13,34*

Das Gebot, einander zu lieben, ist eigentlich ein altes Gebot; denn schon im Gesetz heißt es ja: „Du sollst deinen Nächsten lieben wie dich selbst" (3. Mose 19,18). Wieso nennt der Herr es ein **„neues Gebot"**? – Ulrich Wilckens schreibt: „Jesu Liebe zu ihnen ist der Grund bzw. die Quelle, woraus allein die gegenseitige Liebe der Jünger ihre Kraft zieht... Sein *Gebot* ist Sein Vermächtnis an sie und als solches auch Seine *Gabe.* Insofern ist es ein *neues* Gebot."

Die Gebote der fünf Bücher Mose sind Gesetz, Last, harte Forderung – im Vollsinn unerfüllbar. Das Gebot Jesu aber ist erfüllbar für den, in dem Jesu Liebe wohnt. Das ist neu! – Dass es hier nicht nur um die Gesinnung geht, um Mitgefühl und schöne Worte, sondern um Tat und Dienst, geht schon daraus hervor, dass obiges Wort auf den Bericht von der **Fußwaschung Jesu** folgt. Dort sagt Er (13,15): „Ein Beispiel habe ich euch gegeben, dass auch ihr tut, wie ich euch getan habe." Er handelt wie ein Sklave, indem Er das Festgewand ablegt und sich ein leinenes Tuch umbindet, Wasser in ein Becken gießt und anfängt, Seinen Jüngern die Füße zu waschen. Das zeigt: Jesu Liebe ist demütig und praktisch. Der Größte macht sich zum Geringsten.

Worin kann **unsre** praktische Liebe heute bestehen? Nicht in einer Fußwaschung, aber vielleicht in einer Autofahrt im Dienst des andern, einem Einkauf, einem Krankenbesuch, einer Betreuung. Gelegenheiten gibt es genug.

Die Liebe Jesu erstrahlte am herrlichsten am Kreuz. Darüber sagt *Karl Geyer*:

Die Liebe ging den Weg zu Ende,
den vor Äonen sie ersah,
dass sie im Opfer sich vollende,
wenn ihre Gottesstunde da.
In hehrster Klarheit ohnegleichen
erstrahlt für alle Ewigkeit
Dein Kreuz als leuchtend Siegeszeichen
zu Deines Vaters Herrlichkeit!

Der Beistand – der Heilige Geist

„Wenn ihr mich liebt, so werdet ihr meine Weisungen befolgen und ich werde den Vater bitten und Er wird euch einen anderen Beistand geben, damit er bei euch sei in Ewigkeit: den Geist der (göttlichen) Wahrheit und Wirklichkeit, den die Welt nicht empfangen kann, weil sie ihn weder wahrnimmt noch kennt. Ihr (aber) kennt ihn, denn er bleibt bei euch und wird in euch sein." Joh. 14,15-17

Jesus weist in Seinen Abschiedsreden (Joh. 14-16) mehrfach auf den Heiligen Geist hin, der gleichsam anstelle Jesu ihr künftiger **Beistand** sein soll. Wir brauchen als Gläubige diesen Beistand auf unserm Weg durch diese Zeit und Welt. Er soll uns an Jesu Lehre erinnern (14,26), uns voll und ganz in der Wahrheit unterrichten (16,13), uns Kraft geben (Apg. 1,8) und Seine Gaben und Seine Frucht in uns entfalten. Statt mit „Beistand" kann man das griechische Wort *paraklätos* auch übersetzen mit: Tröster, Anwalt, Helfer, Sachwalter, Fürsprecher. – Zugleich wird er in den Abschiedsreden auch „Geist der Wahrheit" genannt. Das heißt nicht nur, dass er nicht lügt! „Wahrheit" ist auch der Gegensatz zu Irrtum, Schein und Schatten. So ist er der „Geist der (göttlichen) Wahrheit und Wirklichkeit"; er ist es, der die Gotteswirklichkeit in unser Leben bringt und uns die Nähe des unsichtbaren Gottes verspüren lässt. **Im Geist ist Jesus selbst bei uns** – nicht nur hin und wieder für kurze Zeit, sondern bleibend.

Andrew Murray schrieb in „Der Geist Jesu Christi": „O dass wir stark würden im Glauben an die unsichtbare, oft auch ungefühlte, göttliche Gegenwart jener mächtigen, lebendigen, göttlichen Person, die sich in unsre Schwachheit herabgesenkt, in unsrer Niedrigkeit verborgen hat, um uns zuzubereiten als eine Wohnung für den Vater und den Sohn... Es nützt uns nicht viel, alles zu wissen, was der Geist für uns tun kann, wenn wir nicht deutlich das erfassen, was der Meisten obenangestellt hat: dass er nur als **innewohnender Geist** unser Lehrer und unsre Stärke sein kann... Er wird das Herz, das sich ihm zur Wohnung übergeben hat, unter seine Obhut nehmen und es durchdringen; er wird es mächtiglich erfüllen und segnen."

Weinstock und Reben

„Ich bin der Weinstock, ihr seid die Reben. Wer in mir bleibt und ich in ihm, der bringt viel Frucht; denn ohne mich könnt ihr nichts tun."

Joh. 15,5

Schon im Alten Testament hören wir davon, dass Gott einen **Weinstock** gepflanzt hat, nämlich Israel (Ps. 80,9-16). In Jes. 5 spricht Gott sogar von einem **Weinberg,** um den Er sich große Mühe gemacht hatte. Doch statt Trauben brachte er schlechte Beeren. Er trug keine brauchbare Frucht. Darum kommt nun Gericht. Seine Mauer wird niedergerissen und er wird zur Wüste werden. – Ähnliches schildert Jesus im Gleichnis von den Weingärtnern (Matth. 21,33-43). Wieder erlebt Gott eine große Enttäuschung. In diesem Fall sind es die Weingärtner, die die Knechte des Hausherrn schlagen, statt ihnen die Früchte abzuliefern, die der Besitzer des Weinbergs erwartet. Wieder erfolgt Gericht. Jesus sagt den Hohepriestern und Pharisäern Israels: „Die Königsherrschaft Gottes wird von euch genommen und einem Volk gegeben werden, das dessen Früchte tatsächlich hervorbringt." Das heißt: Israel wird als Heilsträger beiseite gesetzt werden; an seine Stelle tritt die Gemeinde aus allen Völkern. **Sie** wird Gott Frucht bringen. Diesen Übergang beschreibt die Apostelgeschichte.

In unserem Text geht es um die Beziehung des einzelnen Jüngers zu Jesus. Auch hier erwartet der Herr **Frucht.** Er mag kein unfruchtbares Christenleben. **Fruchtbringen ist Normalität.** Beachten wir, dass Jesus sagt: „Wer in mir bleibt und ich in ihm, **der bringt viel Frucht.**" Es heißt nicht: der soll sich anstrengen, um endlich Frucht zu bringen! Nein, wenn die Beziehung zu Jesus stimmt, wenn wir Ihm in Glauben und Liebe verbunden sind und bleiben, dann kann es gar nicht anders sein: Wir bringen Frucht. Diese kann verschiedener Art sein, so wie es auch verschiedene Traubensorten gibt. Es gibt Frucht der Buße (Matth. 3,8), Frucht, die aus dem Sterben erwächst (Joh. 12,24), Frucht des Lichtes (Eph. 5,9) und Frucht der Lippen, die Jesu Namen bekennen (Hebr. 13,15). Ganz besonders wertvoll ist die neunfältige Frucht des Heiligen Geistes (Gal. 5,22).

Lasst uns im Herrn bleiben und Ihm zur Ehre viel Frucht bringen!

Freude und Friede im Herrn

„Wenn die Frau gebären soll, gerät sie in Traurigkeit, weil ihre Stunde gekommen ist; wenn sie aber das Kindlein geboren hat, denkt sie nicht mehr an die Not um der Freude willen, dass ein Mensch in die Welt hinein geboren wurde. So seid auch ihr jetzt traurig, doch ich werde euch wiedersehen und euer Herz wird sich freuen und eure Freude wird euch niemand wegnehmen... Dies habe ich zu euch geredet, damit ihr in mir Frieden habt." *Joh. 16,21.22.33a*

Was Jesus in den Abschiedsreden sagt, ist ganz außerordentlich; denn Er sieht Seinen Kreuzestod kommen, der ganz nahe bevorsteht! Was würden wir unseren Nächsten zum Abschied sagen, wenn etwas Schweres bevorstünde? „Betet für mich, dass ich da heil durchkomme, ich bin voller Angst und Verzweiflung!" Freilich sehen wir auch Jesus im Garten Gethsemane in Traurigkeit und innerer Unruhe (Matth. 26,37). Dort hat Er „dringendes Bitten und Flehen mit starkem Geschrei und Tränen dem dargebracht, der Ihn aus dem Tod zu erretten vermochte – und Er ist erhört worden" (Hebr. 5,7). Er geriet in ringenden Kampf und Sein Schweiß wurde wie Blutstropfen (Luk. 22,44). Keineswegs betete aber Jesus in einem plötzlichen Anfall innerer Schwäche darum, nicht am Kreuz sterben zu müssen (wie es oft dargestellt wird). Nein, wir geben jenen Auslegern recht, die betonen: Satan wollte den Gottessohn **vor** Golgatha töten. Das sollte nicht geschehen. Darum betete Jesus und wurde erhört.

Im vorangestellten Text verspricht Jesus den Seinen **Freude und Frieden.** Ihrer Traurigkeit wird eine wunderbare und bleibende **Wiedersehensfreude** folgen. Dies erfüllte sich zunächst nach Jesu Auferstehung. Doch das war noch nicht die bleibende Freude, denn es gab ja bei der Himmelfahrt erneut einen Abschied. Bleibende, ungestörte, ungetrübte Freude finden die Jünger – und finden auch wir – an „jenem Tag" (16,23), dem Tag Seiner Wiederkunft. Doch schon heute dürfen wir „in Ihm" Freude und Frieden haben. Das bestätigt Paulus in Phil. 4,4-7. „**Freut** euch im Herrn allezeit!" ruft uns der Apostel zu. Und wenn wir alle unsere Anliegen mit Danksagung im Gebet vor Ihn bringen, wird der **Friede** Gottes unsre Herzen und Gedanken wie in einer Festung sicher verwahren.

„In der Welt habt ihr Drangsal und Angst“

„In der Welt habt ihr Drangsal und Angst, doch seid getrost: ***Ich*** *habe die Welt überwunden.“* *Joh. 16,33b*

Als die Apostel Paulus und Barnabas in Lystra und Derbe gewirkt hatten, ermutigten sie die Jünger zum Abschied, im Glauben festzubleiben, und sie wiesen auch darauf hin: „Wir **müssen** durch viele Bedrängnisse hindurch in das Königreich Gottes eingehen“ (Apg. 14,22). Das gilt mehr oder weniger für alle Kinder Gottes aller Zeiten. Die Apostelbriefe sind voll von Schilderungen oder Ermunterungen, die das Leben in Druck und Drangsal betreffen. In dem „bösen Äon“ (Gal. 1,4), in dem wir heute leben, ist **Bedrängnis Normalität**, eine Bedrängnis allerdings, in der wir nicht verzweifeln und untergehen müssen, wenn wir „in Christus“ sind und bleiben.

Es ist nur **eine** Seite der Wahrheit, wenn man Menschen zu Jesus ruft mit den Worten: Beim Herrn findet ihr Glück und Freude und Frieden und Freiheit! Das wird dann leicht missverstanden. Es ist ja wahr, dass wir das alles in Ihm haben dürfen – aber nicht so, dass alles im Leben glatt läuft. Der Weg durch diese Welt ist für die Gläubigen ein Weg in dauernder Spannung. Paulus fasst es in 2. Kor. 4,8.9 in die Worte: „Wir werden von allen Seiten bedrängt, aber nicht erdrückt, geraten in Verlegenheit, aber nicht in Verzweiflung; wir sind verfolgt, aber nicht verlassen; wir werden niedergeworfen, aber wir kommen nicht um.“

So weist auch Jesus im vorangestellten Wort darauf hin, dass wir, solange wir in dieser Welt unterwegs sind, **Bedrängnis** haben werden. Wir wollen dankbar sein, wenn wir nicht um des Glaubens willen verfolgt werden – wenn wir nicht, wie Paulus, Gefängnis oder gar Steinigung zu erdulden haben. Doch es gibt ja Drangsale ganz verschiedener Art, dazu gehören auch Verführung, Stress, Krankheit, Einsamkeit, Depression, Angstzustände, Enttäuschungen, Unrecht. Der Herr aber ruft uns zu: **Seid getrost!** Denn Er, der die Welt durch Tod und Auferstehung hindurch überwunden hat, ist ja da – **für uns da,** auch heute! In Ihm können auch wir überwinden.

In der Welt – nicht von der Welt

„Ich bin (künftig) nicht mehr in der Welt, ***sie*** *aber sind in der Welt, während ich zu Dir komme. Heiliger Vater,* ***bewahre sie*** *in Deinem Namen, den Du mir gegeben hast, damit sie eins seien gleichwie wir... Ich bitte nicht, dass Du sie wegnimmst aus der Welt, sondern dass Du sie vor dem Bösen* ***bewahrst.*** *Sie sind nicht von der Welt, gleichwie ich nicht von der Welt bin."*
Joh. 17,11.15.16

Auf ihrem Weg durch diese Welt brauchen die Gläubigen vor allem **Bewahrung.** Dies erbittet der Herr vom Vater. Er weiß ja, in welchen Spannungen wir stehen. Wir brauchen Bewahrung vor dem Bösen in uns und um uns. Auch in uns, in unserem „Fleisch", steckt noch viel Böses. Durch ein Leben „im Geist" können wir es im Zaum halten, bändigen, besiegen. Und viel Böses dringt von außen an uns heran: durch die Medien, böswillige Menschen, Agitatoren, Betrüger, weltliche oder fromme Verführer.

Jesus zeigt die Spannung auf, in der die Seinen auf Erden zu leben haben, deren wahre Heimat im Himmel ist und die hier „Fremdlinge" sind (Phil. 3,20 und 2. Kor. 5,9). Er sagt: Sie sind **in der Welt,** aber nicht **von der Welt.** – Immer wieder gab und gibt es Versuche, der Spannung auszuweichen, sie loszuwerden, denn sie erscheint uns zuweilen hinderlich oder ärgerlich – sei es beim Karrieremachen, bei Vergnügungen oder bei Geschäften. Andererseits erscheint sie uns auch lästig, wenn wir nur auf den Herrn blickend leben möchten, ohne je abgelenkt zu werden. Man kann versuchen, die Spannung loszuwerden, indem man sich der Welt **anpasst** (dann besteht die Gefahr, selber wieder ganz „weltlich" zu werden), oder indem man sich ganz von der Welt **zurückzieht** (das kann vielleicht einem Neunzigjährigen gelingen, aber kaum einem Berufstätigen). Jesus möchte, dass wir die Spannung aushalten, sie bejahen. Sie dient uns zur Erprobung, Bewährung und Demütigung. *Theodor Böhmerle* schrieb: „Wenn der Vater uns aus der Welt nähme, dann würden wir allerhöchstens faule und stolze und von oben herabsehende Heilige. So aber sind wir die gedemütigten Kinder Gottes."

Das siebenfache „Gleichwie" im hohepriesterlichen Gebet Jesu

„Und ich habe die Herrlichkeit, die Du mir gegeben hast, ihnen gegeben, damit sie eins seien, gleichwie wir eins sind, ich in ihnen und Du in mir; so mögen sie zu vollendeter Einheit gelangen, damit die Welt erkenne, dass Du mich gesandt und sie geliebt hast, gleichwie Du mich geliebt hast."

Joh. 17,22.23

Das sogenannte „hohepriesterliche Gebet" Jesu ist einzigartig in der ganzen Bibel. Nirgendwo sonst erkennen wir so deutlich die Liebesbeziehung zwischen Vater und Sohn. Und mehr noch: Das schier Unfassbare ist, dass in die innige Verbundenheit zwischen Vater und Sohn auch die an Jesus Glaubenden mit hineingenommen werden sollen. Dies drückt der Herr durch das Wort „Gleichwie" aus, das siebenmal in diesem Gebet vorkommt. Wir hören vom „Gleichwie" des göttlichen Ursprungs (V. 14.16), der Sendung (V. 18), der Liebe Gottes (V. 23) und des Einsseins (V. 11.21.22).

Das „Gleichwie" des göttlichen Ursprungs: „Sie sind nicht von der Welt (wörtlich: aus dem Kosmos), gleichwie ich nicht von der Welt bin." Unser Ursprung liegt wie der Ursprung Jesu im Vater. Er hat einst den Sohn gezeugt und hat auch uns ins Gottesleben gezeugt (Ps. 2,7 und Joh. 1,13). Dies dürfen Kinder Gottes wissen. Das bedeutet keineswegs Weltfremdheit. Menschen Gottes sind „weder weltsüchtig noch weltflüchtig, sondern welttüchtig" (Heinrich Langenberg).

Das „Gleichwie" der Sendung: Auch wir sind wie Jesus in die Welt gesandt. Kinder Gottes haben eine Botschaft an die Welt.

Das „Gleichwie" der Liebe Gottes: Er liebt alle Seine Kinder nicht weniger als den erstgeborenen Sohn. Diese Liebe ist zielstrebig, zurechtbringend, treu und total.

Das „Gleichwie" des Einsseins: Es ist kaum zu fassen, was Jesus hier vom Vater erbittet: Die Kinder Gottes sollen untereinander so eins sein wie Vater und Sohn. Wie weit sind wir doch davon noch entfernt – mit unseren theologischen Streitereien, mit Sympathie und Antipathie und all unsern Fehlern und Mängeln! In Vers 21 bittet Jesus darum, dass die Glaubenden **„in uns eins seien"**. Da liegt der Schlüssel! Nur aus einer innigen Gemeinschaft mit dem Vater und dem Sohn (1. Joh. 1,3) kann das Einssein der Kinder Gottes gelingen!

Die Anfänge der Taten und der Lehre Jesu

„Den ersten Bericht habe ich ja bereits gegeben, Theophilus, von allem, was Jesus ***angefangen*** *hat zu* ***tun*** *und auch zu* ***lehren****."* *Apg. 1,1*

Der Evangelist Lukas hat zwei Bücher des Neuen Testaments verfasst: das Lukas-Evangelium und die Apostelgeschichte. Beide widmet er einem angesehenen, vornehmen und wohl auch reichen Mann namens Theophilus. Da bis zur Entdeckung der Buchdruckerkunst die Herausgabe eines Buches etwas sehr Kostspieliges war, widmeten die Schriftsteller jener Zeit ihre Werke gern einer reichen Persönlichkeit, die einem neuen Werk den Weg in die Öffentlichkeit bahnte und die Kosten für die ersten Abschriften auf sich nahm. Dies mag auch bei Theophilus der Fall gewesen sein. Noch wichtiger war, dass Lukas diesen Mann sozusagen „aus erster Hand" mit dem Evangelium von Jesus Christus und dem Werden der ersten Gemeinden bekannt machte.

Lukas schreibt, rückblickend auf sein Evangelium, er habe darin von allem berichtet, was Jesus **angefangen** habe zu **tun** und zu **lehren.** Er sieht in Jesu Werk und Wort auf Erden nur **Anfänge.** Das heißt: Fortsetzung folgt! Die **Taten** Jesu fanden im Wirken Seiner Apostel eine großartige Fortsetzung, und genau dies zeigt die Apostelgeschichte. Dazu gehörten auch Heilungen und Wunder. Aber auch die **Lehre** Jesu sollte eine Fortsetzung erfahren. Es ist also falsch zu meinen, in den vier Evangelien werde Seine Lehre schon erschöpfend dargestellt. Nein, Jesus selbst sagt ja in den Abschiedsreden: „Noch vieles habe ich euch zu sagen, doch ihr könnt es jetzt nicht tragen" (Joh. 16,12). – Wer hat denn die Lehre Jesu ergänzen und vollenden dürfen? Das war vor allem der Apostel Paulus. Er durfte, wie er selbst bezeugt, Geheimnisse Gottes enthüllen (Eph. 3,1-12) und „Gottes Wort vollenden (voll ausrichten, aufs Vollmaß bringen)" (Kol. 1,25-27). Er vor allem ist der „Lehrer der Nationen" (1. Tim. 2,7). In seiner Rechtfertigungslehre, im Enthüllen göttlicher Geheimnisse und Aufzeigen göttlicher Ziele wie auch in der Prophetie für die Gemeinde setzt er die Lehre Jesu fort. Darum wollen wir uns in den Andachten von August bis Oktober mit seiner Lehre, die die Lehre des erhöhten Christus ist, ausgiebig beschäftigen.

Die Himmelfahrt Jesu

„Da fragten Ihn, die zusammengekommen waren: Herr, stellst Du wohl in dieser Zeit das Königreich für Israel wieder her? Er aber sprach zu ihnen: Es ist nicht eure Sache, Zeiten oder Zeitpunkte zu erfahren, die der Vater in Seiner eigenen Machtvollkommenheit festgesetzt hat. Doch ihr werdet Kraft empfangen, wenn der Heilige Geist auf euch gekommen ist, und werdet meine Zeugen sein in Jerusalem und ganz Judäa und Samaria und bis ans Ende der Erde. Und als Er dies gesagt hatte, wurde Er emporgehoben, während sie zusahen, und eine Wolke nahm Ihn auf, von ihren Augen weg." *Apg. 1,6-9*

Die Jünger Jesu warteten auf das Königreich – auf das Königreich Gottes auf Erden, wie es die Propheten geweissagt hatten. Es war in der Person Jesu nahegekommen, doch der König war gekreuzigt worden. Nun schickt Jesus sich an – nach Tod und Auferstehung - zum Vater zurückzukehren. Da bewegt die Jünger die Frage: Wann kommt das Reich? Kommt es bald? – Jesus antwortet ausweichend. Seine Jünger würden es nicht ertragen können, wenn Er ihnen sagen würde: Es kommt jetzt erst die Zeit der Gemeinde. Sie umfasst Jahrhunderte, ja sogar zwei Jahrtausende. Israel wird unter alle Völker zerstreut und danach wieder gesammelt werden. Er sagt nur: Über Zeiten und Zeitpunkte des göttlichen Plans nachzudenken, ist jetzt nicht eure Aufgabe. Macht euch vielmehr an die Arbeit! Ihr sollt meine Zeugen sein! Dazu werdet ihr in Kürze die nötige Kraft empfangen.

Dann schied der Herr von ihnen. Er wurde plötzlich „emporgehoben". Die Himmelfahrt Jesu war aber kein Fahren oder Schweben, sondern der Übergang in die ganz andere Dimension der Lichtwelt Gottes.

Seitdem haben wir es mit dem erhöhten Herrn zu tun – mit dem erhöhten Christus, der zur Rechten Gottes sitzt. Sind wir traurig darüber, dass Er nicht äußerlich sichtbar bei uns ist, so wie Er auf Erden bei Seinen Jüngern war? Wir müssen darüber nicht traurig sein. In den Abschiedsreden sagt Jesus den Jüngern: Es ist zu eurem Nutzen (von Vorteil für euch), dass ich zum Vater heimkehre. Ich werde, statt nur **bei** euch zu sein, **in** euch sein. Er ist **in** uns und **mit** uns und will **durch** uns wirken. Das wollen wir im Glauben fassen und ausleben.

Die Geistausgießung auf Israel

„Und als sich der Pfingsttag erfüllte, waren alle an ***einem*** *Ort beisammen... Und es erschienen ihnen Zungen wie von Feuer, die sich verteilten, und auf jeden Einzelnen von ihnen ließ sich eine solche nieder. Und sie wurden alle mit Heiligem Geist erfüllt."* *Apg. 2,1.3.4*

Die frohe Botschaft von Pfingsten lautet: **Der Heilige Geist ist da!** Es gab eine Zeit, da war er „noch nicht da" (Joh. 7,39). Erst nachdem Jesus erhöht und verherrlicht war, konnte er nach dem Willen Gottes ausgegossen werden.

Der Heilige Geist wirkte auch schon zur Zeit des Alten Testaments – so z.B. an Saul, an David und in den Propheten. Nun aber wurde er zum Zweck **bleibender Innewohnung** auf die Gläubigen ausgegossen. Geistesgaben und Geistesfrucht sollten sich entfalten. Alles, was Jesus über Wesen und Wirken des Heiligen Geistes, des Beistands, verheißen hatte, sollte nun Wirklichkeit werden.

Allerdings betraf die Ausgießung des Heiligen Geistes am Pfingstfest in Jerusalem nur **Israel.** Juden aus Jerusalem und aus der Diaspora – dazu auch Proselyten (durch Annahme der Beschneidung zum Judentum übergetretene Heiden) – empfingen Gottes Geist. Jeder Einzelne von ihnen wurde mit dem Heiligen Geist erfüllt. In anderen Sprachen oder Zungen lobten sie Gott. Es war eine Teilerfüllung der Joel-Verheißung: „Danach wird es geschehen, dass ich meinen Geist ausgießen werde über alles Fleisch. Und eure Söhne und eure Töchter werden weissagen, eure Greise werden Träume haben, eure jungen Männer werden Gesichte sehen" (Joel 3,1). Die Vollerfüllung geschieht erst in der Endzeit.

Auf Menschen aus den Nationen wurde Gottes Geist zum erstenmal ausgegossen, als Petrus ihnen das Evangelium von Jesus Christus im Hause des Kornelius in Cäsarea bezeugte (Apg. 10). – Seit dem Geschehen von Apg. 2 und Apg. 10 dürfen wir wissen: **Der Heilige Geist ist da!** Wir empfangen ihn durch Hören und Glauben. Heute geht es nicht so sehr um die Wundergaben, sondern um die Wortgaben (1. Kor. 12,8), um sein Lehren und Erinnern, Führen, Leiten und Bewahren, um Veränderung des Menschen und die so kostbare **Frucht** des Geistes. Der Herr schenke uns ein Leben im Geist!

Göttliche Vorausplanung und menschliche Schuld

„(Petrus sprach:) Männer von Israel, hört diese Worte: Jesus von Nazareth, einen Mann, der von Gott euch gegenüber ausgewiesen worden ist durch Machttaten und Wunder und Zeichen, die Gott durch Ihn in eurer Mitte tat, wie ihr selbst wisst, diesen (Mann) habt ihr – als Er nach Gottes festgesetztem Ratschluss und Vorauswissen preisgegeben war – durch die Hand von Gesetzlosen ans Kreuz geschlagen und umgebracht. Ihn hat Gott auferstehen lassen." Apg. 2,22-24

Dies ist eine Bußpredigt besonderer Art. Es ist die vollmächtige Pfingstpredigt des Petrus. Schonungslos führt er den Männern Israels ihre Schuld vor Augen: Ihr habt Jesus durch die Hand von Gesetzlosen ans Kreuz geschlagen und umgebracht. Aber dabei bleibt Petrus nicht stehen. Das Entscheidende seiner Botschaft lautet: **Jesus ist auferweckt und erhöht worden!** Den Jesus, den ihr gekreuzigt habt, hat Gott zum Herrn und zum Christus gemacht; Er lebt und sitzt zur Rechten Gottes! Lasst euch erretten, lasst euch taufen! Diese Botschaft durchbohrte ihre Herzen und 3000 Israeliten wurden errettet.

Im vorangestellten Text sagt Petrus aber auch: Die Kreuzigung Jesu, so schrecklich sie war, geschah dennoch nach Gottes Plan, nach **„festgesetztem Ratschluss"**. In seinem 1. Brief schreibt derselbe Petrus: Jesus wurde als „Lamm" schon vor Grundlegung der Welt von Gott im Voraus ersehen (1,18-20). Das Kreuz war kein „Betriebsunfall" im Verlauf der Heilsgeschichte, sondern Erfüllung eines göttlichen Plans und auch Erfüllung der Schrift (Jes. 53). Ehe Vater und Sohn die Welt erschufen, stand das Heilmittel schon bereit, das sie nach ihrem schweren Fall erlösen würde: der Heiland, Jesus als „Lamm".

Auch in Apg. 3,18.19 und 4,27.28 wird gesagt, dass das Kreuz Jesu Christi im Plane Gottes lag. Was die Menschen in ihrer Bosheit taten, hatte Gott vorherbestimmt. Das hebt natürlich die Schuld der Menschen nicht auf. Aber sie können durch Buße und Glauben die Vergebung erlangen. - Gott kann nicht überrascht werden. Alles Weltgeschehen – Verlauf und Ziel – liegt in Seiner Hand. Auch dein und mein Leben hat Er zuvor ersehen. Das hebt aber unsre Verantwortung nicht auf. Lasst uns Ihn durch Glauben ehren!

Die Hauptbotschaft der Apostel

„Da nun David ein Prophet war..., hat er in einer prophetischen Vorausschau von der Auferstehung des Christus gesagt: Er wurde weder dem Totenreich überlassen noch hat Sein fleischlicher Leib Verwesung gesehen. Diesen Jesus hat Gott auferstehen lassen; dafür sind wir alle Zeugen."

Apg. 2,30-32

In der Apostelgeschichte wie auch in den Briefen der Apostel ist das Zeugnis von der **Auferstehung** des gekreuzigten Jesus geradezu der Grundton der Evangeliumsverkündigung. Wir sahen das schon in der Pfingstpredigt des Petrus (Apg. 2). Auch in seiner zweiten Predigt betont Petrus: Gott hat den Fürsten des Lebens aus den Toten auferweckt; dafür sind wir Zeugen (3,15). Auch die Heilung eines Gelähmten führen Petrus und Johannes auf die Kraft des Auferstandenen zurück (4,10). „Mit großer Kraft legten die Apostel das Zeugnis von der Auferstehung des Herrn Jesus ab", lesen wir in Apg. 4,33. Als der Hohe Rat Israels und der Hohepriester die Apostel fragen: „Haben wir euch nicht streng befohlen, nicht mehr aufgrund des Namens Jesu zu lehren?", antworten sie: „Man muss Gott mehr gehorchen als den Menschen. Der Gott unsrer Väter hat Jesus auferweckt, an den ihr mordend die Hand gelegt!" (5,27-30). Was ist das doch für ein unerschrockener Glaubensmut von Menschen, die vor Jesu Tod und Auferstehung ganz ängstlich und feige waren! So kann die Kraft des Geistes Menschen verändern!

Auch im Hause des Kornelius in Cäsarea bezeugt Petrus die Auferweckung Jesu durch Gott (10,40.41). Er weist in diesem Zusammenhang darauf hin: Wir haben mit dem Auferstandenen gegessen und getrunken – uns ist kein Geist erschienen! Nicht weniger deutlich bezeugt auch Paulus in Apg. 13 und 17 die Auferstehung Jesu, und seine Ausführungen über die Auferstehung Jesu und ihre weltweiten Folgen in 1. Kor. 15 sind einzigartig.

Kreuz und Auferstehung Jesu sind **das** beherrschende Thema von der Apostelgeschichte über die Apostelbriefe bis hin zum letzten Bibelbuch. Sie sollten auch für unseren Glauben die Hauptsache sein. **Jesus lebt** – zur Rechten Gottes, aber auch in uns. Damit dürfen wir als Glaubende immer rechnen – auch heute.

Nur in Jesus ist Rettung zu finden

„Dieser Jesus ist der Stein, der – von euch, den Bauleuten, für nichts geachtet – zum Eckstein geworden ist. Und in gar keinem andern ist die Rettung (zu finden); auch ist ja kein anderer Name unter dem Himmel uns Menschen gegeben, in dem wir die notwendige Rettung erlangen."

Apg. 4,11.12

Schon im Alten Testament ist von dem Stein die Rede, den die Bauleute verworfen haben, den aber Gott zum Eckstein gemacht hat (Ps. 118,22). Immer wieder arbeitet Gott so, dass Er das von Menschen Verachtete erwählt und gebraucht, und zwar nicht nur so nebenbei am Rande, sondern an hervorragender Stelle, an einem besonders wichtigen Platz. So geschah es mit Jesus. „Er ist der Grundstein, der den ganzen Bau Israels (und den ganzen Bau der Gemeinde des Neuen Bundes) trägt, oder nach dem heute gewonnenen Verständnis des Ausdrucks: Er ist der Schlussstein, der dem ganzen Baugewölbe erst den Halt gibt." Er wurde „von den theologischen Fachleuten verworfen, von Gott (aber) zur entscheidenden Größe gemacht" (de Boor).

Nur dieser Jesus ist es, in dem wir gerettet werden müssen. Das erinnert an den Absolutheitsanspruch Jesu in Joh. 14,6: „Ich bin der Weg und die Wahrheit und das Leben; niemand kommt zum Vater außer durch mich." – Diese Worte sind vielen ärgerlich: den Vertretern anderer Religionen, orthodoxen Juden oder auch Philosophen. Und doch musste Jesus so reden und ebenso Seine Apostel, einfach weil es die Wahrheit ist. **Einmal** nur hat sich der lebendige Gott im Fleisch geoffenbart, als Kindlein, dann als Handwerker, Wanderprediger, als Opfer für die Sünden der Welt am Kreuz und als Auferstandener: in Jesus Christus. Einen zweiten Retter der Welt gibt es nicht. Gehörst du Ihm schon? – Von Karl Eisele stammt der Vers:

Herr Jesus, Grundstein der Gemeinde,
von Ewigkeit bist Du gelegt;
Du bist es, der mit ewgen Kräften
und heilger Liebe alles trägt.
Der Fels des Heils allein Du bist
für alle Zeit, Herr Jesus Christ.

Gerichtsvollmacht und Heilungswunder

„Ein Mann mit Namen Ananias verkaufte zusammen mit seiner Frau Saphira ein Grundstück; dabei schaffte er mit Wissen seiner Frau etwas vom Erlös für sich auf die Seite und brachte (nur) einen Teil und legte ihn zu den Füßen der Apostel nieder... Petrus aber sprach...: Du hast nicht Menschen, sondern Gott belogen! Als aber Ananias diese Worte vernahm, fiel er zu Boden und starb... Durch die Hände der Apostel aber geschahen viele Zeichen und Wunder unter dem Volk." *Apg. 5,1.2.4.5.12*

Wunder Gottes können Heilungswunder, aber auch Gerichtsheimsuchungen sein. Mose brachte einst die zehn Plagen über Ägypten und seinen verstockten Herrscher; Jesus dagegen erweist sich in Matth. 8-9 durch zehn Heilstaten als gottgesandter Retter. Auch durch Seine Apostel ließ der Herr – besonders in der Anfangszeit des Werdens der Gemeinden – viele Zeichen und Wunder geschehen. In der Hauptsache waren es Krankenheilungen und Befreiungen von bösen Geistern (Apg. 5,12-16). Doch im vorangestellten Text geschah ein Strafwunder an Ananias und Saphira. Sie hatten einen Teil vom Erlös eines verkauften Grundstücks den Aposteln übergeben, dabei aber behauptet, es sei der volle Betrag. Solche Gaben waren in jener Zeit bei den Gläubiggewordenen üblich (Apg. 4,34-37). So gab es keine Notleidenden unter ihnen.

Warum greift Gott hier so hart durch? Es war nicht einfach ein Fall von Steuerhinterziehung zu Lasten des Staates. Das Ehepaar hatte **den Heiligen Geist belogen.**

Wir leben heute – auch heilsgeschichtlich – in einer anderen Zeit. Man darf wohl sagen, dass die Erdenzeit Jesu und die Zeit, von der die ersten Kapitel der Apg. berichten (vor Beginn der Missionierung der Völker), eine besondere Zeit war: Israel wurde das Königreich angeboten (Apg. 3,19-21); daher auch die Häufung von Zeichen und Wundern. Heute haben wir zwar auch Geistesgaben, Geistesinnewohnung und Geistesfrucht, aber nicht jene besondere Häufung von Wundern. Man muss auch nicht krampfhaft versuchen, die Situation von Apg. 1-5 wieder herbeizuzwingen. Folgen wir heute dem Geist Gottes so, wie es nach den Apostelbriefen vorgesehen ist!

Stephanus sieht den Himmel geöffnet

„Stephanus blickte voll Heiligen Geistes unverwandt zum Himmel auf und sah die Herrlichkeit Gottes und Jesus zur Rechten Gottes stehen und er sprach: Sieh, ich schaue die Himmel geöffnet und den Menschensohn zur Rechten Gottes stehen! ... Und sie steinigten den Stephanus, der (den Herrn) anrief und sprach: Herr Jesus, nimm meinen Geist auf! Und auf die Knie sinkend rief er mit lauter Stimme: Herr, rechne ihnen diese Sünde nicht an!" *Apg. 7,55.56.59.60*

Stephanus ist bekannt als der erste christliche Märtyrer. Er war ein Mann „voll Glaubens und Heiligen Geistes", „voll von Gnade und Kraft" (6,5.8), einer jener sieben geisterfüllten Männer, deren Aufgabe zunächst einmal der Tischdienst war. Es war ein Murren in der Gemeinde aufgekommen. Die griechisch sprechenden Diaspora-Juden fühlten sich gegenüber den aramäisch sprechenden Juden vernachlässigt. Man beachte, wie ernst solche „Kleinigkeiten" von den Aposteln der Urgemeinde genommen wurden! Heutzutage würde man irgendeinen Bruder im Herrn bitten, da mal nach dem Rechten zu sehen. Die Apostel aber erwählten zum bloßen „Tischdienst" sieben von Geist und Weisheit erfüllte Männer! Denn kleine Ärgernisse können in der Gemeinde Gottes großen Schaden anrichten.

Stephanus wurde von gewissen jüdischen Kreisen verdächtigt, Lästerworte gegen Mose und Gott geredet zu haben (6,11). Er musste sich deswegen vor dem Hohen Rat Israels und vor dem Hohenpriester verantworten. Er tat dies in einer langen Rede, die uns in Apg. 7 überliefert ist. Am Schluss seiner Rede, die zu einer Buß- und Gerichtsrede wird, sagt er: „Ihr Halsstarrigen und Unbeschnittenen an Herzen und Ohren, ihr widerstreitet allezeit dem Heiligen Geist, wie eure Väter, so auch ihr!" (7,51). Es ist kein Wunder, dass man ihn daraufhin zur Stadt hinausstößt und steinigt. Sterbend sieht er Jesus, der doch eigentlich zur Rechten Gottes **sitzt** (Matth. 26,64 und Eph. 1,20), zur Rechten Gottes **stehen** – wie in Bereitschaft, Seinen ersten Märtyrer liebend in Empfang zu nehmen. Und wie Jesus sterbend Seinen Geist dem Vater übergab (Luk. 23,46), so übergibt nun Stephanus seinen Geist dem Herrn Jesus. „Wer so stirbt, der stirbt wohl."

Jesus erscheint Saulus

„Saulus aber trat, noch immer Drohung und Mord gegen die Jünger des Herrn schnaubend, an den Hohenpriester heran und erbat sich von ihm Bevollmächtigungsschreiben an die Synagogen in Damaskus, damit, wenn er einige fände, die den (neuen) Weg beschritten..., er sie gefesselt nach Jerusalem bringen dürfe. Als er aber unterwegs war und sich Damaskus schon näherte, geschah es, dass ihn plötzlich ein Licht aus dem Himmel umstrahlte; er fiel zu Boden und hörte eine Stimme, die zu ihm sprach: ***Saul, Saul, was verfolgst du mich?*** *Er aber sagte: Wer bist Du, Herr? Er antwortete:* ***Ich bin Jesus, den du verfolgst.“*** *Apg. 9,1-5*

Hiermit beginnt die große Wende, die die Apostelgeschichte beschreibt: von der jüdischen Urgemeinde zur Gemeinde aus allen Nationen, von Jerusalem nach Rom, von Petrus als führender Apostelgestalt zu Paulus.

Im obenstehenden Bericht von der Bekehrung des Saulus ist es der **Herr,** der hier die Weiche stellt. Man sagt: Saulus wurde zum Paulus. Er hatte beide Namen, Saulus war der hebräische, Paulus der römische Name. Von Apg. 13,9 an bezeichnet ihn Lukas als Paulus.

Es ist wunderbar zu beobachten, wie Gott in der Apg. Schritt für Schritt vorangeht: Es erfolgt die Himmelfahrt Jesu – die Geistausgießung in Jerusalem – das Wirken der Urapostel. Nochmals wird ganz Israel das Heil im Auferstandenen und das Königreich angeboten (Apg. 3,17-21). Mit der Steinigung des Stephanus (Apg. 7) und der Verfolgung und Zerstreuung der Urgemeinde (Apg. 8) wird deutlich, dass dies Angebot abgelehnt wird. Daraufhin beruft der Herr den Saulus, bevor im nächsten Kapitel die ersten Heiden (Nationenleute) durch Petrus zum Glauben an Jesus Christus kommen.

Nicht **wir** bekehren uns zum Herrn, wir **werden** bekehrt. Aber wir müssen dabei sein, Ja sagen, einwilligen, glauben. Bei Saulus war es ein gewaltiges Licht und die Stimme Jesu, was den Verfolger zerbrach und bekehrte. Fortan diente er mit derselben Einsatzbereitschaft und Ganzheit, die ihn als Verfolger ausgezeichnet hatte, seinem neuen Herrn. Diese Ganzheit wollen auch wir uns schenken lassen – auch wenn die Umstände unsrer Hinwendung zu Jesus einfacher waren. Entscheidend ist, dass Er unser Herr ist.

Die erste Geistausgießung auf Nationenleute (Heiden)

„Während Petrus noch in dieser Weise redete, fiel der Heilige Geist auf alle, die dem Wort zuhörten. Und die Gläubigen aus der Beschneidung, die mit Petrus gekommen waren, gerieten außer sich darüber, dass auch auf die Nationen der Heilige Geist geschenkweise ausgegossen wurde."

Apg. 10,44.45

Die Gemeinde Christi Jesu hat ihre Wurzel im Judentum – genauer gesagt: in dem zu Jesus Christus bekehrten geisterfüllten Judentum, das nur einen Teil des Volkes umfasste und zunächst israelitisch geprägt war – mit Gesetz und Beschneidung, einer Fülle von Zeichen und Wundern und der Erwartung des Königreiches Gottes auf Erden. So begann Gemeinde. Sie sollte aber zu einer **Völkergemeinde** werden. So musste zu dem judenchristlichen Teil noch der heidenchristliche Teil hinzukommen. Das begann mit dem Geschehen, das in Apg. 10 berichtet wird. Beide Teile fügte dann der Herr zu **einer** Gesamtgemeinde zusammen. „Er hat aus beiden **eins** gemacht und den Zaun, der dazwischen war, beseitigt... Er hat die zwei – Frieden stiftend – in sich selbst durch einen Schöpfungsakt zu **einem** neuen Menschen gemacht... Er kam und verkündigte als Evangelium Frieden – den Fernen und den Nahen. Denn durch Ihn haben wir beide in **einem** Geist den **Zugang zum Vater**" (Eph. 2,14-18). – Im Zuge dieses Werdens gab es neue Akzente und eine erweiterte Lehre, vor allem durch Paulus. Aber beide Teile hatten von Anfang an denselben **Geist,** dasselbe **Heil** und denselben **Herrn.**

Petrus hatte vom Herrn einmal die **Schlüsselgewalt** bekommen (Matth. 16,19). Und so schloss er zweimal durch seine Predigt die Tür zum Heil in Jesus Christus auf: in Apg. 2 den Israeliten und in Apg. 10 den Nationenleuten. Gott hatte große Mühe, den Petrus so weit zu bringen, dass er überhaupt nach Cäsarea zog und Heiden, Unbeschnittenen, das Heil bezeugte. Seine Predigt im Haus des römischen Hauptmanns Kornelius war einfach, berührte aber alle entscheidenden Punkte (10,34-43). Die Leute hörten und glaubten und empfingen den Heiligen Geist. Und Petrus und seine Begleiter lernten: **Das Heil ist für alle Völker da!** – So kam das rettende Evangelium zu den Nationen. Es kam auch nach Europa und bis zu dir und zu mir.

Paulus tritt in den Vordergrund

„Nachdem sich aber die Synagogenversammlung aufgelöst hatte, folgten viele von den Juden und den (Gott) verehrenden Proselyten ***Paulus und Barnabas,*** *die... es ihnen ans Herz legten, an der Gnade Gottes beharrlich festzuhalten."* *Apg. 13,43*

Paulus tritt nun mehr und mehr in den Vordergrund. Er ist der Begabtere. Von ihm lesen wir bedeutende Reden in Apg. 13 – 17 – 20 – 22 – 24 – 26. Dazu kommt, was Werner de Boor so beschreibt: „Sein energisches, einsatzbereites Wesen wird jetzt vom Heiligen Geist durchdrungen und in Anspruch genommen." Hatte es vorher geheißen „Barnabas und Saulus" (13,2.7), so heißt es nun „Paulus und Barnabas" (13,43.46.50). – Das war für Barnabas bestimmt nicht leicht. Hätte er menschlich-fleischlich reagiert, so hätte er die führende Rolle des Paulus empört zurückgewiesen und gedacht: Was will denn dieser frühere Verfolger? Nimmt er sich nicht viel zu wichtig? Habe ich mich nicht seiner angenommen und ihn mit den Aposteln bekannt gemacht (Apg. 9,27)? Er soll froh und dankbar sein, wenn ich ihn auf die Missionsreise überhaupt mitnehme! – Später kam es dann ja auch einmal zu einer erbitterten Auseinandersetzung zwischen Paulus und Barnabas, von der wir noch hören werden.

Es bedarf der Weisheit des Heiligen Geistes, um göttliche Begabungen zu erkennen und anzuerkennen, Begabte zu ermutigen (auch wenn sie noch jung sind) und andererseits Leute in die Schranken zu weisen, die sich nur selbst für begabt und wichtig halten. Und es bedarf großer Gnade, ohne Bitterkeit Zweiter zu sein.

Können wir zurücktreten und anderen den Vortritt lassen? In der Demut und Sanftmut Jesu sollte es möglich sein (Eph. 4,2). Barnabas hat es getan. Er war ja „ein guter Mann und voll Heiligen Geistes und Glaubens" (Apg. 11,24) und dazu ein Prophet und ein Lehrer (13,1).

Auch heute ist es für die Gemeinde Jesu außerordentlich wichtig, nicht nach Sympathie oder Antipathie, Titeln und Temperamenten, wirtschaftlichen oder finanziellen Gesichtspunkten Aufgaben zu vergeben und Stellen zu besetzen, sondern still zu fragen: Wie leitet und führt Gottes Geist? Welche Gaben schenkt hier oder da der Herr? Wo sollen wir bremsen und wo ermuntern?

Der neue Schwerpunkt des Auftrags: die Nationen

„Da erklärten Paulus und Barnabas frei und offen: Es war notwendig, dass euch (Juden) das Wort Gottes zuerst gesagt wurde; da ihr es aber nun von euch stoßt und euch selbst des ewigen Lebens nicht würdig erachtet, sieh, so wenden wir uns zu den Nationen!" Apg. 13,46

Der Apostel Paulus musste wieder und wieder die schmerzliche Erfahrung machen: Sein Volk, zu dem er gehörte – Israel -, verhärtete sich gegen Jesus Christus, es lehnte die Botschaft von dem gekreuzigten und auferstandenen Retter ab. Was Jesus im Gleichnis vorausgesagt hatte, geschah: Die Weingärtner des Weinbergs Gottes erwiesen sich als böse; sie schlugen die Knechte des Besitzers des Weinbergs und töteten sogar seinen Sohn (Matth. 21). So widersprachen die Juden auch in Antiochia in Pisidien dem, was Paulus sagte, und stießen Lästerungen aus (Apg. 13,45). In Lystra haben sie dann den Paulus sogar **gesteinigt;** man schleifte ihn zur Stadt hinaus in der Meinung, er sei **tot.** Kann ein Mensch, dem das widerfährt, einfach aufstehen und seinen Missionsdienst fortsetzen? Nur wenn Gott in außerordentlicher Weise eingreift. Das geschah in Lystra.

Paulus hat in Röm. 9,1-5 ausgeführt, welch große Traurigkeit ihn wegen dieser Dinge erfüllte. Es war kein Selbstmitleid („O was musste ich alles mitmachen"), sondern die Traurigkeit darüber, dass sein Volk, das auserwählte Gottesvolk, in der großen Masse im Herzen verstockt und verhärtet war – das Volk, dem doch die völkische Sohnschaft gehörte, die Bündnisse, die Gesetzgebung, der Gottesdienst und die Verheißungen. Das erzeugte unablässigen Schmerz in seinem Herzen.

Paulus und Barnabas wenden sich nun ganz entschieden der Nationenwelt zu. Sie erkennen darin einen neuen, jetzt gültigen Auftrag Gottes. Und viele aus den Nationen, den Heiden, den Unbeschnittenen, ergreifen freudig das Heil in Jesus Christus. Ja, man muss eine göttliche Berufung und Erwählung **festmachen** (2. Petr. 1,10). Das tat Israel damals nicht. Darum wurde es als Heilsträger vorerst beiseite gesetzt. **Wir** aber wollen uns dazu ermuntern lassen, fest bei Jesus Christus zu bleiben.

Frei von Gesetz und Beschneidung

„Es traten aber einige von der Partei der Pharisäer auf, die gläubig geworden waren, und erklärten: Man muss sie (die Bekehrten aus den Nationen) beschneiden und ihnen gebieten, das Gesetz des Mose zu halten. Daraufhin traten die Apostel und die Ältesten zusammen, um diese Sache zu untersuchen... (Petrus sprach:) Was versucht ihr denn nun Gott, indem ihr ein Joch auf den Nacken der Jünger legen wollt, das weder unsre Väter noch wir zu tragen vermochten? ... (Jakobus sagte:) Darum urteile ich, man solle denen von den Nationen, die zu Gott umkehren, keine unnötigen Lasten aufbürden, sondern ihnen nur brieflich mitteilen, dass sie sich fernhalten sollen von Verunreinigungen durch Götzen und von Unzucht und Ersticktem und Blut.“ *Apg. 15,5.6.10.19.20*

Gott hatte die Weiche gestellt. Paulus und Barnabas sahen ihren neuen Auftrag darin, der Heidenwelt das Evangelium zu bringen. Im Osten und dann auch im Westen der heutigen Türkei, danach im Gebiet des heutigen Griechenland und schließlich auch in Rom sollte das Evangelium gepredigt werden. So zogen die Apostel – allen voran Paulus – mit dieser neuen Botschaft unter viel Mühen nach Galatien und Kleinasien, Mazedonien und Achaja und bis nach Rom.

Eine wichtige Frage aber galt es zu klären: Wie sollte man mit den neu gewonnenen Gläubigen aus den Nationen umgehen? Sollte man sie als **Proselyten** ansehen (durch Annahme der Beschneidung zum Judentum übergetretene Heiden)? Sollten sie durch Annahme des Bundeszeichens zu Israel und seiner Berufung hinzugetan werden?

Es wurde eine Konferenz einberufen, das sogenannte „Apostelkonzil“ (Apg. 15). Einige sagten: „Man muss sie beschneiden und ihnen gebieten, das Gesetz des Mose zu halten.“ Doch dann traten Petrus und Jakobus als Wortführer auf. Sie erkannten im Heiligen Geist: Gott beginnt jetzt etwas ganz Neues! Diese früheren Heiden werden **ohne Gesetz und Beschneidung** und ohne Vorherrschaft Israels zusammen mit uns (den gesetzestreuen Israeliten) zu einer ganz neuen Körperschaft zusammengefügt: der Gemeinde aus allen Völkern! - So dürfen auch wir aus den Nationen ohne Gesetz und Beschneidung, aber gebunden an Jesus Christus, unsern Glaubensweg gehen.

Zorn und Erbitterung zwischen führenden Aposteln

„Nach einiger Zeit sagte dann Paulus zu Barnabas: Lass uns doch wieder aufbrechen und nach unsern Brüdern sehen in all den Städten, in denen wir das Wort des Herrn verkündigt haben... Barnabas aber wollte auch den Johannes, genannt Markus, mitnehmen. Paulus dagegen hielt es nicht für richtig, den wieder mitzunehmen, der sich in Pamphylien von ihnen entfernt hatte... Es entstand eine gereizte Stimmung und Zorn und Erbitterung, sodass sie sich schließlich voneinander trennten und Barnabas mit dem Schiff nach Zypern fuhr, wobei er den Markus mitnahm. Paulus aber erwählte sich Silas (zum Begleiter)." Apg. 15,36-40

Es ist tröstlich für uns – darf aber nicht zur billigen Entschuldigung für unsere Streitereien werden -, dass auch führende Apostel der ersten Christenheit Auseinandersetzungen hatten, die sie nicht in Liebe und Frieden beizulegen vermochten. In Apg. 15,39 ist von einer „Erbitterung" die Rede (das griechische Wort bedeutet auch „gereizte Stimmung" und „Zorn"). Es ging um Johannes Markus, einen Vetter des Barnabas, der als Verfasser des Markusevangeliums gilt. Barnabas und Paulus hatten ihn auf die erste Missionsreise mitgenommen. Er hielt die Strapazen aber nicht durch und trennte sich in Perge in Pamphylien von ihnen und kehrte nach Jerusalem zurück (13,13). Nun wollte ihn Barnabas wieder mitnehmen, Paulus aber lehnte das strikt ab. Da man sich nicht einigen konnte, trennte man sich und Barnabas nahm den Johannes Markus mit, während Paulus sich den Silas zum Begleiter erwählte. Werner de Boor sieht darin sogar etwas Positives – wie ja Gott immer wieder aus Negativem Positives macht: „Nun ziehen zwei Mannschaften statt einer einzigen zu Seinem Dienst aus, und ein Mann wie Silas wird neu für die Mitarbeit in der Mission gewonnen."

Das Verhältnis des Paulus zu Barnabas ist wohl bald wieder in Ordnung gekommen (1. Kor. 9,6) und auch das zu Markus; schreibt doch Paulus in 2. Tim. 4,11 über ihn: „Er ist mir nützlich zum Dienst." – „Auch im Neuen Testament kann es zur ‚Erbitterung' kommen, aber ‚die Liebe, die sich nicht erbittern lässt' (1. Kor. 13,5), gewinnt die Oberhand", schreibt Werner de Boor. Möchten wir das doch auch, wenn es einmal Streit gibt, praktizieren!

Verkündigungsdienst und Hirtendienst im Sinne Gottes

„(Paulus sprach:) Und nun seht: Ich weiß, dass ihr alle, unter denen ich als Verkündiger der Königsherrschaft (Gottes) umhergezogen bin, mich von Angesicht nicht mehr sehen werdet. Darum bezeuge ich euch am heutigen Tag, dass ich rein bin von dem Blute aller; denn ich habe nicht versäumt, euch den ganzen Ratschluss Gottes zu verkündigen. So habt nun Acht auf euch selbst und auf die ganze Herde, in der euch der Heilige Geist zu Aufsehern eingesetzt hat, um die Gemeinde Gottes zu weiden."

Apg. 20,25-28

Als Paulus in Milet (etwa 60 km südlich von Ephesus an der Westküste Kleinasiens gelegen) einen längeren Aufenthalt hatte, ließ er die Ältesten der Gemeinde in Ephesus zu sich kommen. In Ephesus hatte Paulus fast drei Jahre lang gewirkt (nach *Wilhelm Michaelis* von Herbst 52 bis Frühjahr 55 n.Chr.). Auch von der Umgegend kamen viele, um Paulus zu hören, als er zwei Jahre lang täglich in der Schule des Tyrannus sprach (Apg. 19,10). Nun, auf dem Weg nach Jerusalem, hält er eine Abschiedsrede an die Ältesten. Rückblickend auf seinen Dienst stellt er fest, dass er mit „Demut, Tränen und Anfechtungen" verbunden war (20,19). Paulus war kein Lehrer, der einfach nur unterrichtete, sondern zugleich ein Hirte, der „nicht aufhörte, jeden Einzelnen unter Tränen zurechtzuweisen" (20,31). Er verkündigte „die Königsherrschaft Gottes". Das ist das Erste. Die Menschen sollen einen Herrschaftswechsel vollziehen von der Finsternis zum Licht und von der Vollmacht des Satans zu Gott (26,18). Er hat aber auch nicht versäumt, den ganzen Ratschluss Gottes zu verkündigen – vom Uranfang bis zur Vollendung. (Man vergleiche den Epheserbrief!)

Er ermahnt die Ältesten, wachsam zu sein. Sie sollen Acht haben auf sich selbst und auf die Herde. „Reißende Wölfe" liegen schon auf der Lauer, um nach dem Weggang des Paulus die Gemeinden zu verwüsten und Verführer aus den eigenen Reihen werden versuchen, die Gläubigen von der gesunden Lehre weg hinter sich her zu ziehen (20,29-31). Die Timotheusbriefe zeigen, welche Gefahren drohten.

O wenn sich doch alle sogenannten Reich-Gottes-Arbeiter so herzlich, so fleißig, so auf die gesunde Lehre und den ganzen Ratschluss Gottes bedacht der Gemeinden annehmen wollten!

Paulus erreicht Rom

*„Nach drei Monaten fuhren wir weiter, und zwar auf einem alexandrinischen Schiff... Wir kamen nach Puteoli. Dort fanden wir Brüder und wurden eingeladen, sieben Tage bei ihnen zu bleiben; und so kamen wir schließlich nach **Rom.** Von da kamen die Brüder, die von unserem Ergehen gehört hatten, uns... entgegen, und als Paulus sie sah, dankte er Gott und fasste neuen Mut."* *Apg. 28,11.13.14.15*

Zielstrebig eilt Lukas in seinem Bericht der vorläufigen Endstation der Verbreitung des Evangeliums entgegen: **Rom.** Dieses Ende ist zugleich ein neuer Anfang. Gern besäßen wir von Lukas noch ein drittes Buch: Der weitere Weg des Evangeliums und der Gemeinden, nachdem Rom erreicht war. Doch das sollte er nicht mehr schreiben. Wir sind auf die Überlieferung der Kirchen- und Gemeindegeschichte angewiesen. Immerhin sehen wir in Offb. 2 und 3, wohin sich die kleinasiatischen Gemeinden in den neunziger Jahren weiter entwickelt hatten.

Doch nun ist Paulus froh, endlich Rom erreicht zu haben. Hinter ihm liegt eine gefahrvolle Seereise. Der Bericht von Apg. 27 ist eines der aufschlussreichsten Dokumente der antiken Schifffahrtsgeschichte. Von den Bergen Kretas stürzte sich ein orkanartiger Sturm herab; das Schiff konnte nicht mehr gesteuert werden und man ließ sich treiben und wurde auf die Insel Malta verschlagen. Von dort konnte man nach drei Monaten endlich weiterfahren bis nach Puteoli am Golf von Neapel. Brüder im Glauben kamen Paulus und seinen Begleitern entgegen und brachten sie nach Rom. Leider muss aber Paulus auch den Juden in Rom das Zeugnis ausstellen, Jesus gegenüber im Herzen verhärtet zu sein (Apg. 28,23-29).

Paulus war als Gefangener nach Rom gekommen. Er durfte zwei volle Jahre in einer eigenen Mietwohnung bleiben, wohl in den Jahren 59-61. In dieser ersten, leichteren Gefangenschaft hat er wohl den Epheser-, Kolosser- und Philemonbrief geschrieben. Nach einer Zwischenzeit in Freiheit folgte die viel schwerere „zweite römische Gefangenschaft" und nach der Überlieferung sein Märtyrertod, den er voraussah (2. Tim. 4,6). Doch das letzte Wort der Apostelgeschichte lautet **„ungehindert".** Den Lauf des Evangeliums und das Werden der Gemeinde Gottes kann letztlich niemand aufhalten!

„Gnade sei mit euch und Friede!“

*„Durch Jesus Christus haben wir Gnade und Apostelamt empfangen, um für Seinen Namen **Glaubensgehorsam** unter allen Nationen zu bewirken; unter diesen seid auch ihr als **Berufene** Jesu Christi. (Ich schreibe) allen Geliebten Gottes und berufenen Heiligen, die in Rom sind: **Gnade** sei mit euch und **Friede** von Gott, unserem Vater, und dem Herrn Jesus Christus!“* *Röm. 1,5-7*

Der Römerbrief ist zwar nicht der früheste Brief des Apostels Paulus, aber doch derjenige Brief, in dem Paulus wie in keinem anderen einen Überblick über seine gesamte Lehre gibt; darum hat man ihn mit einem gewissen Recht an den Anfang der Paulusbriefe gestellt. Er entfaltet darin die Themenkreise Sünde und Gnade, Rechtfertigung und Heiligung, Fleisch und Geist, Israel und Gemeinde, Hoffnung für Israel und Hoffnung für alle.

Immer wieder rühmt Paulus Gottes **Gnade.** Gott hat den ehemaligen Christenverfolger zunächst einmal vor Damaskus **zerbrochen,** dann aber wieder **aufgerichtet** und **berufen.** Gott hat ihn nicht bekehrt, „damit er nicht in die Hölle komme“ (wie es manchmal ausgedrückt wird), sondern damit er dem Herrn **diene.** Auch wenn **wir** von Gott gerufen werden, ist es zugleich ein **Berufen.** Die Glieder der Gemeinde Jesu sollen Gottes Plan und Willen hinausführen – im persönlichen Leben und auch an anderen. Das können sie aber nur tun, wenn sie die rechte Stellung vor Gott einnehmen, die Paulus mit dem Wort **Glaubensgehorsam** umschreibt. Der Römerbrief ist von diesem Begriff vorn und hinten eingerahmt (1,5; 16,26). Gott erwartet von uns **Glauben** (Vertrauen zu Ihm und zu Seinem Wort), aber eben nicht nur Glauben, sondern auch **Glaubensgehorsam.** Damit ist ein Glaube gemeint, der nicht nur mit Gott rechnet, sondern auch dem Willen Gottes gehorcht. Tun wir das? – Es wird uns auf Erden niemals ganz und vollkommen gelingen; das weiß auch Gott; doch es kommt auf unsere grundsätzliche Haltung und Einstellung an. Sind wir zum Glaubensgehorsam bereit? Dann können auch **Gnade** und **Friede** in unser Herz und Leben einströmen und es mehr und mehr erfüllen. Das schenke uns der Herr!

Das Evangelium offenbart die Gerechtigkeit Gottes

„Ich schäme mich des Evangeliums nicht; denn es ist eine Kraft Gottes, jedem Glaubenden zum Heil – dem Juden zuerst und auch dem Griechen. Denn Gottes Gerechtigkeit wird in ihm geoffenbart – aus Glauben in Glauben hinein -, wie geschrieben steht: Der Gerechte aber wird aus Glauben leben." *Röm. 1,16.17*

Paulus bezeugt, dass er sich des Evangeliums von Jesus Christus nicht schämt. Warum betont er das? Wohl deshalb, weil diese Botschaft in den Augen der Welt nichts Großes und Erhebendes ist. Der Mensch wird darin nicht verherrlicht, sondern in seinem Eigenwesen erniedrigt, zerbrochen. Das Evangelium bezeichnet den Menschen als Sünder. Er muss vor Gott seinen Bankrott anmelden. In ihm wohnt nichts Gutes – solange nicht Gottes Geist in seinem Herzen Wohnung nimmt. Doch Paulus schämt sich dieser Botschaft nicht, im Gegenteil, er erkennt in ihr Gottes Kraft und Gottes Heil. Denn diese Botschaft, die uns zunächst unsre Verdorbenheit und Verlorenheit zeigt – sie allein ist **Wahrheit.** Alles schöne Gerede von menschlicher Würde, das den Sündenfall nicht wahrhaben will, ist dagegen Verblendung und Trug. Menschliche Würde gibt es nur von Gott her, der unser Schöpfer und Retter ist und uns in Sein Bild gestalten will.

Wie wird man vor Gott gerecht? Unser Text sagt: **Nur aus Glauben!** Das hat schon Abraham erlebt (1. Mose 15,6) und schon Habakuk bezeugt (Hab. 2,4). Was meint aber Paulus, wenn er formuliert: „aus Glauben in Glauben hinein"? Der Sinn ist wohl der: Gottes Gerechtigkeit wird „aus Glauben" ergriffen und führt in immer neuen, vertieften Glauben hinein.

Paulus nimmt mit diesen Worten vorweg, was er später (im 3. und 4. Kapitel) noch näher ausführen wird: Wir werden vor Gott allein aus dem Glauben gerecht. Der Glaube ergreift vertrauend und dankbar Gottes **Gnade.** Wir müssen keine eigene Leistung vorweisen. Alles zu unsrer Rettung Notwendige hat Gott in Christus vollbracht. Das ist Evangelium! Darum singt Adolf Krummacher:

„Nichts hab ich zu bringen,
alles, Herr, bist Du!"

Gott hat Menschen dahingegeben

„Und wie sie es nicht für gut hielten, Gott anzuerkennen, so hat Gott sie ***dahingegeben*** *in ein ungutes Denken und Sinnen, sodass sie tun, was nicht recht ist: Sie sind angefüllt mit jeder nur denkbaren Ungerechtigkeit, Schlechtigkeit, Habgier, Bosheit, voll von Neid, Mord, Streit, List, Verschlagenheit..."* *Röm. 1,28.29*

Paulus zeigt im Römerbrief den Weg des Heils, indem er mit dem Thema „Sünde" beginnt. Anders geht es nicht. Auch Jesus sagt in den Abschiedsreden, dass es die Aufgabe des Heiligen Geistes sein werde, die Welt zu überführen von Sünde und Gerechtigkeit und Gericht (Joh. 16,8.9). Wer gesund ist, braucht keinen Arzt. Wer sich nicht als Sünder erkennt, braucht keinen Heiland.

Paulus schildert in Röm. 1,24-32 die Sündenverdorbenheit der Menschen. Es ist auffallend, dass er als Erstes 4 Verse lang von der Sünde der Homosexualität spricht; offensichtlich war dieses Verhalten, das er unnatürlich und schändlich nennt, schon im Römischen Reich seiner Tage weit verbreitet. Und dann folgt eine lange Liste weiterer Sünden, ein sogenannter „Lasterkatalog". Er wird später in seinem letzten Brief noch einmal eine ähnliche Liste vorlegen – in Bezug auf die „letzten Tage", die Endzeit (2. Tim. 3,1-9).

Dreimal steht in Röm. 1: **„Gott hat sie dahingegeben"** (V. 24.26.28). Das ist ein sehr ernstes Wort. Es bedeutet: Gott lässt die Dinge laufen. Er verhindert böse Entwicklungen nicht noch bremst Er sie ab. Warum handelt Gott so? Weil die Menschen sich um Ihn nicht kümmerten, obwohl sie Ihn als Schöpfer kennen konnten (Röm. 1,18-21). Sie haben Ihn aus ihren Philosophien und Ideologien einfach ausgeklammert – wie eine überflüssige Arbeitshypothese weggeworfen. Das ist heute mehr denn je der Fall! Der autonome Mensch braucht und will keinen Gott.

Paulus muss hier so ernst reden. Warum denn? Sollte man nicht etwas höflicher mit den Menschen umgehen? Nein, sagt Paulus, ohne gründliche Diagnose keine erfolgversprechende Therapie! Er redet so deutlich von der Sünde (besonders in Röm. 1 und 2 und 5), weil er dann die überwältigende Größe der Gnade und Liebe Gottes bezeugen will. So zeigt sich Paulus als ein weiser Erzieher und Lehrer.

Heuchelei und Doppelmoral

„Darum bist du nicht zu entschuldigen, o Mensch – jeder, der über andere urteilt -, denn indem du über den anderen urteilst, verurteilst du dich selbst; denn du, der du urteilst, handelst genauso! ... Belehrst du dich selber nicht, der du den andern belehrst? Stiehlst du, der du predigst, man solle nicht stehlen? Brichst du die Ehe, der du sagst, man solle die Ehe nicht brechen?“ *Röm. 2,1.21.22*

Dass Menschen nicht immer so leben, wie sie es für richtig halten und von anderen erwarten, ist allgemein bekannt. „Das **Wollen** ist bei mir vorhanden, das **Vollbringen** des Guten aber nicht“, schreibt Paulus in Röm. 7,18. Diese demütige Selbsteinschätzung ist aber nicht jedermanns Ding. Zuweilen urteilen wir sehr hart über andere, die im Wort oder Wandel irgendwie versagt haben, merken aber nicht oder verdrängen, dass wir selber nicht besser sind. Wir entrüsten uns über andere: „Wie kann man nur...!“ und fühlen uns über solche Sünder erhaben. So geraten wir leicht in Heuchelei und Doppelmoral hinein.

Ein Beispiel dafür finden wir in 2. Sam. 12. Als der Prophet Nathan den König David zur Rede stellte, der zum Ehebrecher und Mörder geworden war, erzählte er diesem zunächst ein Gleichnis: „Zwei Männer waren in einer Stadt, der eine reich und der andere arm. Der Reiche hatte Schafe und Rinder in großer Menge. Der Arme hatte aber nichts als nur ein einziges kleines Lamm... Da kam ein Besucher zu dem reichen Mann. Dem aber tat es leid, ein Tier von seinen Schafen und von seinen Rindern zu nehmen, um es für den Wanderer zuzurichten, sondern er nahm das Schaf des armen Mannes und richtete es für den Mann zu, der zu ihm gekommen war.“ – Als David dies hörte, entbrannte sein Zorn und er sagte zu Nathan: „So wahr der HERR lebt, der Mann, der das getan hat, ist ein Kind des Todes!“ Da sagte Nathan zu David: **„Du bist der Mann!“** Er war es, der dem Uria die Frau weggenommen hatte, obwohl er selber bereits mehrere Frauen besaß. Ein Fall von Doppelmoral! Ähnliches erleben wir immer wieder. Man erwartet von anderen eine Wahrheit, Reinheit, Unbestechlichkeit, die man selber nicht besitzt! – Wir bedürfen alle der Wachsamkeit und einer biblischen Selbsterkenntnis. Und ein Urteilen über andere sollte nur in Demut geschehen. Und wer predigt, predige zuerst sich selbst!

Umsonst gerecht gesprochen

„Nun aber ist ohne Gesetz Gottes Gerechtigkeit geoffenbart worden... Alle haben gesündigt und es fehlt ihnen die Gerechtigkeit Gottes; sie werden ***umsonst*** *gerecht gesprochen durch Seine Gnade, durch die Erlösung in Christus Jesus."* *Röm. 3,21.23.24*

Paulus verlässt das Thema „Sünde", denn er hat ja noch anderes und Besseres zu sagen. Er kommt nun auf das zu sprechen, was man die „paulinische Rechtfertigungslehre" nennt. Sie scheint in einem Gegensatz zur mosaischen Gesetzeslehre zu stehen. Dort hieß es: „Der Mensch, der die vom Gesetz geforderten Werke tut, wird dadurch leben" (3. Mose 18,5 und Gal. 3,10-12). Nun aber lehrt Paulus: Wir werden „ohne Gesetz" vor Gott gerecht. Es kommt bei dieser Frage weder auf die Forderungen des Gesetzes an noch auf unser Tun! Gott erklärt sogar **Gottlose** für gerecht, wenn sie nur **glauben** (Röm. 4,5)! Das war eine für jüdische Ohren unerhörte Aussage. Kein Wunder, dass die Juden diesen Paulus verfolgten und ihn des Abfalls von Mose bezichtigten! In Wahrheit besteht aber kein Gegensatz zwischen Gesetz und Evangelium, sowenig wie zwischen Kind und Mann oder zwischen Raupe und Schmetterling. Es handelt sich vielmehr um **Erziehung** und **Entwicklung.** Das Gesetz hat eine erzieherische Funktion. Es soll den Menschen zur Sündenerkenntnis führen (Röm. 3,20) und ihm die Notwendigkeit der Erlösung zeigen. „Das Gesetz wurde unser Erzieher zu Christus hin", schreibt Paulus in Gal. 3,24.

Im vorangestellten Text begegnet uns auch das wunderbare Wort **„umsonst"**. Wenn wir im Glauben zu Jesus, dem Gekreuzigten, kommen, sollen wir nichts Eigenes mitbringen, nur unsre Armut und Sünde. Doch allzu gern bringen wir noch etwas Positives mit. Wir möchten nicht mit leeren Händen kommen. Waren wir nicht gut im Fach „Religion"? Haben wir nicht Spenden gegeben, Kranke besucht, Orte der Sünde gemieden, vielleicht einen Angehörigen aufopfernd gepflegt? Paulus sagt: Lass das alles beiseite! Du beleidigst den Gekreuzigten, wenn du dem vergossenen Blut Christi noch irgendetwas hinzufügen willst! Deine Sündenschuld ist restlos bezahlt! Darum komm und nimm das Wasser des Lebens (das Heil, die Gnade) **umsonst** in Anspruch (Offb. 22,17). So und nur so wirst du gerettet.

Was die Gerechtgesprochenen haben dürfen

*„Sind wir nun gerecht gesprochen aus Glauben, so haben wir **Frieden** mit Gott durch unsern Herrn Jesus Christus, durch den wir auch durch den Glauben den Zugang erlangt haben zu dieser **Gnade**, in der wir stehen, und wir rühmen uns aufgrund der **Hoffnung** auf die Herrlichkeit Gottes... Die Hoffnung aber enttäuscht uns nicht, weil die **Liebe Gottes** in unsren Herzen ausgegossen ist durch den **Heiligen Geist**, der uns gegeben wurde.“* *Röm. 5,1.2.5*

Wer das Geschenk der Rechtfertigung im Glauben in Anspruch genommen hat, bekommt noch weitere Geschenke dazu: Frieden, Gnade, Hoffnung und dazu die Liebe Gottes und den Heiligen Geist.

Friede mit Gott bedeutet: Wir sind nicht länger Gottes Feinde (5,10) – weder Atheisten noch Gleichgültige. Gott hat uns mit sich selbst versöhnt und wir haben uns versöhnen lassen (2. Kor. 5,20).

Wir stehen und leben nun in der **Gnade.** Gottes Gnade hat uns errettet und ist nun unser ständiger Begleiter. Es ist Seine freundliche Herabneigung, Sein Wohlwollen, Seine Huld.

Wir haben **Hoffnung** auf die Herrlichkeit Gottes. Was alles dazugehört, zeigen uns andere Stellen in den paulinischen Briefen. So erfahren wir in 1. Thess. 4 und 1. Kor. 15 Näheres über die Auferstehung der Toten in Christus, die Entrückung der Gemeinde zum Herrn hin und die neue Leiblichkeit. Gottes Herrlichkeit hat es zu tun mit Seiner Ehre, Seiner Verherrlichung und dem unvorstellbaren Lichtglanz Seiner Gegenwart.

Gottes Liebe ist in unseren Herzen ausgegossen worden. Möchten wir doch damit im Glauben rechnen und sie fleißig praktizieren! Näheres über ihr Wesen erfahren wir in 1. Kor. 13. Was die menschlich-natürliche Liebe nicht vermag, weil sie durch Egoismus, Triebhaftigkeit und Antipathie begrenzt ist, das vermag die Liebe Gottes.

Paulus wagt auch zu sagen: Der **Heilige Geist** ist uns gegeben worden – ein Geist der Kraft und der Liebe und der Besonnenheit (2. Tim. 1,7). Nun gibt es ganz neue Lebensmöglichkeiten. Geistesgaben können sich entfalten und Geistesfrucht kann wachsen.

Wer im Glaubensgehorsam lebt, darf dies alles haben.

Hoffnung für alle Menschen

„Wie es also durch des Einen Übertretung für alle Menschen zur Verurteilung kam, so kommt es auch durch des Einen Rechtstat für alle Menschen zur Rechtfertigung des Lebens. Denn wie durch den Ungehorsam des einen Menschen die Vielen in die Stellung von Sündern gesetzt worden sind, so werden auch durch den Gehorsam des Einen die Vielen in die Stellung von Gerechten gesetzt werden. Das Gesetz aber kam nebenbei herein, damit die Übertretung noch zunähme. Wo aber die Sünde immer mächtiger wurde, da hat sich die Gnade überfließend mächtig erzeigt."

Röm. 5,18-20

Wenn man diese Worte so stehen und gelten lässt, wie Paulus sie gesagt hat, dann bedeuten sie nichts Geringeres als **Hoffnung für alle Menschen!** Die Parallelität ist unübersehbar: Wie es infolge des Sündenfalls (1. Mose 3) für alle Menschen zur Verurteilung kam – zum Dahingegebensein in Sündenknechtschaft und Todverfallenheit –, so kommt es aufgrund der Erlösungstat Christi am Kreuz für alle Menschen zur Rechtfertigung des Lebens, anders übersetzt: zur Leben spendenden Rechtfertigung (W. Bauer), zum Freispruch, der Leben bedeutet (W. Michaelis).

Man kann auf dem kurzen Weg des Glaubens, der Gottes Gnade ergreift, heute schon an dieses Ziel gelangen. Als Gotteskinder sind wir heute schon gerechtfertigt, mit Gott in Ordnung gekommen. Wir sind Ihm in Liebe verbunden. – Andere, die von Gott nichts wissen wollen, müssen schmerzliche Umwege der Gerichte Gottes durchlaufen. Das „ewige Feuer" (Judas 7) und die „ewige Züchtigung (Bändigung, Erziehung, Strafe zur Besserung)" (Matth. 25,46) sind keine Kleinigkeit. Das weiß auch Paulus. Trotzdem hat er die oben stehenden Sätze geschrieben. Im Gericht wird das Ichwesen des Menschen zerbrochen und er lernt das Schreien. Auch die schlimmsten Übeltäter werden es noch lernen, manche wohl erst nach Äonen. Danach kann Gott rettend eingreifen (vgl. Ps. 107,10-16). Die Gnade wird zuletzt weltallweit siegen.

Gott ist nach 1. Tim. 4,10 der „Retter aller Menschen". Aber der Weg durch die äonenlangen Gerichte ist weit. Lasst uns **heute** das Heil ergreifen!

Mitgekreuzigt

„Dabei erkennen wir, dass unser alter Mensch ***mitgekreuzigt*** *wurde, damit der Leib der Sünde die Herrschaft verliere und wir der Sünde nicht länger Sklavendienst leisten... Wenn wir aber mit Christus gestorben sind, so glauben wir, dass wir auch mit Ihm leben werden; wir wissen ja, dass Christus, aus den Toten auferweckt, nicht mehr stirbt; der Tod ist nicht mehr Herr über Ihn. Denn was Er starb, starb Er der Sünde ein für alle Mal; was Er aber lebt, lebt Er Gott. So auch ihr: Haltet euch der Sünde für tot, Gott aber lebend in Christus Jesus!"* *Röm. 6,6.8-11*

Als Jesus am Kreuz hing, gab es noch zwei Mitgekreuzigte, einen zur Rechten und einen zur Linken. Es waren Räuber, Plünderer, Aufrührer (Matth. 27,38). Einer von ihnen kam noch am Kreuz zum Glauben an Jesus als den König Israels (Luk. 23,40-43). – Doch es gab darüber hinaus noch eine unzählbar große Schar Mitgekreuzigter, die niemand von denen, die das Kreuz umstanden, sehen konnte. Es war ein unsichtbares, geistliches, göttliches Geschehen, das uns Paulus im vorangestellten Text enthüllt. Es war ein unbegreifliches Wunder. Das Geheimnis liegt in dem kleinen Wörtchen **„mit".** Es drückt eine enge geistliche Verbindung zu Jesus Christus aus. Paulus spricht in seinen Briefen von Mitgekreuzigten und Mitgestorbenen, aber auch von solchen, die mit Christus auferweckt und lebendig gemacht worden sind und die heute mit Ihm leben. Und alle jene, die heute ein verborgenes Leben führen mit dem Christus in Gott, werden einmal mit Ihm in Herrlichkeit geoffenbart werden (Kol. 3,3.4).

Wir sollten nicht über die Tatsache des Mitgekreuzigtseins nachgrübeln, sondern die Konsequenzen für die Gegenwart bedenken: **„Haltet euch der Sünde für tot, Gott aber lebend in Christus Jesus!"** Vom **Kreuz** Christi her wird uns, die wir glauben, eine Kraft der **Tötung** zuteil – die sich aber positiv auswirkt: „Tötet nun, was an euch noch irdisch gesinnt ist" (Kol. 3,5). Zugleich wird uns von der **Auferstehung** Christi her eine ganz neue Kraft des **Lebens** zuteil, um für Gott da zu sein. Wohl dem, der im Glauben mit beidem rechnet: der Kraft der Tötung und der Kraft, für Gott zu leben!

Eine schockierende Erfahrung

„Ich lebte einst ohne Gesetz; als aber das Gebot kam, lebte die Sünde auf; ich aber starb, und das Gebot, das zum ***Leben*** *gegeben war, gerade das erwies sich für mich als* ***todbringend****."* *Röm. 7,9.10*

Das Kapitel Römer 7 hat schon vielen Auslegern Not bereitet. Wie kommt es, dass auf die sieghaften Aussagen in Römer 5 und 6 von der Übermacht der Gnade über die Sünde nun solche jammervollen Töne folgen? In Röm. 7,24 ruft Paulus sogar: „Ich elender Mensch! Wer wird mich aus diesem Todesleib erretten?" Das sind „zwei der inhaltsvollsten und tiefsten Verzweiflungsschreie der Menschheit" (Jakob Kroeker). Zeichnet Römer 7 das Bild des christlichen oder des vorchristlichen Lebens? Spricht Paulus hier von seinem Leben vor oder nach seinem Zusammenbruch auf dem Weg nach Damaskus?

Hier ist jedenfalls von einer schockierenden Erfahrung die Rede – von der Erfahrung eines **frommen** Menschen unter Gesetz. Er ist gutwillig und möchte Gottes Gesetz wirklich halten. Und nun stellt er plötzlich fest: Das kann ich ja gar nicht! Je ernster ich es mit den Geboten Gottes nehme und je aufrichtiger ich bin, desto mehr empfinde ich sie als Zwang und Last. Ja, in meinem Innern regt sich Widerstand. Wenn Kinder im Wald spazieren gehen und es kommt plötzlich eine Abzweigung nach links, so muss sie das nicht sonderlich interessieren. Steht aber an der Abzweigung ein Schild mit der Aufschrift „Betreten streng verboten!", so wird dieser Weg auf einmal interessant. Was mag da nur sein? Wollen wir nicht mal nachsehen? **Verbotenes reizt.** So macht jeder aufrichtige Fromme früher oder später die Entdeckung: Die Gebote sind mir zwar zum Leben gegeben; ich **kenne** sie und **will** sie auch befolgen, **kann** es aber nicht. Denn in meinem „Fleisch", in meiner Ichnatur, regt sich Widerstand. So kommt es zum erbitterten Kampf zwischen Fleisch und Geist und ich erlebe viele Niederlagen. Das zum Leben gegebene Gebot (das der Sänger des 119. Psalms rühmt und preist) erweist sich für mich als **todbringend**!

Nein, Römer 7 beschreibt nicht das Leben des gläubigen Christen! Wir müssen bei dieser Erfahrung nicht stehen bleiben, besser gesagt: liegen bleiben. Auf Röm. 7 folgt Röm. 8. Da wird uns der Weg gewiesen zu einem sieghaften Leben im Geist.

Ein neues Gesetz – ein neues Leben

„So gibt es nun keine Verurteilung für die (Menschen) in Christus Jesus. Denn das Gesetz des Geistes des Lebens in Christus Jesus hat dich frei gemacht vom Gesetz der Sünde und des Todes. Denn was dem Gesetz unmöglich war..., tat Gott: Er sandte Seinen eigenen Sohn... und verurteilte die Sünde im Fleisch.“ *Röm. 8,1-3*

Wir müssen in der elenden Situation, die Röm. 7 beschreibt, nicht liegen bleiben. Es gibt einen Ausweg. Ein Wort, das in Röm. 7,7-25 überhaupt nicht vorkommt, findet sich gehäuft in Röm. 8: das Wort **Geist.** Es ist der Geist Gottes gemeint. Wir sehen in Röm. 8,1-17, welch wichtige, ja entscheidende Rolle der Heilige Geist im Leben der Gläubigen spielt. Er ist das Echtheitskennzeichen derer, die Christus gehören (V. 9). Durch ihn wohnt Christus selbst in uns (V. 10).

Im Straßenverkehr gilt die Regel: **Das höhere Gesetz hebt das niedere auf.** Leuchtet vor meinem Auto eine Ampel auf, so brauche ich mich an dieser Stelle um die Verkehrszeichen nicht mehr zu kümmern. Steht aber ein Polizist auf der Kreuzung und regelt den Verkehr, so kann mir auch die Ampel gleichgültig sein.

Dieses Gesetz gilt auch im Geistlichen. Die höhere Lust macht die niedere unwichtig. Wohl dem, der Lust hat am Wort Gottes (Ps. 1,2)! Höhere Interessen lassen die niederen geringwertig erscheinen. Und ein höheres Gesetz befreit mich von dem niederen. So spricht unser Text vom **„Gesetz des Geistes des Lebens in Christus Jesus“,** das den Menschen frei macht vom „Gesetz der Sünde und des Todes“. Gesetz bedeutet Bindung. In **einer** Bindung stehen wir immer, sei es Geist oder Fleisch, Gott oder Satan. Es wäre eine Illusion zu meinen, der Mensch könne absolut frei sein. Aber wir können wählen. Durch die Bindung an Gott und Christus werden wir frei vom Gebundensein an das „Fleisch“, das eigene Ich, den Eigenwillen und die Lüste. Das geschieht nicht schlagartig, es ist ein Kampf, der volle Entschiedenheit und Wachsamkeit erfordert. Aber ein Siegesleben ist möglich. Das ist die frohe Botschaft von Röm. 8. Und gerade in der Bindung an Gott und Seinen Geist, in der engen Beziehung zu Jesus – Paulus spricht vom Leben „in Christus“ – erlange ich die wahre Freiheit, die Freiheit von mir selbst und meinem Ich mit all seinen egoistischen Wünschen.

Die herrliche Stellung der Kinder Gottes

„Denn alle, die sich vom Geiste Gottes leiten lassen, die sind Söhne Gottes. Ihr habt ja nicht einen Geist der Knechtschaft empfangen, dass ihr euch aufs Neue fürchten müsstet, sondern ihr habt einen Geist der Sohnschaft empfangen; in ihm rufen wir: Abba, Vater! Der Geist selbst bezeugt zusammen mit unserm Geist, dass wir Kinder Gottes sind. Wenn aber Kinder, dann auch Erben: Erben Gottes und Miterben Christi, wenn wir wirklich mit leiden, damit wir auch mit verherrlicht werden." Röm. 8,14-17

Wir hörten schon früher, dass die aus Glauben gerecht gesprochenen Kinder Gottes den Heiligen Geist empfangen dürfen (Röm. 5,5). Dieser Geist – so sagt uns Paulus nun weiter – ist ein **Geist der Sohnschaft.** Er spricht im obigen Text sowohl von Kindern Gottes als auch von Söhnen Gottes. Was ist der Unterschied? Söhne sind ja auch Kinder. Doch wenn Paulus von Söhnen spricht, meint er das im Sinne von heranwachsenden Söhnen. Er stellt ja in Gal. 4 die Söhne den unmündigen Kindern gegenüber. Er meint also Söhne, die sich für die Dinge des Vaters interessieren, für des Vaters Pläne und Gedanken. Gottes Geist soll uns nicht nur äußerlich leiten – beim Spazierengehen, Einkaufen, Arbeiten, Reisen -, sondern auch innerlich: Er leitet uns, wie Jesus sagt, in die ganze Wahrheit (Joh. 16,13), anders ausgedrückt: Er will uns mit den Gedanken Gottes vertraut machen. Und er will uns ein ganz inniges Verhältnis zu Gott dem Vater schenken, frei von Furcht. Auch für uns ist Gott der Heilige, mit dem nicht zu spaßen ist und dessen Tun wir nicht immer verstehen, etwa bei Erdbeben. Trotzdem wirkt es der Geist, dass wir – wie ein Kind beim Vater geborgen – vertrauensvoll, ja zärtlich „Abba, Vater!" sprechen. So nannten die Kleinen ihren Vater im Kreis der Familie (Gal. 4,6). Und so redete auch Jesus den Vater im Garten Gethsemane an (Mark. 14,36).

Dann folgt in Vers 17 die großartige Aussage: **Sind wir Kinder, dann auch Erben.** Es ist unvorstellbar, was wir als „Miterben Christi" alles ererben werden. Christus ist ja der Erbe des Alls (Hebr. 1,2). Dabei bedeutet „erben" keineswegs nur: etwas geschenkt bekommen, sondern **verwalten und gestalten.** Wir groß ist doch unser Hoffnungsgut, wenn wir Kinder Gottes sind!

Hoffnung für die Schöpfung

„Ich urteile nämlich, dass die Leiden der jetzigen Zeit nicht ins Gewicht fallen gegenüber der zukünftigen Herrlichkeit, die an uns geoffenbart werden soll. Denn gespannt lauernd (wie mit vorgestrecktem Kopf) erwartet die Schöpfung das ***Offenbarwerden der Söhne Gottes****. Die Schöpfung wurde ja der Nichtigkeit unterworfen, nicht nach eigenem Willen, sondern durch den, der sie unterworfen hat,* ***auf Hoffnung hin****, dass auch sie selbst, die Schöpfung, einmal befreit werden wird vom Sklavendienst der Vergänglichkeit zur Freiheit der Herrlichkeit der Kinder Gottes."*

Röm. 8,18-21

Der Römerbrief ist ein Brief voller Hoffnung. Für Israel – für alle Menschen – für die gesamte Schöpfung gibt es Hoffnung! Gott selbst ist der „Gott der Hoffnung" (Röm. 15,13). Es gibt Hoffnung für alles, was Gott geschaffen hat: die Erde, Tiere, Menschen, Sterne, Engel.

Der Studienrat und Buchautor *Paul Müller* (1896-1983) schreibt mit Recht: „Es liegt ein großer Irrtum in den bekannten Worten Schillers: ‚Die Welt ist vollkommen überall, wo der Mensch nicht hinkommt mit seiner Qual.' Nein, sie ist nicht vollkommen!" Müller erinnert an Erdbeben und Wasserkatastrophen und Unwetter sowie an Raubtiere, die sich auf ihre Opfer stürzen. Er nennt es die „Nachtseite der Natur". Diese Schöpfung bedarf der Erlösung. Sie ist „erlösungsbedürftig und erlösungsfähig". In den doppelten Sündenfall am Anfang der Welt- und Heilsgeschichte (den Fall Satans und den Fall der Menschen) ist die Schöpfung offenbar mit hineingezogen worden. Sie wartet gespannt wie mit vorgestrecktem Kopf auf ihre Erlösung.

Diese Erlösung sieht Paulus im Zusammenhang mit dem zukünftigen **Offenbarwerden der Söhne Gottes.** Das gegenwärtige Leiden vieler Gotteskinder bewirkt Herrlichkeit (2. Kor. 4,17). Christus wird sich einmal mit Seiner Gemeinde der Welt in Herrlichkeit offenbaren (Kol. 3,4). Die Schöpfung, die heute noch der Nichtigkeit unterworfen ist, wird dann eine wunderbare Befreiung erleben. Sie soll aus der Sklaverei der Vergänglichkeit herausgelöst und in die herrliche Freiheit der Kinder Gottes hineingeführt werden. Dies beginnt im Tausendjahrreich (Jes. 65,20-25) und wird sich voll erfüllen, wenn Gott neue Himmel und eine neue Erde schafft (Offb. 21).

Hoffnung für Israel

„Denn ich will nicht, Brüder, dass euch das folgende Geheimnis unbekannt sei...: Verhärtung (des Herzens) ist Israel zum Teil widerfahren, bis (zu der Zeit), da die Vollzahl der Nationen eingegangen sein wird, und auf diese Weise wird ganz Israel gerettet werden, wie geschrieben steht: Kommen wird aus Zion der Erretter, er wird die Gottlosigkeiten von Jakob entfernen.“ *Röm. 11,25.26*

Drei Kapitel lang beschäftigt sich Paulus mit Israel (Röm. 9-11). Er verspürt große Traurigkeit und unablässigen Schmerz angesichts der Tatsache, dass Israel in seiner großen Masse Jesus Christus als Erlöser ablehnt. Sie halten fest an der Gesetzesgerechtigkeit – Paulus bezeichnet sie als „eigene Gerechtigkeit“ (10,3). Sie wollen im Sinne des mosaischen Gesetzes durch eigenes Tun, durch das Halten der Gebote, vor Gott gerecht sein. Sie wollen nicht wahrhaben, dass der Mensch das nicht vermag. Die Gerechtigkeit Gottes, die den Menschen ohne Gesetz rechtfertigt (3,21), haben sie nicht erkannt. Diese Gerechtigkeit erwartet vom Menschen weiter nichts als den Glauben an den Auferstandenen. Dieser Herzensglaube bewirkt Rettung (10,9.10).

Wie aber geht es weiter mit Israel? Hat Gott Sein Volk von sich gestoßen? Diese bange Frage steht am Anfang von Röm. 11. Paulus antwortet mit einem klaren Nein: „Das sei ferne!“

Aber rettet Gott vielleicht nur einen Teil Israels, der sich Jesus Christus zuwendet? Rettet Gott nur den gläubigen Überrest? – Die entscheidende Antwort gibt Paulus im vorangestellten Text. Da enthüllt er ein **Geheimnis**, das ihm Gott geoffenbart hat. Gott wird die Herzensverhärtung der Israeliten überwinden. Erst muss allerdings die „Vollzahl der Nationen eingehen“, die „vollreife Frucht aus den Heiden Gott dargebracht werden“ (Heinrich Langenberg). Nach der Vollendung der Gemeinde Jesu Christi wird dann **„ganz Israel gerettet werden“.** Der Glaube des kleinen „Überrests“ wird beim Kommen des Retters der gesamten Masse zuteil werden. Sie werden bei der Wiederkunft Christi „auf den blicken, den sie durchbohrt haben“ und in eine heilsame Wehklage ausbrechen (Sach. 12,10). So wird die Rettung Gesamtisraels eingeleitet werden. – Wir aber danken Gott schon heute für Sein Heil im auferstandenen Christus.

Lebenswandel in Heiligung

„Ich ermahne und ermuntere euch nun, Brüder, durch die Erbarmungen Gottes, eure Leiber darzubringen als ein lebendiges, heiliges, Gott wohlgefälliges Opfer; das sei euer sinnvoller Gottesdienst. Und passt euch nicht (dem Wesen) dieser Weltzeit an, sondern lasst euch durch Erneuerung des Denkens verändern, sodass ihr prüfen und beurteilen könnt, was der Wille Gottes sei – der gute und wohlgefällige und vollkommene Wille." *Röm. 12,1.2*

In Röm. 5 und 8 hat Paulus gezeigt, was die Glaubenden in Christus alles **haben** dürfen: eine Fülle von Geschenken. Er sagt uns nun aber auch, besonders in den Kapiteln 6 und 12, was wir als Gerechtfertigte **tun sollen**, wie wir in Christus leben sollen.

Im vorangestellten Text ermahnt er uns, unsre **Leiber** Gott zur Verfügung zu stellen; das sei ein sinnvoller (wortgemäßer, vernünftiger) Gottesdienst. Ein rechter Gottesdienst besteht also nicht nur darin, Gott im Geist zu loben und anzubeten, die Seele gefühlvoll zu Ihm zu erheben – das alles ist durchaus wertvoll und Gott wohlgefällig, doch es fehlt noch etwas, wenn nicht auch unser **Leibesleben** Gott gehört. *Heinrich Langenberg* fragt: „Warum gerade der Leib?" und er antwortet: „Weil dieser mit seinen Gliedern und Funktionen das Organ des Dienens ist." Paulus spricht sogar von einem **Opfer**, das lebendig, heilig und Gott wohlgefällig ist. Im Gegensatz zum mosaischen Opferbegriff ist dieses Opfer lebendig.

Ich kann aber Gott durch mein Leibesleben nur verherrlichen, wenn ich meine **Gesinnung** erneuern lasse. Darum ruft Paulus uns zu:
Macht euch nicht das Wesen dieses Äons zu eigen!
Lasst euer Denken durch Erneuerung umgestalten!
Prüft, was der Wille Gottes ist!
Von sich aus vermag das kein Mensch. Unser Denken ist von Natur aus verfinstert (Eph. 4,18). Und wie leicht werden wir vom Wesen dieser Weltzeit angesteckt! Doch wenn wir „in Christus" Leben haben und der Friede Gottes Herz und Gedankenwelt bewahrt, können wir diese Ermahnungen befolgen. Mögen sowohl unser Leibesleben als auch unsre Gesinnung Gott gehören!

Unterordnet euch der Staatsgewalt!

„Jedermann soll sich den (staatlichen) Gewalten, die über ihn gesetzt sind, ***unterordnen****; denn es gibt keine Gewalt außer von Gott; die also bestehen, sind von Gott verordnet... Willst du also die (Staats-)Gewalt nicht zu fürchten haben, so tu das Gute und du wirst Lob von ihr bekommen. Sie ist ja Gottes Dienerin, dir zum Guten. Tust du aber das Böse, so fürchte dich; denn nicht umsonst trägt sie das Schwert; sie ist ja Gottes Dienerin, Rächerin zum Zorn für den, der Böses verübt."* *Röm. 13,1.3.4*

Nicht jede Regierung eines Staates entspricht dem Idealbild, das Paulus hier zeichnet. Es gibt böse Tyrannen und schlimme Diktaturen. Eine solche erlebten wir unter Hitler. Doch grundsätzlich gilt:

- Der Christ soll sich der Staatsgewalt unterordnen.
- Es gibt keine Gewalt außer von Gott.
- Die Obrigkeit trägt als Gottes Dienerin das Schwert nicht umsonst.

Der Theologe *Helmut Gollwitzer* wies seinerzeit darauf hin, dass Paulus hier nicht das Wort „gehorchen" gebrauche, sondern von „sich unterordnen" spreche. So sage er ja auch in Eph. 5,21, die Glieder der Gemeinde sollten einander „untertan sein". „Einander gehorchen" wäre hier schlecht übersetzt, denn es handele sich ja nicht um Befehle, die sie sich geben. Am besten übersetze man das Wort mit „dienen".

Die Regierung eines Staates soll Gott dienen und die Glaubenden sollen sich normalerweise den Bestimmungen der Staatsgewalt unterordnen. Es gibt aber auch Grenzen der Unterordnung. Das sehen wir in Dan. 3 und Offb. 13. In Dan. 3 weigern sich drei jüdische Männer, das Bild anzubeten, das der König Nebukadnezar hatte aufstellen lassen. Sie wurden in einen brennenden Feuerofen geworfen, doch durch einen Engel Gottes bewahrt und errettet. – In Offb. 13 geht es ebenfalls um die Anbetung eines Bildes, nämlich des Antichristen, der die ganze Welt beherrscht. Gott warnt ausdrücklich die Erdbewohner vor der Anbetung dieses Bildes (Offb. 14,9-12).

Wir sollten aber nicht leichtfertig den Satz gebrauchen: „Man muss Gott mehr gehorchen als den Menschen" (Apg. 5,29). Die Norm heißt Unterordnung. Und Paulus ruft uns auch nachdrücklich zur Fürbitte für die Regierenden auf (1. Tim. 2,1.2).

Dem Herrn leben und dem Herrn sterben

„Denn keiner von uns lebt sich selbst und keiner stirbt sich selbst. Denn wenn wir leben, so leben wir dem Herrn, und wenn wir sterben, so sterben wir dem Herrn. Ob wir also leben oder sterben, wir sind des Herrn (Eigentum). Denn dazu ist Christus gestorben und wieder lebendig geworden, dass Er über Tote wie Lebende Herr sei." Röm. 14,7-9

Die Gläubigen sollen nicht sich selbst leben, sondern dem Herrn; dazu ist Christus gestorben und auferstanden (2. Kor. 5,15). Es geht dabei um einen neuen Lebensmittelpunkt. Das eigene Ich soll nicht länger die Mitte sein, um die sich alles dreht, sondern unser lebendiger Herr. – Das ist leichter gesagt als getan. Es ist nur **ein** Schritt hin zu Jesus, um Vergebung der Sünden und Gotteskindschaft und Heilsgewissheit zu erlangen. Grundsätzlich ist mit diesem Schritt auch bereits ein **Herrschaftswechsel** vollzogen: Wir werden aus dem Machtbereich der Finsternis errettet und in das Königreich des Sohnes Gottes versetzt (Kol. 1,13). Doch es sind viele Schritte, bis unser eigenes Ich auch in der Praxis aus der Mitte verdrängt ist. Mit Recht hat man schon gesagt: Bevor unser Ich stirbt, wird es fromm. Dann haben wir es mit einem frommen Egoismus zu tun, der auch nicht viel besser ist als der weltliche. Meine Ehre, mein Ansehen (nun im frommen Bereich) geht mir über alles. Dagegen interessiert es mich wenig oder gar nicht, ob Gott mit Israel – mit Seiner Gemeinde – mit der Welt Seine Heilsziele erreicht oder nicht. Ich muss das nicht wissen, wenn nur **ich** das Heil erlangt habe. Leider gibt es diese Gesinnung.

Unser Text betont, dass wir **dem Herrn** leben sollen. Für Paulus war das Normalität. Ist es das auch für uns? Stehen wir – wie schwach und klein unsre Möglichkeiten auch sein mögen – in Seinem Dienst?

Wenn wir dem Herrn leben, dann sterben wir auch dem Herrn und bleiben auch über den Tod des Leibes hinaus Sein Eigentum. Das ist eine kostbare Verheißung. Sie ist mit einer gänzlichen Auslöschung der Person oder einem bewusstlosen Schattendasein nicht zu vereinbaren. „Die ‚Toten' müssen so ‚lebendig' sein, dass Jesus eine ‚Herrschaft' über sie ausüben kann", schreibt Werner de Boor.

Lasst uns dem Herrn leben und zu Seiner Zeit Ihm auch sterben!

Ihm sei die Herrlichkeit!

„Dem aber, der euch zu stärken vermag – nach meinem Evangelium und der Predigt von Jesus Christus, nach der Enthüllung eines Geheimnisses, das ewige Zeiten hindurch verschwiegen war, jetzt aber geoffenbart und durch prophetische Schriften nach Anordnung des ewigen Gottes bei allen Nationen zum Gehorsam des Glaubens kundgemacht worden ist -, Ihm, dem allein weisen Gott, durch Jesus Christus, sei die Herrlichkeit in alle Weltzeitalter! Amen." Röm. 16,25-27

Paulus beendet seinen Römerbrief mit einer Doxologie (Lobpreisung Gottes). Es ist eine Doxologie besonderer Art. Er preist Gott als den, „der uns zu stärken vermag". Stärkung im Kampf des Lebens und im Kampf des Glaubens können wir gut gebrauchen. Wodurch werden wir gestärkt? Was hat uns in letzter Zeit besonders gestärkt und erfreut? Ein christliches Lied – ein Telefongespräch – eine Gebetserhörung – eine praktische Hilfeleistung? – Das ist recht und gut. Doch Paulus denkt an etwas anderes: an Gottes Wort und die ihm, Paulus, aufgetragene Botschaft. Nicht Gesetz, sondern Evangelium ist ihm aufgetragen. In der Mitte seiner Botschaft steht die Person Jesu Christi – gestorben, auferstanden, zu Gott erhöht und wiederkommend. Ja, eine klare christozentrische Predigt kann uns auch heute stärken – mehr als eine Wohlfühlpredigt, in der sich alles um das menschliche Wohlbefinden dreht. – Dann erwähnt der Apostel noch die Enthüllung eines Geheimnisses. Er spricht des Öfteren von Geheimnissen Gottes, die Gott ihm enthüllt und zur Verwaltung anvertraut hat (1. Kor. 4,1). In der Hauptsache geht es dabei um das **eine** große Geheimnis: **Christus und Seine Gemeinde.** Paulus ist ja insbesondere der Lehrer dieser Gemeinde, die Christi Leib ist, der „Lehrer der Nationen" (1. Tim. 2,7). Die Paulusbriefe zeigen uns, welch große Bedeutung diese Gemeinde im Plane Gottes hat. Es ist die Gesamtheit aller Gläubigen gemeint. Christus lebt in ihr und sie lebt in Christus.

Wie großartig sind diese Gedanken Gottes! Wie am Schluss von Röm. 11 kann Paulus auch am Schluss von Röm. 16 nicht anders, als diesem Gott Ehre und Herrlichkeit zuzusprechen. Er ist der allein Weise, der uns Seine Gedanken enthüllt. Er ist es, der uns stärkt.

Gottes „Torheit" und „Schwachheit"

„Während Juden Zeichen fordern und Griechen Weisheit suchen, machen wir dagegen Christus, den Gekreuzigten, öffentlich bekannt – Juden ein Ärgernis und (Menschen aus den) Nationen eine Torheit; den Berufenen selbst aber, Juden wie Griechen, (verkündigen wir) Christus als Gottes Kraft und Gottes Weisheit. Denn das ‚Törichte' Gottes ist weiser als die Menschen und das ‚Schwache' Gottes stärker als die Menschen."

1. Kor. 1,22-25

Gottes Tun erscheint uns manchmal rätselhaft oder gar anstößig, töricht. Und dann kann es passieren, dass wir kleinen Menschen uns selbst überheben und uns zum Richter über Gottes Handeln machen. Wir beachten nicht, dass Er gesagt hat: „Meine Gedanken sind nicht eure Gedanken und eure Wege sind nicht meine Wege, spricht der HERR. Denn so viel der Himmel höher ist als die Erde, so sind auch meine Wege höher als eure Wege und meine Gedanken als eure Gedanken" (Jes. 55,8.9).

Ganz besonders „töricht" erschien es den Menschen – auch den Frommen -, dass Gott Seinen Sohn ans Kreuz dahingab und dass Jesus diesen Weg bejahte. „Das widerfahre Dir nur nicht!" rief Petrus aus; doch Jesus widersprach ihm heftig: „Du meinst nicht, was göttlich, sondern was menschlich ist" (Matth. 16,22.23).

In Wirklichkeit erwies sich Gottes **Kraft** in Christus im Erdulden des Kreuzesleidens. Denn was erfordert größere Kraft: einen Menschen ans Kreuz zu schlagen oder die Kreuzigung willig zu erdulden? Und wiederum erwies sich am Kreuz Gottes **Weisheit.** Durch dieses Opfer versöhnte Gott die Welt mit sich selbst (2. Kor. 5,19). So schuf Er die Voraussetzung dafür, die Welt der Macht des Satans zu entreißen. Keiner von den Fürsten dieser Welt, seien es Menschen oder Engel, durchschauten diese geheime Weisheit Gottes (1. Kor. 2,8).

In feiner Ironie sagt Paulus: Wenn Gott in unsern Augen ganz „töricht" handelt, ist Er weiser als alle Menschen, und wenn Er am Kreuz ganz „schwach" wird, ist Er stärker als alle Menschen. Darum sind wir gut beraten, wenn wir nicht voreilig über Gott urteilen, sondern Seine Wege bejahen – Seine Wege mit der Welt und uns persönlich.

Das Offenbarwerden der Gläubigen vor Christus

„Einen anderen Grund kann niemand legen als den, der gelegt worden ist, und der ist Jesus Christus. Wenn aber jemand auf dem Grund mit Gold, Silber, kostbaren Steinen weiterbaut oder aber mit Holz, Heu, Stroh, so wird das Werk eines jeden offenbar werden, denn der (kommende) Tag wird es sichtbar machen, weil er sich mit Feuer offenbart, und wie das Werk eines jeden beschaffen ist, wird das Feuer erproben. Wird jemandes Werk bleiben, das er darauf gebaut hat, so wird er Lohn empfangen; wird aber jemandes Werk verbrennen, so wird er Schaden leiden; er selbst aber wird gerettet werden, doch so wie durch Feuer hindurch.“

1. Kor. 3,11-15

Jesus hat einmal gesagt: „Wer an mich glaubt, kommt nicht ins Gericht.“ Damit meinte Er das in Offb. 20,11-15 beschriebene **Weltgericht.** Da sind alle **Toten** vor dem Thron Gottes versammelt, und wessen Name nicht im Buch des Lebens geschrieben steht, wird in den Feuersee geworfen. – Jesus hat wohl auch an das **Völkergericht** über die **Lebenden** gedacht (Matth. 25,31-46). Auch da wird ein Teil der versammelten Menschen – nämlich die Unbarmherzigen – vom Herrn weg der Feuerpein überantwortet.

Wer an Jesus Christus glaubt, hat mit solchen Gerichten nichts mehr zu tun. Aber eine Prüfung, eine Beurteilung, ein Offenbarwerden brauchen wir alle. Zwar werden wir unabhängig von unseren Werken von Gott gerecht gesprochen. Das heißt aber nicht, dass unsre Werke keine Bedeutung hätten. Sie werden und müssen vor Gott offenbar werden. Das geschieht vor dem Richterstuhl Christi (2. Kor. 5,10). Dabei geht es nicht um Rettung oder Verlorensein. Es sind nur Gerettete anwesend. Was haben sie auf den Grund, der Jesus Christus heißt, in ihrem Leben „gebaut“? Waren sie eifrig im Dienst des Herrn oder fromme Egoisten, Genießer, Kritiker? Haben sie, paulinisch gesprochen, „fleischlich“ oder „geistlich“ gelebt? Das wird im Feuer geprüft und bewertet. Haben wir keine Angst vor diesem Feuer! Gott selbst ist ja Feuer und auch Sein Heiliger Geist, der in uns wohnt! Aber alles kommt ans Licht. Man kann Lohn empfangen oder Schaden leiden. – Möchten wir doch dem Geist Gottes Raum geben und Gutes, Nützliches, Wertbeständiges auf den Christusgrund bauen!

Das zukünftige Richteramt der Gläubigen

„Wisst ihr nicht, dass die Heiligen die Welt richten werden? Und wenn durch euch die Welt gerichtet wird, seid ihr dann unwürdig, die geringfügigsten Rechtssachen zu beurteilen? Wisst ihr nicht, dass wir Engel richten werden?“ *1. Kor. 6,2.3*

Die Urgemeinde Jesu wird zuweilen glorifiziert; man möchte werden, wie die Urchristen waren. Doch waren sie wirklich so vorbildlich oder gar fehlerlos? Bei näherem Hinsehen erkennen wir, dass es auch bei ihnen zuweilen menschlich zuging. Paulus und Barnabas – gesegnete Männer, eben noch im Missionsdienst vereint – konnten sich zu Beginn der zweiten Missionsreise nicht darüber verständigen, ob sie den Johannes Markus mitnehmen sollten oder nicht. Es kam zu einem erbitterten Streit und man trennte sich (Apg. 15,35-40). Und in 1. Kor. 6 lesen wir, dass es in der Korinthergemeinde Streitigkeiten gab. Es stritt Bruder mit Bruder. Es scheint sich nicht um schwerwiegende Dinge gehandelt zu haben, sondern eher um Alltägliches (6,4). Weil man sich intern nicht einigen konnte, zog man vor ein weltliches Gericht.

Wenn es um Häuser und Grundstücke geht, braucht man gelegentlich die weltliche Rechtshilfe. Dagegen ist nichts zu sagen. Aber muss man wegen Kleinigkeiten des Gemeindelebens die irdischen Richter bemühen? Paulus schreibt den Korinthern: Denkt doch einmal an die Würde der Gemeinde Gottes und an ihre hohe Berufung! **Ihr** sollt doch einmal als die Glieder des Christus die Welt und sogar Engel richten; stattdessen lasst ihr euch von der Welt richten! In der Gemeinde Gottes sollte man sich auch einmal übervorteilen lassen können (6,7). Ein bisschen Ehre, ein bisschen Geld – was ist das schon gegenüber der zukünftigen Herrlichkeit!

Ja, die Glieder der Gemeinde Christi sollen einmal mit Christus königlich herrschen, sie sollen Miterben Christi sein, sie sollen Welt und Engel richten. Bei dem „Richten“ ist nicht einfach an ein Verdammen zu denken, sondern an ein **zurechtbringendes** Richten. Sollte man angesichts solcher Zukunftsaufgaben nicht die kleinlichen Streitereien der Gegenwart ruhen lassen können? Stellen wir doch alles ins Licht Gottes und bedenken wir, was **heute** unsre Aufgabe ist: dass wir **uns selber** richten (1. Kor. 11,31)!

Wie aus Sündern Heilige werden

„Solche Leute wart ihr zum Teil; aber ihr seid ***abgewaschen****, aber ihr seid* ***geheiligt****, aber ihr seid* ***gerecht gesprochen*** *worden in dem Namen des Herrn Jesus Christus und durch den Geist unseres Gottes." 1. Kor. 6,11*

Paulus hat in 1. Kor. 6,2 von den **Heiligen** gesprochen. Sie sollen einmal die Welt richten. Was meint der Ausdruck „Heilige"? Es sind nicht Leute mit einem Heiligenschein, auch nicht Asketen oder Vollkommene, Fehlerlose, Untadelige gemeint. Es sind Menschen wie du und ich – die aber zu Jesus kamen und Ihm die Herrschaft über ihr Leben übergaben. Sie sind dem Herrn geweiht, so wie sie sind.

Es ist das Großartige an dem Abschnitt 1. Kor. 6,1-11, dass wir da in die Höhe und in die Tiefe blicken. Das erinnert mich an Landschaften in der Schweiz, wo man etwa auf 1000 m Höhe stehend hinunterblickt in ein dunkles Tal und andererseits hinauf zu den schneebedeckten Höhen der Bergriesen.

Wir blicken in die Tiefe: Da ist in den Versen 9 und 10 von einer Häufung von Sünden die Rede – ein sogenannter „Lasterkatalog". In den Versen 2 und 3 aber blicken wir in die Höhe und sehen die großartige Berufung der Gemeinde Jesu. Und nun kommt das Überraschende: Es ist beide Male von denselben Leuten die Rede. Den „Heiligen" schreibt Paulus: Denkt daran, was ihr einmal wart! Ihr wart Sünder, zum Teil sogar grobe Sünder. Nun aber seid ihr Heilige.

Wie können aus Sündern Heilige werden? Das zeigt uns der wunderbare Vers 11. Ihr lebtet in der Sünde – doch dann trat ein dreimaliges göttliches „Aber" eurer Sündenverlorenheit entgegen: Ihr seid **abgewaschen** worden vom Sündenschmutz – nicht durch Taufwasser, sondern durch Christi Blut (Offb. 7,14). Das habt ihr im Glauben als euer Heilmittel anerkannt. Dann habt ihr euer Leben dem Herrn Jesus übergeben; so wurdet ihr **geheiligt.** Und zugleich seid ihr aufgrund des Glaubens **gerecht gesprochen** worden (Röm. 3,24; 5,1). – So werden aus Sündern Heilige. Das ist Evangelium!

Ist das göttliche „Aber" schon in unser Leben getreten? Haben wir uns abwaschen, heiligen und gerecht sprechen lassen? Der Herr braucht unser Ja; Er zwingt uns nicht dazu.

Nicht im Irdischen aufgehen!

„Das aber sage ich euch, Brüder: Die (von Gott) bestimmte Zeit ist kurz bemessen; so seien künftig die, die Frauen haben, so als hätten sie sie nicht; und die weinen, als weinten sie nicht, und die sich freuen, als freuten sie sich nicht, und die (etwas) kaufen, als behielten sie es nicht; und die die Welt benutzen, seien wie solche, die sie nicht völlig ausnutzen; denn die Gestalt dieser Welt vergeht.“ *1. Kor. 7,29-31*

Dieses Pauluswort kann missverstanden werden. Es ist nicht eine Vernachlässigung der irdischen Beziehungen und Verpflichtungen gemeint. Das Wort kann nur recht verstanden werden im Sinne eines inneren Gelöstseins angesichts des kommenden Tages Christi. „Seht alles im Licht des kommenden Tages“, ruft uns der Apostel zu. Das bringt eine Relativierung mit sich. Unsere irdischen Freuden und Leiden, unser Kaufen und Verkaufen und sogar die Ehe verlieren an Gewicht, sind nicht mehr unser Ein und Alles, wenn der Herr kommt und uns zu sich emporhebt (1. Thess. 4,17), wenn der neue Äon anbricht und Jesus Sein Königreich auf Erden aufrichtet. Im Blick auf das, was Paulus hier über die Ehe sagt, schreibt *Heinrich Langenberg*: „Das bedeutet nicht Kälte und Lieblosigkeit in der Ehe, sondern Unterordnung der Ehe unter den Dienst der Gemeinde, unter die Gemeinschaft mit Christus“ – und wir fügen hinzu: unter die Erwartung Seiner Wiederkunft.

Die Urchristenheit erwartete die Wiederkunft Christi nicht etwa in 2000 Jahren! Man lebte in einer Naherwartung, ohne sich auf Tag oder Stunde festzulegen. War das ein Irrtum? Nein, es ist die normale Haltung des Gläubigen, den Herrn bald zu erwarten – heute mehr denn je. Jesus ermahnt die Seinen: „Seid wachsam, weil ihr nicht wisst, an welchem Tag euer Herr kommt... Seid bereit, denn zu einer Stunde, da ihr’s nicht meint, kommt der Menschensohn“ (Matth. 24,42.44).

Ehe und Familie, Weinen und Lachen, Kaufen und Verkaufen, ja der ganze Lauf dieser Welt – das alles ist wichtig an seinem Platz. Doch es ist weniger wichtig als der wiederkommende Herr und Sein Reich. Das Größte und Schönste kommt noch. So lasst uns Menschen sein, die ihr Leben im Glauben und Hoffen führen, die die Zeichen der Zeit beachten und Ausschau halten!

Läufer in der Rennbahn

„Wisst ihr nicht, dass die Läufer in der Rennbahn zwar alle laufen, aber nur ***einer*** *den Kampfpreis erlangt? So lauft nun, um ihn zu gewinnen! Jeder Wettkämpfer aber lebt in jeder Hinsicht enthaltsam – jene nun, damit sie einen* ***vergänglichen Siegeskranz*** *erlangen, wir aber einen* ***unvergänglichen****."* *1. Kor. 9,24.25*

Die Isthmischen Spiele in den Stadien von Korinth waren zur Zeit des Paulus weltberühmt. Paulus benutzt die Wettkämpfe als Bild für das „Laufen" und „Kämpfen" des Christen. Er selber ist ein solcher Läufer. In 2. Tim. 4,7.8 kann er schreiben: „Ich habe den guten Kampf gekämpft, ich habe den Lauf vollendet, ich habe den Glauben bewahrt. Für die Zukunft liegt mir nun der **Siegeskranz** der Gerechtigkeit bereit." Gottes Wort spricht auch vom „Siegeskranz des Lebens" (Jak. 1,12 und Offb. 2,10) und vom „Siegeskranz der Herrlichkeit" (1. Petr. 5,4). Das griechische Wort *stephanos* kann statt mit „Siegeskranz" auch mit „Krone" übersetzt werden.

Karl Geyer wies gern darauf hin: Es gibt im Reiche Gottes **Bürger** und **Herrscher.** Um Bürger eines Landes zu sein, genügt die Geburt; Herrscher aber kann nur werden, wer eine entsprechende Ausbildung und Befähigung vorweisen kann. – So gibt es im Königreich Gottes (im Machtbereich des Vaters) solche, die einmal gekrönt werden, und andere, die dies nicht erlangen.

Leider gibt es Christen, die nicht laufen und auch nicht kämpfen. Es genügt ihnen, errettet zu sein, Gottes Kind zu sein. Vielleicht haben sie es sich auf der Zuschauertribüne bequem gemacht, statt selber zu laufen. Sie beobachten die Läufer kritisch und achten auf jeden Fehler. – Ist das unsre Aufgabe? Nein, wir sollen laufen und kämpfen! Mit dem Laufen ist kein blinder Aktionismus gemeint (immer eilig, immer beschäftigt) und mit dem Kämpfen kein menschliches Streiten, vielmehr geht es um Glaubenslauf und Glaubenskampf (1. Tim. 6,12). Philipp Friedrich Hiller dichtete:

Wer auch läuft und läuft zu schlecht,
der versäumt sein Kronenrecht...
Dort wird's tönen bei dem Krönen:
Gott ist's, der es schafft.

Das Mahl des Herrn

„Denn ich habe vom Herrn empfangen, was ich euch auch überliefert habe: dass der Herr Jesus in der Nacht, in der Er ausgeliefert wurde, Brot nahm, und nachdem Er gedankt hatte, es brach und sprach: Dies ist mein Leib, der für euch (gebrochen wird); dies tut zu meinem Gedächtnis! Ebenso (nahm Er) auch den Kelch nach dem Mahl und sprach: Dieser Kelch ist der neue Bund in meinem Blut; dies tut, sooft ihr trinkt, zu meinem Gedächtnis! Denn sooft ihr dieses Brot esst und aus dem Kelch trinkt, verkündigt ihr den Tod des Herrn, bis Er kommt." *1. Kor. 11,23-26*

Es ist gut, dass wir diese Worte über die Einsetzung des Mahles des Herrn nicht nur in den Evangelien finden, sondern auch bei Paulus.

Was ist das Mahl des Herrn? – Es ist zum ersten ein **Gedächtnismahl**: „Dies tut zu meinem Gedächtnis!" Es soll nie in Vergessenheit geraten, was der Herr für uns getan hat. Und indem wir Brot und Wein zu uns nehmen, soll uns bewusst werden, dass sich Jesus nicht nur ideell – in Gedanken und Absichten – für uns geopfert hat, sondern körperhaft, sichtbar, blutend. – Es ist auch ein **Gemeinschaftsmahl.** In 1. Kor. 10,16 schreibt ja Paulus: „Ist der Kelch des Segens, den wir segnen, nicht Gemeinschaft des Blutes des Christus? Ist das Brot, das wir brechen, nicht Gemeinschaft des Leibes des Christus?" Die Glieder der Gemeinde bringen da zum Ausdruck, dass sie gemeinsam Anteil haben an Jesus, der das Brot des Lebens ist (Joh. 6,48), und an Seinem vergossenen Blut. – Und es ist ein **Verkündigungsmahl.** Wir verkündigen zeichenhaft den Tod des Herrn, gewiss auch den unsichtbaren Mächten, denen wir ein Schauspiel sind (1. Kor. 4,9 und Eph. 3,10).

Was ist das Mahl des Herrn nicht? – Ein bequemer Weg, um ewiges Leben zu erlangen, auch ohne Glauben. Rettung geschieht nur, indem wir glaubend die Gnade ergreifen (Eph. 2,8). Insofern ist das Mahl des Herrn nicht heilsnotwendig, wohl aber ein großer Segen. Jesus spricht in Joh. 6,53-57 nicht vom Mahl des Herrn, sondern vom glaubenden Aufnehmen Jesu. Indem wir Jesus und Seine Erlösung am Kreuz im Glauben annehmen, „essen" wir Ihn gleichsam. Das kann auch beim Brotbrechen geschehen, aber eben nur, wenn wir glauben.

Ein Leib mit verschiedenen Gnadengaben

„Es gibt aber verschiedene Gnadengaben, doch es wirkt derselbe ***Geist****; und es gibt verschiedene Dienste, doch es wirkt derselbe* ***Herr****; und es gibt verschiedene Kraftwirkungen, doch es ist derselbe* ***Gott****, der alles in allen bewirkt."* *1. Kor. 12,4-6*

Während die Frucht des Heiligen Geistes **eine** ist (Gal. 5,22), gibt es verschiedene Gnadengaben des Geistes, und nicht jeder muss alle besitzen. Gott hat ganz verschiedene Gabenträger. Es gibt in den Paulusbriefen auch verschiedene Aufzählungen der Gaben, außer in 1. Kor. 12 und 14 auch in Röm. 12,3-8. Dort schreibt Paulus: „Wie wir an **einem** Leibe viele Glieder haben, aber nicht alle Glieder dieselbe Funktion haben, so sind wir, die Vielen, **ein Leib in Christus,** im Einzelnen aber Glieder untereinander, wobei wir nach der uns verliehenen Gnade verschiedene Gnadengaben haben." Und in 1. Kor. 12 betont er: „Wie der Leib **einer** ist und doch viele Glieder hat – alle Glieder des Leibes aber, obwohl viele, **einen** Leib bilden, **so auch der Christus**... Wäre der ganze Leib nur Auge, wo bliebe das Gehör? Wäre er ganz Gehör, wo bliebe der Geruch?" (12,12.17).

Gemeindeleben in Christus geschieht nach dem Motto: **Einheit in der Verschiedenheit.** Das hat ganz praktische Konsequenzen für unseren Umgang miteinander! Erlaube dem anderen, anders zu sein als du! Sei nicht böse, wenn er die Prioritäten anders setzt als du! Dem einen geht Mission über alles, dem andern tiefe Erkenntnis der Gedanken Gottes, einem dritten eine gute Predigt, einem vierten die praktische Nächstenliebe. Leicht kann es passieren, dass wir nur **unsere** Sicht der Dinge für richtig halten und meinen, nur sie dürfe Vorrang haben. Doch denken wir daran, dass die Gemeinde ein **Leib** ist! Alle Gabenträger sind wichtig und sollen einander ergänzen. – Andererseits glaube ich mit *Karl Merz*, dass die Aufzählung der Gaben in 1. Kor. 12,7-10 zugleich eine Rangfolge zeigt, dass also die zuerst genannten **Wortgaben** Paulus wichtiger sind als die zuletzt genannte Zungenrede. Auch in 1. Kor. 14 zeigt Paulus, was ihm wichtiger und was ihm weniger wichtig ist. – Lasst uns die Einheit in der Verschiedenheit in gegenseitiger Wertschätzung praktizieren!

Das Wesen der göttlichen Liebe

„Die Liebe ist geduldig und gütig, die Liebe ist frei von Neid und Eifersucht, die Liebe prahlt nicht, sie ist nicht überheblich, sie handelt nicht unanständig, sie sucht nicht das Ihre, sie lässt sich nicht erbittern, sie rechnet das Böse nicht zu... Alles erträgt sie, alles glaubt sie, alles hofft sie, alles erduldet sie. Die Liebe hört niemals auf." 1. Kor. 13,4.5.7.8

Wie viel Missbrauch wird doch heute mit dem Wort „Liebe" getrieben! Was nennt man nicht alles „Liebe"! Die Bandbreite reicht von bloßer Triebhaftigkeit und egoistischem Begehren über Mutterliebe, Freundesliebe, Kameradschaft, Höflichkeit, Schönheitssinn bis zur selbstlosen Nächstenliebe und schließlich zur **Gottesliebe**, wie sie Paulus hier beschreibt. Die griechische Sprache hat drei Worte für Liebe: *Eros – Philia – Agapä.* Die Unterschiede sind ungefähr die folgenden: **Eros** meint die sinnliche, begehrende Liebe, **Philia** die freundschaftliche Verbundenheit und **Agapä** die Gottesliebe. Eng verbunden mit der *Philia* ist die *Philadelphia* (Bruderliebe). Von ihr ist in Röm. 12,10; 2. Petr. 1,7 und anderen Stellen die Rede.

Nichts kommt der **Gottesliebe** gleich. Nur von ihr gilt im Vollsinn: Sie hört niemals auf. Sie ist ja Gottes eigentliches Wesen (1. Joh. 4,8.16). Darum kann sie nicht aufhören, weil Gott niemals aufhört zu sein.

Etwas ganz Besonderes wurde Paulus durch den Heiligen Geist zuteil, als er die vorangestellten Worte, die man auch „Das Hohelied der Liebe" nennt, niederschreiben durfte. Hier schaut er das Innerste des Wesens Gottes, wie es vor allem Ausdruck findet im „Sohn der Liebe", Jesus Christus. Gottes Wesen ist aber oft verhüllt und verborgen. So lesen wir in Jes. 59,17: „Der HERR hüllte sich in Eifer wie in einen Mantel" und in Klagelieder 3,43.44: „Du hast dich in Zorn gehüllt und uns verfolgt... Du hast dich in eine Wolke gehüllt, sodass kein Gebet hindurchdrang." Der Glaube aber durchdringt die Hülle und hält an Gottes Liebe fest (Röm. 8,35-39).

Und diese Liebe wurde ausgegossen in unseren Herzen (Röm. 5,5)! Doch wie weit sind wir oft in der Praxis noch vom Wesen der Gottesliebe entfernt! Lasst uns göttlich lieben lernen!

Erscheinungen des Auferstandenen

„Christus erschien dem Kephas (Petrus), dann den Zwölfen; danach erschien Er mehr als 500 Brüdern auf einmal, von denen die meisten bis jetzt (am Leben) geblieben, einige aber entschlafen sind. Danach erschien Er Jakobus, dann den Aposteln allen; als Letztem von allen aber erschien Er auch mir." *1. Kor. 15,5-8*

Das Kapitel 1. Kor. 15 ist das gewaltige Auferstehungskapitel des Apostels Paulus; wir wollen in einigen Andachten auf diese Ausführungen hören. Während er in den Versen 22-28 die sogenannten „letzten Dinge" enthüllt, spricht er vorher in den Versen 3-8 sozusagen über die „ersten Dinge" seiner Verkündigung. Was hat Paulus als Erstes gelehrt? Dass Jesus gestorben ist für unsere Sünden, dass Er begraben wurde und vom Vater auferweckt wurde und den Seinen erschienen ist. – Dabei fällt uns auf: Das Erdenleben Jesu und Sein Wirken **vor** Seinem Leiden und Sterben ist kein Schwerpunkt paulinischer Verkündigung; darüber haben andere, die Augenzeugen waren, geschrieben. Paulus fängt da an, wo die anderen Evangelisten aufhören: mit Tod und Auferstehung Jesu.

Die obige Aufzählung der Erscheinungen Jesu soll keine vollständige sein. Die Evangelienberichte zeigen noch andere Erscheinungen des Auferstandenen; wiederum nennt Paulus hier einige Erscheinungen, die in den Evangelien fehlen. So erschien Er Seinem leiblichen Bruder Jakobus, der zu einem „Säulenapostel" der Jerusalemer Urgemeinde (Gal. 2,9) und zum Verfasser des Jakobusbriefes wurde. Was muss das für eine ergreifende Begegnung gewesen sein, als Jakobus in seinem Bruder den auferstandenen Gottessohn erkannte!

Das Wort „Er erschien" bedeutet nicht (außer im Fall des Paulus), dass diese Jünger und Jüngerinnen nur eine Vision, ein Gesicht hatten – so wie im Alten Testament Gott dem Abraham (1. Mose 17,1) oder gläubigen Israeliten (3. Mose 9,4) erschien. Jesus konnte angefasst werden! Der Auferstehungsleib ist ein Geistleib: Materie, vom Geist erfüllt und durchdrungen, den heute gültigen Naturgesetzen nicht mehr unterworfen. So konnten sich Jesu Jünger von der Echtheit Seiner Auferstehung durch Sehen, Hören, Anfassen überzeugen.

Wenn Christus nicht auferstanden wäre...

„Ist aber Christus nicht auferweckt worden, so ist euer Glaube eitler Wahn und ihr seid noch in euren Sünden, ja, es sind auch die in Christus Entschlafenen verloren. Haben wir nur in diesem Leben unsre Hoffnung auf Christus gesetzt, so sind wir die elendesten von allen Menschen."

1. Kor. 15,17-19

Es gab in Korinth einige Leute, die Jesu Auferstehung anzweifelten. Sie behaupteten, so etwas wie die Auferstehung eines Toten könne es überhaupt nicht geben. Diese Zweifel gibt es bis heute und sie sind menschlich verständlich. Wer von uns hätte schon einmal gesehen, dass auf dem Friedhof ein Toter aufersteht? Also schlussfolgern wir voreilig, dass es das nicht geben kann. – Nun behauptet aber das Neue Testament von A – Z, dass es Totenauferstehungen gibt und dass Jesus auferstanden ist. Wem wollen wir Glauben schenken – Gottes Wort oder unserem begrenzten menschlichen Denken?

Es gibt Erkenntnisfragen nebensächlicher Art, da ist die richtige Erkenntnis nicht heilsnotwendig. Paulus macht aber den Korinthern in 1. Kor. 15,12-19 klar: Die Auferstehungsfrage gehört nicht dazu! Es ist nicht egal, wie ihr dazu steht! Am auferstandenen Christus hängt unser ganzes Heil. Wer nicht mit dem auferstandenen, heute lebenden Jesus Christus rechnet, ist überhaupt kein Christ, hat keine Sündenvergebung und keine Hoffnung über den Tod hinaus. Das heißt aber nicht: „Du **musst** an den auferstandenen Christus glauben!" Solch ein „Muss" gibt es in Glaubensfragen nicht. Doch man kann es erfahren, dass Jesus lebt – durch Sein Wort und Seinen Heiligen Geist, durch glaubhafte Verkündigung und Gebetserhörungen. Jesus lebt nicht nur im Himmel, Er lebt auch in den Herzen der Seinen. Öffne Ihm dein Herz und du kannst es erleben! - Weil Jesus wirklich auferstanden ist und lebt, wurden aus den verängstigten Jüngern todesmutige Zeugen. Weil Er auferstanden ist und lebt, gibt es seit 2000 Jahren die Gemeinde Christi auf Erden. Wäre es nicht so, sagt Paulus, dann wären wir betrogene Betrüger, die elendesten von allen Menschen. Dann wäre es vernünftig, nach dem Lustprinzip zu leben und jeden nur erreichbaren Genuss mitzunehmen (1. Kor. 15,32)! – Nun aber ist Christus auferstanden. Er lebt – lebt Er auch in dir?

Der Endsieg Gottes

„Nun aber ist Christus aus den Toten auferweckt worden, (und zwar) als Erstling der Entschlafenen... Als letzter Feind wird der Tod entmachtet. Denn ‚alles hat Er Seinen Füßen untergeordnet' (Psalm 8,7). Wenn es aber heißt ‚Alles ist untergeordnet', so ist offenbar der ausgenommen, der Ihm das All untergeordnet hat. Wenn Ihm aber das All untergeordnet ist, dann wird auch der Sohn selbst (freiwillig aufs Neue) sich dem unterordnen, der Ihm das All untergeordnet hat, damit Gott alles in allen sei."

1. Kor. 15,20.26-28

Dass Jesus auferstanden ist, hat Folgen – für Seine Gemeinde, für Israel, aber auch für die Welt! Es hat Folgen für den großen Kampf zwischen Gottesreich und Satansreich, zwischen Licht und Finsternis, zwischen Leben und Tod. Paulus sieht im Geist die Zeit kommen, wo auch der Tod hinweggetan wird, völlig entmachtet wird, und zwar als **letzter Feind**! Das bedeutet nicht weniger, als dass es dann im ganzen All keine Feindschaft gegen Gott mehr gibt. Und da der Feuersee „der zweite Tod" genannt wird (Offb. 20,6.14; 21,8), ist damit auch sein Ende gekommen. Nun kann Gott „alles in allen" werden – nicht nur alles **über** allen (das ist Er heute schon). Dieser Endsieg Gottes ist unvorstellbar herrlich. Dann erfüllen sich auch die Schriftworte von der universellen Huldigung Gottes (Phil. 2,9-11 und Offb. 5,13).

Walter Künneth schrieb in „Theologie der Auferstehung": „Die Erwählung Gottes... hat zum Endziel auch die Erwählung und Zurückführung der gottlosen, verlorenen Menschheit. Dieses Wunder der Erwählung hebt den Entscheidungscharakter des Glaubens nicht auf... Die Erlösung und die Herrschaft des ‚Sohnes' kommen erst dann zum Ziel, wenn ‚alle Feinde' sich zu Christus als ihrem Herrn bekennen. Dieses Christusbekenntnis ist erst dann universal und gültig, wenn auch die Menschen in ihrer heillosen Verlorenheit sowie die christusfeindlichen Gewalten aus ihrer selbstverschuldeten Qual freiwillig zurückgefunden haben. Es geht um die endgültige Realisierung der Freiheit der Umkehr, des neuen Gehorsams, der Ermöglichung neuer Erkenntnis, die zum vollgültigen Bekenntnis heranwächst. Das Blut des Weltheilandes und Sein Auferstehungssieg haben Gültigkeit auch für die Gottlosen, für den Kosmos, für das All."

Die Herrlichkeit des Auferstehungsleibes

„Es wird gesät in Vergänglichkeit, auferweckt in Unvergänglichkeit; es wird gesät in Unehre, auferweckt in Herrlichkeit; es wird gesät in Schwachheit, auferweckt in Kraft; es wird gesät ein seelisch-natürlicher Leib, auferweckt ein geistlicher Leib." 1. Kor. 15,42-44

Einen Friedhof nannte man früher auch „Gottesacker". Hier ist eine Saat Gottes ausgesät: die Leiber der Verstorbenen. Davon sprechen die obigen Worte. Die Worte „Saat" und „gesät" enthalten eine Hoffnung; denn wo gesät wird, da wird normalerweise auch geerntet. Der Tränensaat wird eine Freudenernte folgen (Ps. 126,5) – das gilt auch für das Sterben und Auferwecktwerden der Gläubigen.

Das alles ist eine Folge der Auferstehung Jesu. Paulus hat ja geschrieben: „Wie in dem Adam alle sterben, so werden auch in dem Christus alle lebendig gemacht werden" (15,22). **Alle** Toten stehen einmal auf, das bestätigt auch Offb. 20,12.13.

Unvorstellbar groß ist die Herrlichkeit des Auferstehungsleibes der Christusgläubigen. Sofern sie bei Seinem Kommen noch auf Erden leben, werden sie in die neue Leiblichkeit hinein **verwandelt.** Der kommende Retter „wird den Leib unsrer (gegenwärtigen) Erniedrigung umgestalten, dass er gleichgestaltet sei dem Leibe Seiner Herrlichkeit" (Phil. 3,21). Der auferstandene Christus konnte Materie durchdringen – etwa verschlossene Türen – und sich mühelos in die Dimensionen der Himmel erheben; Er konnte in strahlender Herrlichkeit (Offb. 1,13-17) oder auch ganz schlicht als Mensch erscheinen.

Unser jetziger Leib ist vergänglich, der zukünftige unverderblich und unvergänglich. Zum Leib, den wir heute tragen, gehören Unehre oder Schmach sowie Schwachheit, Kraftlosigkeit oder Kränklichkeit; der zukünftige Leib besitzt göttliche Herrlichkeit und Kraft. Heute haben wir einen seelisch-natürlichen Leib (griechisch *sooma psychikon*); Leib und Seele hängen eng zusammen; an dessen Stelle tritt durch Auferstehung oder Verwandlung ein geistlicher Leib (*sooma pneumatikon*). Was für eine herrliche Umgestaltung!

Im weiteren Sinn ist unser ganzes Leben und Verhalten eine Saat. Paulus ermahnt uns, nicht das auszusäen, was der Ichsucht gefällt, sondern was dem Geiste Gottes gefällt (Gal. 6,7.8).

Ermahnung zu Wachsamkeit und Festigkeit und Liebe

„Seid wachsam, steht fest im Glauben, seid mannhaft, werdet stark! Alles bei euch geschehe in (göttlicher) Liebe!“ *1. Kor. 16,13.14*

Die Gemeinde Jesu war zu allen Zeiten eine bedrohte Gemeinde. Man lese Kol. 2 oder Offb. 2 und 3 (die Sendschreiben), um zu erkennen, welche Gefahren für Lehre und Leben damals bestanden. Und ist es heute anders? Nein, zahllose Gefahren bedrohen auch heute die Reinheit der Lehre und des Lebenswandels. Auch wo keine Christenverfolgungen stattfinden, wo man höflich und nett zu uns ist, kann trotzdem die Lehre aufs Äußerste bedroht sein: Bibelkritiker wollen uns einreden, es habe doch geschichtlich alles gar nicht so stattgefunden, wie es Gottes Wort beschreibt; man habe Jesus Worte in den Mund gelegt, die Er nie gesagt, und Taten angedichtet, die Er nie getan. Solche Kritiker rechnen nur mit dem menschlich-irdisch Erklärbaren, nicht aber mit einem Gott, der in die Geschichte eingreift, ja sie lenkt, und mit Seinem Geist, der Menschen inspiriert. – Andere huldigen einem Gefühlschristentum. Die Lehre sei nicht so wichtig, das Herz müsse für Jesus brennen. Darunter versteht man aber vielfach übersteigerte Emotionen und eine ständige Halleluja-Stimmung. Nein, ohne Lehre fehlen uns Grundlage und Kompass und wir irren richtungslos mit unsern frommen Gefühlen umher. – Auch der Begriff „Freiheit“ wird vielfach missverstanden. Die christliche „Freiheit“ ist eine Freiheit von Ich, Sünde, Zeitgeist und Weltwesen und nicht eine Freiheit zu diesen Dingen. Noch manches andere wäre zu nennen, z.B. eine feministische Bibelauslegung.

So sind die oben stehenden Ermahnungen des Paulus auch für die heutige Zeit sehr aktuell und dringend zu beachten.

Eine weitere Gefahr ist die der **Lieblosigkeit.** Viel Streit gab es in der Gemeinde in Korinth und viel Streit gibt es auch heute. Zuweilen muss auch gestritten und gekämpft werden, doch es soll mit geistlichen und nicht mit fleischlichen Waffen geschehen (2. Kor. 10,4.5). Es ist nicht immer leicht, bei Auseinandersetzungen die Liebe festzuhalten. Eine weichliche „Liebe“, die alles toleriert, ist ebenso wenig tauglich vor Gott wie menschliche Härte oder gar Feindschaft. Gott schenke es uns, wahr zu sein in der Liebe (Eph. 4,15)!

Der Gott allen Trostes

„Gepriesen sei der Gott und Vater unseres Herrn Jesus Christus, der Vater der Erbarmungen und Gott allen Trostes, der uns tröstet bei all unsrer Bedrängnis, damit wir (wiederum) die zu trösten vermögen, die sich in irgendwelcher Bedrängnis befinden." 2. Kor. 1,3.4

In der römischen Provinz Asia gerieten Paulus und seine Begleiter in so große Bedrängnis, dass sie „sogar am Leben verzweifelten" (2. Kor. 1,8). Doch sie erkannten: Gerade jetzt gilt es zu vertrauen. Und sie erfuhren und glaubten: Gott hat uns aus so großer Todesgefahr errettet und Er wird uns auch ferner erretten (1,10). Sie erlebten Gott als den „Vater der Erbarmungen und Gott allen Trostes". Wie sich ein liebender Vater seiner Kinder erbarmt, die sich in irgendwelcher Not befinden, so erbarmt sich der HERR über die, die Ihn fürchten (Ps. 103,13). Sein Erbarmen bedeutet Hilfe und Rettung. Das Wie und das Wann aber müssen wir Ihm überlassen.

Auch ist Gott der „Gott allen Trostes". Er gibt uns ermunternden Zuspruch. Er will uns helfen, unsere Gedanken von Angst und Sorge weg und zu Ihm, dem Retter, hin zu wenden. Er tröstet nicht, wie Menschen trösten, die oft nur leere Worte machen. Hinter Seinem Zuspruch stehen Seine Allmacht und Weisheit. Er tröstet, wie eine Mutter tröstet, voll innigen Mitgefühls (Jes. 66,13). Indem Er tröstet, richtet Er unseren schwach gewordenen Glauben wieder auf und belebt Er unsere Hoffnung.

Solches Erleben soll dazu führen, dass auch wir Menschen in Bedrängnis zu trösten vermögen. Wenn hinter Trostworten eigenes Erleben steht („Das habe ich so ähnlich auch mitgemacht"), sind sie viel wirkungsvoller als schöne abstrakte Worte.

Jesus spendete Seinen Jüngern großen Trost, als Er nach unsrer Meinung selber Trost gebraucht hätte, nämlich kurz vor Seinem Kreuzestod (Joh. 14-16). So geborgen war Er in Seinem Gott und Vater.

Gott schenke uns beides: Ihn als Tröster zu erleben und Seine Tröstungen glaubhaft weiterzugeben!

Nicht der Buchstabe soll herrschen, sondern der Geist

„Gott hat uns fähig gemacht zu Dienern eines neuen Bundes, nicht des Buchstabens, sondern des Geistes; denn der Buchstabe tötet, aber der Geist macht lebendig." *2. Kor. 3,6*

Zu dem Ausdruck „Diener eines neuen Bundes" schreibt *Heinrich Langenberg*: „Es kann nicht der neue Bund gemeint sein, den Gott mit Israel schließen will (Jer. 31,31), sondern ein neuer Bund, der jetzt schon besteht, nämlich der neue Bund in Jesu Blut (Luk. 22,20 und 1. Kor. 11,25)... Der Schreiber des Hebräerbriefs unterscheidet zwischen einem neuen, besseren Bund für das zukünftige bekehrte Israel (8,8) und einem frischen Bunde, der bereits für die Gemeinde gegenwärtige Wirklichkeit ist (12,24)." – Es ist wie der Gottesbund mit Abraham ein einseitig von Gott geschlossener Bund; wir haben nichts weiter zu tun, als glaubend und dankend in diese neue Beziehung einzutreten. – Paulus bezeichnet nur ganz selten (hier und in Gal. 4,24) die heute an Jesus Christus Glaubenden als Bundeszugehörige; er nennt sie lieber Kinder, Söhne, Glieder des Leibes Christi, was ja auch viel tiefer reicht.

Der „neue Bund" hat es gegenüber dem alten Sinai-Bund nicht nur mit einem besseren Opfer zu tun (Jesu Blut statt Tierblut), sondern auch mit einer besseren, direkten Beziehung zu Gott. Wir sind, sagt Paulus, nicht mehr „Diener des Buchstabens, sondern des Geistes". Unter Gesetz dienten wir dem Buchstaben, den einzelnen Gesetzesbestimmungen; heute dienen wir dem Geist (womit er zugleich Jesus meint, 2. Kor. 3,17). Dies kann missverstanden werden. Es ist nicht gemeint, dass es heute auf den Buchstaben, den genauen Wortlaut im Alten und Neuen Testament nicht mehr ankomme und wir uns nur noch so ungefähr nach Sinn und Geist der biblischen Aussagen zu richten hätten. In dieser Weise geht man ja heute leider vielfach mit der Bibel um, so z.B. da, wo man sehr frei statt wörtlich übersetzt. Das Wort Gottes bleibt als **Wort** für uns gültig, aber lebendig gemacht durch Gottes **Geist**!

Umgestaltung

„Wir alle aber, die wir mit aufgedecktem Angesicht die Herrlichkeit des Herrn wie im Spiegel schauen (oder: sich in uns spiegeln lassen), werden dadurch umgestaltet in dasselbe Bild von Herrlichkeit zu Herrlichkeit, wie es vom Herrn aus geschieht, dem Geist." *2. Kor. 3,18*

Was wir Menschen dringend brauchen – die wir von Natur aus durch die Sünde beschmutzt und entstellt sind -, ist **Umgestaltung, Veränderung.** Wir sollen zurückerneuert werden in das Bild Gottes; denn wir sind ja zur Gottebenbildlichkeit berufen (1. Mose 1,26.27). Wie aber geschieht Umgestaltung?

Da kommt es auf unser **Anschauen** an. Was wir anschauen, das prägt uns. Wer täglich stundenlang fernsieht, wird dadurch geprägt, auch wenn er es nicht merkt. Sehen wir stundenlang unordentliche, streitende oder gar brutal um sich schießende Menschen vor uns, so gewöhnen wir uns daran. Wir merken zuletzt gar nicht mehr, wie ungöttlich und böse das ist. Besonders gefährdet sind Kinder und Jugendliche. Hier ist der Nachahmungstrieb besonders stark. Darum ist es so wichtig, die Heranwachsenden recht anzuleiten, ihnen Maßstäbe zu kritischem Urteilen zu vermitteln.

Wir aber schauen Jesus an – nicht nur in Seiner Niedrigkeit als Mensch, sondern in Seiner Herrlichkeit. Wie ist das aber möglich? Wir sehen Ihn doch nicht! Unser Text sagt uns: Wir schauen Ihn im **Spiegel** an! Am besten denken wir dabei an Gottes Wort. Im Spiegel des Wortes – durch den Geist lebendig gemacht – erblicken wir Jesu Herrlichkeit. So werden wir geprägt und verändert. Statt „wie im Spiegel schauen" kann auch übersetzt werden: **widerspiegeln.** In der Bruns-Bibel heißt es: „Wir schauen in die Herrlichkeit des Herrn und strahlen sie zugleich wie ein Spiegel zurück." Wir lassen Gottes Herrlichkeit sich in uns spiegeln. Das erinnert mich an den schönen Satz von *Helmut Gollwitzer*: „Der Mensch ist bestimmt, diejenige Stelle in der Schöpfung zu sein, an der Widerspiegelung der göttlichen Liebe stattfindet." Das vermag aber nur der Mensch, der sich der Liebe Gottes öffnet. Möchten wir doch Menschen sein, die nicht ständig Streit und Bosheit und Schrecken anschauen, sondern Gottes Liebe und Herrlichkeit, und die sich durch sie prägen lassen!

Gott wird uns auferwecken

„Dabei wissen wir: Der den Herrn Jesus auferweckt hat, wird auch uns mit Jesus auferwecken und zusammen mit euch vor sich hinstellen."

2. Kor. 4,14

Welch ein mutmachendes Wort unserer lebendigen Hoffnung! Es geht von der Tatsache aus: Jesus ist auferweckt worden! Das stand allen Aposteln Jesu unerschütterlich fest. Besonders nachdrücklich bezeugt es Paulus – einschließlich der Folgerungen, die sich daraus ergeben – im Auferstehungskapitel 1. Kor. 15. Auch im obigen Wort spricht er von dem, was die Auferstehung Jesu für uns bedeutet. Wir sollen nicht nur jetzt als „Mitauferstandene" in einem neuen Leben wandeln (Röm. 6,4), uns ist auch für die Zukunft eine großartige Hoffnung gegeben. Paulus sagt, als sei es ganz selbstverständlich: „Der den Herrn Jesus auferweckt hat (nämlich der Vater), wird auch uns mit Jesus auferwecken." Wir sind **mit Ihm** gestorben und leben nun **mit Ihm** (Röm. 6,8), und aufgrund dieses Zusammenseins **mit Ihm** werden auch wir auferweckt werden, sobald die Zeit gekommen ist, dass die „Toten in Christus" auferstehen (1. Thess. 4,16).

Danach wird dann der Vater „uns mit euch vor sich hinstellen". Statt „hinstellen" kann auch übersetzt werden: „darstellen, bereitstellen, zur Verfügung stellen". Es geht offenbar darum, für die großartigen Zukunftsaufgaben der Gemeinde, die Christi Leib ist, bereitgemacht zu werden.

Nun beachten wir noch, dass Paulus sagt: Er wird uns **mit euch** vor sich hinstellen. Ist das nicht eine Antwort auf die vielgestellte Frage: Werden wir unsere Lieben drüben wiedersehen? Ja, sagt Paulus, wir sehen die Gläubigen wieder. Aber er beschreibt das Wiedersehen (das für manche Christen fast an erster Stelle ihrer Hoffnung steht) nicht mit gefühlvollen romantischen Worten, sondern sagt ganz nüchtern: Wenn der Vater uns bereitstellt zum Dienst, sind wir wieder beieinander. Es ist für Paulus eine Art „Nebenwirkung" unserer Auferstehungshoffnung, nicht die Hauptsache – eine „Nebenwirkung", auf die wir uns freuen dürfen (vgl. auch 2. Kor. 1,14 und 1. Thess. 2,19).

Wir möchten überkleidet werden

„In diesem Zelt wohnend seufzen wir und es liegt wie ein Druck auf uns, weil wir nicht ***entkleidet****, sondern* ***überkleidet*** *werden möchten, damit das Sterbliche verschlungen werde von dem Leben.“* *2. Kor. 5,4*

Paulus spricht hier vom gegenwärtigen und zukünftigen Leib der Menschen, die an Jesus Christus glauben. Er vergleicht in 2. Kor. 5 unseren Körper mit einem Zelt – einem Kleid – und unserer Heimat. Wir sind im Leib daheim – die gläubig Verstorbenen aber sind daheim beim Herrn (V. 6.8). Jetzt haben wir gleichsam eine Zeltwohnung. Den Tod des Leibes vergleicht Paulus mit dem Abbrechen eines Zeltes, das schnell geschehen kann. Danach erwarten wir ein „Gebäude aus Gott“, ein ewiges, himmlisches Haus (V. 1) – den neuen Leib. Der jetzige Leib ist vergänglich und schwach, der neue Leib unvergänglich und voll göttlicher Kraft und Herrlichkeit (1. Kor. 15,42-44). Jetzt fühlen wir uns leiblich wie seelisch oftmals bedrückt, belastet, beschwert; der neue Leib aber besitzt die „Freiheit der Herrlichkeit der Kinder Gottes“ (Röm. 8,21).

Paulus lebte in einer Naherwartung des wiederkommenden Herrn – das soll auch unsere normale Haltung sein. Israel ist wieder in seinem Land als Staat vorhanden; die Globalisierung schreitet mit Riesenschritten in Richtung Welteinheit voran; antichristliches, gesetzloses Wesen breitet sich immer mehr aus. Bald hat der Leib Christi seine Vollzahl erreicht und der kommende Herr wird die Toten in Christus auferwecken und die Lebenden in Christus in einem Nu verwandeln (1. Kor. 15,51-53). Statt „verwandeln“ sagt Paulus in unserem Text „überkleiden“: der neue Leib wird wie ein Kleid über den alten gezogen, der dabei aber „verschlungen“ wird. Paulus möchte lieber „überkleidet“ als „entkleidet“ werden, das heißt, er möchte auf Erden lebend verwandelt werden und nicht sterben müssen und auferstehen. Zur Zeit des Paulus war es noch nicht soweit, wir aber könnten die Wiederkunft Christi erleben. Wir dürfen diese Frage aber offenlassen und dem Herrn einfach vertrauen. Er wird alle Glieder Seines Leibes zu sich entrücken – sei es durch Tod und Auferstehung oder durch „Überkleidung“.

Eine Neuschöpfung in Christus

*„Ist daher jemand in Christus, so ist er eine **neue Schöpfung**; das Alte ist vergangen, sieh: **Neues ist geworden**!“* *2. Kor. 5,17*

„Gibt es etwas Neues?“ fragen manche Kunden beim Betreten eines Ladens. Man liest auch nicht gern die Zeitung von gestern oder vorgestern; **neu** soll sie sein. – Bei Gott, sagt unser Text, gibt es **Neues**! Und das Großartige ist: Wir kaufen nicht nur etwas Neues – **wir selber werden neu!**

Das geschieht immer dann, wenn sich ein Mensch Jesus Christus als seinem Heiland und Herrn überlässt. Er ist dann ein „Mensch in Christus“ (2. Kor. 12,2), es besteht eine Lebensgemeinschaft zwischen einem Menschen und Christus. Seine Sündenschuld ist vergeben, er darf die Gewissheit haben, ein Gotteskind zu sein. An die Stelle des Alten tritt Neues (Eph. 4,22-24). Ein solcher Mensch liebt das Wort Gottes und sucht die Gemeinschaft mit anderen Gotteskindern; das Beten zu Gott ist ihm ein inneres Bedürfnis. Ist das so bei uns? Oder ist uns das Bibellesen und Beten nur eine lästige Pflicht? Dann sind wir noch nicht „in Christus“. Wer in der Lebensgemeinschaft mit Jesus Christus lebt, weiß um neue Interessen und Triebe. Das „Alte“, der Hang zur Sünde, die mächtige Ichliebe, ist nun Vergangenheit. Das ist jedenfalls unsere grundsätzliche Einstellung.

Doch das alles geht nicht ohne Kampf. Es geschieht auch nicht schlagartig. „Fleisch und Geist“, Altes und Neues kämpfen lebenslang miteinander. Was Paulus im vorangestellten Wort beschreibt, ist die **eine Seite** eines Lebens mit und in Christus. Die andere Seite ist die, dass unser „alter Mensch“ noch da ist und damit auch die Möglichkeit zu sündigen. Ein „Mensch in Christus“ lebt nicht automatisch immer nur vom Neuen her; darum die vielen Ermahnungen in den Apostelbriefen, wachsam zu sein und recht zu kämpfen.

Eines aber haben wir als „Menschen in Christus“ den anderen voraus: Wir **können** in einem neuen Leben wandeln, wir **müssen** nicht sündigen. Wir können ganz neu denken, reden, handeln – nämlich von Christus her. Dazu helfe uns der Herr in der täglichen Praxis!

Gott hat die Welt mit sich versöhnt

„Gott war in Christus, die Welt mit sich selbst versöhnend, indem Er ihnen ihre Übertretungen nicht anrechnete, und Er hat unter uns das Wort der Versöhnung aufgerichtet. An Christi Statt sind wir nun Botschafter; Gott lässt durch uns eine Aufforderung ergehen; wir bitten dringend an Christi Statt: Lasst euch versöhnen mit Gott!“ *2. Kor. 5,19.20*

In Johannes 3,17 lesen wir: „Gott hat den Sohn nicht in die Welt gesandt, damit Er die Welt richte, sondern damit die **Welt** durch Ihn **gerettet** werde.“ Dazu starb Jesus am Kreuz. Ein Kapitel später berichtet Johannes, dass in der Stadt Sichar viele zum Glauben an Jesus Christus kamen, und sie erkannten und bezeugten: „Dieser ist in Wahrheit der **Retter der Welt**!“ (4,42). - Sind das Übertreibungen? Oder dürfen wir das auch glauben? Fest steht zweierlei: a) Die Welt ist heute zum größten Teil noch unerrettet. Und b) Die Welt wird niemals automatisch oder zwangsläufig gerettet werden. – Fest steht aber auch: Den ersten und entscheidenden Schritt zur Rettung der Welt hat Gott durch den Opfertod Seines Sohnes bereits getan: Er hat die Welt mit sich versöhnt! Es ist eine einseitige Versöhnung von Gott her. Als wir noch Feinde und Sünder waren, hat Gott uns durch den Tod Seines Sohnes mit sich versöhnt (Röm. 5,10), indem Er Ihm unsere ganze Schuld anrechnete und Ihn die ganze Strafe tragen ließ. Der Gerechte wurde „zur Sünde gemacht“, damit die Sünder lebendige Darsteller der Gerechtigkeit Gottes würden (2. Kor. 5,21) – ein einzigartiger Austausch!

Nun sollen die Geretteten andere Menschen zur Umkehr rufen: Lasst euch versöhnen mit Gott! Denn obwohl – objektiv von Gott her – alle Schuld der Welt bezahlt ist, ist nur der Mensch – subjektiv in seinem Herzen – ein Versöhnter, der sich **versöhnen lässt**! Das tun heute nur wenige; die große Masse muss erst noch die Not der Gottesferne und der Gottesgerichte durchwandern, bis auch sie erkennt: Wir brauchen Vergebung, Erlösung, Versöhnung! Denn Gott zwingt niemanden zu seinem Glück. Doch von Christi Kreuz und Auferstehung her ist ein Versöhnungs- und Heilungsprozess in Gang gekommen, der durch Äonen läuft und noch auf der neuen Erde weitergeht (Offb. 22,2).

Gottgemäße Traurigkeit

„Die gottgemäße Traurigkeit bewirkt ein Umdenken zum Heil, das man nie bereut; die Traurigkeit der Welt aber bewirkt den Tod." 2. Kor. 7,10

Man kann dieses Wort auch so übersetzen: „Die Traurigkeit vor Gott bewirkt eine Reue, die niemand gereut, zum Heil; die Traurigkeit der Welt aber bewirkt den Tod."

Es gibt also zweierlei Traurigkeit, eine heilsame und eine tödliche. Die letztere führt oft Menschen zur Verzweiflung, weil sie keine Hoffnung haben und keinen Ausweg mehr sehen. Woher soll die Hoffnung auch kommen, wenn man nicht auf Gott und Sein Wort hört? In der Welt gibt es viel mehr schlechte als gute Nachrichten. Und auch viele Menschen, die glücklich und erfolgreich zu sein scheinen, sind doch innerlich unglücklich und traurig. Sie wissen, dass alles auf Erden vergänglich ist.

Wer aber traurig wird vor Gott – traurig über sich selbst und die Welt – ist auf gutem Wege. Ihm gilt Matth. 5,4: „Glückselig die Trauernden, denn sie werden getröstet werden." Mag die Traurigkeit über eigene Sünde und eigenes Versagen auch schmerzlich sein – es ist „eine Reue, die niemand gereut", ein heilsames Selbstgericht. Es gibt ja viele Arten von Traurigkeit: außer der Traurigkeit über sich selbst gibt es die Trauer bei Sterbefällen, bei Erdbeben, bei Krankheit, Misserfolg, Enttäuschungen, Ehescheidung, Unrecht. Der Glaubende aber muss niemals verzweifeln. Mit allem darf er zu Gott kommen, der ein liebender Vater ist, der Wunden heilen und Traurigkeit in Freude verwandeln kann. Und in Gottes Neuschöpfung wird es keinen Tod und keine Trauer mehr geben (Offb. 21,4).

Ernst zur Nieden schrieb 1935 in „Sprechstunden mit deinem Ich": „Es gibt eine Traurigkeit, die ihre Überwindung schon in sich hat. Wir nennen sie Reue oder Buße. Ein Mensch, der Reue hat, macht die tiefste Traurigkeit durch, die es gibt, weil alle menschlichen Gesichtspunkte gar nicht verglichen werden können mit diesem wirklichen Schmerz, den der hat, der in das Auge Gottes schaut... In dem Augenblick aber, wo er vor Gott auf die Knie geht, greift er schon nach dem, der ihn aus dem Staube hebt."

Überfließende Gnade

„Gott vermag euch jede Gnade überfließend darzureichen, damit ihr in allem allezeit alles Nötige zur Genüge besitzt und noch Überfluss habt zu jedem guten Werk.“ *2. Kor. 9,8*

Gottes Gnade ist etwas Fließendes, Strömendes. Nicht umsonst spricht man vom „Gnadenstrom“. Gott will uns Seine Gnade überfließend schenken, also nicht kärglich, tröpfchenweise. Die Folge sind Menschen, die bewegt werden und etwas bewegen. Im Tränental wandernd machen sie es zu einem Quellort (Ps. 84,7).

Unser Text hebt hervor, dass **alle** oder jede Gnade in unser Leben kommen soll, sodass wir in **allem allezeit alles** Nötige besitzen und noch Überfluss haben zu **allem** oder jedem guten Werk. Das ist das Ende allen Mangels, aller Ärmlichkeit und Unzufriedenheit. Die das erleben, sind reiche Leute – reich in Gott. Der „Gott aller Gnade“ weiß, welche Gnade wir gerade brauchen, Gnade zum Reden oder zum Schweigen, rettende oder heiligende Gnade, Dienstgnade oder Leidensgnade.

Unser Text sagt nicht, dass jeder Christ dies ständig erfährt. Paulus ist kein Schwärmer. Er sagt nur: Gott kann... Gott vermag... An Gott liegt es also nicht, wenn wir innerlich arm statt reich unsern Weg gehen, verzagt und mutlos als Menschen, die gerade genug mit sich selbst zu tun haben und sich nicht auch noch um das Wohl der andern kümmern können. Es liegt an uns, die Gnade zu **nehmen.** Wie nehmen wir die Gnade? Durch den Glauben (Röm. 5,1.2 und Eph. 2,8). Gnade ist die gütige Herabneigung Gottes, konkret geworden in der Sendung Jesu und der Gabe des Heiligen Geistes. Unser Glaube ist das vertrauensvolle Rechnen mit Gott, Seiner Gegenwart, Liebe und Gnade und Treue. Anstelle der Sünde soll die Gnade über uns herrschen (Röm. 5,21; 6,12-14).

Möchten wir solche sein, die freudig nehmen, was Gott geben will! Freudige und dankbare Christen sind ein Nutzen für andere und eine Ehre für Gott. Sind wir solche Menschen? Wenn wir 2. Kor. 9,8 im Glauben praktizieren, müsste es möglich sein.

Paulus „rühmt sich“ seiner Bedrängnisse

„Dreimal bin ich mit Ruten geschlagen, einmal gesteinigt worden. Dreimal habe ich Schiffbruch erlitten; eine Nacht und einen Tag habe ich auf dem tiefen Meer treibend zugebracht; oft auf Reisen, in Gefahren durch Flüsse, in Gefahren durch Räuber, in Gefahren vom eigenen Volk, in Gefahren vonseiten der Nationen, in Gefahren in der Stadt, in Gefahren in der Wüste, in Gefahren auf dem Meer, in Gefahren unter falschen Brüdern; in Mühe und Anstrengung, in vielen schlaflosen Nächten, in Hunger und Durst, in häufigem Fasten, in Kälte und Blöße – abgesehen von dem, was noch täglich auf mich einstürmt: die Sorge um alle Gemeinden.“

2. Kor. 11,25-28

Das ist eine erschütternde Aufzählung der Leiden und Bedrängnisse des Apostels. Welcher heutige Diener Christi könnte auch nur annähernd eine solche Liste vorlegen? Wir wollen aber nicht sagen, dass es ähnlich Schweres heute nicht mehr gibt. Es gibt in großer Zahl verfolgte und auch gefolterte Gläubige, wenn nicht bei uns, so doch in anderen Ländern.

Der obige Text zählt nicht einmal alles auf, was Paulus erlebt und erlitten hat; man könnte noch 2. Kor. 11,23.24 und 12,7 dazunehmen. Auch lag die gefährliche Schiffsreise nach Rom, die Apg. 27 beschreibt, noch vor ihm.

Paulus betont, dass er sich eigentlich nicht rühmen möchte, aber weil andere Gläubige seiner Tage sich ständig nach menschlich-natürlichen Maßstäben ihrer Leistungen und Entbehrungen rühmten – darunter auch „falsche Apostel“ (11,13) -, will auch er sich einmal, gleichsam als ein „Tor“, auf ihre Stufe begeben. Er will sagen: Wenn man sich schon nach menschlichen Maßstäben rühmt, dann hätte ich auch einiges aufzuweisen!

Auch heute leben Diener Christi in Gefahren: Man kann in einen Autobahnstau geraten oder gar einen Unfall erleiden. Man kann des Glaubens wegen gemieden oder beleidigt werden. Es kann einen kalten Winter geben. Nöte in den Gemeinden können schlaflose Nächte bereiten. – Doch was sind das für Kleinigkeiten gegenüber dem Erleben des Paulus! Wir wollen dem Herrn danken, wenn Er uns so schonend behandelt, und Ihm erst recht in Treue dienen!

Kein anderes Evangelium!

„Aber auch wenn wir selbst oder ein Engel aus dem Himmel euch etwas als Evangelium verkündigten, das dem entgegensteht, was wir euch als Evangelium verkündigt haben: er sei Gottes Zorn überantwortet!“

Gal. 1,8

Paulus kann zart und mild, aber auch hart und streng reden. Geht es um Menschen in Not, verfolgte Gläubige, persönliche Schwachheiten, so kann der Apostel liebevoll und herzlich ermahnen und trösten. Geht es aber um die gesunde Lehre – und vor allem um die Grundlagen der Lehre -, geht es um das ihm anvertraute Evangelium, so schließt er keine faulen Kompromisse. Im Galaterbrief geht es ja im Wesentlichen um die Rechtfertigung des Sünders allein aus Gnade, ohne Gesetzeswerke. Dieses paulinische Gnadenevangelium darf nicht verfälscht werden! Selbst wenn ein Engel aus dem Himmel (einer von jenen, die Israel nach Gal. 3,19 das Gesetz anordneten) seine Botschaft verfälschte, so sei er Gottes Zorn überantwortet (griechisch *Anathema:* er sei verbannt, verflucht). Hier geht es nicht um Kleinigkeiten der Auslegung, die man so oder so sehen kann, sondern um das Grundsätzliche: Müssen auch Menschen aus den Nationen, die gläubig werden, das jüdische Gesetz und die Beschneidung annehmen oder sind sie frei davon? Das wurde ja auf dem sogenannten „Apostelkonzil“ (Apg. 15) besprochen und geklärt. Und so lehrt nun Paulus: Die Nationengläubigen sind **frei vom Gesetz** – nicht etwa frei zur Gesetzlosigkeit und Sünde, sondern frei für die totale Gnade, frei zur totalen Hingabe an Gott und Christus durch den rettenden Glauben, frei zum Glaubensgehorsam.

Auch heute ist das Evangelium von Jesus Christus – und besonders die paulinische Lehre – in großer Gefahr, verändert, ja verfälscht zu werden. Welche Gefahren drohen? Dass Bibelkritiker die geschichtliche Wahrheit der biblischen Berichte in Frage stellen – dass man die Gerichte Gottes, die biblische Prophetie, die Hoffnung für Israel und für die Welt verschweigt – dass ein „Wohlfühl-Evangelium“ den Menschen statt Gott in den Mittelpunkt rückt – und was es noch an Einseitigkeiten und Entstellungen geben mag. Möchten wir doch treu am Worte Gottes und an der Lehre der Apostel bleiben!

Christus lebt in mir

„Ich lebe, aber nicht mehr ***ich****, sondern* ***Christus*** *lebt in mir. Was ich aber jetzt lebe im Fleisch, das lebe ich im* ***Glauben*** *– dem Glauben an den Sohn Gottes, der mich geliebt und sich selbst für mich dahingegeben hat."*

Gal. 2,20

Hier spricht ein Mensch, bei dem der große Herrschaftswechsel stattgefunden hat: nicht länger herrscht das **Ich** mit all seinen fragwürdigen Eigenschaften und Gelüsten, sondern der auferstandene Christus. Nicht mehr ist sein **Ich** die Mitte, um die alles Planen und Handeln kreist, sondern der Herr. Sein **Glaube** bestimmt sein Leben, d.h. er rechnet beständig mit dem auferstandenen und erhöhten Herrn, der in seinem Herzen wohnt. Er ist es, der ihn prägt und stärkt, bewahrt und führt.

Statt „Ich lebe im Glauben an den Sohn Gottes" kann auch übersetzt werden: „Ich lebe im Glauben des Sohnes Gottes." Dazu erklärte der Übersetzer *Ludwig Albrecht*: „Das ganze Leben dessen, der ‚in Christus' ist, wird, je mehr er in Christi Gemeinschaft erstarkt, desto völliger ein Leben in dem Glauben des Sohnes Gottes sein." – Ein Erstes ist der **Glaube an den Sohn Gottes;** ein Zweites ist es dann, in das Wesen Jesu Christi umgestaltet zu werden: in Seine Sanftmut, Demut, Liebe und eben auch in den **Glauben des Sohnes Gottes.** Es geht darum, zu glauben, wie Er geglaubt hat, und zu vertrauen, wie Er vertraut hat.

Zu dem Satz **„Christus lebt in mir"** schrieb *Ernst F. Ströter*: „Das ist das ganze Geheimnis. Dabei hört dann alle ‚Religion' auf. Von Stund an hört ein solcher Mensch auf, Religion zu treiben (d.h. durch Leistung und Verdienst Gott gnädig stimmen oder imponieren zu wollen). Sein eigentliches Leben besteht nicht mehr in den Dingen, die er tut, den Urteilen, die er bildet, den Überzeugungen, die er hegt, sondern einfach in Christus, dem Lebendigen, dem Auferstandenen, dem Herrn, dem Geist."

Wohl dem, der beides bejaht und fortschreitend praktiziert: Mein ichhaftes Wollen und Wünschen beherrscht mich nicht mehr – Christus bestimmt und führt mein Leben.

Frei vom Fluch des Gesetzes

„Christus hat uns losgekauft vom Fluch des Gesetzes, indem Er zum Fluch für uns wurde, denn es steht geschrieben: Verflucht ist jeder, der am Holz hängt" (5. Mose 21,23). *Gal. 3,13*

Man kann das Gewicht dieser Worte nur ermessen, wenn man sich klarmacht, was **„Fluch des Gesetzes"** bedeutet. Wir sahen es schon, als wir uns in einer früheren Betrachtung kurz mit 5. Mose 28 beschäftigten. Was dort in den Versen 15-68 geschrieben steht, ist in seiner Furchtbarkeit kaum mehr zu übertreffen. Wenn Israel nicht darauf achten sollte, **alle** Gebote und Ordnungen des HERRN zu tun, dann sollten es **alle** Flüche treffen, die dort aufgezählt sind: Die Frucht des Leibes und die Frucht des Viehs und die Frucht des Ackerlandes werden verflucht sein – Krankheiten und Dürre werden kommen – Israel wird von den Feinden geschlagen werden – Es wird in die Gefangenschaft weggeführt, ja unter alle Völker zerstreut werden.

Israel vermochte es nicht, alle Ordnungen Gottes genau zu befolgen, und wir vermögen es auch nicht. Trifft uns nun der Fluch? Nein, sagt Paulus, er trifft uns nicht, denn Jesus wurde zum Fluch für uns. Wie ein von Gott Verfluchter hing Er am Kreuz. Sein Leiden und Sterben befreite uns vom Fluch – jeden, der an Jesus Christus glaubt.

Als der Sohn Gottes am Kreuz ausrief: „Mein Gott, mein Gott, wozu hast Du mich verlassen?", da ertrug Er die Gesamtheit aller Flüche. Er ertrug die Gottverlassenheit in einem Ausmaß, das kein Geschöpf je hätte ertragen können. Er wurde zum Fluch für uns. Er wurde – juristisch gesehen – „zur Sünde gemacht" (2. Kor. 5,21). **Nun sind wir frei vom Fluch.** Wir können stattdessen Vergebung der Sünden und auch Sieg über die Sünde, Reinigung, Heiligung, Christusinnewohnung und lebendige Hoffnung erlangen. Das alles aber nur, wenn wir glauben, wenn wir Nein sagen zu uns selbst und Ja zu Jesus Christus als unserem Retter und Herrn. Wir erwarten alles Heil nicht mehr von uns selbst, auch nicht von unserer Frömmigkeit, sondern allein vom Gekreuzigten und Auferstandenen. Statt Fluch empfangen wir nun Segen (Eph. 1,3), statt Gottesferne Gottesnähe, statt Tod göttliches Leben.

Die Frucht des Heiligen Geistes

„Die Frucht des (Heiligen) Geistes aber ist: (göttliche) Liebe, Freude, Friede, Geduld, Freundlichkeit, Güte, Glaube, Sanftmut, Selbstbeherrschung.“ *Gal. 5,22*

Bevor Paulus von der **Frucht des Geistes** spricht, zählt er die **Werke des Fleisches** auf. Er zeigt all das Negative, das unser Ich produziert, bevor er das Positive aufleuchten lässt, das Gottes Geist in uns hervorbringen will. Was bringt unser Fleisch, unsere ichsüchtige Natur, hervor? Unzucht, Ausschweifung, Götzendienst, Streit, Eifersucht, Wut und dergleichen. Was aber wächst in uns, wenn wir dem Geist Gottes Raum geben? Die neunfache Frucht des Heiligen Geistes.

Beachten wir, dass es nicht neun Früchte sind, sondern **eine** Frucht! Von den **Gaben** des Geistes spricht Paulus in der Mehrzahl (1. Kor. 12 und 14); der eine hat diese, der andere jene Gabe. Anders ist es bei der Frucht des Geistes. Da soll nicht der eine die Liebe, der andere die Freude und noch ein anderer die Sanftmut haben. Alles zusammen will Gottes Geist wachstümlich denen geben, die sich von ihm führen und leiten lassen (Röm. 8,14) und die ihm gehorchen (Apg. 5,32). Wachstümlich, nicht schlagartig! Aus einem ichsüchtigen und gewalttätigen Menschen wird nicht von heute auf morgen ein Mensch der Liebe und Sanftmut. Die Geistesfrucht muss wachsen und gepflegt werden. Häufiges stundenlanges Fernsehen ist nicht die rechte Pflege, wohl aber Wort Gottes, Gemeinschaft und Gebet.

Allen voran steht die göttliche **Liebe.** Ihr Wesen beschreibt Paulus in 1. Kor. 13,4-8. Wer göttlich liebt, hat auch **Freude** in sich. Er hat **Frieden** und stiftet Frieden. Aus ungeduldigen Menschen werden **Geduldige.** Mit der **Freundlichkeit** und **Güte** sind nicht menschliche Eigenschaften gemeint (die ja manche von Natur aus besitzen), sondern Wirkungen der Gottesliebe. Des Weiteren ist vom **Glauben** die Rede (das Wort kann auch Vertrauen oder Treue meinen). Glaube als Geistesfrucht ist etwas Besonderes: ein gewachsenes Vertrauen zu Gott und Christus. Weitere kostbare Geisteswirkungen, die wir in den Gemeinden dringend brauchen, sind **Sanftmut** und **Selbstbeherrschung.** – Möchten wir doch dem Geist Gottes Raum geben, das alles in uns hervorzubringen!

Lasten tragen

„Einer trage des anderen Lasten, so werdet ihr das Gesetz des Christus erfüllen!" *Gal. 6,2*

Zunächst einmal ist es der HERR, der uns mit unsern Lasten trägt (Ps. 68,20). Wie viel hat Er da zu tragen und zu ertragen! Nun aber sollen auch wir als Menschen „in Christus" Lastenträger werden.

Die göttliche Liebe, von der wir in Gal. 5,22 so Kostbares hörten, muss im Alltag konkret werden. Es genügt nicht, nur in der Gesinnung zu lieben! Es gibt ein „Gesetz des Christus", das wir erfüllen sollen. Ja, sind wir denn nicht „frei vom Gesetz"? Ist das nicht das große Thema des Galaterbriefes? Ja, wir sind frei gemacht vom Gesetz vom Sinai, sein Fluch betrifft uns nicht mehr. Das weiß gerade Paulus als Israelit zu schätzen. Aber wir sind nicht frei zur Gesetzlosigkeit oder Trägheit, sondern frei für Christus, frei zum Dienst. Absolut frei sind wir nie, in irgendeiner Bindung befinden wir uns immer. Durch die Bindung an Christus (das „Gesetz des Christus") sind wir frei vom Zwang, ständig zu versuchen, aus eigener Kraft Gott zu gefallen. Auch in Röm. 8,2 spricht Paulus von einem „Gesetz" für die Gläubigen: Das „Gesetz des Geistes des Lebens in Christus Jesus" macht uns frei vom „Gesetz der Sünde und des Todes". Das sind positive Gesetze, positive Bindungen. Sie bringen uns nicht unter einen Fluch, sondern in die Freiheit des Glaubensgehorsams. Das ist zugleich eine Freiheit vom Ich, vom selbstsüchtigen Wesen. Nun gilt es von Christus her die Lasten anderer zu tragen. Das beginnt in der Ehe und Familie und setzt sich fort überall da, wo wir Not sehen und helfen können. Dazu gehört auch die Sündennot, und so schreibt Paulus in dem Vers, der unserem Text vorausgeht: „Brüder, wenn auch ein Mensch von einem Fehltritt übereilt wird, so bringt ihr, die Geistlichen, einen solchen im Geist der Sanftmut wieder zurecht!" So gehört zum Lastentragen auch das Zurechtbringen, Zurechthelfen, wieder in Ordnung Bringen. Nicht nur Armut oder Krankheit, auch Sorgen, Süchte, Sünden aller Art sind Lasten, mit denen viele nicht fertig werden. Wo können wir helfen?

Ein Segenskreislauf

„Gesegnet sei der Gott und Vater unseres Herrn Jesus Christus, der uns gesegnet hat mit jedem (nur denkbaren) geistlichen Segen in den himmlischen (Welten) in Christus.“ *Eph. 1,3*

Das Besondere an diesem Vers ist, dass der Wortstamm „segnen“ dreimal darin vorkommt. Aber können Menschen Gott „segnen“? Nach Hebr. 7,7 wird doch zweifelsfrei das Geringere von dem Besseren gesegnet. Darum übersetzen viele hier: „Gepriesen (oder gelobt) sei der Gott und Vater...“ Wir können von uns aus Gott natürlich nicht segnen. Aber wir können Seinen Segen lobend und dankend durch Wort und Werk zu Ihm zurückfließen lassen. So entsteht ein Segenskreislauf.

Des Öfteren lesen wir auch in den Psalmen: „Gesegnet (oder gepriesen) sei Gott“ (u.a. in Ps. 63,5; 103,1.2; 115,18; 134,1.2; 135,19). Auch in Ps. 134 begegnet uns ein Segenskreislauf, wenn es dort heißt: „Seht her und segnet den Ewigen, ihr Diener des Ewigen alle... Es segne dich vom Zionsberg aus der Ewige, der Himmel und Erde gemacht hat!“ In Ps. 63,5 lesen wir: „So will ich lebenslang Dich rühmen.“ Dort übersetzt Rabbiner S. R. Hirsch: „So will ich Dich durch mein Leben segnen“ und er versteht darunter, die Erfüllung Seines Willens auf Erden zu fördern. (Nach Schumacher: Die Psalmen Israels.)

Wir wissen aus 5. Mose 28, dass dem Volk Israel eine Fülle irdischen Segens von Gott verheißen wurde unter der Bedingung der Erfüllung aller Seiner Gebote. Hier aber, im Epheserbrief, stehen wir voll und ganz auf dem Boden des Evangeliums, nicht des Gesetzes. Hier stellt Gott keine Bedingungen. Er hat uns in Christus gesegnet. Was Er uns alles geschenkt hat, kann man in Eph. 1-3 im Einzelnen erfahren. Es sind himmlische, nicht irdische Güter. Danach werden wir dann in Eph. 4-6 aufgefordert, Ihn durch unser Leben zu ehren.

Natürlich sind wir Gott auch dankbar für alle möglichen irdischen Segnungen. Doch typisch für die Berufung der Gemeinde sind die geistlichen Segnungen, die uns in Christus aus der himmlischen Welt zufließen. Nehmen wir sie im Glauben! Lassen wir uns beschenken! Es ist ganz erstaunlich, welche Höhen und Tiefen der Gedanken Gottes Paulus in diesem Brief, der wohl ein Rundbrief an mehrere Gemeinden gewesen ist, vor den Lesern ausbreitet!

Auserwählung

„Gott hat uns (schon) vor Grundlegung der Welt in Christus (dazu) auserwählt, dass wir heilig und untadelig seien vor Seinem Angesicht in Liebe, und uns vorherbestimmt zur Sohnschaft durch Jesus Christus für sich selbst nach dem Wohlgefallen Seines Willens." *Eph. 1,4.5*

Wenn Gott Menschen zu sich zieht, macht immer Er den Anfang. Er ruft, Er rettet, Er reinigt und heiligt und vollendet. Er hat uns zuerst geliebt. Wir Menschen können nur auf Sein Agieren reagieren.

Was aber Paulus hier schreibt, ist geradezu unvorstellbar: Gott habe die Glieder Seiner Gemeinde – also auch dich und mich, wenn wir Jesus verbindlich gehören – schon **vor Grundlegung der Welt** auserwählt. Er habe uns schon vor der Erschaffung irgendeines Menschen im Geist vor sich gesehen und dazu bestimmt, Seine Kinder und Glieder Seiner Gemeinde zu werden. Ähnliches bezeugt er in Röm. 8,29.30. Auch da ist von einer Vorherbestimmung (Prädestination) die Rede. Eine doppelte Prädestination zu ewiger Seligkeit und ewiger Verdammnis gibt es nicht. Es gibt nur eine positive Vorherbestimmung, nämlich zur Sohnschaft (Eph. 1,5) und zur Gleichheit mit Christus (Röm. 8,29). Es gibt auch keine Prädestination als unentrinnbaren Zwang. Als Er uns vorherbestimmte, **sah** Er uns bereits, auch unser Denken und Entscheiden.

Auserwählung wird leicht missverstanden. Es gibt drei große Missverständnisse: a) Die Auserwählten sind besser als die übrigen Menschen. Das verneint Paulus entschieden in 1. Kor. 1,26-29. – b) Die Auserwählten sollen es besser haben als die andern. Die Geschichte Israels, des auserwählten Volkes, zeigt, dass das nicht stimmt. Ja, innerlich haben wir es besser, viel besser, denn wir leben nicht mehr in der Gottesferne, äußerlich aber nicht. Auch die Auserwählten können schwere Wege geführt werden. – c) Die Auserwählten sind die Einzigen, die Gott rettet. Auch das stimmt nicht. Wir sind nur „eine Erstlingsfrucht Seiner Geschöpfe" (Jak. 1,18).

Lasst uns über die Auserwählung nicht grübeln, sondern dafür danken und die Erwählung durch unser Leben bestätigen (Kol. 3,12-17 und 2. Petr. 1,10).

Das Geheimnis des Willens Gottes

„Gott hat uns das Geheimnis Seines Willens kundgetan nach Seinem wohlgefälligen Beschluss, den (auszuführen) Er sich vorgenommen hatte in sich selbst im Blick auf die Heilsverwaltung der Fülle der Zeiten: (nämlich) das All in dem Christus unter ***einem*** *Haupt zusammenzufassen – was in den Himmeln und was auf Erden ist, in Ihm."* *Eph. 1,9.10*

Gott hat einen Willen. Er „wirkt alles nach dem **Ratschluss** Seines Willens" (Eph. 1,11). Davon zu unterscheiden ist das „**Wohlgefallen** Seines Willens" (Eph. 1,5). Längst nicht alles, was auf Erden geschieht, gefällt Gott, aber alles ist eingeschlossen in Seinen Ratschluss. – Nun spricht aber Paulus in Eph. 1 auch noch von einem „**Geheimnis** Seines Willens". Das ist wohl etwas Geheimnisvolles, das den meisten Geschöpfen verborgen ist. Sie erkennen es nicht und können es nicht verstehen. „Uns aber", lehrt Paulus, „hat Gott dieses Geheimnis kundgetan". Die an Jesus Christus glauben, dürfen es erkennen.

Es geht dabei um eine Zielsetzung Gottes, die erst in ferner Zukunft erreicht werden wird; bis dahin vergeht noch eine „Fülle der Zeiten". Und wie sieht dieses Ziel aus? Das All soll in dem Christus „unter **einem** Haupt zusammengefasst werden".

Heute gibt es noch zwei Häupter, zwei Reiche, zwei Herren; es herrscht ein Dualismus, eine Zweiteilung. Seit dem Fall Satans, der viele Geschöpfe mit in die Gottesfeindschaft riss, existieren zwei Reiche nebeneinander: Neben dem Königreich Gottes gibt es ein Königreich Satans (Luk. 11,18.20). Ja, das Reich des Satans scheint dem Gottesreich sogar überlegen zu sein! Die große Masse der Menschen hat sich noch nicht für Gott, den Vater Jesu Christi, entschieden, sie lebt noch in der Umklammerung des Bösen, im Machtbereich der Finsternis (Kol. 1,13).

Das soll und wird sich ändern! Alles wird einmal Jesus Christus untergeordnet sein (1. Kor. 15,27). Alle Geschöpfe werden Ihn und den Vater ehren (Phil. 2,10.11). Wir dürfen es als Erstlinge heute schon tun. Für Seine Gemeinde ist Jesus Christus schon heute das Haupt. Und wir dürfen in der frohen Erwartung leben: Am Ende ist Er das alleinige Haupt über alles und das Reich der Finsternis existiert nicht mehr.

Geist der Weisheit und Offenbarung

„(Meine Bitte ist) dass der Gott unseres Herrn Jesus Christus, der Vater der Herrlichkeit, euch gebe den Geist der Weisheit und Offenbarung, um Ihn selbst zu erkennen, (dazu) erleuchtete Augen eures Herzens, damit ihr begreift, welches die Hoffnung Seiner Berufung ist und welches der Reichtum der Herrlichkeit Seines Erbes in den Heiligen und welches die überragende Größe Seiner Kraft in Bezug auf uns, die Glaubenden."

Eph. 1,17-19

Der Geist Gottes ist ein siebenfacher Geist: der Geist des HERRN – der Geist der Weisheit und des Verstandes – der Geist des Rates und der Kraft – der Geist der Erkenntnis und der Furcht des HERRN (Jes. 11,2). Auf Jesus ruhte dieser Geist in seiner ganzen Fülle (Luk. 4,1). Wir aber werden wachstümlich in diese Fülle hineingeführt. Das sahen wir schon bei der Betrachtung von Jes. 11,1.2.

Die Gläubigen, die Paulus im Epheserbrief anspricht, hatten den Heiligen Geist empfangen; sie waren mit ihm versiegelt, d.h. zu Gottes unantastbarem Eigentum erklärt worden. Dies geschah, nachdem sie Gottes Wort gehört und geglaubt hatten (Eph. 1,13). Sie besaßen aber noch nicht die Fülle des Geistes, sie hatten offensichtlich „nur" den Geist des HERRN empfangen. So lebte nun Gott in ihnen; der entscheidende Anfang war gemacht. Nun betet Paulus darum, dass sie innerlich weiterkommen. Sie sollen auch den „Geist der Weisheit und Offenbarung" empfangen. Das entspricht etwa der zweiten und dritten Ausprägung des Heiligen Geistes nach Jes. 11,2. Dann sind sie auch in der Lage zu erkennen, „welches die Hoffnung Seiner Berufung ist und welches der Reichtum der Herrlichkeit Seines Erbes in den Heiligen und welches die überragende Größe Seiner Kraft".

Fällt uns da etwas auf? Der Blick ist ganz auf Jesus Christus und Sein Werk gerichtet. Paulus sagt dreimal „Seiner – Seiner – Seiner". Nicht wir sind die Mitte, sondern der Herr. Wir denken meistens nur an **unsere** Anliegen. Wir sollen aber erkennen, welches die Berufung Christi ist – was für ein Erbe Er in den Heiligen hat – und welche Kraft Ihm zu Eigen ist, die dann auch uns zugute kommen soll.

Unsere Antwort darauf sei: „Ich will, anstatt an mich zu denken, ins Meer dieser Liebe mich versenken."

Die Gemeinde ist Christi Leib und Christi Fülle

„Alles hat Er (der Vater) Christi Füßen untergeordnet und Ihn als Haupt über alles der Gemeinde gegeben, die Sein ***Leib*** *ist, die* ***Fülle*** *dessen, der alles in allem erfüllt."* *Eph. 1,22.23*

Bleiben wir zunächst einmal bei der Aussage stehen: Gott gab Seinen Sohn der Gemeinde als **„Haupt über alles".** Dazu schrieb Ernst F. Ströter in seiner Auslegung des Epheserbriefes:

„Man kann den Christus Gottes von sehr verschiedenen Seiten nehmen und dabei sehr viel von Ihm haben... So nehmen Ihn heute Millionen als das Ideal eines Menschen. Sie haben recht, denn Er ist es auch. Andere nehmen Ihn als Sittenlehrer und Gesetzgeber (in der Bergpredigt), der eine höhere, edlere Sittlichkeit gebracht habe als Brahma, Konfuzius und selbst Mose. Auch sie haben recht. Wieder andere nehmen Ihn in Wahrheit als ihren persönlichen Heiland und Erretter. Auch sie haben recht, mehr als all die andern... Der Gemeinde aber hat Gott Ihn in einer noch viel höheren, gewaltigeren, umfassenderen Eigenschaft gegeben, nämlich als ‚Haupt über alles'." Das heißt doch: als Sieger über Sünde, Tod und Teufel – als Licht, das alle Finsternis vertreibt – als den Herrn der Welt im Vollsinn. Von Ihm singt der ältere Blumhardt:

Jesus ist der Siegesheld, der all Seine Feind besieget;
Jesus ist's, dem alle Welt bald zu Seinen Füßen lieget;
Jesus ist's, der kommt mit Pracht
und zum Licht führt aus der Nacht.

Wenn nun Seine Gemeinde als Sein **Leib** und Seine **Fülle** (Ausfüllung, Vervollständigung, Ergänzung) bezeichnet wird, dann ist damit eine innige Verbundenheit der liebenden Zuwendung und Fürsorge, aber auch der tätigen Zusammenarbeit ausgesprochen, die mit Worten schwer zu beschreiben ist. Er wohnt in uns. Er lebt in uns. Er wirkt durch uns. Alle Zukunftsaufgaben erfüllt Christus zusammen mit den Seinen. Zu Recht dichtete *Karl Geyer*:

Nichts wird in künftigen Zeiten geschehen
ohne den Dienst, zu dem Er uns bestellt.

Das alles beginnt schon heute. Lassen wir uns zubereiten – nicht nur zur persönlichen Seligkeit, sondern zum Dienst an der Welt!

Wir waren tot und wurden lebendig gemacht

„Gott, der reich ist an Erbarmen, hat um Seiner großen Liebe willen, mit der Er uns geliebt hat, auch uns, die wir in den Übertretungen tot waren, zusammen mit dem Christus lebendig gemacht – durch Gnade seid ihr errettet worden! – und uns mit (Ihm) auferweckt und mit (Ihm zusammen) sitzen lassen in den himmlischen (Welten) in Christus Jesus." Eph. 2,4-6

Der ohne Gott lebende Mensch ist **tot.** So wird ja auch der „verlorene Sohn" in Luk. 15 als einer bezeichnet, der „tot war und lebendig geworden ist" (V. 32). Fern vom Vaterhaus, ohne Kontakt zum Vater, in Sünde und Schande lebend, war er „tot". Doch die Erinnerung ans Vaterhaus war ihm geblieben und am Tiefpunkt seines Lebens besann er sich darauf, den Weg der Heimkehr zu beschreiten.

So sind Millionen heute lebender Menschen „tot" für Gott. Wohl ihnen, wenn sie irgendwann das Unbefriedigende ihrer Lage erkennen und durch den rettenden Glauben der Kontakt zum himmlischen Vater hergestellt wird.

Wir haben kein Recht, auf solche „Tote" hochmütig herabzuschauen. Wir alle, sagt Paulus, waren „tot in Sünden". Wer noch von der Finsternis beherrscht wird, wer noch nicht auf Gottes Wort von Herzen achtet, wer noch nicht zum Vater und zum Sohn persönlich beten kann, dem fehlt noch das wahre, bleibende Leben. Er ist „entfremdet dem Leben Gottes" (Eph. 4,18) – er ist „tot".

Nun aber kann Paulus jubelnd bezeugen: Wir wurden lebendig gemacht – errettet – geistlich auferweckt. Es sind lauter Gottestaten, die Paulus hier rühmt. Er spricht nicht von Bekehrung (wie in 1. Thess. 1,9) oder von der Entscheidung, die Versöhnung anzunehmen (wie in 2. Kor. 5,20). Das alles gehört gewiss dazu, denn Gott zwingt niemanden zum Heil. Aber Paulus will deutlich machen: Das Entscheidende tat Gott und Er wird es auch in Zukunft tun. Dabei heißt es immer: mit Ihm, mit Christus! Gott nimmt uns mit hinein in die Heilstaten, die Er am Sohn getan, und lässt sie uns miterleben, nacherleben!

Jesus sagt in Joh. 5,24: „Wer mein Wort hört und glaubt..., der hat ewiges Leben... Er ist aus dem Tod in das Leben hinübergegangen." Wohl jedem, der das erlebt!

Wir sind Sein Kunstwerk

*„Aus **Gnade** seid ihr gerettet worden durch den **Glauben**, und das nicht aus euch... **nicht aus Werken**... Denn wir sind Sein Kunstwerk, erschaffen in Christus Jesus **zu guten Werken**, die Gott zuvor bereitet hat, damit wir in ihnen unsern Lebenswandel führen.“* *Eph. 2,8-10*

Welche Rolle spielen die guten Werke im Christenleben? Darauf gibt unser Wort eine gar treffende, wohlausgewogene Antwort.

Einerseits gilt: **nicht aus Werken.** Paulus wird nicht müde, dies zu betonen (vgl. Gal. 2,16 oder 2. Tim. 1,9). Er spricht von „Werken des Gesetzes“ oder auch ganz allgemein von „unseren Werken“. Wer von Gott gerecht gesprochen werden möchte, darf sich nicht auf eigene Leistung oder Frömmigkeit berufen. Nur mit leeren Händen sollst du zum Hügel Golgatha kommen, um aufgrund des Sühnetodes Jesu Vergebung der Sünden und Frieden mit Gott zu erlangen.

Andererseits geht aus den Paulusbriefen und der ganzen Bibel deutlich hervor, dass unsre Werke Gott nicht gleichgültig sind. Sosehr Er sie als Hilfsmittel zu unsrer Rettung verneint, so deutlich bejaht und fordert Er gute Werke als Frucht und Folge der Rettung. Nicht **aus guten Werken**, wohl aber **zu guten Werken** wurden wir errettet. Das ist die göttliche Ordnung. „Wer die umkehren und aus seinen Werken errettet und heilig werden will, der mag ebensowohl in seinem Garten die Bäume mit den Wurzeln in die Luft und mit den Zweigen in die Erde pflanzen“ (E. F. Ströter).

Dann folgt der schöne Satz: **„Wir sind Sein Kunstwerk“** (Erzeugnis, Gebilde, Schöpfungswerk). Das Wort *poiäma* wird auch gebraucht von Metallarbeit, Werkzeug, Dichtung (vgl. Poem, Poesie). Gott setzt Seine Ehre darein, aus unedlem Material, das wir von Natur aus sind (1. Kor. 1,26-28), etwas überaus Schönes zu gestalten: Seine Gemeinde. Sie wird einmal in Herrlichkeit offenbar werden, so zerstritten, schwach und arm sie auch heute noch sein mag.

Wir Menschen haben nichts zu rühmen als nur Ihn! Unser Gott gestaltet die Gemeinde. Und auch alle unsre guten Werke, die wir tun, hat Er zuvor bereitet. Er gab ja die Kraft, die Gesundheit, die Gelegenheit zum Guten. So lasst uns tun, was Er vor uns her bereitet!

Wir haben nun Zugang zum Vater

*„Denn durch Ihn (Christus) haben wir beide (die ehedem Fernen und die Nahen) in **einem** Geist den **Zugang zum Vater.** So seid ihr also nicht mehr Fremde und Ausländer, sondern Mitbürger der Heiligen und Hausgenossen Gottes."* *Eph. 2,18.19*

Es ist eine Verkürzung sondergleichen, zu meinen, ein Mensch würde nur dazu von Gott gerettet, dass er nicht, wie man sagt, „in die Hölle komme", biblisch ausgedrückt, dem Feuersee verfalle. Die Rettung durch Gott schenkt uns nicht nur Bewahrung vor dem, was uns negativ erscheint, sondern überaus Positives: Vergebung, Gotteskindschaft, Gottesleben und dazu noch den **Zugang zum Vater.**

Das ist überhaupt nicht selbstverständlich! Machen wir uns klar, wer der Vater ist: der Schöpfer der Welt und aller Menschen, der Ursprung aller Kräfte und Energien im Kosmos, der Heilige, der mit Sündern keine Gemeinschaft haben kann. Und nun doch Zugang zum Vater? „Wir **waren** Sünder", stellt Paulus in Röm. 5,8 fest. Hält sich Paulus für sündlos? Sind alle Geretteten sündlos? Nein, aber hier müssen wir **Stellung und Zustand** unterscheiden: Als Glaubende sind wir gerecht vor Gott. Es ist Jesu uns zugerechnete Gerechtigkeit, die uns zuteil wurde (2. Kor. 5,21). So sind wir, juristisch gesehen, frei von aller Sündenschuld, weil Jesus sie weggetragen hat. Vor Gott sind wir Heilige und nicht Sünder – mag auch der Zustand im Leben auf Erden noch mangelhaft sein. Der Zustand soll aber durch ein Leben in der Heiligung der Stellung „in Christus" immer mehr angenähert werden.

Wir haben nun **Zugang zum Vater.** Das sagt uns auch Eph. 3,12 mit den Worten: „In Ihm (dem Herrn) haben wir Freimütigkeit und Zugang in Zuversicht durch den Glauben." Das Wort „Freimütigkeit" bedeutet: Ich darf Ihm alles sagen. Ich habe die Erlaubnis, frei und offen zu reden. Freimütig und freudig darf ich dem Vater alle meine Anliegen vortragen – in der Zuversicht, dass Er auf mich hört. Im menschlichen Miteinander gibt es Tabubereiche („Darüber spricht man nicht – es würde den anderen verletzen oder ärgern oder traurig machen"). Dem Vater im Himmel aber darfst du alles sagen – vom Schändlichsten bis zum Schönsten. Und mit Seiner Gnade darfst du immer rechnen. Er würdigt uns Seiner Gemeinschaft (1. Joh. 1,3).

Miterben – Mitleib – Mitteilhaber

*„Daran könnt ihr beim Lesen mein Verständnis in dem **Geheimnis des Christus** erkennen..., dass nämlich (Angehörige der) Nationen **Miterben** sind und **Mitleib** und **Mitteilhaber** der Verheißung in Christus Jesus durch das Evangelium.“* *Eph. 3,4.6*

Paulus spricht des Öfteren von Geheimnissen Gottes. Sie wurden ihm geoffenbart und anvertraut. Besonders häufig spricht Paulus im Epheserbrief von Geheimnissen (1,9; 3,3.4.9; 5,32; 6,19). Dabei geht es hauptsächlich um das eine große Geheimnis: **Christus und Seine Gemeinde.** In Seiner Gemeinde hat Christus Juden und Heiden, Israeliten und Nichtisraeliten, solche, die ehemals Fremde waren, und solche, die Gott von Abraham und Mose her schon kannten, zu einer Einheit verbunden (Eph. 2,14-18). Es ist der Leib Christi, von dem Zinzendorf singt:

Er das Haupt, wir Seine Glieder;
Er das Licht und wir der Schein;
Er der Meister, wir die Brüder;
Er ist unser, wir sind Sein.

Im vorangestellten Text veranschaulicht Paulus die enge Verbundenheit der Glieder mit dem Haupt und untereinander durch die drei Begriffe **Miterben – Mitleib – Mitteilhaber.** Worauf bezieht sich das Wörtlein „mit“? In gewissem Sinn auf Israel. Wir, die aus den Nationen, dürfen mit Israel Erben des Heils und der Rettung in Jesus, dem Messias, sein. Es gibt aber auch Verheißungen, die nur Israel gelten, z.B. die Landverheißungen. Keineswegs sind die Gläubigen aus den Nationen an die Stelle Israels getreten, auch die christlichen Kirchen sind es nicht. – Im Vollsinn bezieht sich aber das Wörtlein „mit“ auf Jesus Christus selbst. So ist es ja auch in Röm. 6,8 oder 8,17. Wir sind Miterben Christi, Mitleib mit Ihm, Mitteilhaber der Verheißungen, die Ihn betreffen. So sehen wir z.B. den Herrn Jesus in Jes. 61,1-3 als Evangelisten und Seelsorger, Befreier und Gnadenspender, Richter, Tröster und Erstatter. An all diesen Eigenschaften und Aufgaben soll auch Sein Leib, die Gemeinde, Anteil haben. - Als Sein Leib sind wir dem Haupt ganz eng verbunden. Als Glieder des Leibes sind wir aber auch Beauftragte. Er hat Aufgaben für dich und für mich!

Unser Ziel: die Fülle Gottes

„(Gott gebe euch) die Liebe des Christus kennen zu lernen, die doch alles Erkennen überragt, damit ihr erfüllt werdet zur ganzen Fülle Gottes."

Eph. 3,19

Es ist das „paulinische Vaterunser", das wir in Eph. 3,14-21 vor uns haben. Ist das Vaterunser in Matth. 6 das „Reichsgebet", so dies das „Gemeindegebet". Es wendet sich an den Vater, von dem her „jede Vaterschaft in den Himmeln und auf Erden ihren Namen hat". Gott ist Urbild und Vorbild rechter Vaterschaft. Dann folgen 7 Bitten:

um Kraft durch Gottes Geist,
um völlige Innewohnung des Christus in unseren Herzen,
um Verwurzelung in Ihm in Liebe,
um eine feste Gründung (Fundamentierung) in Ihm,
um Erkenntnis der Breite, Länge, Höhe und Tiefe (Hiob 11,7-9),
um völliges Erfassen der Liebe des Christus und
um Erfülltwerden zur ganzen Fülle Gottes.

Hier ist alles positiv! Negatives wird nicht einmal erwähnt. Das tut gut in einer Zeit, in der wir in den Nachrichtensendungen vorwiegend Negatives zu hören bekommen. Hier wird auch nicht ermahnt oder gedroht. Paulus wendet sich in diesem Fürbitte-Gebet als Kind an den Vater und wir dürfen es ihm gleichtun. Hier wird uns ein gangbarer Weg zur Heiligung und Umgestaltung gewiesen. Blicke auf den Vater und den Sohn! Lass dich immer mehr von Gott erfüllen! Höre und schaue nicht immer auf das Negative in der Welt, auch nicht auf das Negative im eigenen Herzen! In dem Maße, als wir uns von Gott – dem Geist, dem Sohn, dem Vater – führen und erfüllen lassen, hat anderes immer weniger Platz. Unser Denken verändert sich zum Positiven hin. So kann Christus eine Gestalt in uns gewinnen (Gal. 4,19).

Es ist ein wunderbares Gebet, das wir uns aneignen sollten – wenn nicht wörtlich, so doch in den Grundzügen. Das Ziel ist die Ausprägung göttlichen Wesens in uns.

Würdig der Berufung leben

„Ich ermahne und ermuntere euch nun, ich, der Gefangene im Herrn: Gestaltet euern Lebenswandel würdig der Berufung, mit der ihr berufen worden seid, mit aller Demut und Sanftmut, mit Langmut, einander in Liebe ertragend!“ *Eph. 4,1.2*

Der Epheserbrief ist ein wohlausgewogener Brief. Je zur Hälfte ist von der hohen und herrlichen Berufung der Gemeinde als des Leibes Christi die Rede und im andern Teil von der Praxis unseres Lebens hier auf Erden. Drei Kapitel Herrlichkeit – drei Kapitel Praxis. Ähnlich ist es im Kolosserbrief: Die erste Hälfte handelt von der Herrlichkeit Christi und der Seinen und die zweite vom Lebenswandel der Gläubigen hier auf Erden.

Was in Eph. 1-3 steht, soll Folgen haben! Es ist keine rein theoretische Unterrichtung: Dies und das will Gott der Christusgemeinde geben. Nein, mit den uns anvertrauten Geschenken sollen wir etwas anfangen. Der Stellung in Christus (als Auserwählte, als Träger Heiligen Geistes, als aus dem geistlichen Tod Errettete, als Tempel Gottes und Miterben Christi) soll nun unser Lebenswandel entsprechen. Wer wirklich im Glauben erfasst hat, was Eph. 1-3 bezeugt, der kann nicht mehr so leben, wie alle Welt lebt. Das bedeutet nicht Frömmelei oder Dressur, selbstgemachte Heiligung, sondern ein Leben vom Neuen her, das Gott in uns begonnen hat und wachstümlich weiterführen will.

Als erste Kennzeichen eines neuen Lebenswandels nennt Paulus **Demut** und **Sanftmut.** Jesus selbst sagte von sich: „Ich bin sanftmütig und von Herzen demütig – lernt von mir!“ (Matth. 11,29). Wie viel böser Streit – auch unter Frommen – könnte durch Demut und Sanftmut vermieden werden! Wie viele Ehen könnten vor der Scheidung bewahrt werden! Der „natürliche Mensch“ tut sich schwer damit, auf Hochmut und aufbrausendes Wesen zu verzichten. Dem aber, der in der Gemeinschaft mit Jesus lebt, ist es möglich. Er kann auch in Liebe den Andersartigen ertragen.

Betrübt nicht den Heiligen Geist!

„Betrübt nicht den Heiligen Geist Gottes, mit dem ihr auf den Tag der Erlösung hin versiegelt worden seid!" *Eph. 4,30*

Man kann auf verschiedene Weise dem Heiligen Geist widerstehen: durch ein Betrüben oder Traurigmachen (das meistens unabsichtlich geschieht), durch Dämpfen (1. Thess. 5,19), Widerstreben (Apg. 7,51), Belügen (Apg. 5,3) oder gar Lästern (Matth. 12,31). Am verbreitetsten ist wohl das **Betrüben.** Aus diesem Wort geht hervor, dass der Heilige Geist eine Persönlichkeit ist und nicht nur eine Kraft. Er **gibt** Kraft (Apg. 1,8), ist aber selber mehr als nur Kraft. Denn eine Kraft kann ich nicht traurig machen.

Erstaunlich ist der Zusammenhang in Eph. 4,25-31. Am ehesten verstehen wir noch Vers 26: Beim Zürnen sündigt nicht! Es ist nicht gesagt, dass wir überhaupt nicht zürnen sollen! Es gibt viele Dinge – in der Erziehung oder im gesellschaftlichen Leben -, zu denen wir „Nein" sagen müssen, wo wir unseren Unwillen äußern dürfen oder gar müssen. Doch wie leicht reden wir im Übereifer schärfer, als es nötig wäre, oder werden schlimmstenfalls gewalttätig! Heftig zürnen und doch in Christi Sanftmut und Demut bleiben – das ist nicht leicht.

Dann sagt Paulus noch, wir sollten nicht lügen oder stehlen; kein faules Geschwätz solle aus unserem Munde kommen, auch nicht Bitterkeit, Wut, Zorn und Geschrei. Und eben diese Ermahnungen richtet der Apostel an Gläubige, in denen Christus wohnt! Da ist doch unsre erste Reaktion die: Muss man **uns** das noch sagen? – Wenn wir ganz ehrlich sind vor uns selbst und vor Gott, müssen wir zugeben: Ja, das muss man uns sagen! Wäre es unnötig, hätte der Heilige Geist es Paulus nicht gestattet, das zu schreiben. Freilich, wenn alles glatt läuft, stehen wir nicht in Gefahr, zu lügen oder zu vertuschen. Und wer Arbeit und Geld hat, braucht nicht zu stehlen. Aber wie ist es mit dem Diebstahl geistigen Eigentums? Stehle ich einem anderen vielleicht Zeit durch unnötige lange Gespräche? Und wie ist es mit Bitterkeit und Wut? Könnten wir in Ausnahmesituationen nicht doch da hineingeraten? – Paulus, du hast dich nicht geirrt! Gern wollen wir deine Ermahnungen ernst nehmen.

Leben in göttlicher Liebe und göttlichem Licht

*„So werdet nun **Nachahmer Gottes**, als geliebte Kinder, und führt euern Lebenswandel in **Liebe**, so wie auch der Christus uns geliebt und sich selbst für uns dahingegeben hat... Denn ihr wart einst **Finsternis**, nun aber seid ihr **Licht** im Herrn; gestaltet euer Leben als **Kinder des Lichts**!"*

Eph. 5,1.2.8

Es gibt einen kindlichen Nachahmungstrieb. Manchmal ist es ganz lustig und amüsant, zu hören, wie die Kleinen so altklug daherreden.

Auch im Geistlichen gibt es einen Nachahmungstrieb, und dem dürfen wir gerne folgen. Wie aber kann ich Nachahmer Gottes sein, des Gottes, den ich nie gesehen habe? Da kommen uns andere Schriftworte zu Hilfe. Jesus ist der Nachahmer Gottes (Joh. 5,19) und Paulus ist der Nachahmer Jesu Christi. Er schreibt in 1. Kor. 11,1: „Werdet meine Nachahmer, wie auch ich Christi!" Nun können wir uns an einem Menschen orientieren, den wir aus dem Neuen Testament kennen. Wem auch das noch zu weit hergeholt erscheint, dem sagt Hebr. 6,12, wir sollten „Nachahmer derer werden, die durch Glauben und Ausharren die Verheißungen ererben". Nun können wir an christliche Lebensbilder denken oder an vorbildliche Gläubige unserer Zeit.

Unser Lebenswandel soll geprägt sein von göttlicher **Liebe** und göttlichem **Licht.** Gott selbst ist Licht und Liebe (1. Joh. 1,5; 4,8) und nach Röm. 5,5 tragen Gläubige Gottes Liebe in ihren Herzen. In unserem Text sagt Paulus sehr kühn: „Ihr wart einst Finsternis, nun aber seid ihr Licht im Herrn." Wir **sind Licht** und sollen das nun in der Praxis des Lebens auch darstellen. Man hat das schon treffend so ausgedrückt: **„Werde, was du bist!"**

Sind wir immer leuchtend und voller Liebe? Daran fehlt es sehr oft in der Praxis. Hat sich also Paulus geirrt oder überfordert er uns? Nein, es gilt Kol. 1,13: Wir wurden aus dem Machtbereich der Finsternis errettet und in die Königsherrschaft Jesu versetzt. Das ist unsere Stellung „in Christus". Die gilt es festzuhalten und im Glauben damit zu rechnen. Finsternis und Hass müssen nicht mehr über uns herrschen, Liebe und Licht sind uns gegeben. Nun soll unser **Zustand** immer mehr unserer **Stellung** entsprechen. Was wir in der Gemeinschaft mit Christus **sind**, sollen wir auch in der Praxis **werden.**

Christi Ziel: die verherrlichte Gemeinde

„Ihr Männer, liebt eure Frauen so, wie auch der Christus die Gemeinde geliebt und sich selbst für sie dahingegeben hat, um sie zu heiligen, sie reinigend durch das Wasserbad im Wort, damit Er selbst die Gemeinde verherrlicht vor sich hinstelle, ohne einen Flecken oder eine Runzel oder dergleichen, vielmehr heilig und tadellos." *Eph. 5,25-27*

Gottes Liebe ist eine zielstrebige Liebe. Bevor Er im ganzen Weltall „alles in allen" sein wird, will Er dies zunächst einmal in Seiner Gemeinde sein (Kol. 3,11) – alles in dir und mir, Ziel unsrer Wünsche, Vollinhalt unsrer Hoffnung. Über Teilziele geht es zum Endziel.

Paulus schaut hier im Geist ein großartiges Ziel: die verherrlichte, völlig umgestaltete, tadellose Gemeinde. Dieses Ziel erreicht Gott nicht von heute auf morgen. Das vermag nicht einmal der Allmächtige. Denn Er lässt uns Menschen „mitmachen". Nicht ohne uns, nicht gegen unsern Willen erreicht Er Sein Ziel. Er geht Schritt für Schritt voran. Noch sind wir alles andere als fleckenlos und tadellos. Darum ist der Herr in der Gegenwart damit beschäftigt, Seine Gemeinde zu **reinigen.** Dies geschieht durch das Wasserbad im Wort. Damit ist keineswegs die Taufe gemeint. Auch ein Getaufter ist nicht fleckenlos. Vielmehr gleicht **Gottes Wort,** das wir hören oder lesen, einem reinigenden Wasserbad (Joh. 15,3). Gott benutzt auch „Fleckenentfernungsmittel" wie Buße, Beugung, Sündenbekenntnis, Absonderung. Er heiligt uns, indem Er uns reinigt. Herz und Gedankenwelt und Fantasie bedürfen immer wieder der Reinigung.

Dann kommt zu der vom Vater bestimmten Zeit die **Entrückung** der Gemeinde (1. Thess. 4,15-17). Es folgt das **Offenbarwerden** vor dem Richterstuhl des Christus (2. Kor. 5,10 und 1. Kor. 3,11-15). Was das Endergebnis davon ist, sagt uns das vorangestellte Wort: Christus stellt die Gemeinde verherrlicht vor sich hin (stellt sie bereit, stellt sie sich zur Verfügung). Nun kann Er beginnen, die großen Zukunftsaufgaben auszuführen, die Er mit Seiner Gemeinde bewältigen will: Wir sollen mit Ihm richten, herrschen, erben. - Lassen wir uns darum heute reinigen und zubereiten, um den großen Zielen des Christus immer näher zu kommen!

Zieht die ganze Waffenrüstung Gottes an!

„Im Übrigen, meine Brüder, werdet stark im Herrn und in der Macht Seiner Stärke! Zieht die ganze Waffenrüstung Gottes an, damit ihr imstande seid, gegen die listigen Anläufe des Teufels zu bestehen!" Eph. 6,10.11

Bevor Paulus seinen Epheserbrief abschließt, ist es ihm noch ein Anliegen, die Leser seines Briefes daran zu erinnern, dass sie sich auf einem Kampfplatz und nicht auf einem Spielplatz befinden. Noch tobt der große Kampf zwischen dem Reich des Lichts und dem Reich der Finsternis, zwischen Gottesreich und Weltreich. Noch stehen wir im „bösen Äon" (Gal. 1,4). Und wenn man in Vers 12 die Aufzählung der Gegner liest, die Paulus hier im Einzelnen benennt, könnte einem bange werden. Es sind „Herrschaften und Gewalten, finstere Weltbeherrscher (Kosmokratoren)" und sogar „Geister der Bosheit in der Himmelswelt". Kann es denn im Himmel böse Geister geben? – so möchte man verwundert fragen. Gewiss nicht in Gottes Lichtwohnung, zu der kein Geschöpf gelangen kann (1. Tim. 6,16), wohl aber in „unteren" Bereichen; lesen wir doch im Alten Testament von himmlischen Ratsversammlungen, zu denen auch böse Geister, ja Satan selbst, Zutritt haben (1. Kön. 22,19-22 und Hiob 1,6).

Doch Paulus will uns keineswegs in Angst und Schrecken versetzen. Aber er will uns den Ernst der Lage vor Augen führen, damit wir umso mehr darauf achten, im Herrn stark zu werden. Und dann weist er auf eine **Waffenrüstung** hin, in der wir völlig geschützt sind. Wir sollen die „ganze Waffenrüstung Gottes" anlegen – kein Teil soll fehlen. Sie besteht aus 7 Teilen: dem Lendengurt der **Wahrheit** (wer nicht wahr ist vor Gott, kann in diesem Kampf nicht siegen) – dem Brustpanzer der **Gerechtigkeit** (jener Gerechtigkeit, die Christus am Kreuz erworben hat) – den Schuhen der Bereitschaft, das **Evangelium des Friedens** weiterzusagen – dem Langschild des **Glaubens** (der uns unverwundbar macht) – dem Helm des **Heils** und dem Schwert des Geistes, Gottes **Wort**, und dazu dem **Gebet.**

Wer nun ängstlich fragt: „Kann ich das alles behalten und täglich beachten?", dem sei gesagt: **Bleibe in Jesus,** dann hast du die ganze Waffenrüstung; denn das alles ist in Ihm zu finden!

ER wird's vollenden

„Ich bin davon überzeugt: Der ein gutes Werk in euch begonnen hat, wird's auch vollenden bis auf den Tag Christi Jesu." Phil. 1,6

Der Herr hatte in Philippi ein gutes Werk begonnen. Näheres erfahren wir in Apg. 16. Als Paulus und Silas nach Philippi gekommen waren, gingen sie am Sabbattag hinaus an den Fluss und redeten zu den dort versammelten Frauen. Einer Purpurhändlerin aus Thyatira namens Lydia tat der Herr das Herz auf, sodass sie Acht gab auf das, was Paulus sagte, und gläubig wurde. Sie lud Paulus und Silas ein, in ihrem Haus Quartier zu nehmen. – Dann aber warf man Paulus und Silas ins Gefängnis. Die Gründe erfahren wir in Apg. 16,16-24. Statt zu jammern und zu klagen, stimmten die beiden Diener Gottes jedoch Loblieder an. Gott schickte ein Erdbeben, das bewirkte, dass die Fundamente des Gefängnisses wankten, die Türen sich öffneten und die Fesseln der Gefangenen gelöst wurden. Der Gefängniswärter (oder Kerkermeister) erschrak zutiefst und kam zum Glauben an Jesus Christus – dazu auch seine Hausgenossen. Auch in ihnen hatte Gott ein gutes Werk begonnen.

Einige Jahre später verfasst Paulus den Philipperbrief. Er befindet sich erneut in Gefangenschaft. Es muss sich nicht um die erste römische Gefangenschaft handeln; schon früher war Paulus immer wieder inhaftiert worden (2. Kor. 6,5 und 11,23). Doch er schreibt keinen Jammerbrief, sondern einen Freudenbrief (1,18; 4,4). Er schreibt nicht: „Bitte betet für mich, dass ich wieder Mut fassen kann"; vielmehr macht er den Briefempfängern Mut und sagt: „Der ein gutes Werk in euch begonnen hat, wird's auch vollenden bis auf den Tag Christi Jesu."

Das dürfen auch wir wissen, die wir heute an Jesus Christus glauben. Wo wirklich **Gott** ein gutes Werk begonnen hat, da führt Er's auch weiter; denn Er ist treu. Das Ziel ist, am **Tag Christi** lauter und unanstößig zu sein. Es ist der Tag Seiner Wiederkunft, der Tag, an dem Er die Seinen zu sich nimmt (1. Thess. 4,15-17); im weiteren Sinn ist es der Tag, da Christus Seine Gemeinde – nach ihrem Offenbarwerden vor Seinem Richterstuhl – ohne einen Flecken oder eine Runzel verherrlicht vor sich hinstellt. Auf diese Vollendung warten auch wir.

Das Leben: Christus – das Sterben: Gewinn

„Für mich ist das Leben Christus und das Sterben Gewinn... Ich habe Lust, aufzubrechen und mit Christus zusammen zu sein, denn es ist um vieles besser; das Bleiben im Fleisch aber ist notwendiger um euretwillen; und hiervon überzeugt weiß ich, dass ich (am Leben) bleiben und bei euch allen bleiben werde zu eurer Förderung und Freude des Glaubens."

Phil. 1,21.23-25

Für Paulus war Jesus Christus die Lebensmitte geworden. Was er den Korinthern geschrieben hatte – dass nämlich die Lebenden nicht länger sich selbst leben sollten, sondern dem, der für sie gestorben und auferweckt worden war (2. Kor. 5,15) -, war für ihn lebendige Wirklichkeit. Wer aber Jesus lebt, der stirbt Ihm auch. Wer für Ihn und zu Ihm hin lebt, für den ist das Sterben ein Heimkommen zum Herrn (2. Kor. 5,8). Das ist gegenüber dem Leben auf Erden ein Gewinn.

Paulus ist zu beidem bereit: auf Erden weiterzuleben oder zu sterben. Er denkt über beide Möglichkeiten nach. Einerseits verspürt er das Verlangen, „**aufzubrechen** und mit Christus zusammen zu sein" (1,23). Die Elberfelder Bibel sagt: „Ich habe Lust, abzuscheiden und bei Christus zu sein." Doch statt „abscheiden" kann auch übersetzt werden: „aufbrechen, abreisen, abfahren". So finden wir es auch in alten Sterbeliedern ausgedrückt: „Mit Fried und Freud ich fahr dahin" – „Mit Freud fahr ich von dannen zu Christ, dem Bruder mein." Bei dem Ausdruck „abscheiden" blicken wir zurück und nehmen (mehr oder weniger wehmütig) Abschied; mit den Worten „aufbrechen, abfahren" aber schauen wir voraus; es beginnt eine Reise, eine Heimreise.

Paulus denkt aber auch an seine Geschwister in Christus, die noch auf Erden leben, so z.B. in Philippi. Für sie wäre es besser, wenn Paulus seinen Dienst auf Erden noch fortsetzen dürfte. Und indem er so darüber nachsinnt, schenkt ihm der Herr die innere Gewissheit: Ich werde am Leben bleiben und bei euch allen bleiben!

Die wichtigste Frage ist für den Apostel nicht: Wann und unter welchen Umständen werde ich sterben?, sondern: Wie kann Christus durch mich verherrlicht werden? Dahinter tritt alles andere zurück: Gesundheit oder Krankheit, Gefangenschaft oder Freiheit, Sterben oder Weiterleben.

Christi Weg durch Niedrigkeit zur Herrlichkeit

„Die Gesinnung sei in euch, die auch in Christus Jesus war: Er hatte Sein Dasein in Gottes Gestalt, sah es aber nicht als einen (unbedingt festzuhaltenden) Raub an, Gott gleich zu sein... Er erniedrigte sich selbst, indem Er gehorsam wurde bis zum Tod, ja zum ***Kreuzestod.*** *Darum hat Ihn auch Gott* ***über die Maßen erhöht*** *und Ihm in Seiner Huld den Namen geschenkt, der über jeden Namen erhaben ist." Phil. 2,5.6.8.9*

Wir haben es in Phil. 2,5-11 mit einem einzigartigen Christushymnus zu tun. Paulus zeigt darin den Weg Jesu Christi von der Höhe hinab in die Tiefe und wieder hinauf zur Höhe. Jesu Wort in Matth. 23,12: „Wer sich selbst erhöht, der wird erniedrigt werden, und wer sich selbst erniedrigt, der wird erhöht werden" erfüllt sich an Ihm selbst und an Seinem Gegenspieler, dem Satan. Jener erhöhte sich selbst: „Ich will hinaufsteigen auf Wolkenhöhen, dem Höchsten mich gleich machen" (Jes. 14,14); stattdessen wird er erniedrigt werden bis in den Feuersee. Jesus dagegen **war Gott gleich**, Er war aber bereit, diese Würde eine Zeitlang loszulassen und sich zu erniedrigen von Stufe zu Stufe. So trat Er zur Zeit Alten Testaments als „Mann" in Begleitung zweier Engel bei Abraham auf (1. Mose 18); Er begleitete Israel als „mitfolgender Fels" in der Wüste (1. Kor. 10,4). Dann wurde Er Mensch. Er wurde Zimmermann, Handwerker. Als solcher „stellte Er Deichseln her oder reparierte Pflugscharen, zimmerte Kästen, Bänke, Bettgestelle, deckte und dichtete Dächer" (Adolf Pohl zu Mark. 6,3). Als Er aber etwa 30 Jahre alt geworden war, begann Er Seinen messianischen Auftrag durch Wort und Tat auszuführen. Er wurde verworfen und gekreuzigt und begraben. Diesen ganzen Weg ging Er im Gehorsam zum Vater. Dem Tiefpunkt aber folgte die Erhöhung durch Auferstehung und Himmelfahrt. Nun besitzt Er den Namen über alle Namen. Er hat die Vollmacht, eine ganze Welt zu richten und zu retten. Zuletzt werden sich alle Knie vor Ihm beugen und jede Zunge wird frei heraus bekennen: **„Herr ist Jesus Christus!"** zur Ehre Gottes, des Vaters. Dies ist kein erzwungenes Bekenntnis, sondern die Ernte, der Ertrag Seiner Erlösung, es ist die äußere **und innere** Überwindung aller Seiner Feinde durch Seine Rettermacht.

Vollendet eure Rettung als Himmelslichter in der Welt!

„Daher, meine Geliebten, wie ihr allezeit gehorsam gewesen seid..., arbeitet an der Vollendung eurer Rettung mit Furcht und Zittern! Gott ist es ja, der in euch wirkt sowohl das Wollen als auch das Wirken zu Seinem Wohlgefallen. Tut alles ohne Murren und Zweifelsgedanken, damit ihr (Menschen) werdet ohne Tadel und ohne Falsch, Kinder Gottes ohne Fehl und Makel inmitten verkehrter und verdrehter Zeitgenossen, unter denen ihr leuchtet wie Himmelslichter in der Welt." Phil. 2,12-15

Der 12. Vers hat schon zu vielen Fragen Anlass geboten, besonders dann, wenn man übersetzte: „Schafft eure Rettung" – „Bewirkt euer Heil" – „Schafft, dass ihr selig werdet, mit Furcht und Zittern". Ist es nicht gerade Paulus, der immer wieder betont: **„Nicht aus Werken** wurden wir errettet"? Und nun sollen wir doch unser Heil „schaffen"? – Das griechische Wort des Grundtextes enthält eine Verstärkung und meint nicht „schaffen, arbeiten", sondern „bearbeiten, fertigmachen, ausführen, vollenden, verwirklichen". Das könnte heißen: Die euch aus Gnaden geschenkte Rettung sollt ihr im Alltag vollenden, verwirklichen. Und das könnt ihr ja auch, weil Gott in euch der Wirkende ist. *Werner de Boor* hat diesen Zusammenhang so zu erklären versucht: „**Weil** Gott selbst es ist, der sowohl das Wollen wie das Wirken in uns wirkt, eben darum schafft nun mit Furcht und Zittern euer Heil." – Dieser Zusammenhang ist, recht verstanden, nicht widersprüchlich, sondern macht das **Zusammenwirken von Gott und Mensch** im Leben der Heiligung wunderbar deutlich: Gott wirkt alles. Er ist der Energiespender, sozusagen unser Stromlieferant. Das betrifft unser **Wollen** und **Wirken.** Wir müssen also nicht in dem Zwiespalt von Röm. 7,18 stecken bleiben: „Das **Wollen** ist bei mir vorhanden, das **Vollbringen** des Guten aber nicht." Nein, Gott schenkt zu beidem die Kraft, Er liefert die Energie. Nun müssen **wir** nur noch den Strom einschalten, d.h. Gottes Wirken im Glauben bejahen und annehmen, Seine willigen Werkzeuge sein, Menschen, die nicht murren. Das geht natürlich über „Strom einschalten" noch hinaus! So können wir als Kinder Gottes ohne Fehl und Makel in einer dunklen Welt wie Himmelslichter leuchten.

Dem Ziele zu!

„Ich vergesse, was dahinten liegt, und strecke mich aus nach dem, was vorn ist, und jage dem ins Auge gefassten Ziele zu, hin zu dem Kampfpreis der Berufung nach oben." *Phil. 3,13.14*

Als Christen sollen wir Läufer sein, sagte uns Paulus in 1. Kor. 9. Der Läufer in der Rennbahn braucht dreierlei: einen Ausgangspunkt, eine Bahn und ein Ziel. Ohne Ziel würde er ins Ungewisse, Unklare, Ziellose laufen (1. Kor. 9,26).

Hier in Phil. 3 gebraucht Paulus wieder das Bild vom Läufer. Er läuft, ja er jagt und streckt sich dem Ziel entgegen aus, das er ins Auge gefasst hat. Hinter Paulus liegt der Totalzusammenbruch seines Lebens, den er – äußerlich wie innerlich – vor Damaskus erlebt hat (Apg. 9). In seinem früheren Leben als Pharisäer jagte er der Gerechtigkeit aus dem Gesetz nach – er nennt sie „meine eigene Gerechtigkeit" (Phil. 3,9). Von ihr hat er sich radikal losgesagt, sie entpuppte sich als Trug und Täuschung. Statt ein Diener Gottes zu sein, war er ein Verfolger Jesu Christi, ein Feind Gottes gewesen. Nun will er nur noch „die Gerechtigkeit aus Gott aufgrund des Glaubens" besitzen. Er will Christus erkennen und die Kraft Seiner Auferstehung und die Gemeinschaft mit Seinen Leiden.

Der ganze Abschnitt Phil. 3,7-14 ist von einer heiligen Ergriffenheit durchströmt, von Radikalität und Zielstrebigkeit. Das Alte betrachtet er geradezu als „Dreck" im Licht des Neuen.

Was aber ist das Ziel? Der Kampfpreis oder Siegespreis der Berufung nach oben! Um das recht zu verstehen, blicken wir noch einmal auf 1. Kor. 9. Da erklärt uns Paulus den Kampfpreis näher. Es ist ein „unvergänglicher Siegeskranz". Es geht darum, als Sieger dazustehen und mit Christus herrschen zu dürfen in alle Zeitalter hinein. Georg von Viebahn d. J. dichtete:

Bis hin zum Ziel! Die Meilen schwinden;
der Glaube siegt in Kampf und Streit.
In Dir ist Kraft zum Überwinden,
Du trägst durch jede Schwierigkeit.
So lass in Deiner Kraft uns gehn,
bis wir Dich, Jesu, droben sehn!

In Festungshaft in Christus

„Sorgt euch um nichts; lasst stattdessen in allem durch Gebet und ernstes Bitten mit Danksagung eure Anliegen vor Gott kundwerden; dann wird der Friede Gottes, der höher ist als alle Vernunft, eure Herzen und eure Gedanken in der Gemeinschaft mit Christus Jesus wie in einer Festung sicher verwahren.“ *Phil. 4,6.7*

Christen sind Beter. Wer noch nicht von Herzen zum Herrn Jesus und zum Vater im Himmel beten kann, ist kein Christ. Das Gebet muss nicht wunderschön klingen und formvollendet sein, weder lang noch mit theologischem Tiefgang. Ein kurzes, vielleicht unbeholfenes, aber ehrliches Rufen zu Gott ist schon ein Gebet, das Er ernstnimmt. Unser Text zeigt einen Zusammenhang zwischen nicht sorgen und beten, des Weiteren einen Zusammenhang zwischen beten und Frieden haben.

Nicht sorgen, sondern beten: Viele Menschen quält der Sorgengeist. Sehr verbreitet sind die Sorgen um genügend Geld und um die Gesundheit. Es gibt auch die Sorgen um den Arbeitsplatz, den Bestand der Ehe, das Ergehen der Eltern oder Kinder. Viele Sorgen sind ja auch verständlich und berechtigt. Die Frage ist: Was machen wir mit den Sorgen? Petrus rät uns: Werft sie weg! „Alle eure Sorge werft auf Ihn; denn Er sorgt für euch!“ (1. Petr. 5,7). Also dürfen wir – bis in die Einzelheiten hinein – dem himmlischen Vater unsre Sorgen konkret nennen. Danach gilt es erst einmal still zu werden und auf Seine Hilfe zu vertrauen.

Beten führt zum Frieden: Paulus spricht vom Beten, Bitten und Danken. Im **Beten** ehren und anbeten wir Gott. Im **Bitten** dürfen wir Ihm alle Anliegen bringen – für uns selbst und für andere. Bei alledem sollen wir das **Danken** nicht vergessen. – Wer Gott so alles sagt, was Herz und Kopf bewegt (nicht gewohnheitsmäßig, sondern ganz bewusst), darf dann auch **Gottes Frieden** erleben. Das ist noch mehr als der „Friede mit Gott“ (Röm. 5,1), mehr als das Ende einer Feindschaft. Es ist ein heilendes Einströmen Seines eigenen Gottesfriedens in uns hinein, der dann Herz und Gedanken wie in einer Festung sicher verwahrt (so sagt es der Grundtext). Glückselige Festungshaft! Solch ein Verwahrtwerden unserer Herzen und Gedanken können wir in unsrer heutigen unruhigen Zeit dringend brauchen!

Christi einzigartige Größe

„Er ist Gottes, des Unsichtbaren, Ebenbild, Erstgeborener aller Schöpfung. Denn in Ihm wurde das All geschaffen, was in den Himmeln und auf Erden ist, das Sichtbare und das Unsichtbare, es seien Throne oder Hoheiten oder Herrschaften oder Gewalten, das All wurde durch Ihn und für Ihn geschaffen. Und Er ist vor allem und das All hat in Ihm seine Existenz und seinen Bestand. Und Er ist das Haupt des Leibes, der Gemeinde; Er ist der Anfang, der Erstgeborene aus den Toten, damit Er in jeder Beziehung der Erste sei.“ *Kol. 1,15-18*

Nach Seinem Kreuzestod und Seiner Auferstehung wurde Jesus Christus zum Herrn über alles erhöht. Er selbst bezeugte es mit den Worten: „Mir ist nun alle Vollmacht und Gewalt im Himmel und auf Erden gegeben“ (Matth. 28,18). Nach dem Hebräerbrief hat Jesus „die Himmel durchschritten“ und Er ist sogar „höher als die Himmel geworden“ (Hebr. 4,14; 7,26).

In wunderbarer Weise beschreibt auch unser Wort aus Kol. 1 Christi Größe. Wir erfahren zunächst, dass das All „in Ihm (in der Kraft Seiner Person)“, ja „durch Ihn und für Ihn geschaffen wurde“! Jesus war also bei der Erschaffung der Welt nicht nur ein Bewunderer der Schöpfertätigkeit des Vaters, sondern mit Ihm tätig. Und das ganze All ist auch **„für Ihn geschaffen“**! – „Bedenken wir es? Wenn wir nachts in den Weltraum hinausblicken und Ozeane von Sonnen über uns sehen – durch Jesus und für Jesus ziehen diese ungeheuren Glutbälle ihre Bahn“, schreibt *Werner de Boor.* Aber zum All gehören auch wir, du und ich, und alle Menschen! Die Bestimmung unseres Leben ist Jesus Christus. Leben wir „für Ihn“? Fragen wir nach Seinem Willen? Wer sich um Gott und Gottes Sohn nicht kümmert, lebt an der Bestimmung seines Lebens vorbei. So werden wir nicht glücklich.

Er ist auch der Herr der Engel und das Haupt des Leibes, der Gemeinde. Erstaunlich, welche Ämter und Machtbefugnisse Jesus in Personalunion in sich vereinigt! Er ist „der Anfang“ schlechthin. Mit Ihm begann nicht erst die Schöpfungsgeschichte, sondern viel früher Gottes Heilsgeschichte (Ps. 2,7). Und Er ist auch als Erster aus den Toten auferweckt worden. Die volle Größe Jesu können wir nur erahnen. Lasst uns Ihn anbeten und Ihm dienen!

In Christus sind alle Schätze der Weisheit und alle Gottesfülle verborgen

„In Christus sind alle Schätze der Weisheit und des Wissens verborgen... Denn in Ihm wohnt die ganze Fülle der Gottheit leibhaftig und ihr seid in Ihm zur Fülle gelangt." *Kol. 2,3.9.10*

Die zur Zeit des Paulus lebenden Griechen suchten angestrengt nach Weisheit und Erkenntnis (griechisch *sophia* und *gnoosis*) (1. Kor. 1,22). Paulus hält ihnen vor, dass sie an der falschen Stelle suchen, nämlich im Menschlichen und Irdischen. Die wahre Weisheit aber sei die Weisheit **Gottes.** Im Menschlichen finde ich nur Menschliches – nichts, was mich über mich selbst hinaushebt. Darum kann uns auch die menschliche Philosophie keine Lösung letzter Fragen bieten, weder der Fragen nach Herkunft und Ziel unserer Existenz noch der Fragen nach Gott, nach Überwindung des Todes und ewigem Leben.

Alle Schätze der Weisheit und des Wissens sind in **Christus** verborgen. Sie sind **verborgen** – also nicht für jedermann ohne weiteres erkennbar. Man muss sich schon die Mühe machen, im Wort der Bibel zu lesen und zu forschen, nicht nur im Alten Testament und den Evangelien, sondern auch in den Apostelbriefen, wo diese Schätze wohl am besten zu erkennen sind. Gottes Heilsgeschichte und Heilsplan, Christi Eigenschaften und Aufgaben, Seine unvorstellbare Größe, die Berufung der Gemeinde – alles das gehört zu diesen Schätzen.

In Jesus Christus wohnt die ganze Fülle der Gottheit leibhaftig. Was für eine Aussage! Darum konnte Jesus sagen: „Wer mich sieht, der sieht den Vater!" (Joh. 14,9). So können wir, wenn wir im Neuen Testament Jesu Wesensart kennenlernen, darin auch die Art des Vaters sehen. Er ist ja Gottes Ebenbild (Kol. 1,15). Und mehr noch: Wir haben in der Gemeinschaft mit Jesus **Zugang zur Fülle Gottes** – nicht nur in der Erkenntnis, sondern auch im Wesen – in Rettung, Heiligung Veränderung, bis auch wir – was für ein Ziel! – „erfüllt worden sind zur ganzen Fülle Gottes" (Eph. 3,19).

In einem Lied wird gefragt: „Sehnst du dich wohl nach der Fülle?" – Dann wird von Jesus ausgesagt: „In Ihm wohnt die Fülle Gottes und vollendet dich im Sohn." – Im letzten Vers heißt es dann: „Herr, ich komme, einfach glaubend Deines Wortes Sicherheit." – Möge das auch unsere Einstellung sein!

Gestorben und auferweckt – verborgen und geoffenbart

„Wenn ihr nun mit dem Christus zusammen auferweckt worden seid, so sucht, was droben ist, wo der Christus ist, sitzend zur Rechten Gottes! Trachtet nach dem, was droben ist, nicht nach dem, was auf Erden ist! Denn ihr seid gestorben und euer Leben ist verborgen mit dem Christus in Gott. Wenn der Christus, euer Leben, geoffenbart werden wird, dann werdet auch ihr zusammen mit Ihm in Herrlichkeit geoffenbart werden."

Kol. 3,1-4

Paulus macht hier zwei großartige Zusammenhänge deutlich: gestorben und auferweckt – verborgen und geoffenbart.

Gestorben und auferweckt: Kann man das wirklich von uns sagen: wir seien gestorben und mit Christus zusammen auferweckt worden? Wenn das wirklich so ist, dann bedeutet Bekehrung mehr als „nur" Sündenvergebung und Heiligung mehr als ein besseres Leben. Dann müsste ja durch Sterben und Auferstehen etwas ganz Neues in mein Leben hineingekommen sein. Was ist mit dem Sterben mit Christus gemeint? Wem bin ich gestorben? Und inwiefern bin ich auferweckt? Paulus antwortet in Röm. 6,11: „Haltet euch **der Sünde für tot, Gott aber lebend** in Christus Jesus!" Wer Jesus verbindlich als Herrn und Retter annimmt, sagt damit „Nein" zur Sündenherrschaft und „Ja" zur Herrschaft der Gnade Gottes (Röm. 5,21; 6,1-14).

Verborgen und geoffenbart: Ein „verborgenes Leben mit Christus in Gott" zu führen heißt nicht, das Christsein vor anderen Leuten zu verstecken! Ganz im Gegenteil: Kinder Gottes sollen ja leuchten, sollen Lichtträger sein (Phil. 2,15). Aber unser eigentliches Leben in der Gemeinschaft mit Christus, die Leitung durch Gottes Geist, das betende Sprechen des Herzens mit dem Herrn, Gebetserhörungen und Hoffnung – das alles erkennt die Welt nicht und kann es nicht erkennen; sie kann es auch nicht zerstören! Wer ein solches verborgenes Leben kennt, wird dann einmal ein herrliches Offenbarwerden erleben. Christus will sich mit Seiner verherrlichten Gemeinde der Welt und der Schöpfung offenbaren (Röm. 8,19).

Werden wir dabei sein? Ganz gewiss, wenn wir das „verborgene Leben mit Christus in Gott" kennen und pflegen – durch glaubendes Beten und dienendes Gehorchen.

Dienen und warten

„Die Leute selbst berichten von uns, was für einen Eingang wir bei euch fanden und wie ihr euch bekehrt habt – hin zu Gott, weg von den Götzen -, um dem lebendigen und wahren Gott in völliger Abhängigkeit zu ***dienen*** *und Seinen Sohn aus den Himmeln zu* ***erwarten****, den Er aus den Toten auferweckt hat: Jesus, der uns aus dem kommenden Zorngericht errettet."*

1. Thess. 1,9.10

Man nimmt an, dass der Galaterbrief und die beiden Thessalonicherbriefe die frühesten Briefe des Apostels Paulus sind, die uns überliefert wurden. Geht es im Galaterbrief im Wesentlichen um die Rechtfertigungslehre und die Freiheit von den Zwängen des mosaischen Gesetzes, so im 1. und 2. Thessalonicherbrief vornehmlich um die **Hoffnung** auf den wiederkommenden Christus.

Mehrfach lobt der Apostel die Gläubigen in Thessalonich: Er dankt Gott für ihr Werk des Glaubens und die Bemühung ihrer Liebe und ihr Ausharren in der Hoffnung (1. Thess. 1,3). Ihre Bekehrung war vorbildlich. Die Botschaft des Paulus und seiner Mitarbeiter nahmen sie nicht als bloßes **Menschenwort** zur Kenntnis, sondern nahmen es als **Gotteswort** auf; darum konnte es auch in ihrer Mitte kraftvoll wirksam sein (2,13). Auch an der Bruderliebe mangelte es nicht (4,9).

Eine normale Bekehrung enthält eine doppelte Bewegung: weg von den Götzen – hin zu Gott. Ich ändere meine innere Ausrichtung. Ich wende mich ab von dem, was bisher mein „Götze" war: das eigene Ich, der Eigenwille und die Lust, und wende mich Gott zu: Seinem Wort und Seinem Willen und der Gemeinschaft mit Seinen Kindern. **Dienen und warten** bestimmen fortan mein Leben, ein Dienst in völliger Abhängigkeit und die Erwartung des wiederkommenden Christus.

Mancher fragt sich heute: Soll ich wirklich auf die Wiederkunft Christi warten? Seit fast 2000 Jahren warten die Christen darauf – und Er kam nicht. Warum sollte Er ausgerechnet zu meiner Lebenszeit kommen? – Bedenken wir doch bitte: Wir sind heute dem Ende dieser Weltzeit näher als jede frühere Generation. Israel ist als Staat wieder in seinem Land vorhanden. Die Globalisierung schreitet mit Riesenschritten voran und leider auch die Gesetzlosigkeit. Jesus sagt, dass Er überraschend wiederkommt (Luk. 12,35-40). Seien wir bereit!

Heiligung und Hoffnung gehören zusammen

„Das ist der Wille Gottes, eure Heiligung... Gott hat uns nicht zur Unreinheit berufen, sondern zur Heiligung.“ *1. Thess. 4,3.7*

Auch bei bekehrten Menschen ist der „alte Mensch“ noch da, das Ichwesen, das Paulus „Fleisch“ nennt – im Gegensatz zum Geist aus Gott (Röm. 8,5.8). Auf dem Boden der fleischlichen Natur gedeiht das Unkraut der Sünde in mannigfacher Form. Darum die vielen Ermahnungen, doch in der uns möglichen „Neuheit des Lebens“ zu wandeln (Röm. 6,4) und nicht mehr in Unzucht, Götzendienst und Gier, Ehebruch, Trunksucht und dergleichen. An die Stelle eines Lebens in der Sünde soll ein Leben in der Heiligung treten.

Was ist Heiligung? Sie ist zunächst einmal Gottes Wille. Sie ist die willentliche Absonderung von der Sünde und die bewusste Weihung und Hingabe an den Herrn. Sie ist ein Ablegen des alten und ein Anziehen des neuen Wesens (Eph. 4,22-24). Da wir das alles aus eigener Kraft nicht zu tun vermögen, bedeutet Heiligung auch: den Heiligen Geist in uns wirken lassen. Heiligung ist ein Leben im Heiligen Geist. – **Was ist Heiligung nicht?** Reparatur, Dressur, Selbsterlösung, Perfektion, Automation, Verkrampfung. Wir sollen nicht besser, sondern **neu** werden. Wir sollen auch nicht meinen, perfekt (im Sinne von fehlerlos, vollkommen) werden zu können oder zu müssen. Es gibt viel verkrampfte Heiligung. Heilige sind **unfertige** Gläubige in der Schule des Heiligen Geistes; sie befinden sich in der **Zubereitung** (Eph. 4,12). Ein Missverständnis ist es auch, Heiligung vorwiegend als Negation zu praktizieren: Ich darf dies nicht und darf jenes nicht. Da sind wir schnell wieder unter Gesetz, unter einem selbstgemachten Heiligungs-Gesetz. Heiligung ist, recht verstanden, etwas Positives und Freudiges.

Paulus verknüpft in 1. Thess. 4 die Heiligung mit der Hoffnung. Er wird kurz darauf von der Wiederkunft Christi zu Seiner Gemeinde reden. Ohne Heiligung wird niemand den Herrn sehen (Hebr. 12,14). Gemeint ist nicht eine bestimmte Stufe oder ein Reifegrad. Vielmehr bedeutet dieses Wort: Nur wer dem Herrn wirklich gehört, wird Ihn sehen, wenn Er zu Seiner Gemeinde kommt. – Lasst uns freudig und positiv in der Heiligung leben und dabei den Herrn erwarten!

Was geschieht bei der Ankunft des Herrn?

„Dies sagen wir euch in einem Wort des Herrn: Wir, die Lebenden, die übrig bleiben bis zur Ankunft des Herrn, werden den Entschlafenen keineswegs zuvorkommen. Denn Er selbst, der Herr, wird mit einem Befehlsruf, einer Erzengelstimme und einer Gottesposaune vom Himmel herabsteigen, und die Toten in Christus werden zuerst auferstehen; danach werden wir, die Lebenden, die übrig bleiben, gleichzeitig mit ihnen zusammen entrückt werden in Wolken dem Herrn entgegen in die Luft, und so werden wir allezeit mit dem Herrn zusammen sein." *1. Thess. 4,15-17*

In der Gemeinde der Thessalonicher waren Todesfälle vorgekommen. Nun bewegte die Gläubigen die Frage: Kommen unsere Entschlafenen zu kurz, wenn Jesus wiederkommt? Auf diese Frage antwortet hier Paulus, und der Geist Gottes gibt ihm eine sehr genaue Schilderung dessen, was sich dann ereignen wird. Aufgrund dieses Textes spricht man von der „**Entrückung** der Gemeinde Jesu".

Kritische Denker sind zuweilen schnell dabei, Paulus eines Irrtums zu bezichtigen. Er lebte in einer Naherwartung, und so schreibt er hier: „Wir, die Lebenden, die übrig bleiben..." Er meint damit diejenigen Christusgläubigen, die zu ihren Lebzeiten auf Erden Christi Wiederkunft erleben. Er zählt sich selbst auch dazu („wir"). Das ist aber kein Irrtum, sondern ein prophetisches Wort, das korporativ (die Körperschaft des Leibes Christi betreffend) gemeint ist. Ein andermal, nämlich in 2. Kor. 4,14, schließt sich Paulus im Geist mit denen zusammen, die sterben und auferweckt werden. Er sagt dort: „Der den Herrn Jesus auferweckt hat, wird auch uns mit Jesus auferwecken." Es gibt bei der Ankunft Christi diese zwei Gruppen: die auf Erden Lebenden und die Verstorbenen. Die Letzteren erleiden keinen Nachteil. Sie werden als „Tote in Christus" zuerst auferstehen. „Sie sind auch als ‚Tote' von Christus ungetrennt, also umfasst von Seiner Herrschaft, Seinem Frieden, Seinem Schutz" (de Boor). Die auferweckten Toten und die Lebenden werden dann **gleichzeitig** zum Herrn hin **entrückt**. Und dann gibt es viel zu tun. Durch die Glieder Seines Leibes wird Christus, das Haupt, alle Seine Aufgaben als Richter, König, Tröster und Erstatter durchführen. – Bist du dabei?

Söhne des Lichts und Söhne des Tages

„Ihr alle seid Söhne des Lichts und Söhne des Tages. Wir gehören weder der Nacht noch der Finsternis an." *1. Thess. 5,5*

Jesus hat einmal gesagt: „Ich bin das Licht der Welt. Wer mir folgt, wird keinesfalls in der Finsternis seinen Weg gehen, sondern das Licht des Lebens haben" (Joh. 8,12). Und wir lasen auch in Phil. 2,15, dass die Kinder Gottes in dieser Welt wie Himmelslichter leuchten sollen.

Licht oder Finsternis – welchem Bereich gehören wir an? Das ist auch heute die entscheidende Frage für jeden Menschen. Die Finsternis der Gottesferne und der Sünde ist eine weltbeherrschende **Macht.** Nicht umsonst schreibt Paulus den Christen in Kolossä, sie sollen dem Vater dafür danken, dass Er sie „aus dem **Machtbereich der Finsternis** herausgerissen und in das Königtum des Sohnes Seiner Liebe versetzt habe" (Kol. 1,13). Heute haben wir den Eindruck, dass diese Finsternismacht auf Erden noch zunimmt. Woher kommt all der Hass zwischen Völkern und Stämmen? Was veranlasst Menschen, als Selbstmordattentäter andere umzubringen? Was treibt Menschen immer tiefer in die Verstrickung von Lüsten und Süchten? – Die Macht der Finsternis!

Eine echte Bekehrung ist darum eine Versetzung (Verpflanzung) in einen anderen Machtbereich. Wo Jesus herrscht, verliert die Finsternis ihre zwingende Macht, ja, sie muss am Ende ganz verschwinden. „Nacht wird nicht mehr sein" (Offb. 22,5). Gott selbst ist Licht ohne Finsternis (1. Joh. 1,5). Und von Seinen Kindern kann Paulus sagen: „Ihr wart einst Finsternis, nun aber seid ihr Licht im Herrn" (Eph. 5,8). Wir sind als Kinder Gottes „Söhne des Lichts und Söhne des Tages". Darum brauchen wir den kommenden „Tag Christi" und das Lichtreich Gottes nicht zu fürchten – es ist ja unser Lebenselement.

Möge nun auch Licht von uns ausgehen! „Gestaltet euer Leben als Kinder des Lichts", mahnt Paulus in Eph. 5,8 und er fügt hinzu: Wir sollen als „Frucht des Lichts" Güte und Gerechtigkeit und Wahrheit hervorbringen und die unfruchtbaren Werke der Finsternis bewusst ablehnen. – Bemühen wir uns nicht krampfhaft zu leuchten! Wir **sind** Licht, wenn wir Jesus in Wahrheit gehören!

Am Tag des Herrn zeigt sich der „Mensch der Gesetzlosigkeit"

„Niemand täusche euch auf irgendeine Weise! Denn (der Tag des Herrn ist nicht da), es sei denn, dass zuerst der Abfall komme und geoffenbart werde der Mensch der Gesetzlosigkeit, der Sohn des Verderbens, der sich (allem) widersetzt und sich überhebt über alles, was Gott oder Gottesverehrung heißt, sodass er sich gar in den Tempel Gottes setzt und zu beweisen sucht, er sei Gott." *2. Thess. 2,3.4*

Die Evangeliumsverkündigung des Paulus in Thessalonich geschah unter schwerem Kampf. Einiges davon kann man in Apg. 17 nachlesen. Auch in der Lehre wurden die Gläubigen bedrängt und bedroht. Irrlehrer behaupteten, der „Tag des Herrn" sei schon da – nicht der herrliche „Tag Christi" (Phil. 1,6), sondern der „Tag Jahwehs", der Gerichtstag, von dem u. a. der Prophet Joel spricht -; die Verfolgungen seien ein Beweis dafür. Paulus trat dem in aller Schärfe entgegen. Nein, dieser Tag sei noch nicht da! Denn er sei durch zweierlei gekennzeichnet: durch weltweiten Abfall vom Glauben und durch das Auftreten des Mannes, den man in der Regel den „Antichristen" nennt. Die Bibel zeigt ihn unter verschiedenen Namen im Alten und im Neuen Testament. In Daniel 8 ist von einem „Horn" die Rede, das nicht nur auf Erden seine Macht und Stoßkraft entfaltet, sondern groß wird „bis an das Heer des Himmels". Sein besonderer Hass gilt Israel und Israels Gottesdienst (Dan. 11,31). Das Buch der Offenbarung spricht im 13. Kapitel vom „Tier" der Endzeit. Den Namen „Antichrist" finden wir in 1. Joh. 2,18.22, er ist es, der Gott den Vater und den Sohn leugnet. Im vorangestellten Wort wird er „Mensch der Gesetzlosigkeit" und „Sohn des Verderbens" genannt. Typisch für ihn ist, dass er sich allem Göttlichen **widersetzt** und sich **überhebt** über alles. Mit anderen Worten: **Hass** gegen Gott und Christus und gegen Gottes Auserwählte kennzeichnet sein Wesen ebenso wie sein unbändiger **Größenwahn.** Er hat viele Vorbilder in der Geschichte – von Antiochus IV. Epiphanes, der 167 vor Christus aus dem jüdischen Brandopferaltar einen Zeusaltar machte, bis zu Hitler in seinem Judenhass und Größenwahn.

Das sind keine guten Aussichten für unsere Welt. Lasst uns umso entschiedener in Christus bleiben, der am Ende der Sieger sein wird!

Jesu Erscheinung wird den Gesetzlosen zunichte machen

„Zwar ist das Geheimnis der Gesetzlosigkeit schon wirksam – nur muss, der jetzt noch aufhält, entfernt werden. Und dann wird der Gesetzlose geoffenbart werden, den der Herr Jesus durch den Hauch Seines Mundes beseitigen und durch die leuchtende Erscheinung Seiner Ankunft zunichte machen wird." *2. Thess. 2,7.8*

Zwei geistliche Strömungen kämpfen heute gegeneinander: Gesetzlosigkeit und Frömmigkeit, genauer gesagt: die Selbstherrlichkeit des autonomen Menschen und die Gottesfurcht des biblischen Glaubens. Das war schon zur Zeit des Paulus so, doch der Kampf spitzt sich immer mehr zu. Als Paulus diese Sätze schrieb, gab es auch schon Gesetzlosigkeit – Widerstand gegen Gottes Gesetz und Gottes Evangelium -; Paulus bekam es auf seinen Missionsreisen massiv zu spüren. Dahinter steckte ein „Geheimnis der Gesetzlosigkeit", eine satanische Energie als Antriebskraft.

Jesus sagt in Matth. 13,30, dass Gutes und Böses, Gottessaat und Teufelssaat, zum Ende hin ausreifen. Sie zeigen sich immer deutlicher und unverhüllter. Spüren wir nicht heute, wie gesetzloses Wesen immer dreister auftritt? Früher sündigte man auch, aber mehr im Geheimen, heute rühmen sich viele ihrer Sünde oder stellen sie in Filmen zur Schau. Es wächst in unsrer Zeit nicht nur der „Leib des Christus" heran, sondern gleichzeitig ein Gebilde, das man den „Leib des Antichristen" nennen könnte. Wenn das Haupt erscheint, ist der Leib schon da, herangewachsen im Lauf der Jahrhunderte. Zu welcher Körperschaft gehören wir, du und ich?

Der „Antichrist", von dem wir in der gestrigen Betrachtung sprachen, wird wohl schon bald geoffenbart werden. Christus hat sich dann mit Seiner Leibesgemeinde vereinigt, und der Antichrist tritt an der Spitze der vereinigten Welt offen hervor. Näheres über diese Zeit kann man in Offb. 13-19 nachlesen. Wenn dann aber Christus mit Seiner Gemeinde wiederkommt – wenn die „leuchtende Erscheinung Seiner Ankunft" stattfindet -, bereitet Er dem Antichristen und seinem Reich ein schnelles Ende. Ein Hauch des Mundes Jesu genügt, um den Weltherrscher des Endes und sein Reich zunichte zu machen. – Noch einmal sei gefragt: Auf welcher Seite stehen wir?

Mir ist Erbarmen widerfahren

„Glaubwürdig ist das Wort und aller Annahme wert, dass Christus Jesus in die Welt gekommen ist, um Sünder zu erretten, von denen ich der Erste bin. Mir ist aber darum Erbarmen widerfahren, dass Christus Jesus an mir, dem Ersten, Seine ganze geduldige Langmut erzeige – zum Vorbild für alle jene, die künftig an Ihn glauben werden zum ewigen Leben."

1. Tim. 1,15.16

Was Paulus in Apg. 22 und 26 ganz nüchtern schildert – nämlich seine Begegnung mit dem erhöhten Christus auf dem Weg nach Damaskus -, das hat er in 1. Tim. 1,12-16 gleichsam „theologisch" durchdacht. Tief beschämt rühmt er das Erbarmen Gottes. Er erkennt sich nicht nur als Sünder, sondern als den „Ersten" der Sünder, der in seinem Eifer als Christenverfolger viele seiner Altersgenossen noch übertraf (Gal. 1,14). Er fesselte Männer und Frauen und überlieferte sie in die Gefängnisse, er zwang die Christusgläubigen zu lästern, er „schnaubte Drohung und Mord" (Apg. 9,1; 22,4; 26,11). Reicht Gottes Gnade und Erbarmen auch für solche Menschen aus? Ja, das tut sie, stellt Paulus verwundert fest. Vor allem rühmt er Gottes Langmut. Lange hat Gott dem Treiben des Saulus geduldig zugesehen, bevor Er eingriff. Diese Langmut ist aber nicht nur für Paulus da, sondern für alle, die künftig an Jesus glauben werden – dabei dachte Paulus wohl besonders an Israel.

Aber noch etwas anderes hat ihn tief beschämt: Gott hat ihn nicht nur errettet, sondern auch in Seinen Dienst gestellt. Ist das nicht so, als würde man einen reißenden Wolf zum Hirten der Schafe machen? Kein Wunder, dass sich Jesu Jünger in Jerusalem, als sich Paulus als Bekehrter zum ersten Mal bei ihnen blicken ließ, vor ihm fürchteten (Apg. 9,26). Sie dachten: Ist das echt? Oder ist es nur ein Trick? Später aber haben sie Paulus voll anerkannt, vor allem, als sie sahen, welche Leiden er um Christi willen auf sich nahm.

Gott brachte diesem Christenverfolger Vertrauen entgegen. Er wusste: So entschieden er gegen Christus gekämpft hatte, ebenso total und von Herzen wird er Ihm nun dienen. So durfte er der erfolgreichste Missionar seiner Tage werden, die Christusbotschaft nach Europa tragen und sogar Gottes Geheimnisse verwalten (1. Kor. 4,1). Welch ein Erbarmen des Retter-Gottes!

Fürbitte für alle Menschen

„Zuallererst rufe ich nun dazu auf, Bitten, Gebete, Fürbitten und Danksagungen zu verrichten, und zwar für alle Menschen, für Könige und alle, die in übergeordneter Stellung sind, damit wir ein stilles und ruhiges Leben führen mögen in aller Gottesfurcht und Ehrbarkeit. Dies ist gut und wohlgefällig in den Augen Gottes, unseres Retters, der will, dass alle Menschen gerettet werden und zur Erkenntnis der Wahrheit kommen."

1. Tim. 2,1-4

Dies ist ein sehr klarer und deutlicher Aufruf zum Gebet und insbesondere zur Fürbitte. Wir sollen beten für **alle Menschen** – auch und gerade für unsere Politiker. Sie bedürfen unserer Fürbitte besonders. Ein führender Politiker soll gesagt haben, dass er nur die Hälfte seiner Kraft dem Regieren widmen könne – die andere Hälfte brauche er, um seine Entscheidungen vor der Öffentlichkeit richtig darzustellen. Wie dreist sind oft die Medienleute bei ihren Fragen an die Regierenden! In vielen Fragen wird bereits ein Fehlverhalten unterstellt und schnell wird gefragt: Wann treten Sie zurück? Man bezichtigt die Politiker – nicht immer wahrheitsgemäß – der Vertuschung, der Heuchelei oder der Unfähigkeit, so als sei man selbst ein makelloser Richter über sie. Darf ein Politiker sich nicht auch einmal irren und nach einiger Zeit korrigieren? Anderes dagegen – wie Homosexualität – wird schweigend, wenn nicht sogar zustimmend hingenommen.

Wir haben also allen Grund, für unsere Regierenden zu beten, dass sie wahrhaft und unerschrocken, in Gottesfurcht und nicht in Menschengefälligkeit nach bestem Wissen und Gewissen ihr Amt versehen.

Auch **allen Menschen** soll unser Gebet mit Fürbitte und Danksagung gelten. Denn Gott will alle Menschen retten. Wird es Ihm am Ende gelingen? Weit verbreitet ist die Meinung: Wenn der Mensch nicht will, kann Gott nicht retten. Gewiss kommt es auch auf die Entscheidung des Menschen an. Doch Gott wird Seinen Liebeswillen durchsetzen – in Gnade und durch schwere Gerichte. Lasst uns **heute** diesen Retter-Gott ehren!

Abfall vom Glauben

„Der Geist sagt klar und bestimmt, dass in späteren Zeiten einige vom Glauben abfallen werden, indem sie sich irreführenden Geistern und Lehren von Dämonen zuwenden... Sie verbieten zu heiraten und gebieten, sich bestimmter Speisen zu enthalten, die doch Gott geschaffen hat, damit sie von denen, die glauben und die Wahrheit erkannt haben, mit Danksagung entgegengenommen werden." *1. Tim. 4,1.3*

Vor Jahren erlebte ich eine Kontroverse über die Frage: Können Gläubige vom Glauben abfallen? Ja, sagte man, davon spricht ja Paulus. Aber **wer** fällt ab? Ein wiedergeborenes Kind Gottes, ein vor Grundlegung der Welt auserwähltes Glied des Leibes Christi, kann doch nicht abfallen! Auch das ist richtig. Also muss es „Gläubige" geben, deren „Glaube" nicht ganz echt ist. Von solchen spricht der Hebräerbrief in Kapitel 6,4-6. Dort ist die Rede von Menschen, „die einmal erleuchtet worden sind und geschmeckt haben die himmlische Gabe und Heiligen Geistes teilhaftig geworden sind und geschmeckt haben das gute Wort Gottes und die Kräfte der kommenden Weltzeit und doch abgefallen sind". Man beachte die Worte **„erleuchtet"** und **„geschmeckt"**! Erleuchtet – aber noch nicht klar entschieden. Man hat alles nur „geschmeckt", sozusagen eine Probe genommen. Man kennt ein Stück weit die Bibel, die Atmosphäre und das Verhalten der Frommen, man kann mitreden. Aber eine letzte Entscheidung für Jesus Christus ist noch nicht gefallen, der Rückweg steht immer noch offen.

Ein Abfall vom Glauben muss nicht immer ein Abfall in Bosheit und Gesetzlosigkeit sein. Unser Text spricht vom „frommen" Abfall. Diese Leute verbieten sogar zu heiraten. So ähnlich lautete wohl auch die Lehre der Nikolaiten (Offb. 2,15). Nikolaus soll ein strenger Asket gewesen sein, der sich sogar von seiner eigenen schönen Frau getrennt habe, um sein Fleisch zu töten. Diese Übergeistlichkeit sei dann ins Gegenteil umgeschlagen und seine Lehre habe dann gelautet: Nur durch unmäßige Befriedigung könne man über sein Fleisch Herr werden.

Der treue Herr binde uns fest an sich und bewahre uns gnädig vor Abirrungen aller Art!

Fliehen – jagen – kämpfen – ergreifen

*„Du aber, o Mensch Gottes, **fliehe** dies alles, **jage** aber der Gerechtigkeit nach, der Gottesfurcht, dem Glauben, der Liebe, dem Ausharren, dem willigen Erdulden! **Kämpfe** den guten Kampf des Glaubens, **ergreife** das ewige Leben!“* *1. Tim. 6,11.12*

Gleich einem Hagelschauer prasseln auf Timotheus, den jungen Mitarbeiter des Paulus, die Imperative des Apostels herab: Fliehe – jage – kämpfe – ergreife! An anderen Stellen des 1. Timotheusbriefes sagt ihm Paulus: Werde ein Vorbild! – Gib Acht auf dich selbst und auf die Lehre! – Tadle, ehre, gebiete, ermahne! – Ich gebiete dir vor dem Angesicht Gottes: Bewahre den dir erteilten Auftrag!

Timotheus scheint aber unter all diesen Ermahnungen und Geboten nicht zerbrochen zu sein. Er spürt auch hinter den manchmal scharfen Worten des Paulus dessen Liebe und tiefes Vertrauen.

Aber Timotheus war noch jung und unerfahren und nun soll er Gemeinden leiten, auf die rechte Lehre achten, Leiden ertragen, ein Vorbild sein, auf die Aufseher und Diener in den Gemeinden achten und die Widersacher in Sanftmut zurechtweisen. Ist er da nicht maßlos überfordert? – Es könnte so scheinen, aber Paulus erteilt nicht etwa nur Befehle – er ermahnt und ermuntert sein Kind im Glauben.

Auch uns tut es gut, auf die Anweisungen des Apostels zu achten. Christen sollen **Kämpfer** sein, sie sollen „den guten Kampf des Glaubens kämpfen“, also dem Misstrauen und der Angst widerstehen und mit Gottes Rettermacht allezeit rechnen. Sie sollen **nachjagen** den Tugenden der Gerechtigkeit, der Gottesfurcht, der Liebe, des Glaubens und des Ausharrens. Das bedeutet zugleich, das Negative zu **fliehen**, das Paulus zuvor aufgezählt hat (1. Tim. 6,3-10): Wortgefechte, unnütze Diskussionen, Neid und Streit und Gezänk sowie die Geldgier. Das ewige Leben sollen wir **ergreifen.** *Heinrich Langenberg* meint, hier könne nicht das ewige (äonische) Leben als solches gemeint sein; „das wird uns aus Gnaden geschenkt und das hat der Glaubende bereits“; es sei das äonische Leben als Siegespreis gemeint, als Krönung unserer Berufung (Offb. 2,10).

So wollen wir das Unnütze hinter uns lassen und den herrlichen Zielen der Liebe Gottes entgegeneilen!

Eine Lobpreisung des Königs der Könige

„Bewahre den dir erteilten Auftrag fleckenlos und untadelig bis zur leuchtenden Erscheinung unseres Herrn Jesus Christus, die zur festgesetzten Zeit herbeiführen wird der glückselige und alleinige Machthaber, der König der Könige und Herr der Herren, der allein Unsterblichkeit besitzt, der in einem unzugänglichen Licht wohnt, den keiner der Menschen gesehen hat noch sehen kann; Ihm sei Ehre und ewige Macht! Amen."

1. Tim. 6,14-16

Überwältigt von der Größe dessen, was er von Gottes Macht und Liebe zu bezeugen hat, bricht Paulus mehrere Male in seinen Briefen in eine Lobpreisung Gottes (Doxologie) aus. Besonders eindrucksvoll ist die vorangestellte Doxologie. Da heißt es von Gott, Er sei

der glückselige und alleinige Machthaber. Monarchen (Alleinherrscher) gibt es auch auf Erden, aber sind sie glückselig? Das können sie schon deshalb nicht sein, weil sie in der Regel Gewaltherrscher sind. Brutalität aber macht nicht glücklich. Aber auch demokratische Herrscher sind selten glücklich. Da gibt es so viel Ärger – z.B. mit der Opposition.

der König der Könige und Herr der Herren. Gott hat niemanden über sich, Er ist **der Herr** schlechthin.

der allein Unsterbliche. Gott hat weder Anfang noch Ende. Der Tod ist für Ihn nur ein Werkzeug, das Er am Ende, in der Vollendung, aus der Hand legen kann (Offb. 21,4). Kein Geschöpf besitzt von Natur aus Unsterblichkeit. Doch das Wunderbare ist: Dieser große Gott schenkt auch uns, wenn wir glauben, Sein unsterbliches Leben (Joh. 5,24 und 1. Kor. 15,51-53).

der in einem unzugänglichen Licht Wohnende. Es ist gleichsam Seine „Privatwohnung". Während in Seinem **Thronhimmel** Ratsversammlungen stattfinden, zu denen auch Geschöpfe Zutritt haben (wie in 1. Kön. 22,19-22), ist Sein **Lichthimmel** unzugänglich für jedes Geschöpf. Und niemand hat den Vater bis heute gesehen – es sei denn verhüllt oder in der Gestalt Jesu Christi.

Diesen einzigartigen, über alles erhabenen Gott der Liebe wollen auch wir durch Wort und Wandel preisen.

Gott hat uns nicht einen Geist der Verzagtheit gegeben

„Gott hat uns nicht einen Geist der Verzagtheit gegeben, sondern der ***Kraft*** *und der* ***Liebe*** *und der* ***Besonnenheit.*** *“* *2. Tim. 1,7*

Auch Gotteskinder stehen immer wieder in der Gefahr, verzagt (ängstlich, mutlos) zu werden. Sogar Paulus und seine Begleiter gerieten in der römischen Provinz Asia in eine Situation, in der sie am Leben verzweifelten (2. Kor. 1,8). Sie wussten nicht mehr: Wie soll es weitergehen? Wie gefahrvoll war doch auch die Schiffsreise des Paulus von Cäsarea nach Rom (Apg. 27)! Doch Paulus gab dem Geist der Verzagtheit keinen Raum – und wir müssen es auch nicht tun! Unabhängig von der jeweiligen Situation gilt für Gläubige: Gott gab uns einen Geist der **Kraft** und der **Liebe** und der **Besonnenheit**!

Er gab uns einen Geist der **Kraft.** Es ist nicht die Kraft der Ellenbogen gemeint, sondern Glaubenskraft. Sie kann sich auch mitten in unserer Schwachheit bewähren. Sie befähigte einst den König Hiskia, bei der Belagerung Jerusalems durch das übermächtige Heer der Assyrer nicht zu verzagen. Sie gab auch den Aposteln Jesu den Mut, unerschrocken Jesus als den Auferstandenen zu bezeugen.

Gott gab uns einen Geist der **Liebe.** Es ist ja der Geist, der von Ihm, der die Liebe ist, ausgeht. Indem er uns gegeben wird, wird uns Gottes Wesen zuteil. Wir dürfen lernen, göttlich zu lieben (Röm. 5,5). Es ist die freundliche, demütige, dienende Liebe Jesu gemeint.

Und Er gab uns einen Geist der **Besonnenheit** (oder Zucht). Kraft ohne Zucht ist gefährlich, ebenso Liebe ohne Zucht. Schnell überschätzt sich der Mensch in seinen Möglichkeiten. Davor kann uns ein besonnener Geist bewahren. – Wir bitten mit Spitta:

Geist des Glaubens, Geist der Stärke,
des Gehorsams und der Zucht,
Schöpfer aller Gotteswerke,
Träger aller Himmelsfrucht,
Geist, du Geist der heil'gen Männer,
Kön'ge und Prophetenschar,
der Apostel und Bekenner:
Auch bei uns werd' offenbar!

Unvergängliches Leben ist uns erschienen

„Gott hat uns gerettet und berufen mit einer heiligen Berufung – nicht nach unsern Werken, sondern nach Seinem eigenen Vorsatz und der Gnade, die uns in Christus Jesus schon vor ewigen Zeiten gegeben, jetzt aber durch die leuchtende Erscheinung unseres Retters Christus Jesus geoffenbart worden ist. Er hat den Tod entmachtet, aber Leben und Unvergänglichkeit ans Licht gebracht durch das Evangelium.“ *2. Tim. 1,9.10*

Paulus spricht gern von der Berufung, mit der uns Gott berufen hat. Er hat uns durch das Evangelium von Jesus Christus nicht nur **ge**rufen, sondern **be**rufen, das heißt, Er hat etwas mit uns vor. Wozu wurden wir berufen? Paulus antwortet: in die Gemeinschaft Seines Sohnes Jesus Christus (1. Kor. 1,9) – zur Freiheit vom knechtenden Joch des Gesetzes (Gal. 5,13) – zu Gottes Königsherrschaft und Herrlichkeit (1. Thess. 2,12) – zur Heiligung (1. Thess. 4,7).

Im vorangestellten Wort blickt Paulus im Geist Gottes weit zurück. Er erinnert an Gottes Vorsatz vor Grundlegung der Welt (Eph. 3,11). Da hat Gott mit Seinem Sohn den ganzen Lauf der Äonen überblickt und besprochen. Er spricht von einer Gnade, die uns, den Glaubenden, schon „vor ewigen Zeiten gegeben wurde“ – das ist für uns unvorstellbar. Diese Gnade wurde geoffenbart, als der Retter Christus Jesus Mensch wurde, starb und auferstand. Durch diese Heilstat Gottes wurde der Tod grundsätzlich besiegt und seine Macht gebrochen. – Aber besteht denn die Macht des Todes nicht unverändert fort? Ist und bleibt die Menschheit nicht sterblich? – Ja, sagt Paulus, aber an **einem** Punkt wurde Unvergänglichkeit, Unverderblichkeit, Unverweslichkeit offenbar: in der Auferstehung Jesu. Da hat Gott den Tod völlig überwunden. Und was Er **einmal** zu tun vermochte, kann Er auch an **vielen** und zuletzt an **allen** tun. Den Gliedern Seiner Gemeinde wird der Herr, wenn Er wiederkommt, durch eine Verwandlung **Unvergänglichkeit** und **Unsterblichkeit** verleihen (1. Kor. 15,53). Und zuletzt wird der Tod, der grundsätzlich schon entmachtet ist, weltallweit zunichte werden und nicht mehr da sein (1. Kor. 15,26 und Offb. 21,4).

Möchten wir doch diesem Retter-Gott und Seinem Lebenssieg schon heute in uns Raum geben!

Abfall von Paulus

„Das weißt du (ja bereits), dass in der Provinz Asia sich alle von mir abgewandt haben." *2. Tim. 1,15*

War Paulus eigentlich in seiner Missionstätigkeit erfolgreich? – Gewiss, er missionierte in Kleinasien und Griechenland, gründete Gemeinden, schrieb Briefe, die man heute noch liest und verbreitet, und trug die Botschaft des Evangeliums bis hinein in die Welthauptstadt Rom. Wer könnte Gleiches von sich sagen? Insofern war er wohl der erfolgreichste Bote Jesu überhaupt. – Doch es gab auch Rückschläge. Paulus hatte drei Jahre lang in Ephesus (in der römischen Provinz Asia) gewirkt (nach *Wilhelm Michaelis* von Herbst 52 bis Frühsommer 55). Später schrieb er Briefe an die Gläubigen in Ephesus und Kolossä. In diesen Briefen entfaltet er den ganzen Ratschluss Gottes in einzigartiger Weise. Auch den Gläubigen in Laodizea hat er einen Brief geschrieben, der uns nicht erhalten ist (Kol. 4,16). – Was ist nun aus diesen so reich beschenkten Gemeinden geworden? Schon zu Lebzeiten des Paulus fielen sie von ihm ab. Wir können das ein klein wenig verstehen, wenn wir bedenken, wie unglaublich kühn dieser Apostel uns in Gottes Heilsratschluss einführt. Der römische Statthalter Festus rief Paulus zu, als er seine Verteidigungsrede gehalten hatte: „Du bist wahnsinnig, Paulus!" – Nein, sagte Paulus, ich bin nicht wahnsinnig, sondern spreche Worte der Wahrheit und Besonnenheit aus (Apg. 26,24.25).

Jedenfalls schreibt Paulus in seinem letzten Brief, **alle** in der Provinz Asia hätten sich von ihm abgewandt. Was nun weiter aus diesen Gemeinden geworden ist, erfahren wir in Offb. 2-3. Dort sehen wir sozusagen die nächste Generation der dortigen Gläubigen. Paulus hatte ums Jahr 60 seine Briefe an die Epheser und Kolosser geschrieben; Johannes empfing die Worte Jesu in Offb. 2 und 3 in den 90er Jahren. Die meisten Gemeinden muss der erhöhte Herr tadeln. Irrlehrer hatten sich breit gemacht und bedrohten Lehre und Leben. Nach der Abkehr von Paulus droht nun der Abfall von Jesus selbst.

Auch heute machen viele einen Bogen um Paulus. Es klingt so fromm, wenn man sagt: „Ich höre lieber auf das, was Jesus selbst gesagt hat (in den Evangelien)." Doch es ist derselbe Herr, der durch Paulus Weiterführendes offenbart! Nein, wir wollen gern auf Paulus hören!

Drei Bilder für unseren Einsatz

„Nimm teil an den Leiden als ein guter Soldat Christi Jesu!... Wenn aber auch einer am Wettkampf teilnimmt, so empfängt er doch nicht den Siegeskranz, wenn er nicht den Gesetzen (des Wettkampfs) entsprechend gekämpft hat. Der Bauer, der hart arbeitet, muss auch als Erster an den Früchten Anteil bekommen.“ *2. Tim. 2,3.5.6*

Anhand dreier Bilder – des Soldaten, des Wettkämpfers, des Bauern – veranschaulicht Paulus, wie wir Christus dienen sollen.

Wir sollen gute **Soldaten** Christi Jesu sein. Wir sind aber nicht zum **Töten**, sondern zum **Leiden** berufen. Zwar spricht Paulus in Vers 4 von einem Krieg. Doch die Gegner sind nicht Heere von Fleisch und Blut, sondern geistliche Mächte der Bosheit im Gefolge des Satans, die diese Welt beherrschen. Und unsre Rüstung in diesem Krieg besteht nicht in irdischer Waffentechnik, nicht in Panzern und Flugzeugen, Bomben und Raketen, sondern in Wahrheit und Glauben und göttlicher Gerechtigkeit (Eph. 6,10-20). Wir sind gute Soldaten, wenn wir dem Herrn, der uns „angeworben“ hat, in allem zu gefallen suchen und im Einsatz fleißig und treu sind.

Wir sind zugleich auch **Wettkämpfer.** Das erinnert uns wieder an 1. Kor. 9,24-27. Bei einem Wettkampf gilt es die Regeln zu beachten, gesetzmäßig zu kämpfen. Wie mögen die Regeln für uns lauten? Worauf kommt es da an? – Dass wir uns nicht ablenken lassen durch allerlei unnütze Interessen, durch die Herrschaft der Medien oder Geldgier – dass wir der Heiligung nachjagen – dass wir das Ziel im Auge behalten: den Siegeskranz zu erlangen.

Der **Bauer** muss hart arbeiten, er plagt sich, müht sich ab. Auch Paulus mühte sich ab mit den Gemeinden. Dabei stand ihm stets die Frucht vor Augen. Er „mühte sich ab mit der eigenen Hände Arbeit“ (1. Kor. 4,12); denn hinter ihm stand keine Organisation, die alles finanzierte. Auch mühte er sich ab durch Ermahnung und Lehre sowie durch Einzelseelsorge. Auch andere hatten Mühe bei der Gemeindearbeit. So hat „die geliebte Persis sich reichlich abgemüht im Herrn“ (Röm. 16,12). - Zum Christenleben gehören auch Einsatz, Fleiß und Glaubenskampf. Wer im Kleinen treu ist, dem wird der Herr Großes anvertrauen.

Mit Christus sterben und leben, ausharren und herrschen

„Wenn wir mit (Ihm) gestorben sind, so werden wir auch mit (Ihm) leben; wenn wir geduldig ausharren, so werden wir auch mit (Ihm) königlich herrschen; wenn wir aber verleugnen, so wird auch Er uns verleugnen; wenn wir untreu sind, so bleibt Er doch treu; denn Er kann sich selbst nicht verleugnen." *2. Tim. 2,11-13*

Auch in den Paulusbriefen finden wir Bedingungen, die Gott stellt, Sätze, die mit „Wenn" beginnen. Stehen wir da etwa wieder auf dem Boden des Gesetzes? In 5. Mose 28 lesen wir ja: „Wenn du (Israel) der Stimme des HERRN, deines Gottes, genau gehorchst, dass du darauf achtest, alle Seine Gebote zu tun..., dann werden alle diese Segnungen über dich kommen..." – alle in den Versen 3-13 aufgeführten Segnungen. Wenn aber nicht – dann kommen alle Flüche!

Nein, hier stehen wir nicht auf Gesetzesboden. Hier geht es nicht um Gebote, die das Geschöpf zu erfüllen hat, sondern um **geistliche Gesetzmäßigkeiten.** Nur wenn der Wettkämpfer gesetzmäßig kämpft, kann er den Siegeskranz erlangen, sagt Paulus wenige Verse zuvor (V. 5). Nur wenn wir mit Christus gestorben sind, werden wir auch mit Ihm leben. Das heißt doch: Nur wenn wir akzeptieren, dass unser Ich mitgekreuzigt ist (Gal. 2,20), dass wir uns der Sünde für tot halten sollen (Röm. 6,11), nur dann können wir auch Christi Lebens- und Auferstehungskräfte erfahren. Und nur wenn wir in der Glaubensschule Gott nicht davonlaufen, werden wir mit Christus königlich herrschen dürfen. – Wenn wir uns aber vom Weg der Niedrigkeit und der Bedrängnisse entschieden lossagen, wird auch der Herr bei der Verleihung der Siegeskränze „Nein" zu uns sagen. Das mit „verleugnen" oder „lossagen" übersetzte Wort „ist ein starker Ausdruck, der die klare Distanzierung betont. Er handelt sich hier nicht um Abfall vom Glauben, sondern um Ablehnung des Zerbruchsweges. Ebenso handelt es sich nicht um ewige Verdammnis, sondern um den Verlust des Kronenrechts, um die Zurückweisung vom königlichen Herrschen mit Christus" (Langenberg). – Doch selbst dann bleibt uns die Treue des Herrn erhalten, so wie den in 1. Kor. 4,15 und 5,5 genannten Versagern letztendlich doch Rettung zuteil wird. Denn der Herr kann sich selbst nicht verleugnen (Phil. 1,6).

Die Menschen der „letzten Tage"

„Das sollst du aber wissen, dass in den letzten Tagen schlimme Zeiten eintreten werden; denn die Menschen werden selbstsüchtig und geldgierig sein, prahlerisch und hochmütig, darauf bedacht, zu schmähen und zu lästern, den Eltern ungehorsam, undankbar und unheilig." 2. Tim. 3,1.2

Schon des Öfteren begegnete uns der Gedanke, dass die Sünde im Verlauf der Heilsgeschichte zunimmt und ausreift (Matth. 13,30). Hätte der Herr nicht doch alles Geschehen in der Hand, um es letztendlich Seinen Zielen zuzuführen, so müsste man wohl eher von einer „Unheilsgeschichte" sprechen.

Wir haben in 2. Tim. 3,1-9 wieder einen „Lasterkatalog" vor uns, eine Aufzählung von Sünden, ähnlich dem von Röm. 1,26-32. In beiden Fällen begegnen uns Worte wie „lieblos, verleumderisch, prahlerisch, gierig, den Eltern ungehorsam". Beide Lasterkataloge weisen auf eine verdorbene Gesinnung hin. Doch während Röm. 1 uns zeigt: „So war's im alten Rom", weist uns Paulus in unserem Text auf die Endzeit hin. In den letzten Tagen und Jahren vor der Wiederkunft Christi wird die Sünde in besonderer Weise ausreifen, und das heißt ja auch: immer unverhüllter hervortreten. In Romanen und Filmen stellt man die Sünde immer dreister zur Schau. Warum nur sind die Zeiten so schlimm? Paulus erklärt uns: weil die Menschen so sind! Sie sind Sklaven ihrer Süchte und Lüste, Diener des eigenen Ichs. An erster Stelle nennt er Selbstsucht und Geldgier, man kann auch übersetzen: **Ich-Liebe** und **Geld-Liebe.** Diese Gefahren bedrohen auch die christlichen Gemeinden. Es sind ja nach außen hin sogar „fromme Leute", die Paulus hier charakterisiert (V. 5) – nur ohne **Kraft.**

Wenn aber nach Matth. 13,30 beides im Lauf der Geschichte wächst und ausreift – Böses und Gutes -, müsste dann nicht auch in unserer Zeit die Gemeinde Jesu Christi eine besonders ausgereifte, von Gottes Geist erfüllte, in Lehre und Leben vorbildliche Gemeinde sein? Davon aber sehen wir wenig, jedenfalls nicht in der Masse und in der Öffentlichkeit. Doch es gibt sie, die Gereiften, die sich in der Schule Jesu zubereiten lassen - im Verborgenen, in Leiden, in Niedrigkeit. Ihnen gehört die Zukunft, die königliche Herrschaft mit Jesus Christus.

Alle Schrift ist von Gott eingegeben

„Alle Schrift ist von Gott eingegeben und nützlich zur Belehrung, zur Überführung, zur Zurechtbringung, zur Erziehung in der Gerechtigkeit, damit der Mensch Gottes recht zubereitet sei, zu jedem guten Werk voll ausgerüstet." *2. Tim. 3,16.17*

Viele Menschen schlagen die Bibel auf, doch mit sehr verschiedenem Vorverständnis. Was haben wir da vor uns in diesem einzigartigen Buch, das durch Jahrtausende gewachsen ist? Eine Grundfrage ist vor allem die: Haben wir es mit **Menschenwort** oder mit **Gotteswort** zu tun? Je nachdem, wie man diese Frage beantwortet, sieht man die Bibel mit ganz anderen Augen an. Haben begabte Erzähler, fantasiereiche Menschen, sich etwas ausgedacht? Ist das menschliche Wunschdenken, die menschliche Seele der eigentliche Urheber? Dann wäre es ja nebensächlich, ob eine geschichtliche Wahrheit dahintersteht. Viele finden nichts dabei, die Bibel in vielen Teilen für ein Märchenbuch zu halten.

Ganz anders ist es, wenn wir die Bibel als **Gotteswort** ansehen und annehmen. Dann wissen wir: Hier redet und offenbart sich Gott selbst. Er zeigt uns Seine Wege und Ziele und Sein Wesen. So will die Bibel nach ihren Selbstzeugnissen verstanden sein. Sie ist inspiriert, von Gottes Geist eingegeben (griechisch *theopneustos*). Das heißt nicht, dass die biblischen Schreiber nur willenlose Werkzeuge oder Schreibmaschinen waren. Sie schreiben in ihrem jeweils eigenen Stil – ein David, ein Jesaja oder Matthäus, Johannes, Paulus. Doch alles hat Gottes Geist überwacht. Zwar gibt es in der Überlieferung Abweichungen (Varianten). Doch sie verändern den Sinn nur selten, und wo es doch der Fall ist, können uns Parallelstellen oder der Kontext helfen, zu verstehen, was gemeint ist.

Gott hat geredet! Und Sein Reden ist wohltuend und nützlich. Es ist nützlich 1. zur Belehrung, 2. zur Überführung (das bedeutet nach *Hans Bürki*: Aufdeckung sowohl der Schuld wie der Wahrheit), 3. zur Zurechtbringung oder Wiederaufrichtung und 4. zur Erziehung mit dem Ziel, dass der Mensch Gottes recht zubereitet und ausgerüstet sei. – Möchten wir diesen vierfachen Nutzen des geistgehauchten Wortes persönlich erfahren dürfen!

Paulus hat den Erdenlauf vollendet

„Ich habe den guten Kampf gekämpft, ich habe den Lauf vollendet, ich habe den Glauben bewahrt; fortan liegt mir bereit der Siegeskranz der Gerechtigkeit, den mir der Herr, der gerechte Richter, an jenem Tag verleihen wird – nicht allein aber mir, sondern auch allen, die Sein leuchtendes Erscheinen lieb gewonnen haben." *2. Tim. 4,7.8*

Paulus schreibt diesen Brief aus der zweiten römischen Gefangenschaft heraus. Aus der ersten römischen Gefangenschaft, von der uns der Schluss von Apg. 28 berichtet, in welcher er die Briefe an die Epheser und Kolosser und an Philemon schrieb, war er wieder freigekommen. Er hatte in Freiheit, etwa in den Jahren 61 und 62, den 1. Timotheusbrief und den Brief an Titus geschrieben. Dann aber folgte die zweite römische Gefangenschaft. Nun weiß Paulus, dass sein Tod bevorsteht. Der nahende Winter (V. 21) wird wohl der letzte sein, den er erlebt. „Die Zeit meines Abscheidens (oder Aufbrechens) steht bevor" (V. 6). Doch diesen seinen letzten Brief schreibt er nicht in Depression oder Angst, sondern – wie immer – in guter Zuversicht. „Der Herr wird mich retten" – nicht um auf Erden noch einmal tätig zu werden, sondern „in Sein himmlisches Königreich" (V. 18).

Feierlich und mit beschwörenden Worten legt er es dem Timotheus „vor dem Angesicht Gottes und Christi" ans Herz, das Wort zu verkündigen, zu überführen, zu tadeln, zu ermuntern mit aller Langmut und Lehre (4,1.2). Von sich selbst kann er bezeugen, nunmehr den Lauf vollendet zu haben. Die ganze ihm zugemessene Strecke auf der Rennbahn des Wettläufers hat er durchlaufen. Er hat den Glauben bewahrt. Der Herr schenkt ihm nun die Gewissheit, dass er den Siegeskranz erlangen wird. Diesen Kranz werden auch all jene erhalten, die Jesu kommendes Erscheinen lieben. Dabei ist „Liebe nicht nur Gefühlssache, sondern auch Sache des Wollens und Denkens, gleichsam des ganzen Herzens" (Langenberg).

Paulus hat seinen Auftrag auf Erden erfüllt. Ihn bewegt aber nicht so sehr die Frage: „Werde ich den Märtyrertod erleiden müssen?" Sein glaubendes Denken hebt ihn darüber hinaus und lässt ihm anderes viel wichtiger werden: Jesu leuchtendes Erscheinen, Siegeskranz und Königreich. Das dürfen die empfangen, die Ihn lieben.

Die Gnade Gottes erzieht uns

„Denn erschienen ist die Gnade Gottes, allen Menschen Heil und Rettung bringend, und sie erzieht uns dazu, dem gottlosen Wesen und den weltlichen Begierden abzusagen und besonnen, gerecht und gottesfürchtig in der jetzigen Weltzeit zu leben, in der Erwartung der glückseligen Hoffnung und leuchtenden Erscheinung der Herrlichkeit des großen Gottes und unseres Retters Jesus Christus." Tit. 2,11-13

Die Worte „Erscheinung" und „erscheinen" kommen im Neuen Testament am häufigsten in den Pastoralbriefen vor (den Briefen an Timotheus und Titus). Diese Worte bezeichnen etwas Leuchtendes. Leuchtend hell ist die Gnade Gottes in Jesus Christus offenbar geworden, und sie ist für alle Menschen da. Wenn unser Glaube die Gnade ergreift, kommt es zur Rettung (Eph. 2,8). Neu ist der Gedanke, dass die Gnade Gottes uns **erzieht.** Zur Zeit des Alten Testaments wurde Israel durchs **Gesetz** erzogen, wir aber werden durch die **Gnade** erzogen. Die Gesetzeserziehung ist keinesfalls sinnlos, aber sie führt zum Zerbruch. Der Mensch erkennt, wenn er aufrichtig ist: Das Wollen habe ich wohl, aber das Vollbringen des Guten und Richtigen gelingt mir nicht. Ich elender Mensch, wer wird mich erlösen (Röm. 7,18.24)? – Es gibt eine Antwort auf diesen Notschrei, und sie heißt **Gnade.** Sie fordert nicht nur, sondern sie schenkt auch die Kraft zum Vollbringen.

Die **Gnadenerziehung** soll ein Dreifaches bei uns bewirken: a) dem gottlosen Wesen und den weltlichen Begierden abzusagen. Das ist ein Erziehungsweg, es gelingt in der Praxis nicht schlagartig. b) Wir sollen im jetzigen bösen Äon (Gal. 1,4) besonnen und gerecht und gottesfürchtig leben. Als Erstes wird die Besonnenheit genannt. Gottes Geist ist ja ein Geist der Kraft und der Liebe und der Besonnenheit (2. Tim. 1,7). Besonnenheit hat es mit Selbstbeherrschung und Zucht, aber auch mit Nüchternheit und Wachheit zu tun. Und c) Die Gnade macht uns zu Menschen der Hoffnung. Wir leben zwischen der leuchtenden Erscheinung der **Gnade** (durch Jesu erstes Kommen) und der leuchtenden Erscheinung der **Herrlichkeit** (durch Jesu Wiederkunft). In dieser Zeit soll man uns anmerken, dass wir Menschen der Hoffnung, ja einer glückselig machenden und leuchtenden Hoffnung sind!

Die Güte Gottes rettet und erneuert uns

„Einst waren auch wir unverständig, ungehorsam, wir gingen in die Irre, dienten als Sklaven mancherlei Begierden und Lüsten, lebten in Bosheit und Neid dahin, verhasst und einander hassend. Als aber die Güte und Menschenliebe unseres Retter-Gottes erschien, da rettete Er uns... nach Seinem Erbarmen durch das Bad der Wiedergeburt und die Erneuerung des Heiligen Geistes." *Tit. 3,3-5*

Paulus lässt es an Deutlichkeit nicht fehlen, wenn er hier das Leben unerretteter Menschen skizziert. Wir waren unverständig und ungehorsam und gingen in die Irre. Wir waren wie Wanderer, die sich im Wald verlaufen hatten. Doch wir bemerkten nicht einmal – oder wollten es nicht wahrhaben -, dass wir uns verirrt hatten. Wir waren Sklaven unserer Begierden und Lüste. Wie leicht kann es passieren, dass ein von Gott gegebener guter und zweckmäßiger Trieb (zum Essen oder Trinken oder zum anderen Geschlecht) das rechte Maß verliert und uns beherrscht, statt dass wir ihn beherrschen! In unsrer Bosheit waren wir „verhasst und einander hassend". Oft erscheint es dem nüchternen Beobachter rätselhaft, warum jugendliche Banden einander oder die Polizei so hasserfüllt bekämpfen, warum einzelne Menschen oder Völker einander voller Hass begegnen, warum Staaten Tausende von Atomwaffen herstellen und horten, um den Gegner notfalls total auszulöschen. Dahinter steht die Gesinnung und das Treiben Satans.

Doch dann trat die Güte und Menschenliebe unseres Retter-Gottes in Aktion. Er rettete uns und Er erneuert uns. Wo die Gesinnung Jesu Platz greift, tritt Seine Liebesgesinnung an die Stelle des blinden Hasses, Demut und Sanftmut treten an die Stelle von Bosheit und Neid. Von der „Menschenliebe Gottes" *(philanthroopia)* ist im Neuen Testament nur hier die Rede.

Oft spricht Paulus in den Pastoralbriefen vom **Retter-Gott.** Er will alle Menschen retten (1. Tim. 2,3.4), ja Er ist ein Retter aller Menschen (4,10). Das ist ein gewaltiges Gottesprogramm, das viele Zeitalter (Äonen) zu seiner Verwirklichung braucht. Den Anfang Seiner rettenden Tätigkeit macht Er mit uns. Im Titusbrief ist in 1,3.4 und 2,10.13 und 3,4.6 von Gott oder Christus als dem Retter die Rede. – Hast du dich schon retten lassen?

Gott gibt am Ende Größeres

„Vielleicht ist er ja deswegen für eine kurze Zeit von dir getrennt gewesen, damit du ihn auf ewig zurückerhieltest, nicht mehr als einen Sklaven, sondern – was viel mehr ist als ein Sklave – als einen geliebten Bruder."

Philemon 15.16

Der Philemonbrief ist ein besonderer Brief, nicht nur, weil er der kürzeste und in unseren Bibeln der letzte Paulusbrief ist. Es geht um das Schicksal eines entlaufenen Sklaven. Paulus schreibt an dessen Herrn, an Philemon. Aus seinen Zeilen spricht die Gesinnung Christi.

Philemon, einem wohlhabenden Christen in Kolossä, war sein Sklave Onesimus entlaufen. Gott fügte es so, dass Onesimus mit dem in Gefangenschaft befindlichen Apostel Paulus zusammentraf und durch ihn zum Glauben an Jesus Christus kam. Paulus schickt den entlaufenen Sklaven an seinen Herrn zurück, wobei er die dringende Bitte äußert, ihn nicht nach römischem Recht zu bestrafen, sondern als „geliebten Bruder" wieder aufzunehmen, ja so herzlich, als wäre es Paulus selber.

Die Gesinnung Christi spricht aus diesem Brief, wenn Paulus (V. 18.19) schreibt: Wenn Onesimus dir etwas schuldig ist, so rechne es mir an! Ich, Paulus, werde es bezahlen! So nahm ja Jesus am Kreuz die Schuld einer ganzen Welt auf sich und bezahlte sie vollgültig vor Gott.

Paulus sieht in dem ganzen Vorgang Gott am Werk. Es war nicht der Zufall, der Onesimus mit Paulus zusammenführte, sondern der Wille und die Fügung des Retter-Gottes. So führt Er auch unser Leben, und das, was wir Zufall nennen, ist doch von Ihm gesteuert. Paulus versucht dem Philemon klarzumachen: Ärgere dich nicht über die Flucht deines Sklaven – du bekommst Größeres zurück, viel mehr als einen Sklaven, nämlich einen geliebten Bruder! So überspringt und überwindet Gottes rettendes Handeln gesellschaftliche Zwänge und Nöte. Gott gibt am Ende Größeres. So war es ja auch bei Hiob, dem Gott alles, was er verloren hatte, am Ende doppelt erstattete. Und so wird die neue Welt Gottes nach Offb. 21 und 22 viel herrlicher sein als das Paradies des Anfangs. Gott nimmt Abirrung und Flucht und Sünde in Kauf, um sodann als Retter und Wiederhersteller und Erstatter viel Größeres zu erreichen, als was vorher war. Er spricht auch zu dir und zu mir: Gib mir deine Schuld – ich will bezahlen!

Der einzigartige Gottessohn

„Nachdem Gott in alter Zeit zu vielen Malen und auf vielerlei Weise zu den Vätern gesprochen hat durch die Propheten, hat Er nunmehr in diesen letzten Tagen zu uns gesprochen durch den ***Sohn****, den Er eingesetzt hat zum Erben des Alls, durch den Er auch die Weltzeiten gemacht hat. Er ist die Ausstrahlung Seiner Herrlichkeit und die Ausprägung Seines Wesens und trägt das All durch das Wort Seiner Kraft.“* *Hebr. 1,1-3*

Wer der Verfasser des inhaltsreichen und sprachgewaltigen Hebräerbriefes ist, bleibt im Dunkeln. Er beginnt ohne die sonst übliche Verfasserangabe und Vorrede. Vieles spricht für den redegewandten **Apollos** (Apg. 18,24), an den auch Luther dachte. – Der Verfasser zeigt sich gut vertraut mit dem Alten Testament und dem levitischen Priestertum, doch er kennt noch „Besseres“: **Jesu** Größe und Erhabenheit wird immer wieder betont und durch Vergleiche anschaulich gemacht. So auch im vorangestellten Text, der deutlich macht, dass Gottes Reden durch den **Sohn** allem früheren Reden Gottes – durch Mose und die Propheten – überlegen ist. Denn dieser Sohn ist einzigartig. Ist Er doch der Träger und Erbe des Alls, der Schöpfer der Weltzeiten (Äonen), die Ausstrahlung der Herrlichkeit Gottes und die Ausprägung des Wesens Gottes. Das ist derselbe Jesus, der in Bethlehem geboren wurde, als Handwerker (Zimmermann) arbeitete, der mit etwa 30 Jahren begann, als der Messias (Christus) zu wirken, der starb und auferstand und dann vom Vater über alles erhöht wurde.

Er hat mit dem Vater zusammen die Welt geschaffen (1. Mose 1). Zusammen mit dem Raum entstand auch die Zeit. Durch Jesus hat der Vater die Äonen gemacht. Und Er trägt auch heute noch das All. Das bedeutet **Bewahrung vor dem Zerfall.** *Fritz Laubach* schreibt: „Seit dem Sündenfall befindet sich die gesamte Schöpfung in einem unübersehbaren Zerfallsprozess; ohne das Eingreifen Gottes“ (ohne das Tragen Jesu) „würde eine völlige Auflösung eintreten.“

In diesem Sohn offenbart der Vater Sein Wesen. Er ist die Ausprägung (Prägestempel, Abdruck, Ebenbild) Seines Wesens. In dieses Bild sollen auch wir verwandelt werden – dadurch dass wir Ihn „anschauen“ (2. Kor. 3,18), indem wir Sein Wort in uns aufnehmen.

Söhne stehen Gott näher als Engel

„(Der Sohn Gottes) ist um so viel erhabener als die Engel, wie Er einen vortrefflicheren Namen vor ihnen ererbt hat. Denn zu welchem der Engel hat Gott jemals gesagt: ‚Mein Sohn bist Du, Ich habe Dich heute gezeugt'?“ *Hebr. 1,4.5*

Einer der vielen Vergleiche, die der Hebräerbrief bringt, ist der zwischen den **Engeln** und dem **Sohn.** Es ist der Unterschied gemeint zwischen **Schöpfung** und **Zeugung.** Engel sind nur geschaffene Wesen. Sie sind nicht Ebenbilder Gottes wie der Sohn. Zwar werden sie gelegentlich im Alten Testament auch „Söhne Gottes“ genannt (Hiob 1,6), doch sie sind es nicht im Sinne der Zeugung. Was der Vater vorzeiten zu Seinem Sohn Jesus Christus gesagt hat: „Mein Sohn bist Du, Ich habe Dich heute gezeugt“ (Ps. 2,7), das hat Er noch nie zu einem Engel gesagt. Sie sind Geschöpfe, Boten, Diener. Von ihnen sagt Hebr. 1,14: „Sind sie nicht alle im heiligen Dienst stehende Geister, ausgesandt zur Hilfeleistung für die, die das Heil ererben sollen?“ Der griechische Text spricht hier von „liturgischen Geistern, ausgesandt zur Diakonie“. Sie sollen uns nicht führen und leiten – das tut der Heilige Geist – und sie haben auch keinen **Lehrauftrag** für die Gemeinde, sondern nur einen **Dienstauftrag.** Es gibt ja Bücher über solche Engelhilfe. Da geht es etwa um Bewahrung oder Rettung in gefährlichen Lebenssituationen. Für solche Hilfeleistung wollen wir dankbar sein.

Was hier vom **Sohn** gesagt ist, gilt auch den **Söhnen.** Sie sind aus Gott gezeugt und geboren. Das bezeugt der 1. Johannesbrief an mehreren Stellen (1. Joh. 2,29; 3,9; 4,7; 5,1.4.18). Darum stehen Kinder Gottes dem Vater näher als Engel, so wie auch in einer irdischen Familie die Kinder den Eltern näher sind als Boten und Diener. Wir sollen darum nicht Engel anbeten (Kol. 2,18), sondern den Vater und den Sohn. Dabei übersehen wir nicht, dass die heiligen Engel bei der Gesetzgebung für Israel (Gal. 3,19) wie auch als Boten Gottes und Vollstrecker Seiner Gerichte und Verwalter des Kosmos eine wichtige Rolle spielen (siehe Buch Daniel und Offenbarung). Wir sollen sie keineswegs verachten. Doch Gottes Wesen und Eigenschaften besitzen nur die aus Ihm Gezeugten und Geborenen.

Das lebendige Wort

„Denn lebendig ist das Wort Gottes und wirksam und schärfer schneidend als jedes zweischneidige Schwert und durchdringend, bis es Seele und Geist, Gelenke und Mark voneinander trennt, und ein Richter der Überlegungen und Gedanken des Herzens.“ *Hebr. 4,12*

Das Wort Gottes wird gelegentlich mit einem Schwert verglichen. Zur Waffenrüstung der Gläubigen gehört auch „das Schwert des Geistes, Gottes Wort“ (Eph. 6,17). Und wenn Jesus als Richter der Völker wiederkommt, „geht ein scharfes Schwert aus Seinem Mund hervor“ (Offb. 19,15). Es ist Sein Wort gemeint – ein **geistliches** Schwert.

Unser Wort beschreibt sehr fein die Wirkung dieses Wortes. „Es ist durchdringender als Röntgenstrahlen; wir liegen offen vor ihm wie die Organe des Körpers vor dem Messer des Operateurs... Da hört alles Versteckspielen auf. Da kommt Licht in das unglaubliche Gewirr unseres Herzens, da werden wir ganz erkannt“ (L. Präger, zitiert von Fritz Laubach).

Aber so, wie der Operateur ja nicht töten, sondern heilen will, so ist auch Gottes Wort ein **heilendes Wort** (Ps. 107,20). Auch alle in unserem Text genannten Tätigkeiten und Wirkungen sind nützlich und heilsam, auch wenn sie wehtun. Gottes Wort ist ja auch ein Richter (griechisch *kritikos*). Das ist die rechte „Bibelkritik“: wenn nicht wir Menschen uns anmaßen, über Gottes Wort zu urteilen, sondern wenn wir uns von diesem Wort zurechtweisen und zurechtbringen lassen. Und da hat der Herr viel zu tun. Denn so vieles in unserem Innern ist unklar und vermischt. Niemand kann sagen, seine Herzensgedanken seien immer nur vom Heiligen Geist bestimmt. Da erleuchtet uns Gottes Wort – zusammen mit Gottes Geist – und zeigt uns, wer wir sind. Wir lernen unterscheiden, was menschlich und was göttlich ist. Was ist Wunschdenken, Träumerei der Seele, und was ist geistgemäß? Wo sind wir noch von unserem Ich und Eigenwillen beherrscht und wo fragen wir wirklich nach Gottes Willen? – Indem uns Gottes Wort dies klarmacht, hilft es uns. Und dann führt der Herr uns weiter. Wir sollen ja nicht bei der Selbsterkenntnis stehenbleiben, sondern zur Erkenntnis Christi und Gottes kommen. – Lasst uns Gottes Wort schätzen und lieben! Es ist ein „Schwert“, das uns guttut.

Nicht unmündig bleiben!

„Während ihr der Zeit nach schon Lehrer sein solltet, habt ihr es wieder nötig, dass man euch über die Grundelemente des Anfangs der Aussprüche Gottes belehrt, und ihr braucht Milch, nicht feste Speise."

Hebr. 5,12

Christusgläubige Menschen sollen wachsen. Das betont nicht nur der Hebräerbrief; auch Petrus, Johannes und Paulus sprechen davon. „**Wachst** in der Gnade und Erkenntnis unseres Herrn und Retters Jesus Christus!" mahnt der Apostel Petrus (2. Petr. 3,18). Johannes spricht von Kindern, jungen Männern und Vätern im Glauben. Und auch Paulus stellt in Gal. 4,1-7 den unmündigen Kindern die heranwachsenden Söhne und Erben gegenüber, die sich für die Pläne ihres Vaters interessieren und Verantwortung übernehmen.

Aus Kindern sollen Erwachsene werden und aus Schülern sollen Lehrer werden. Doch die Apostel müssen auch Fehlentwicklungen beklagen, krankhaftes Zurückbleiben, unnormales Verharren im Zustand der Unmündigkeit. Manche Gläubige wollen gar nicht wachsen. Als „fleischlich", unmündig, unreif bezeichnen die Apostel jene Christen, die dauernd Zank und Streit anrichten, sich allzu sehr an Menschen hängen, die nur Milch genießen wollen und nicht feste Speise (1. Kor. 3,1-5). Unter „Milch" versteht der Schreiber des Hebräerbriefes die Anfänge der Lehre von Christus. Hier sind auch die Verkündiger gefragt, ob sie überhaupt weiterführende Lehre anbieten. Das ist leider oftmals nicht der Fall. Man soll nicht noch einmal Grund legen, wo der Grund schon gelegt ist. Man soll nicht immer wieder und immer nur von Buße und vom Glaubensanfang reden, sondern weiterführen (Hebr. 6,1.2). Das geschieht dann ja auch im Hebräerbrief, indem der alte und der neue Bund einander gegenübergestellt werden oder (in Kap. 12,22-24) von himmlischen Wirklichkeiten gesprochen wird. Auch Paulus kann es gar nicht lassen, „feste Speise" zu verabreichen – man denke nur an 1. Kor. 15 oder an die Lehren des Römerbriefs, des Epheser- und Kolosserbriefs.

Lasst uns wachsen in der Gnade und Erkenntnis und zu „Mitarbeitern Gottes" heranreifen (1. Kor. 3,9) – zu Verwaltern geistlicher Güter, zu Menschen, die Unmündige weiterführen können!

Was Jesus für die Gläubigen bedeutet

„Jesus besitzt, weil Er in Ewigkeit bleibt, ein unwandelbares Priestertum. Daher vermag Er auch völlig zu erretten, die durch Ihn Gott nahen, weil Er immerdar lebt, um für sie einzutreten.“ *Hebr. 7,24.25*

Der Schreiber des Hebräerbriefs – vielleicht Apollos – zeigt immer wieder das „Bessere“ des neuen Bundes auf dem Hintergrund des alten Bundes. Daher spricht er auch soviel vom Gesetz und vom Priestertum. Die Priester des alten Bundes wechselten sich ab, „weil sie durch den Tod gehindert wurden zu bleiben“ (7,23); Jesus aber bleibt für immer und besitzt ein unwandelbares Priestertum. Die Einzigartigkeit Jesu besteht auch darin, dass Er in einer Person Priester und Opfer ist (7,26.27). – Ein Vierfaches sagt der wunderbare Vers 25 über Jesus aus:

Er vermag völlig zu erretten. „Völlig“ bedeutet: ganz und gar, für immer, bis zur Vollendung. Es gibt wie einst bei Israel die *Herausrettung* aus Ägypten, dem Finsternisbereich, die *Hindurchrettung* durch die Wüste dieser Welt mit all ihren Gefahren und die *Hineinrettung* ins Land der Verheißung.

Durch Jesus nahen wir Gott. Er konnte sagen: “Niemand kommt zum Vater außer durch mich“ (Joh. 14,6). Wer durch Ihn zum Vater kommt, wird nicht zurückgewiesen. Aus der Gottesferne dürfen wir in die Gottesnähe kommen.

Er lebt immerdar. Den Tod hat Er für immer hinter sich. „Ich war tot, doch siehe, ich bin lebendig in die Zeitalter der Zeitalter hinein und habe die Schlüssel des Todes und des Totenreichs“ (Offb. 1,18). Er hat einen völligen und bleibenden Sieg über Tod und Teufel errungen. Er bestimmt fortan, was im Totenreich geschieht.

Er lebt immerdar, **um für die Seinen einzutreten.** So schreibt auch Paulus: „Wer sollte uns verurteilen? Christus Jesus ist es, der gestorben ist, mehr noch: der auferweckt wurde, der auch zur Rechten Gottes sitzt, der auch bittend für uns eintritt (sich für uns verwendet).“ Jeder mögliche Ankläger, auch der „Verkläger der Brüder“, der Teufel (Offb. 12,10), kann uns nichts mehr anhaben.

Diesem Herrn dürfen wir angehören. Nehmen wir doch täglich – auch heute – Seine Rettermacht in Anspruch!

Jesus ist der Mittler eines besseren Bundes

„Nun aber hat Jesus einen erhabeneren Heiligtumsdienst erlangt, wie Er ja auch Mittler eines besseren Bundes ist, der aufgrund besserer Verheißungen eingerichtet worden ist.“ *Hebr. 8,6*

Das Wort „besser“ (vorzüglicher, höher, erhabener) kommt in diesem Brief voller Vergleiche häufig vor: Jesus ist erhabener als die Engel (1,4) – Wir dürfen eine bessere Hoffnung haben als die Menschen unter Gesetz (7,19) – Jesus ist eines besseren Bundes Bürge geworden (7,22) – Es gibt noch bessere Schlachtopfer als jene unter Gesetz (9,23) – Es gibt ein besseres, das heißt himmlisches Vaterland (11,16) – Es gibt eine bessere Auferstehung als die, ins irdische Leben zurückzukehren (11,35). – Dazu sagt uns noch unser Text: Jesus ist eines besseren Bundes Mittler; dieser besitzt auch bessere Verheißungen.

Jesus ist aufgrund Seines Sterbens und Auferstehens der **eine Mittler** zwischen Gott und den Menschen geworden (1. Tim. 2,5). Er vermittelte uns Gottes Wort. Er bahnte uns den Weg zum Vater. Er tritt beim Vater für uns ein. Der neue Bund – die neue Beziehung zu Gott – ist viel besser als die alte unter Gesetz. Jene Beziehung brauchte Tieropfer, wechselnde Priester und Hohepriester, sie bedrohte die Ungehorsamen mit Fluch. Wir aber haben alles in Jesus: die Sühnung unserer Sünden, einen unwandelbaren Hohepriester, Segen statt Fluch und dazu „bessere Verheißungen“. Denn die Verheißungen unter Gesetz hatten den Gehorsam des Menschen zur Voraussetzung (5. Mose 28,1-14); uns aber wird, sofern wir nur glauben, alles aus Gnaden geschenkt. Auch sind die Verheißungen größer und umfassender. Im alten Bund wurde Israel vor allem ein Friedensreich auf dieser Erde verheißen (Jes. 2,2-4 u.a.); wir aber haben ein Hoffnungsgut, das himmlisch und unvergänglich ist und die Lebendigmachung aller Toten umfasst (1. Kor. 15,22).

Das Gesetz war nur ein Abbild und ein **Schatten** (Hebr. 8,5; 10,1); wir aber haben es mit dem **Wesen** zu tun, mit dem Körper, der den Schatten wirft: Christus. Darum wäre es ein Rückschritt und eine Verarmung, wollten wir uns wieder unter Gesetz begeben. Halten wir doch fest am Besseren: an Christus und Seiner vollen Erlösung!

Nur durch Christi Blut erlangen wir Vergebung

„Christus dagegen ist... kraft Seines eigenen Blutes ein für alle Mal in das (himmlische) Heiligtum eingetreten, nachdem Er eine ewig gültige Erlösung erlangt hatte... Ohne Blutvergießen geschieht keine Vergebung.“

Hebr. 9,11.12.22

Der Hebräerbrief betont mehrfach die Überlegenheit des blutigen Opfers Jesu am Kreuz gegenüber den im alten Bund dargebrachten Tieropfern. Jesu Blut kann wirklich Sünden wegnehmen und uns gerecht machen vor Gott; die Blutopfer des alten Bundes aber konnten nur eine zeitweilige Bedeckung der Sünden bewirken. So sagt Hebr. 9,13.14: „Wenn schon das Blut von Böcken und Stieren und die Asche einer jungen Kuh, auf die Unreinen gesprengt, sie zur Reinheit des Fleisches heiligt, wie viel mehr wird das Blut des Christus, der sich selbst durch den ewigen Geist als fehlerloses Opfer Gott dargebracht hat, euer Gewissen reinigen von toten Werken, um dem lebendigen Gott zu dienen.“ Schon das Alte Testament schränkt aber den Blutgedanken ein. „Das Alte Testament weiß selbst um Vergebung ohne Blut, es deutet damit selbst die Grenze des Blutgedankens an, und doch wird der Ernst der göttlichen Forderung und Strafe erst dort erkannt, wo das Leben zur Sühne eingesetzt werden muss“ *(Otto Michel).*

Will Gott Blut sehen? So wird immer wieder gefragt. Und manche antworten vorschnell: „Nein, nein, Gott will kein Blut sehen, Er ist ja die Liebe.“ Doch Hebr. 9,22 sagt eindeutig: Ohne Blutvergießen geschieht keine Vergebung. So mussten unter Gesetz fortwährend blutige Tieropfer dargebracht werden. Doch schon David erkennt in den Psalmen 50 und 51, dass Gott sie eigentlich gar nicht braucht. Gott fragt in Psalm 50,13: „Soll ich das Fleisch von Stieren essen und das Blut von Böcken trinken?“ Als vorübergehende Maßnahme zur Erziehung Israels und zur Anschauung dafür, wie ernst Gottes Gerechtigkeit und Heiligkeit die Sünde nimmt, hat Er die Gesetzesverordnungen genehmigt. Heute aber brauchen wir keine Tieropfer mehr, um vor Gott gerecht zu werden. Das Blut Jesu Christi, im persönlichen Glauben dankbar angenommen, reinigt uns von jeder Sünde. Den furchtbaren blutigen Kreuzestod hat der Vater dem Sohn zugemutet, um uns und die Welt zu retten. Diese Erlösung ist gültig für immer.

Lasst uns hinzutreten!

„Da wir nun, Brüder, aufgrund des (vergossenen) Blutes Jesu freudige Zuversicht haben zum Eintritt in das Heiligtum – auf dem neuen und lebendigen Weg, den Er uns eröffnet hat durch den Vorhang hindurch, das heißt durch Sein Fleisch – und einen großen Priester über das Haus Gottes, so ***lasst uns hinzutreten*** *mit wahrhaftigem Herzen, in voller Gewissheit des Glaubens, die Herzen besprengt (und damit gereinigt) vom bösen Gewissen und den Leib gewaschen mit reinem Wasser.“* *Hebr. 10,19-22*

Wenn man von einer hochgestellten Persönlichkeit zu einer Feier eingeladen wird, so ist das eine große Ehre und man nimmt die Einladung in der Regel mit Freuden an. Nun aber werden die an Jesus Christus Gläubigen vom „König der Könige und Herrn der Herren“ persönlich eingeladen zu kommen. Jesus sagt in Matth. 11,28: „Kommt her zu mir alle, die ihr mühselig und beladen seid; ich will euch erquicken!“ – Der Schreiber des Hebräerbriefes lädt uns schon in Kapitel 4,16 ein, ohne jede Angst vor Gottes Thron zu treten: „So lasst uns nun mit Freimütigkeit hinzutreten zum Thron der Gnade, damit wir Erbarmen erlangen und Gnade finden zur rechtzeitigen Hilfe!“ Der **Herrscherthron** wird hier als **Gnadenthron** dargestellt; wir dürfen Gnade suchen und finden, und als besondere Gnade wird uns die „Gnade zur **rechtzeitigen** Hilfe“ angeboten. Ja, nicht erst wenn wir versagt haben, wenn uns eine Sünde übermannt hat, sollen wir Gnade nehmen, sondern schon bevor wir in Gefahr geraten, sodass wir gar nicht erst versagen und sündigen müssen!

Freudigkeit und Freimütigkeit, in Gottes und Christi Nähe zu kommen, dürfen wir haben, weil Jesus für uns gestorben ist. Es wird uns im vorangestellten Wort aber auch gesagt, wie wir in Gottes heilige Nähe eintreten sollen: mit wahrhaftigem Herzen – in Gewissheit des Glaubens – gereinigt durch Christi Blut. Wer noch unaufrichtig ist vor Gott, darf nicht vor Ihm erscheinen. Wer Ihm misstraut, statt Ihm zu glauben, kann Ihm nicht gefallen (Hebr. 11,6). Und wer die Reinigung seines Herzens und Gewissens, ja der ganzen Person, durch Christi Erlösung für überflüssig hält, darf ebenfalls nicht kommen.

Lasst uns hinzutreten – betend, glaubend, freudig und dankbar!

Wesen und Wert des Glaubens

„Es ist aber der Glaube eine Verwirklichung dessen, was man hofft, ein Überführtsein von Dingen, die man nicht sieht... Ohne Glauben aber ist es unmöglich, Gott wohlzugefallen; denn wer Gott nahen will, muss glauben, dass Er da ist und denen, die Ihn ernstlich suchen, ein Belohner sein wird." *Hebr. 11,1.6*

Was ist biblischer Glaube? – Darauf gibt es mancherlei Antworten: Glaube ist ein Rechnen mit Gott, ein Ernstnehmen Seiner Person und Seines Wortes. Glaube ist nicht nur ein Fürwahrhalten gewisser Bibelworte, Lehrsätze, Dogmen, sondern das Vertrauen des Herzens. Unser Text gibt uns eine eigenartige Antwort. Da heißt es zunächst, der Glaube sei „eine Verwirklichung dessen, was man hofft". Was heißt das? Der Glaube macht erhoffte zukünftige Dinge – z.B. Jesu Hilfe morgen und übermorgen, aber auch Seine Wiederkunft – zu einer Wirklichkeit, mit der man rechnet. Des Weiteren werde ich durch den Geist Gottes innerlich überführt von der Realität der unsichtbaren Welt. Dazu gehört die Welt Gottes und Christi und die himmlische Welt überhaupt sowie das Wirken des Geistes Gottes. Ich erkenne: So wie es eine unsichtbare Welt der Finsternis gibt – die sehr massiv in unsere sichtbare Welt hineingreift -, so gibt es auch eine unsichtbare Welt des Lichtes und der Liebe Gottes. Es gibt Rettung, Veränderung, Hoffnung. Alles das sind unsichtbare Dinge, mit denen der Glaube rechnet.

Hier merken wir aber auch: Ich selbst kann den Glauben nicht „machen". Gott will ihn durch Wort und Geist in uns wecken. Dem sollen wir uns öffnen, so „wie die zarten Blumen willig sich entfalten und der Sonne stillehalten" (Tersteegen). Es beginnt damit, dass wir glauben, dass Gott überhaupt **da ist.** Ja, wer anders als Gott könnte die Welt geschaffen haben? Der Glaube zeigt uns auch, dass es sich lohnt, Ihn zu suchen und Ihm zu gehorchen. Der Glaube ist der Schlüssel zu allen geistlichen Segnungen Gottes. Das macht gerade das Kapitel Hebr. 11 deutlich. Es zeigt uns, wie Menschen im Glauben gekämpft und gesiegt, aber auch gelitten haben.

Den Glauben, diese wunderbare Gabe, wollen wir nicht verschmähen. Wir ehren Gott und wir nützen auch uns selbst, wenn wir in herzlichem Gottvertrauen unsern Weg gehen.

Der Glaube Noahs – Abrahams – Moses

„Durch Glauben baute ***Noah****, als er eine göttliche Weisung erhalten hatte..., in heiliger Furcht eine Arche zur Rettung seines Hauses... Durch Glauben hat* ***Abraham*** *gehorcht, als er (von Gott) gerufen wurde auszuziehen..., und er zog aus, ohne zu wissen, wohin er kommen würde... Durch Glauben verließ* ***Mose*** *Ägypten und fürchtete die Wut des Königs nicht, denn er hielt sich an den Unsichtbaren, als sähe er Ihn."*

Hebr. 11,7.8.27

Alle drei hier genannten Männer haben dreierlei gemeinsam: 1. Gott hat zu ihnen geredet und sie nahmen Sein Reden ernst. 2. Sie zogen die praktische Konsequenz daraus und gehorchten. Und 3. Sie gingen einer ungewissen und ungesicherten Zukunft entgegen, doch sie vertrauten ihrem Herrn und Gott.

Als **Noah** die Arche baute, war von der großen Flut noch nichts zu sehen. Wie mögen die Leute ihn verspottet haben! Doch Noah behielt recht: die Flut kam. – Auch **Abraham** zog aus ins Ungewisse. Doch er hielt sich an Gottes Gebot und Verheißung (1. Mose 12,1-3). Allerdings überkam ihn auch der Zweifel, als jahrelang von dem verheißenen Sohn und Erben nichts zu sehen war; doch Gott half ihm gnädig aus dem Zweifel heraus zu neuem, festem Glauben (1. Mose 15,1-6). – **Mose** geriet in arge Bedrängnis, als er es im Glauben wagte, sich auf die Seite seines unterdrückten Volkes zu stellen, statt in sündhaften Vergnügungen und irdischem Reichtum zu leben (Hebr. 11,24-26). **„Er hielt sich an den Unsichtbaren, als sähe er Ihn."** – So kann der Geist Gottes auch uns den Vater und den Sohn so vergegenwärtigen, so als Wirklichkeit erleben lassen, dass uns ihr Unsichtbarsein keine Not mehr bereitet. Gott spricht zu uns im Wort, das der Geist immer neu lebendig macht, und wir geben Antwort durch Gebet und Gehorsam. So gehen wir unseren Weg getrost auch in eine ungewisse Zukunft hinein, denn es ist ja Seine Zukunft. Wir sind nie allein. Wie die Männer und Frauen, die uns Hebr. 11 vor Augen führt, dürfen auch wir **durch Glauben** leben und handeln. Wer so lebt, wird nicht zuschanden, auch in Nöten und Schwierigkeiten nicht.

Wir sollen die Sünde ablegen und auf Jesus blicken

„So wollen denn auch wir, da wir eine so große Wolke von Zeugen haben, die uns umgibt, jede beschwerende Last und die uns leicht umstrickende Sünde ablegen und mit Ausdauer die vor uns liegende Strecke des Wettkampfs durchlaufen; lasst uns dabei (vom Irdischen) hinweg auf Jesus blicken, den Urheber und Vollender des Glaubens!" Hebr. 12,1.2

Wie es vor ihm schon Paulus getan hatte (1. Kor. 9,24.25 und 2. Tim. 4,7), so vergleicht auch der Verfasser des Hebräerbriefs die Christusgläubigen mit Läufern in der Rennbahn. Die Wettkämpfer sind nur leicht bekleidet und schleppen auch keine schweren Lasten mit sich. Sie laufen dem Ziel zu, ohne sich ablenken zu lassen. – So sollen auch wir als gute Läufer die Sünde abgelegt haben und auch alles weglassen, was uns sonst belasten könnte. Es gibt ja so manches, das, wie man meint, „keine Sünde ist" und uns doch beim Laufen behindern könnte: harmlose Vergnügungen zum Zeitvertreib oder Hobbys, die unser Interesse stark in Anspruch nehmen. Da sollen wir prüfen: Ist es nützlich oder belastet es uns unnötigerweise? – Unser Ziel ist Jesus selbst. Auf Ihn sollen wir blicken – wörtlich übersetzt: hinwegblicken – weg von uns selbst und von allem irdischen Streit und Getümmel.

Auch an Zuschauern mangelt es nicht. Uns umgibt (oder: umlagert) eine große Wolke von Zeugen. Nach dem Zusammenhang sind hier wohl zunächst die in Hebr. 11 genannten Glaubenszeugen gemeint, doch nicht nur sie. *Fritz Laubach* hat wohl recht, wenn er schreibt: „Die Schar der Geister der vollendeten Gerechten (Hebr. 12,23) nimmt teil am Weg der Gemeinde auf Erden, die triumphierende Gemeinde steht in Verbindung mit der kämpfenden und leidenden Gemeinde." Sosehr wir uns hier vor einer unbiblischen Neugier hüten müssen, so dürfen wir doch wissen: Die Gläubigen, die schon beim Herrn sind, haben ein großes Interesse an unserem Glaubenslauf und achten auf uns, zumal sie „nicht ohne uns vollendet werden" (Hebr. 11,40). Erst wenn die Gemeinde ihre Vollzahl erreicht hat, wird sie der Herr zu sich entrücken (1. Thess. 4,15-17). Darum lasst uns unermüdlich die noch vor uns liegende Strecke des Wettkampfs im Glauben durchlaufen!

Zugang zur himmlischen Welt

„Vielmehr seid ihr hinzugetreten zum Berg Zion und zur Stadt des lebendigen Gottes, dem himmlischen Jerusalem, und zu vielen Tausenden von Engeln, zur großen Festversammlung und zur Gemeinde der Erstgeborenen, die in den Himmeln verzeichnet sind, und zu Gott, dem Richter aller, und zu den Geistern der vollendeten Gerechten und zu dem Mittler des neuen Bundes, Jesus, und zu dem Blut der Besprengung, das besser redet als Abels Blut." *Hebr. 12,22-24*

Der Verfasser des Hebräerbriefs stellt in Kapitel 12,18-24 **Sinai** und **Golgatha** einander gegenüber. Als Israel das Gesetz empfing (2. Mose 19), war die Szenerie dunkel, drohend und furchterregend. Selbst Mose war voll Furcht und Zittern. Es wurde dem Volk gesagt: Kommt Gott nur nicht zu nahe, haltet unbedingt Abstand! Denn Er ist heilig und ihr seid Sünder; beides passt nicht zueinander! – Ganz anders ist aufgrund von Golgatha, wo Jesus starb, die Situation der gläubigen Gemeinde heute! Wir haben freien Zugang zu Gott, obwohl Er der Richter ist, und Zugang zu dem Mittler Jesus! Wir haben, wie Paulus sagt, **Zugang zum Vater** (Eph. 2,18), und Jesus stößt keinen von sich, der zu Ihm kommt (Joh. 6,37). Wir werden nicht aufgefordert, Abstand zu halten, sondern wir sind herzlich eingeladen, im Glauben und Vertrauen zum Vater und zum Sohn zu kommen – um des vergossenen Blutes Jesu willen.

Und in Ihm, dem Sohn, haben wir auch Zutritt zur himmlischen Welt – wenn auch vorerst nur im Geist und im Glauben. Der Himmel ist nicht leer, sondern reich bevölkert. Da gibt es außer dem Vater und dem Sohn das himmlische Jerusalem, Tausende von Engeln, die Gemeinde der Erstgeborenen, die Geister der vollendeten Gerechten, und sogar eine Festversammlung! Wir müssen nicht versuchen, alle diese Gruppen genau gegeneinander abzugrenzen – es sind jedenfalls alle Gläubigen des alten und des neuen Bundes dabei. Und die „Festversammlung" (das Wort bezeichnete im außerbiblischen Griechisch auch ein „Volksfest") wird gewiss jede irdische Festfeier weit in den Schatten stellen. Doch unser eigentliches Ziel ist es nicht, „in den Himmel zu kommen", sondern zu Jesus zu kommen, unserem Herrn und Haupt, um allezeit mit Ihm zusammen zu sein.

Jesus bleibt derselbe!

„Jesus (ist und bleibt) derselbe – gestern, heute und durch alle Zeitalter hindurch.“ *Hebr. 13,8*

Er ist nicht derselbe in Seinen Ämtern und Funktionen, die können sogar sehr verschieden sein. So ist Jesus Richter und Retter, Hirte, König, Hohepriester und Prophet. Nach Jes. 61,1.2 ist Er Evangelist (der frohe Botschaft bringt) und Seelsorger (der verbindet, die gebrochenen Herzens sind), Befreier von Gefangenen und Gnadenspender, Vergelter, Tröster und Erstatter. Noch Weiteres könnte man nennen. So ist Er mit dem Vater der Schöpfer der Welt (Kol. 1,16) und der Schöpfer der Äonen (Hebr. 1,2). Er ist (wie der Vater) „König der Könige und Herr der Herren“ (Offb. 19,16). Er ist A und O, der Erste und der Letzte, der Anfang und das Ende. Er war ein Kind in der Krippe, Handwerker, Wanderprediger, Gekreuzigter und Er ist und bleibt der Auferstandene und Erhöhte.

Doch in Seinem Wesen ist Jesus immer **derselbe**: das Ebenbild des unsichtbaren Gottes, die Ausprägung (der Abdruck) des göttlichen Wesens (Kol. 1,15 und Hebr. 1,3). Wer Ihn sah, der sah den Vater. Er, nur Er konnte sagen: „Ich und der Vater sind eins“ (Joh. 10,30). Er ist unwandelbar in Seinem Wesen der Wahrheit, der Gerechtigkeit, des Lichtes und der Liebe. Er ist für immer der Heilige, Sündlose. Er ist die Auferstehung und das Leben (Joh. 11,25).

Er ist der **Sohn** Seines himmlischen Vaters seit der „Zeit“, da der Vater zu Ihm sprach: „Mein Sohn bist Du, Ich habe Dich heute gezeugt“ (Ps. 2,7). Als der gehorsame Sohn erniedrigte Er sich aus der Gottgleichheit herab in unser Menschsein und weiter bis ans Kreuz, woraufhin Ihn der Vater über alles erhöhte. Und am Ende unterordnet sich der Sohn dem Vater aufs Neue an der Spitze des Ihm unterworfenen Alls (1. Kor. 15,27.28). Und dieser große Herr will unser Freund sein (Joh. 15,13-15)! – Von *Joseph Scriven* stammt das Lied:

Welch ein Freund ist unser Jesus, o wie hoch ist Er erhöht!
Er hat uns mit Gott versöhnet und vertritt uns im Gebet...
Sind von Freunden wir verlassen und wir gehen ins Gebet,
o so ist uns Jesus alles: König, Priester und Prophet.

Gott ist der Vater der Lichter

„Jede gute Gabe und jedes vollkommene Geschenk kommt von oben herab, von dem Vater der Lichter, bei dem es keine Veränderung gibt, keine Verfinsterung durch einen Wandel (Seines Wesens). Nach Seinem freien Willen hat Er uns durch das Wort der Wahrheit hervorgebracht, damit wir eine gewisse Erstlingsfrucht Seiner Geschöpfe seien." *Jak. 1,17.18*

Hier spricht Jakobus, der leibliche Bruder Jesu, ein „Säulenapostel" der Jerusalemer Urgemeinde. Er ist wohl auch jener Jakobus, den Jesus nach Seiner Auferstehung durch eine besondere Erscheinung von Seiner Gottessohnschaft überzeugte (1. Kor. 15,7). Was muss das für eine ergreifende Begegnung gewesen sein! „Vergib mir, o Jesus, mein Bruder, dass ich Dich so oft mit meinen Brüdern zusammen im Unglauben verspottet habe! Ab sofort sollst Du mein Herr sein!" So etwa mag sein Bekenntnis gelautet haben.

Nach *Wilhelm Michaelis* ist der Jakobusbrief „die älteste uns erhaltene urchristliche Schrift". Sie berührt sich stark mit der Verkündigung Jesu nach den synoptischen Evangelien (Matth., Mark., Luk.) und könnte ums Jahr 47 entstanden sein. Der Brief ist ein Ermahnungsschreiben an Judenchristen in der Diaspora. Doch auch wir aus den Nationen tun gut daran, auf seine Ermahnungen zu hören.

Gott ist nicht nur Licht (1. Joh. 1,5), sondern auch der **Vater der Lichter.** Ist hier an die Sterne zu denken oder an Sonne, Mond und Erde und den Wechsel von Tag und Nacht? Das ist möglich, zumal Jakobus betont, bei Gott gebe es keine Verfinsterung durch einen Wechsel. Sein Licht leuchtet immer. Doch im Vollsinn ist Gott nicht der „Vater" der Gestirne (nur ihr Schöpfer). Er ist der Vater Seines Sohnes, des „Lichtes der Welt", und aller Seiner Kinder, die wie Himmelslichter leuchten sollen (Phil. 2,15).

Jakobus weiß auch, dass alle, die heute an Jesus Christus gläubig werden, nur **Erstlinge** sind. Durch ihre Rettung ist Gottes Retterliebe noch nicht am Ziel. Auch in Apg. 15,13-20 sehen wir Jakobus als einen Mann, der den Verlauf der Heilsgeschichte kennt. Auf diesem sogenannten „Apostelkonzil" sind sich wohl auch Paulus und Jakobus nähergekommen.

Ernste Warnung vor Zungensünden

„Wer sich im Wort nicht verfehlt, der ist ein reifer Mann und fähig, auch den ganzen Leib zu zügeln... Die Zunge ist ein kleines Glied und rühmt sich doch großer Dinge. Seht, welch kleines Feuer – welch großen Wald setzt es in Brand! Ja, die Zunge ist ein Feuer, (sie verkörpert) die Welt der Ungerechtigkeit. Die Zunge steht unter unseren Gliedern als diejenige da, die den ganzen Leib befleckt und den Lauf des Daseins in Flammen setzt und selbst vom Ort des Feuers entflammt ist." *Jak. 3,2.5.6*

In kraftvoller Sprache geht hier Jakobus mit unsern Zungensünden ins Gericht. Wir Menschen vermögen Pferde und Schiffe zu lenken, nicht aber unsre Zunge zu zügeln. Sie entzündet manches Mal ein kleines Feuer, das aber, wenn es nicht sofort gelöscht wird, einen Waldbrand hervorruft. So gibt es zuweilen eine harmlos erscheinende Auseinandersetzung, einen kleinen Wortstreit, der aber aufgrund der menschlichen Rechthaberei zu Zorn und Erbitterung führt, ja schlimmstenfalls zu einer lange währenden Entfremdung. Das gilt auch für die Frommen. Ehen und Gemeinden können aufgrund von Zungensünden (Wortstreit, Verleumdungen) gespalten werden. Auch Paulus nimmt die Zungensünden sehr ernst, wenn er in 1. Tim. 6,4.5 vor Streitfragen und Wortgefechten und beständigen Zänkereien warnt.

Gelegentlich muss ja gekämpft und gestritten werden. Man kann nicht jede falsche Lehre, ein verkehrtes Urteil oder einen zügellosen Lebenswandel einfach gutheißen. Wohl uns, wenn es in Demut und Sanftmut geschieht. Wohl uns, wenn wir es lernen, mit geistlichen statt mit fleischlichen Waffen zu kämpfen (2. Kor. 10,4). Und es ist immer gut, ein Wort der Entschuldigung auszusprechen, wenn wir wieder einmal im Ton zu scharf oder im Urteil ungerecht waren. Andererseits sollten wir auch mal etwas „einstecken" können und vergeben, wenn andere nach unserem Empfinden unpassend oder ungerecht redeten.

Unsere Heiligung soll den ganzen Menschen umfassen: die Gedanken des Herzens, das Schauen der Augen, unsre Schritte und Handlungen und eben auch unsre **Zunge**! Wir bitten mit David: „Lass die Reden meines Mundes und das Sinnen meines Herzens wohlgefällig sein vor Dir, HERR, mein Fels und mein Erlöser" (Ps. 19,15)!

Der Teufel wird von euch fliehen

„Gott stellt sich Hochmütigen entgegen, Demütigen aber gibt Er Gnade. Ordnet euch also Gott unter, dem Teufel dagegen widersteht, so wird er von euch fliehen. Nahet euch Gott, so wird Er sich euch nahen.“

Jak. 4,6-8

Immer wieder ruft uns Gottes Wort zur Demut auf. Unser Herr sagt in Matth. 11,29: „Ich bin sanftmütig und von Herzen demütig... Lernt von mir..., so werdet ihr Ruhe finden für eure Seelen.“ Er, der einzigartige Gottessohn, der vom Vater kam und wieder zu Ihm zurückkehrte, ist sanftmütig und demütig – wie viel mehr haben wir allen Grund dazu. Doch wie leicht überhebt sich der Mensch – bis hin zum Größenwahn! Solchen Menschen stellt sich Gott entgegen.

Der Jakobusbrief ist ein Ermahnungsschreiben. In solchen Schreiben wird besonders die **menschliche** Seite eines Glaubens- und Heiligungslebens beleuchtet, während andere Kapitel der Bibel **Gottes** Tun hervorheben. Beide Seiten sind wichtig und gehören zusammen. Hier fragt Jakobus: Was haben **wir** zu tun? Die Antwort lautet: 1. Ordnet euch Gott unter! 2. Widersteht dem Teufel! 3. Nahet euch Gott!

Ordnet euch Gott unter! Das eben ist die Haltung der Demut und des Gehorsams.

Widersteht dem Teufel! Ganz erstaunlich ist die Fortsetzung: „so wird er von euch fliehen!“ Der mächtige Fürst der Welt, der brüllende Löwe, der „Gott dieses Zeitalters“ (2. Kor. 4,4) – er soll fliehen vor dir und mir? Ist das nicht eine allzu kühne Aussage? Der Liederdichter Gustav Knak gibt uns die Antwort: „Satan wacht, Satan wacht, mich zu ziehn in Zweifels Nacht... Doch er flieht, doch er flieht, wenn er mich beim Kreuze sieht“ (wir können auch sagen: wenn er mich „in Christus“ sieht)! Sind wir eingehüllt in Christus, ergreifen wir den Schild des Glaubens, so kann er uns nicht verwunden (Eph. 6,16).

Nahet euch Gott! Wir suchen Seine Nähe und dürfen sie auch beglückend erleben – im Wort, im Gebet und in der Gemeinschaft.

Wer so im Glauben seinen Weg geht, kämpft den Kampf des Glaubens recht.

Harrt geduldig aus bis zur Ankunft des Herrn!

„So harrt nun geduldig aus, Brüder, bis zur Ankunft des Herrn! Seht, der Bauer wartet auf die kostbare Frucht der Erde und harrt ihretwegen geduldig aus, bis sie den Früh- und Spätregen empfängt. So harrt auch ihr geduldig aus, stärkt eure Herzen, denn die Ankunft des Herrn ist nahe gekommen." *Jak. 5,7.8*

Alle Apostel Jesu lebten in einer Naherwartung Seiner Wiederkunft. Sie erwarteten Ihn nicht etwa nach ca. 2000 Jahren! Doch es fällt auf, dass Jakobus die Leser seines Briefes zum geduldigen Warten ermahnt. Gab es damals schon – ums Jahr 47, als noch keine 20 Jahre seit Jesu Tod und Auferstehung und Himmelfahrt vergangen waren – ungeduldige Stimmen, die sagten: Wann kommt denn endlich unser Herr? – Hinsichtlich der Wiederkunft Jesu finden wir im Neuen Testament zwei Aussagen, die sich ergänzen: 1. Der Herr kommt bald – seid bereit! 2. Seinem Kommen geht eine Ausreifezeit voraus.

Der Herr kommt bald! Das Wort „bald" ist ein dehnbarer Begriff. Genau übersetzt heißt es eigentlich „schnell"! Dreimal verheißt der Herr im letzten Kapitel der Bibel, dass Er **schnell** (plötzlich, ohne Verzug, geschwind, eilig, rasch) kommen werde (Offb. 22,7.12.20). Was heißt das? Wenn die Zeit da ist, wenn der Vater Ihm die Weisung erteilt herabzusteigen (1. Thess. 4,16), dann kommt Jesus sofort und unverzüglich.

Seinem Kommen geht eine Ausreifezeit voraus. Wie lange sie währt, sagt das Neue Testament nicht. Auch Jesus spricht in Matth. 13 (Verse 24-30 und 36-43) – ähnlich wie hier Jakobus – von Saat, Wachstum, Ausreife und Ernte. Er spricht sogar von einer doppelten Saat, von Weizen und Unkraut, von Christussaat und Teufelssaat. Ungeduldige möchten das Unkraut sofort ausjäten, doch der Herr sagt: „Lasst beides zusammen wachsen bis zur Ernte – bis zur Vollendung des jetzigen Zeitalters" (V. 30.40). Es gibt also eine Ausreifezeit, bis dieses Zeitalter sein Ende erreicht hat. Heute stellen wir fest, dass Israel wieder als Staat in seinem Lande wohnt, dass es mit Riesenschritten auf die Welteinheit zuläuft, dass die Gesetzlosigkeit ausreift. – Reifen auch wir aus auf den Tag Seiner Wiederkunft?

Neuzeugung und Hoffnung durch die Auferstehung Jesu

„Gepriesen (oder gesegnet) sei der Gott und Vater unseres Herrn Jesus Christus, der uns nach Seinem großen Erbarmen von neuem gezeugt und geboren hat, und zwar zu einer lebendigen Hoffnung durch die Auferstehung Jesu Christi aus den Toten, zu einem unvergänglichen und unbefleckten und unverwelklichen Erbe." *1. Petr. 1,3-4*

Wir sprachen schon (in der Betrachtung zum 2. November) von dem grundlegenden Unterschied zwischen Schöpfung und Zeugung. Engel sind **geschaffene** Wesen, der Sohn Gottes jedoch und alle echten Kinder Gottes sind **gezeugt.** Über diese Zeugung durch Gottes Wort und Geist, die Neuzeugung von oben, sprach Jesus zu Nikodemus (Joh. 3) und auch der 1. Johannesbrief spricht mehrfach davon. Paulus schreibt in seinem Brief an Philemon, er habe dessen entlaufenen Sklaven Onesimus in seiner Gefangenschaft „gezeugt" – ins neue Leben, ins Leben Gottes. Gezeugte sind „der göttlichen Natur teilhaftig" (2. Petr. 1,4), in ihnen lebt das Wesen des Vaters.

Petrus spricht aber im obigen Text nicht nur davon, **dass** die Gläubigen an Jesus Christus von neuem gezeugt und geboren sind; er zeigt auch, **wozu** dies geschah: zu einer lebendigen Hoffnung durch die Auferstehung Jesu Christi aus den Toten. Auch für Petrus, wie für Paulus, ist die **Auferstehung** Jesu neben Seinem Kreuzestod das grundlegende heilsgeschichtliche Ereignis. Ohne diese Auferstehung gäbe es für uns keine lebendige Hoffnung. Wir hätten keinen lebendigen Herrn und Heiland, Er käme auch nicht wieder, alle Heilshoffnung wäre nichts weiter als Illusion.

Nun aber haben wir ein „unvergängliches und unbeflecktes und unverwelkliches Erbe". Unvergängliches können wir uns gar nicht vorstellen. Nach Milliarden mal Milliarden von Jahren ist es so frisch und unverwelkt wie am Anfang. Unser neuer Leib wird die Qualitäten der **Unvergänglichkeit** und **Unsterblichkeit** besitzen (1. Kor. 15,42.52.53). Das bedeutet Gottesleben und Gotteswesen!

Darum ist es so wichtig, heute an Jesus zu glauben und in Ihm zu bleiben. „Wer an mich glaubt, hat das ewige Leben... Wer den Sohn hat, hat das Leben; wer den Sohn Gottes nicht hat, hat das Leben nicht" (Joh. 3,36 und 1. Joh. 5,12).

Jesus trug unsre Sünden

„Christus tat keine Sünde noch wurde etwas Trügerisches in Seinem Munde gefunden... Er trug selbst an Seinem Leibe unsre Sünden hinauf auf das Holz (Seines Kreuzes), damit wir, den Sünden abgestorben, der Gerechtigkeit leben; durch Seine Wunden seid ihr geheilt worden.“

1. Petr. 2,22.24

Jesu Erlösung am Kreuz wird im Neuen Testament in verschiedenen Worten und Bildern dargestellt. Mehrfach spricht die Schrift davon, dass der Herr unsre und aller Welt Sünden **trug.** Schon Jesaja bezeugt von dem erniedrigten Gottesknecht: „Er hat die Sünden vieler getragen und für die von Gott Abgefallenen Fürbitte getan“ (53,12). Johannes der Täufer sagt von Jesus: „Siehe, das Lamm Gottes, das die Sünde der Welt wegträgt (aufhebt, fortschafft und beseitigt)“ (Joh. 1,29). Es ist die Schuldenlast der ganzen Welt gemeint – die Sünde Israels und der Nationen, die Sünde der Frommen und der Rebellen – auch deine und meine Sünde. Wer das im Glauben erfasst und bejaht, ist gerettet.

Eindrucksvoll sagt unser Text: Er hat unsre Sünden hinauf auf das Holz getragen! Das tat der, der selber nie eine Sünde getan hatte. Hier berührt sich Petrus wieder einmal ganz eng mit Paulus, der in 2. Kor. 5,21 schreibt: „Den, der Sünde nicht kannte, hat Gott für uns zur Sünde gemacht.“ Nur als der Sündlose konnte Jesus „das Lamm ohne Tadel und Fehler“ sein (1. Petr. 1,19) und als das Sühnopfer für aller Welt Sünden in Frage kommen.

Das soll nun auch bei uns Früchte tragen: „damit wir, den Sünden abgestorben, der Gerechtigkeit leben“. Jesu Nein zur Sünde, das Er in allen Zeiten und Situationen Seines Lebens auf Erden durchhielt, soll in unserem Lebenswandel mehr und mehr eine Fortsetzung finden. „Den Sünden abgestorben“ kann auch so übersetzt werden: abwesend von den Sünden, nicht dabei seiend, fern, los, tot. Anstelle der Sünde sollen wir der Gerechtigkeit Gottes dienen, uns Seiner Heil schaffenden Herrschaft allezeit unterstellen. – H. G. Spafford dichtete:

Die Last meiner Sünde trug Jesus, das Lamm,
und warf sie weit weg in die Fern;
Er starb ja für mich auch am blutigen Stamm;
meine Seele lobpreise den Herrn!

Dienst zur Verherrlichung Gottes

„Wie ein jeder eine Gnadengabe empfangen hat, so dient damit einander als gute Verwalter der mannigfaltigen Gnade Gottes: Wenn einer redet, (so seien seine Worte) wie Aussprüche Gottes; wenn einer dient (griechisch diakoneoo), so geschehe es aus der Kraft heraus, die Gott darreicht, damit in allem Gott verherrlicht werde durch Jesus Christus."

1. Petr. 4,10.11

Es gibt in der Gemeinde Gottes verschiedene Gnadengaben – auch „geistliche Gaben" genannt (1. Kor. 12). Petrus rechnet wie Paulus damit, dass normalerweise jeder Christ eine Gnadengabe besitzt, anders ausgedrückt: einen Dienst zu tun hat. Keine Gabe ohne Aufgabe, aber auch keine Aufgabe ohne die dazu nötige Gabe und Kraft. Paulus zählt in 1. Kor. 12 und 14 eine ganze Reihe von Gnadengaben auf. Und das sind nicht einmal alle möglichen Gnadengaben. Paulus nennt in Röm. 6,23 auch das „ewige Leben" eine Gnadengabe und nach 1. Kor. 7,7 bedarf es auch einer Gnadengabe von Gott, um eine Ehe recht zu führen oder wie Paulus ehelos zu bleiben. Keineswegs soll oder muss jeder Gläubige **alle** Gnadengaben haben; der eine hat diese, der andere jene.

In unserem Text hebt Petrus als Beispiele nur zwei Gnadengaben hervor: das Reden (im Dienst des Evangeliums) und das diakonische Dienen. (Manche zählen auch die vorher in V. 9 genannte Gastfreundschaft zu den Gnadengaben.) Wir sind im Dienst am Wort Gottes nicht unfehlbar, auch wollen wir uns nicht für so außergewöhnlich „inspiriert" halten wie etwa Jesaja oder Paulus. Trotzdem ermahnt und ermuntert Petrus die Verkündiger, ihre Worte mögen wie Aussprüche Gottes sein. Sollen wir also am besten nur noch in Bibelworten reden? Das ist nicht gemeint, sondern dass in unserem Reden **Gott** redet, in unserem Menschenwort **Gotteswort** zu den Menschen kommt, dass **Seine** Botschaft klar und deutlich gesagt wird – in Lehre oder Zuspruch oder durch prophetisches Wort.

Zum Reden soll dann auch das Handeln kommen. Einer **diene** dem anderen! Da gibt es eine Fülle von Möglichkeiten: vom Tischdienst (Apg. 6) über den Dienst an Kranken und Alten bis zur praktischen Vorbereitung von Versammlungen und Gottesdiensten und zur Jugendarbeit und zum Seelsorgedienst. Lasst uns dienen!

Widersteht dem Teufel!

„Seid nüchtern und wachsam (und denkt daran): Euer Widersacher, der Teufel, geht umher wie ein brüllender Löwe – ständig auf der Suche, jemanden zu verschlingen. Dem ***widersteht,*** *standhaft im Glauben!“*

1. Petr. 5,8.9

Die Bibel kennt nicht nur **das** Böse, sondern auch **den** Bösen. Es ist der Teufel (d.h. Verleumder) oder Satan (d.h. Widersacher). Er ist **der** Feind Gottes schlechthin (Matth. 13,39). In 1. Mose 3 tritt er als listige Schlange auf, in Hiob 1 als Verleumder, in Matth. 4 als Versucher Jesu. „Groß Macht und viel List sein grausam Rüstung ist“, sagt Luther mit Recht. Er hat auch eine Menge von Helfern: dämonisierte Geister und Menschen. Besonders gefährlich wird es für Fromme, wenn er als „Engel des Lichts“ auftritt und in den Kreisen der Gläubigen Einfluss zu gewinnen sucht. Dann kann es dazu kommen, dass „ein anderer Jesus gepredigt wird, ein andersartiger Geist Raum gewinnt und ein andersartiges Evangelium verkündigt wird“ (2. Kor. 11,4.14). Darum tun Nüchternheit und Wachsamkeit not!

Petrus sagt hier, dass der Teufel wie ein brüllender Löwe umhergeht, ständig auf der Suche, jemanden zu verschlingen. Das könnte besonders für ängstliche Gemüter gefährlich werden. Wie sollen wir uns da verhalten? – Erstaunlich ist, dass Petrus sagt, genau wie Jakobus in seinem Brief (4,7): **Dem widersteht!** Wie kann das geschehen? Durch Glauben! Erinnern wir uns doch an die Waffenrüstung von Eph. 6 und an die Glaubenskämpfer von Hebr. 11!

Was heißt das aber praktisch und konkret? Dass ich in der Nähe Gottes und Christi bleibe, eine Gebetsverbindung aufrechterhalte (auch wenn ich nicht mit Worten bete). Dass ich fliehe, wo Gottes Wort sagt: Fliehe! (1. Kor. 6,18 oder 1. Tim. 6,11). Und wenn ich ganz am Boden bin, kann mir ein geistliches Lied helfen, das ich lese, ein Bibelwort oder eine biblische Betrachtung oder der Zuspruch eines gläubigen Menschen. So setze ich ängstlichen oder bösen Gedanken gute und biblische Gedanken entgegen.

Wir müssen also bei Anfechtungen des „brüllenden Löwen“ nicht einfach verzagen, jammern und klagen. Wir können ihn „in Christus“ in die Flucht schlagen (Jak. 4,7).

Durch göttliche Kraft zur göttlichen Natur und zu einem fruchtbaren Glaubensleben

*„Da Seine **göttliche Kraft** uns alles geschenkt hat, was zum Leben und zur Gottesfurcht gehört, durch die Erkenntnis dessen, der uns berufen hat zu Seiner eigenen Herrlichkeit und Tugend – durch die Er uns die kostbaren und unvergleichlich großen Verheißungen geschenkt hat, damit ihr durch sie der **göttlichen Natur** teilhaftig werdet -, eben deswegen reicht aber auch dar in eurem Glauben die Tugend..., die Erkenntnis..., die Selbstbeherrschung..., die Geduld..., die Gottesfurcht..., die Bruderliebe..., die Gottesliebe."* *2. Petr. 1,3-7*

Dies ist ein typisches Evangeliumswort! Erinnern wir uns noch einmal an den Unterschied zwischen Gesetz und Evangelium: Unter Gesetz muss der Mensch erst einmal sein Soll erfüllen – alle Gebote Gottes halten -, dann segnet Gott (5. Mose 28). Unter der Gnade Gottes stehend aber ist es umgekehrt: Ich habe zunächst einmal gar nichts zu tun außer Gott und Christus zu vertrauen. Gott ist der Handelnde. Er sandte den Sohn, Er redet im Wort, Er schenkt den Glaubenden Seinen Geist. Dann erst werden wir aufgefordert, alle Geschenke und Gaben Gottes im Glaubensgehorsam praktisch auszuleben.

So sagt unser Text uns als Erstes: Seine **göttliche Kraft** hat uns alles **geschenkt**! Insbesondere werden Gottes Verheißungen hervorgehoben. Wenn wir im Glauben ergreifen, was Gott uns anbietet – Sündenvergebung, göttliches Leben, Rechtfertigung und Heiligung und Hoffnung -, dann können wir mehr und mehr der göttlichen Natur teilhaftig werden, d.h. etwas von Gottes Licht und Liebe ausstrahlen.

Und dann kommt ein Wachstumsprozess in Gang. Sieben Stücke werden hier genannt, die aus unserem Glauben hervorwachsen sollen: die Tugend oder Tüchtigkeit zum Leben – die Erkenntnis (Wuppertaler Studienbibel: ein von Gott geschenkter Durchblick durch die jeweilige Lage) – Selbstbeherrschung oder Enthaltsamkeit – Geduld oder Tragkraft – die gewissenhaft handelnde Gottesfurcht – die Bruderliebe – die Gottesliebe. So ist der Glaube das Fundament und die Liebe Gottes das Höchste.

Das alles schaffen wir nicht aus eigener Kraft und das sollen wir auch nicht versuchen! Lassen wir uns als Erstes von der **göttlichen Kraft** alles Nötige schenken!

Wir warten auf Gottes neue Welt

„Es wird aber der Tag des Herrn kommen wie ein Dieb. An ihm werden die Himmel mit lautem Geräusch vergehen, die Elemente, von Glut verzehrt, aufgelöst werden und die Erde und die Werke auf ihr nicht mehr gefunden werden... Wir erwarten aber nach Seiner Verheißung neue Himmel und eine neue Erde, in denen Gerechtigkeit wohnt." 2. Petr. 3,10.13

Der Tag des Herrn ist nicht berechenbar. Alle Versuche, den Tag oder wenigstens das Jahr der Wiederkunft Jesu zu errechnen, sind bisher gescheitert und müssen scheitern. Wir sollen nicht rechnen, wohl aber warten, Ausschau halten, bereit sein. Wir sollen auch auf die „Zeichen der Zeit" achten, und da geschieht ja heute im politischen, gesellschaftlichen, wirtschaftlichen und klimatischen Bereich so vieles, das aufhorchen lässt. - Der Tag des Herrn kommt wie ein Dieb – also überraschend, ohne Vorankündigung (Matth. 24,42-44). Auch Paulus spricht davon, dass der Tag des Herrn so überraschend kommt wie ein Dieb in der Nacht (1. Thess. 5,2) – er fährt aber fort: „Ihr aber, Brüder, seid nicht in der Finsternis, dass euch der Tag wie ein Dieb ergreife."

Dann aber wird dem Apostel Petrus ein ganz erstaunlicher prophetischer Ausblick geschenkt. Er reicht weit hinaus über das Kommen Jesu zu Seiner Gemeinde und dann mit Seiner Gemeinde. Er lässt auch das „Tausendjährige Reich" von Offb. 20 unerwähnt und eilt voraus bis zum sogenannten „Weltuntergang". Vorstellen können wir uns das Gesagte nicht. Doch es geht klar daraus hervor: Unsere jetzige Welt ist vergänglich, dem Untergang geweiht. Schon einmal gab es einen „Weltuntergang", und zwar durch **Wasser** (2. Petr. 3,5.6). Dabei ist wohl nicht an die Sintflut zu denken, sondern an 1. Mose 1,2. Die jetzigen Himmel aber und die jetzige Erde werden durch **Feuer** zerstört werden. Das geschieht nicht heute und nicht morgen, denn es kommt ja noch das „Tausendjährige Reich". Gott schafft dann eine neue Welt: neue Himmel und eine neue Erde (Offb. 20-22). Die Konsequenz aus diesem Wissen soll aber bei uns nicht Angst oder Grübelei sein, sondern Heiligung: „Wenn nun dies alles so der Auflösung verfällt, wie dringend erforderlich ist es dann, dass ein heiliger Lebenswandel und Gottesfurcht bei euch anzutreffen sind!" (V. 11).

Gott ist Licht – was heißt das für uns?

„Gott ist Licht und keinerlei Finsternis ist in Ihm. Wenn wir sagen, dass wir Gemeinschaft mit Ihm haben, und doch in der Finsternis unser Leben führen, so lügen wir und tun nicht die Wahrheit.“ *1. Joh. 1,5.6*

Finsternis meint in der Bibel nicht nur das Dunkel der Nacht, sondern an vielen Stellen die Finsternis der Sünde, der Gottesferne, der Bosheit. So heißt es in Kol. 1,12.13: „Sagt dem Vater Dank..., der uns errettet hat aus der Macht der Finsternis und uns versetzt hat in das Reich des Sohnes Seiner Liebe.“

Und nun haben wir im obigen Text eine wunderbare Aussage über Gottes Wesen vor uns. Überhaupt haben wir es ja im 1. Johannesbrief mit Zeugnissen über das **Wesen Gottes** zu tun. Geht es dem Apostel Petrus, dem Mann der Tat, vornehmlich um die **Taten** Gottes, dem Apostel Paulus um die **Erkenntnis** Gottes und Christi, so Johannes um das **Wesen** Gottes. Wie stellen diese drei Apostel die Sündlosigkeit Jesu dar? Jeder auf seine eigene typische Art. Petrus sagt von Jesus: „Er hat keine Sünde **getan**“ (1. Petr. 2,22); Paulus spricht von dem, „der Sünde nicht **kannte**“ (2. Kor. 5,21), und Johannes sagt: „Sünde ist nicht **in Ihm**“ (1. Joh. 3,5).

Wie ist Gott? Was ist in Ihm? – Johannes antwortet: **„Gott ist Licht und keinerlei Finsternis ist in Ihm.“** Also nichts Böses, Heimtückisches, kein Hass gegen irgendeines Seiner Geschöpfe ist in Ihm. Gott hasst zwar die Sünde, doch Er liebt den Sünder, alle Sünder. Das heißt nicht, dass Er mit unserem jetzigen Zustand als gefallene Menschen einverstanden sei – dass keine Gerichte kommen – dass keine Zurechtbringung nötig sei und keine Zucht. Aber auch bei allen Gerichten und Züchtigungen sind Seine Motive licht und klar und entsprechen Seiner Liebe.

Gott ist Licht! Das hat praktische Konsequenzen für alle Seine Kinder – für alle, die mit Ihm Gemeinschaft haben. Und wir dürfen ja als Glaubende nach 1. Joh. 1,3 mit dem Vater und dem Sohn Gemeinschaft haben. Wo das wirklich der Fall ist, kann man nicht länger in der Finsternis der Sünde sein Leben führen, sondern da gilt Jesu Wort: „Wer mir folgt, wird keinesfalls in der Finsternis seinen Weg gehen, sondern das Licht des Lebens haben“ (Joh. 8,12).

Der Antichrist und die Antichristen

„Kinder, es ist die letzte Stunde! Und wie ihr gehört habt, dass der Antichrist kommt, so sind auch jetzt schon viele Antichristen aufgetreten... Von uns sind sie ausgegangen, aber sie waren nicht von uns... Doch ihr habt die Salbung von dem Heiligen und ihr alle kennt (die Wahrheit).“

1. Joh. 2,18-20

Wir sprechen oft vom „Antichristen“ und meinen damit in der Regel den letzten Weltherrscher in diesem bösen Zeitalter, der in Offb. 13 als das „Tier“ dargestellt ist. Wir meinen jenen Mann, den Paulus in 2. Thess. 2,3.4 den „Menschen der Gesetzlosigkeit“ und den „Sohn des Verderbens“ nennt, „der sich allem widersetzt und sich überhebt über alles, was Gott oder Gottesverehrung heißt“.

Genau genommen kommt aber das Wort „Antichrist“ im Neuen Testament nur im 1. und 2. Johannesbrief vor (1. Joh. 2,18.22 und 2. Joh. 7) und da wird er als **religiöse** Persönlichkeit dargestellt. Da geht es nicht um Weltherrschaft, Politik oder militärische Macht, sondern um **Irrlehre.** Johannes sagt, dass **dem Antichristen** (Einzahl) **viele Antichristen** (Mehrzahl) vorausgehen. Bevor der Spitzenmann erscheint, der wohl auch eine Weltkircheneinheit zustande bringen wird – ausgerichtet auf ihn selbst, den Antichristen -, verbreiten **viele** Antichristen seine Ideologie unter den Völkern, ja auch in Kirchen und Religionen. Worin besteht ihre Lehre? Sie leugnen die Messianität Jesu: Jesus ist nicht der Christus. Sie leugnen den Vater und den Sohn, die himmlische Vater-Sohn-Beziehung. Nach ihrer Lehre ist Gott kein Vater und Jesus nicht der Sohn Gottes (2,22). Sie leugnen, dass Jesus Christus im Fleisch gekommen ist (1. Joh. 4,2; 2. Joh. 7) – dass Jesus als der Fleisch gewordene Messias auf Erden erschienen ist. Das sind klare Kriterien.

Es gibt unterschiedliche Auffassungen darüber, ob der „Antichrist“ der Johannesbriefe, dieser religiöse Irrlehrer, und der Weltherrscher von Offb. 13, der „Gesetzlose“ von 2. Thess. 2,3.4.8, ein und dieselbe Persönlichkeit sein werden. Ich neige zu einem Ja. Denn das „Tier“ von Offb. 13 verlangt nicht nur Gehorsam, sondern auch **Anbetung.** Die aber Gottes Geist haben und damit die „Salbung“, können dies durchschauen und müssen der Verführung nicht erliegen.

Kinder Gottes sind Geliebte und Menschen der Hoffnung

„Geliebte, jetzt sind wir Kinder Gottes, doch es ist noch nicht in Erscheinung getreten, was wir sein werden. Wir wissen: Wenn Er geoffenbart werden wird, so werden wir Ihm gleich sein, denn wir werden Ihn sehen, wie Er ist. Und jeder, der solche Hoffnung auf Ihn hat, reinigt sich selbst, wie Er rein ist." *1. Joh. 3,2.3*

Den Johannesbriefen ist eine besondere Innigkeit und Herzlichkeit zu eigen. Von „Liebe" und „lieben" im göttlichen Sinn ist hier besonders oft die Rede. So wendet sich Johannes auch in 1. Joh. 3 mit Worten der Liebe und der leuchtenden Hoffnung an die Kinder Gottes. Es sagt ihnen ein Vierfaches: Sie sind Geliebte – Sie wissen um ihre Kindschaft – Sie haben eine wunderbare Hoffnung – Sie reinigen sich.

Gottes Kinder sind Geliebte, nämlich von Gott geliebt. Das heißt nicht, dass Er Kampf, Schmerz oder Versuchung allezeit von ihnen fernhält, wohl aber, dass sie auch in den Bedrängnissen sich von Gott geliebt wissen dürfen. Seine Liebe zeigte sich in ihrer ganzen Größe und Tiefe in der Dahingabe Jesu ans Kreuz. Wenn Gott uns so sehr geliebt hat, sollen auch wir einander lieben (1. Joh. 4,11).

Kinder Gottes wissen um ihre Kindschaft. So sagt der Apostel in 1. Joh. 3,1: „Wir sollen Kinder Gottes heißen und **wir sind es auch**." Wie es eine Heilsgewissheit für Glaubende gibt, so auch eine Kindschaftsgewissheit. Ich darf Gott meinen Vater nennen!

Kinder Gottes haben eine wunderbare Hoffnung. Das Neue Testament ist voll von Worten der Hoffnung. Hier drückt es Johannes so aus: „Wir werden Ihm gleich sein." Wir sind ja wie Er aus Gott gezeugt und geboren (1. Joh. 4,7; 5,1 u.a.). Es ist **Wesensgleichheit** gemeint, nicht Gleichheit an Rang oder Macht. Noch ist es nicht soweit. Noch haben wir Gotteskinder zwei Naturen, wir denken und handeln nicht immer im Sinne Jesu. Doch wir sind auf dem Weg dahin, Ihm wesensgleich zu sein.

Gotteskinder reinigen sich. Wer diese gewaltige Hoffnung wirklich erfasst hat, der reinigt sich selbst. Zuerst wird der Sünder von seiner Sündenschuld gereinigt; danach lernt er mehr und mehr, sich selbst zu reinigen, d.h. Gedanken und Fantasie, Worte und Taten von der Sünde fernzuhalten.

Gott ist Liebe

„Gott ist Liebe, und wer in der Liebe bleibt, der bleibt in Gott und Gott in ihm.“ *1. Joh. 4,16*

Es ist eines der großartigsten Worte im Neuen Testament: **Gott ist Liebe.** Hier wird Sein innerstes Wesen klar und in großer Einfachheit beschrieben. Es deckt sich mit dem Wort, das wir schon betrachtet haben: **Gott ist Licht.** Für Johannes entspricht der Hass gegen einen Bruder der Finsternis, die Liebe aber dem Licht (1. Joh. 2,9-11).

Was nennt man heutzutage nicht alles „Liebe“! Oft ist nichts anderes als einfach nur Begierde gemeint; auf einer höheren Stufe steht die allgemeine Menschenfreundlichkeit. Wir schätzen liebevolle Eltern und Erzieher. Das Wort „Liebe“ wird aber auch missbraucht im Sinne von egoistischer Wunscherfüllung oder Leidvermeidung. Sind „liebe Eltern“ solche Eltern, die ihrem Kind möglichst jeden Wunsch erfüllen – auch wenn er töricht und schädlich ist – und jede Verweigerung, jede Entsagung, jede Zurechtweisung von ihm fernhalten? – **So liebt Gott nicht.** Seine Liebe ist zielstrebige Liebe, die auch Schweres auferlegt, Prüfungen und Schmerzen, wenn es der Zielerreichung dient.

Immer wieder wird gefragt: Wenn doch Gott „die Liebe“ ist, wieso kann Er dann so viel Not und Leid im Leben der Menschen und Völker zulassen, Kriege und Bürgerkriege, Verführungen und Naturkatastrophen? Dagegen ist einzuwenden: Es ist nicht Gott, der Menschen zum Bösen verführt, Völker willkürlich überfällt oder Atombomben baut – es ist der Mensch, der nicht auf Gott hört. Gottes Liebe gewährt Seinen Geschöpfen ein ganz erstaunliches Maß an Freiheit, auch zum Bösen. Warum tut Er das? Weil Er geliebt werden will und Liebe nur in Freiheit möglich ist.

Bei alledem bleibt ein Rest, den unser Denken nicht mit Gottes Liebe in Einklang bringen kann, etwa bei Erdbeben. Doch der Glaube hält dennoch an Gottes Liebe fest. Hiob konnte sich nach schweren Anklagen gegen Gott zu dem Glauben durchringen: „Ich weiß, dass mein Erlöser lebt!“ Es kann nicht sein, dass Gott mein Feind ist!

Erst am Ende bekommen wir Antwort auf alle Fragen. Bis dahin wollen wir – auch da, wo wir Sein Handeln nicht verstehen – Ihm die Ehre geben und daran festhalten: **Gott ist Liebe!**

Habt Acht auf euch selbst – Bleibt in der Lehre des Christus!

„Habt Acht auf euch selbst, dass ihr nicht verliert, was wir erarbeitet haben, sondern vollen Lohn empfangt! Jeder, der (angeblich) ‚weiter vorwärts geht' und nicht in der Lehre des Christus bleibt, hat Gott nicht; wer in der Lehre bleibt, der hat den Vater und den Sohn." *2. Joh. 8.9*

Johannes wendet sich in diesem kurzen Brief an „die auserwählte Herrin *(kyria)* und ihre Kinder". Es kann eine bedeutende gläubige Frau angeredet sein oder auch die Gemeinde, an die Johannes schreibt. Es könnte sich um eine „Muttergemeinde" handeln, zu der weitere Gemeinden als „Kinder" gehörten. Die in V. 13 genannte „auserwählte Schwester" könnte die Gemeinde des Abfassungsortes sein.

Dass Johannes auch in diesem Brief (wie im 1. Johannesbrief) den „Antichristen" erwähnt, zeigt deutlich, dass die Verführung durch Irrlehrer fortbesteht. Sie bezeichnen sich selbst als Lehrer, die „weiter vorwärts gehen" – die also etwa sagten: Paulus, Petrus und Johannes – diese Männer haben uns viel Gutes gesagt, aber dabei dürfen wir nicht stehen bleiben, es gibt noch mehr und Größeres. Was für eine anmaßende Haltung, wenn wir an die Fülle denken, die diesen Aposteln von Gott geschenkt worden war! „Diese Verführer geben sich als Vertreter eines vermeintlichen Fortschritts aus", schreibt *Wilhelm Michaelis.* Bei näherem Hinsehen merkt man dann, dass der „Fortschritt" gar kein Fortschritt ist, sondern eine trübe Mischung von Gotteswort und irreführenden menschlichen Gedanken.

Es ist nicht gleichgültig, wie man mit der empfangenen „Lehre des Christus" umgeht! Wir sollen Acht haben auf uns selbst – auf unser Denken und unsern Lebenswandel – und auf die Lehre. Auch Paulus ermahnt den Timotheus, sich selbst und die Lehre rein zu halten, das Anvertraute zu bewahren und nicht auf Irrlehrer hereinzufallen. Größeres als die Lehre des Neuen Testamentes gibt es nicht! Durch falsche Lehren, denen wir uns öffnen, verlieren wir nicht nur das uns anvertraute Glaubens- und Hoffnungsgut, sondern wir können auch die Heilsgewissheit und Heilsfreude verlieren. Davor bewahre uns der Herr!

Gajus – Diotrephes – Demetrius

*„Der Älteste grüßt den geliebten **Gajus**... Ich habe der Gemeinde etwas geschrieben, aber **Diotrephes**, der es liebt, unter ihnen der Erste zu sein, will sich unsrer Autorität nicht fügen... Dem **Demetrius** ist von allen und sogar von der Wahrheit selbst ein gutes Zeugnis ausgestellt worden."*

3. Joh. 1.9.12

In der Bibel empfangen wir nicht nur Lehre – wir lernen auch Menschen und menschliche Situationen kennen. Johannes sorgt sich in seinen Briefen um die ihm bekannten Gemeinden. Er fürchtet, wie wir gestern sahen, ein Abweichen von der „Lehre des Christus". Aber es kommt auch auf jede einzelne Person im Gemeindeleben an. Die einen wirken aufbauend, andere zerstörend. Johannes schreibt: „Eine größere Freude habe ich nicht als die, zu hören, dass meine Kinder (Menschen, die er zum Glauben führte) ihr Leben in der Wahrheit führen" (V. 4).

Da gab es den **Gajus**, den Johannes „in Wahrheit liebt" – also nicht nur aus Höflichkeit oder zum Schein. Denn Gajus wirkte aufbauend: Er hat umherreisenden Evangelisten Gastfreundschaft erwiesen und sie für die Weiterreise ausgestattet. Das war auch nötig, weil hinter diesen Verkündigern keine finanzkräftige Organisation stand, die für alles sorgte.

Ganz anders **Diotrephes.** Er wirkte zerstörend. Es handelte sich wohl um einen Gemeindeältesten, der gern „die erste Geige spielen wollte", der sich allein die Leitung der Gemeinde anmaßte und sich der Autorität der Apostel nicht fügen wollte. Er lehnte Johannes ab und sprach böse Verdächtigungen aus. Die reisenden Verkündiger des Evangeliums erkannte er nicht an und behinderte die, die sie aufnahmen, ja er maßte sich sogar an, solche aus der Gemeinde auszuschließen. Johannes will ihn zur Rede stellen (V. 10). – Wo das eigene fromme Ich herrschen will, kann Gemeindeaufbau nicht gelingen.

Den **Demetrius** hingegen kann Johannes loben. Er wirkte aufbauend und ihm wurde von allen Gemeindegliedern ein gutes Zeugnis ausgestellt.

Der Herr schenke es uns, in der Gemeinde oder dem Kreis, dem wir angehören, aufbauend und nicht schädigend zu wirken!

Gott kann uns vor allem Straucheln bewahren

„Dem aber, der die Macht hat, euch vor allem Straucheln zu bewahren und euch angesichts Seiner Herrlichkeit untadelig und jubelnd hinzustellen, dem alleinigen Gott, unsrem Retter durch Jesus Christus, unsern Herrn, gebührt Herrlichkeit, Majestät, Macht und Gewalt – bevor es überhaupt Zeitalter gab und auch jetzt und für alle Zeitalter! Amen."

Judas 24.25

Judas stellt sich als „Bruder des Jakobus" vor, des Verfassers des Jakobusbriefes und leiblichen Bruders Jesu; somit ist auch er ein leiblicher Bruder des Herrn. Er ist wohl identisch mit dem in Mark. 6,3 genannten Judas. Den Hauptteil seines Briefes bildet die Warnung vor Irrlehren. Am Schluss aber steht die oben genannte kostbare Doxologie. Wir erfahren darin:

Gott kann uns vor allem Straucheln bewahren. – Nach Röm. 11,11 besteht ein Unterschied zwischen straucheln und fallen. Israel ist zwar (im Blick auf die Person Jesu und die Gerechtigkeit Gottes, die Paulus verkündigte) gestrauchelt; doch soll Israel nicht endgültig zu Fall kommen, sondern vielmehr gerettet werden (11,26). – Straucheln ist ein Anstoßen, Anprallen, Irren; es kann zum Fallen führen. Doch Gott hat die Macht, uns nicht nur vor einem schweren Fall, sondern auch vor allem Straucheln zu bewahren. Dazu ist es nötig, gehorsam in Seiner Nähe zu bleiben.

Gott kann uns einmal untadelig und jubelnd vor sich hinstellen. – Ähnliches drückt Paulus aus, wenn er schreibt, Christus habe uns durch Seinen Tod mit Gott versöhnt, um uns „heilig und tadellos und unanklagbar vor Gottes Angesicht darzustellen" (Kol. 1,22) oder wenn er in Eph. 5,27 die Zeit kommen sieht, wo Christus „die Gemeinde verherrlicht vor sich hinstellt (bereitstellt, zur Verfügung stellt) – ohne einen Flecken oder eine Runzel oder dergleichen". Das ist das Ziel unsrer Zubereitung in der jetzigen Zeit!

Diesem Gott, der so Herrliches mit uns vorhat, gebührt zu jeder Zeit – ja sogar schon vor aller Zeit und bis in alle Zukunft – **Herrlichkeit, Majestät, Macht und Gewalt!** Ihn wollen auch wir durch unser Leben ehren – in Gedanken, Wort und Werk und allem Wesen!

Der Auferstandene erscheint dem Johannes

Jesus sprach: „Fürchte dich nicht! Ich bin der Erste und der Letzte und der Lebendige. Ich war tot, doch sieh: Ich bin lebendig in die Zeitalter der Zeitalter hinein und habe die Schlüssel des Todes und des Totenreichs."

Offb. 1,17.18

Jesus ist als Auferstandener mehrfach Seinen Jüngerinnen und Jüngern auf Erden erschienen. Das berichten alle vier Evangelien und der Apostel Paulus in 1. Kor. 15. Danach ist Er auch vom Himmel her erschienen – dem Pharisäer Saulus (Apg. 9) und dem Johannes. Das Letztere wird in Offb. 1 berichtet. Johannes schaut Jesus als Menschensohn, der Augen hat wie eine Feuerflamme, dessen Füße dem Golderz gleichen, aus dessen Mund das Schwert Seines Wortes hervorgeht und dessen Angesicht leuchtet wie die Sonne.

Der Mensch erschrickt zutiefst, wenn er der Hoheit und Herrlichkeit Jesu begegnet. Sogar der geliebte Jünger Johannes fällt wie tot zu Jesu Füßen nieder. Darum sind Seine ersten Worte an Johannes Worte des Trostes: **„Fürchte dich nicht!"** Er befreit den glaubenden Menschen, der in Seine Gegenwart kommt, als Erstes von seiner Angst. Damit dürfen auch wir rechnen, wenn wir Ihm in Zukunft begegnen. – Danach stellt Er sich dem Johannes vor als der absolute Sieger über den Tod. Jesus wird nie mehr sterben, Er hat den Tod für immer hinter sich. Das bezeugen auch die Apostel in ihren Briefen (so in Röm. 6,9 und Hebr. 7,25). Er lebt in alle Zeitalter hinein – ohne Ende. Und in Seiner Hand liegen nun **die Schlüssel des Todes und des Totenreichs.** Der Teufel, der bis dahin die Macht über den Tod besaß (Hebr. 2,14), hat sie Ihm abgeben müssen. Das ist ein gewaltiger Trost im Blick auf alle Toten. Die „in Christus Entschlafenen" (1. Kor. 15,18) gehören Ihm sowieso, sie sind „Tote in Christus" (1. Thess. 4,16). Aber auch über alle anderen Toten, die auf Erden noch nicht zum Glauben kamen, ist Er der Herr. Der Auferstandene allein bestimmt, wer wo und wie lange im Totenreich seinen Platz hat. Nicht eine finstere Macht verfügt über sie, sondern derselbe Herr, der aus Liebe zur Welt für alle am Kreuz gestorben ist. In Jesu Hand und unter Seiner Herrschaft befindet sich **alles** – im Himmel und auf Erden, im Leben und im Tod. Und wo der Feind heute noch Macht hat, wird sie ihm genommen werden.

Jesu Urteil über die Gemeinde in Ephesus

„Dem Boten der Gemeinde in Ephesus schreibe: Ich weiß um deine Werke, deine mühevolle Arbeit und dein geduldiges Ausharren... Aber ich habe gegen dich, dass du deine erste Liebe verlassen hast." Offb. 2,1.2.4

Johannes soll das, was er auf der Insel Patmos vom Himmel her sieht und hört, aufschreiben und an sieben Gemeinden in Kleinasien senden: nach Ephesus und Smyrna, nach Pergamon und Thyatira, nach Sardes und Philadelphia und Laodizea. Der erhöhte Herr hat diesen Gemeinden etwas zu sagen: Worte der Anerkennung, aber auch des Tadels. Vor allem aber ruft Er die Gläubigen dazu auf, nicht zu ermatten, sondern zu kämpfen und zu siegen. **„Wer überwindet..."** – diese Worte finden sich in allen sieben Sendschreiben.

Wo Er kann, beginnt der gütige Herr mit Lob. Zuerst versichert Er den Gemeinden, dass Er ihre Situation und ihr Verhalten genau kennt. „Ich weiß um deine Werke." Dass der Herr hier immer wieder von den **Werken** spricht, bedeutet nicht, dass sie etwa wieder unter Gesetz stünden und aufgrund von Werken errettet würden. Es geht in den Sendschreiben, wie *Heinrich Langenberg* zu Recht betont, um die **Tauglichkeit zum Dienst.** „Für das Seligwerden besteht der Grundsatz, dass ein Mensch durch Glauben gerechtfertigt wird, ohne Werke des Gesetzes. Für den Dienst jedoch sind die Werke entscheidend; denn ‚so jemand auch kämpft, wird er doch nicht gekrönt, wenn er nicht gesetzmäßig kämpft' (2. Tim. 2,5)."

Die Gemeinde in Ephesus wird gelobt wegen ihrer mühevollen Arbeit und ihrer Geduld. Auch übt man Gemeindezucht und lässt Irrlehrer nicht einfach schalten und walten. Es ist, als gebe der erhöhte Herr hier Zeugnisnoten: Fleiß und Geduld und Gemeindezucht: gut. Jedoch Liebe: nicht ausreichend. Die Gemeinde hat „ihre erste Liebe zu Jesus verlassen". Damit sind nicht romantische Gefühle gemeint, sondern die Ganzheit, Spontaneität und Risikobereitschaft der ersten Liebe. So hatten die Epheser, als sie gläubig wurden, ihre Zauberbücher öffentlich verbrannt (Apg. 19,19). Aber so war es nicht geblieben. Jesus ruft die Gemeinde zur Umkehr auf. – Kennen auch wir die Ganzheit der ersten Liebe, das offene Bekenntnis zu Jesus?

Jesu Ermunterung an die Gemeinde in Smyrna

„Sei getreu bis in den Tod, so werde ich dir den Siegeskranz des Lebens geben!“ *Offb. 2,10*

Alle sieben Gemeinden der Sendschreiben sind nicht nur geschichtlich dagewesene Ortsgemeinden, sondern zugleich Gemeindetypen. Sie repräsentieren jeweils eine bestimmte Ausprägung des Gemeindelebens und der Gemeindesituation. So ist Ephesus der Typ der betriebsamen, strengen, aber liebearmen Gemeinde, Smyrna dagegen der Typ der Märtyrergemeinde, der leidenden, armen, verfolgten Gemeinde.

Der Herr stellt sich jeder Gemeinde zunächst vor. Er tut es auf eine Art und Weise, die zu dem passt, was Er der Gemeinde sagen will. So stellt Er sich Smyrna mit den Worten vor: „Dies sagt der Erste und der Letzte, der tot war und wieder lebendig wurde.“ Damit gibt Er zu verstehen: Der Tod hat nicht das letzte Wort. Ich selber war tot und bin wieder lebendig geworden. Auch für euch ist der Tod nicht das Letzte!

Der Herr fährt fort: „Ich weiß um deine Bedrängnis.“ Das ist ein starker Trost für alle Bedrängten. Der Herr weiß um alles. Er sieht die Not und hört jedes Gebet. Jesus sagt allerdings nicht: Ich werde eure Leiden schnellstens beenden, sondern im Gegenteil: „Fürchte dich nicht vor dem, was dir an Leiden bevorsteht (V. 10). **Sei getreu bis in den Tod,** so werde ich dir den Siegeskranz des Lebens geben!“ Es geht um den Siegeskranz bzw. die Krone, wovon ja auch in 1. Kor. 9,25 und Jak. 1,12 die Rede ist, um die Würde, mit Jesus Christus zusammen in alle Äonen hinein königlich herrschen zu dürfen. Verglichen damit sind die Leiden der Erdenzeit – so schwer sie an und für sich auch sein mögen – relativ leicht und vor kurzer Dauer (2. Kor. 4,17.18).

Das Wort „Sei getreu bis in den Tod“ gilt aber nicht nur für Märtyrer. Jedem Christusgläubigen gilt dieses Wort. Seien wir treu, indem wir bleiben am Wort, es fleißig hören, lesen und erforschen! Seien wir treu im Gebet und in der Gemeinschaft, treu in dem uns aufgetragenen Dienst! Wer im Kleinen treu ist, dem wird der Herr einmal Großes anvertrauen (Luk. 19,17). Lasst uns in der Treue nicht nachlassen!

Lob und Tadel für die Gemeinde in Pergamon

„Und dem Boten der Gemeinde in Pergamon schreibe: Dies sagt der, der das zweischneidige, scharfe Schwert hat: Ich weiß, wo du wohnst, nämlich da, wo der Thron des Satans ist; doch du hältst an meinem Namen fest und hast den Glauben an mich nicht verleugnet... Doch ich habe einige wenige Dinge gegen dich: Du hast dort Leute, die an der Lehre Bileams festhalten..."
Offb. 2,12.13.14

Was für ein Gemeindetyp ist Pergamon? – Es ist der Typ der angefochtenen, streitenden Gemeinde, rings umgeben vom Heidentum. Auf dem Burgberg der Stadt stand die Königsburg. Auf halber Höhe des Berges erhob sich auf hoher Terrasse, das Stadtbild beherrschend, der gewaltige **Marmoraltar des Zeus.** „Kein anderes Heiligtum der Bergstadt lag so weithin sichtbar und konnte so im ganzen Lande als typischer Repräsentant des satanischen Heidentums gelten", schrieb *Adolf Deißmann*, nachdem er 1906 die Stätte besucht hatte. Man nimmt an, dass mit dem „Thron des Satans" dieser Zeusaltar gemeint ist.

Der Herr sagt: „Ich weiß, wo du wohnst." Ich kenne genau deine Lage und Situation, dein Angefochtensein. Auch wo heute jemand in unguter Umgebung wohnen muss, darf er mit den Worten Jesu rechnen: „Ich weiß, wo du wohnst."

Wieder beginnt der Herr Seine Beurteilung mit einem Lob: „Du hältst an meinem Namen fest und hast den Glauben an mich nicht verleugnet" – auch nicht in den Tagen, als einer meiner Zeugen bei euch getötet wurde. Und sehr zart und mild formuliert der Herr Seinen Tadel: „Doch ich habe einige wenige Dinge an dir auszusetzen." Falsche Lehren waren in die Gemeinde eingedrungen, die zu falscher Lebensgestaltung führten. „Kehre um", mahnt der Herr, sonst werde ich das „Schwert meines Mundes" gegen die einsetzen, die an den falschen Lehren festhalten. Das Schwert ist das Wort aus Seinem Mund, das scheidet und schneidet, um zurechtzubringen (Hebr. 4,12). – Die Zeugnisnoten lauten also: Treue und Glaube: gut – doch die Wachsamkeit lässt zu wünschen übrig.

Wie würde der Herr uns benoten? Wie wird Er uns vor Seinem Richterstuhl beurteilen (1. Kor. 3,11-15)?

Ernste Worte an die Gemeinde in Thyatira

„Und dem Boten der Gemeinde in Thyatira schreibe: Dies sagt der Sohn Gottes, der Augen hat wie eine Feuerflamme und dessen Füße dem Golderz gleichen: Ich weiß um deine Werke und deine Liebe und deinen Glauben und deinen Dienst und dein geduldiges Ausharren... Aber ich habe gegen dich, dass du Isebel gewähren lässt..." *Offb. 2,18-20*

Die Gemeinde in Thyatira ist die liebende und betriebsame, aber zuchtlose Gemeinde. Sie ist sozusagen das Gegenstück zu Ephesus. Übte die Gemeinde in Ephesus strenge Zucht gegenüber falschen Lehren, doch ohne die Ganzheit der ersten Liebe, so lauten die Zeugnisnoten des erhöhten Christus für die Gemeinde in Thyatira: Liebe, Glaube, Dienst, Geduld: gut. – Gemeindezucht: mangelhaft.

Was ist besser: Gemeindezucht mit wenig Liebe – oder viel Liebe, aber keine Zucht? – Beides kann dem Herrn nicht gefallen. Sein Geist ist ein Geist **der Liebe und der Zucht** (2. Tim. 1,7).

Thyatira war der kleinste und unbedeutendste Ort der sieben Sendschreiben und auch die Gemeinde war wohl nur klein. Doch Jesus widmet ihr das längste Sendschreiben. Der Ort, aus dem die Purpurhändlerin Lydia kam (Apg. 16,14), wurde durch seine Purpurfärbereien bekannt. Jesus stellt sich vor als der, „der Augen hat wie eine Feuerflamme". Dies deutet auf Gericht hin, und so hören wir auch ernste Gerichtsworte Jesu. Offenbar hatten sich falsche Lehren und falscher Lebenswandel in Thyatira viel stärker ausgebreitet als in Pergamon – vor allem durch das Treiben einer Frau namens Isebel, die sich selbst „Prophetin" nannte, aber eine schlimme Verführerin war.

Den Thyatira-Typ gibt es auch heute. Es gibt eine missverstandene „Liebe" – eine Toleranz, die alles gutheißt und auch Fehlentwicklungen und Irrlehren mit dem Mantel der „Liebe" meint zudecken zu müssen. Nein, die Liebe soll niemals die Wahrheit verdunkeln. Wiederum soll aber die Wahrheit stets in Liebe gesagt werden. „Lasst uns wahrhaftig sein in Liebe", mahnt Paulus in Eph. 4,15. Das zu tun fällt uns nicht leicht. Es ist für uns bequemer, alles zu tolerieren. Oder aber wir „schießen scharf" und verletzen dabei die Liebe. Der Herr helfe uns dazu, wahrhaftig zu sein in der Liebe!

Jesu Urteil über die Gemeinde in Sardes

„Und dem Boten der Gemeinde in Sardes schreibe: Dies sagt der, der die sieben Geister Gottes hat und die sieben Sterne: Ich weiß um deine Werke: Du hast den Namen, dass du lebst, und bist tot! Werde wach und stärke das Übrige, das zu sterben droht! ... Wer überwindet, wird mit leuchtend weißen Gewändern umkleidet werden und ich werde seinen Namen... bekennen vor meinem Vater und vor Seinen Engeln." Offb. 3,1.2.5

Die Gemeinde in Sardes ist der Typ der schlafenden, sterbenden Gemeinde. Seine Blütezeit hatte Sardes in der Zeit des reichen Königs Krösus im 6. Jahrhundert v.Chr. Aus dem Sand des Flusses Paktolos gewann man Gold. Die ersten Münzen, die überhaupt in Kleinasien in Umlauf waren, wurden zur Zeit des Krösus in Sardes geprägt. Sein Reichtum war sprichwörtlich. Sardes war kein Mittelpunkt des Kaiserkults, doch waren seine Bewohner wegen ihres verweichlichten und zügellosen Lebens und ihrer Vorliebe für Luxus bekannt.

Die Gemeinde erhält kein Lob, sondern – von wenigen Getreuen abgesehen – nur Tadel. Das vergnügungssüchtige Leben der Bewohner von Sardes, der „Geburtsstadt des modernen Geldes", hatte sich ins Gemeindeleben eingefressen. Es gab keinen offenbaren Götzendienst, nicht Kampf und Streit und Verfolgung, aber auch kein freudiges Zeugnis von Jesus. Man war, angefangen vom „Boten der Gemeinde" bis zum einfachsten Gemeindeglied, einfach eingeschlafen. – Doch tröstlich ist: Der Herr gibt diese Gemeinde nicht auf! Der Gemeindeleiter soll endlich wach werden und die Übrigen wachrütteln; sonst gibt es, wenn Christus kommt, ein böses Erwachen. Doch auch in dieser Gemeinde gibt es Überwinder, denen Kostbares verheißen wird.

Diesen Gemeindetyp gibt es auch heute. Überall da, wo Christen nicht verfolgt werden, sondern äußere Ruhe und einen gewissen Wohlstand besitzen, ist die Gefahr riesengroß einzuschlafen. Zwar kann echtes Gottesleben nicht sterben, doch einzelne Kreise oder Gemeinden können erstarren. Man ruht auf einer traditionellen Frömmigkeit aus oder auch auf seinen Erkenntnissen! – Hören wir doch auf Jesu Wort: „Werde wach und stärke das Übrige, das zu sterben droht!"

Tröstende Worte an die Gemeinde in Philadelphia

„Und dem Boten der Gemeinde in Philadelphia schreibe: ... Ich weiß um deine Werke. Sieh, ich habe vor dir eine geöffnete Tür gegeben, die niemand zuschließen kann; denn du hast eine kleine Kraft und hast mein Wort bewahrt und hast meinen Namen nicht verleugnet... Weil du das Wort vom geduldigen Warten auf mich bewahrt hast, werde auch ich dich bewahren vor der Stunde der Versuchung, die im Begriff ist, über den ganzen bewohnten Erdkreis hereinzubrechen... Wer überwindet, den werde ich zu einer Säule im Tempel meines Gottes machen..." *Offb. 3,7.8.10.12*

Die Gemeinde in Philadelphia erhält wie die Gemeinde in Smyrna keinen Tadel. Sie ist der Typ der das Wort Gottes bewahrenden und wartenden Gemeinde. Und wer das Wort bewahrt, den bewahrt auch der Herr.

Philadelphia lag an der Straße von Sardes nach Kolossä, 120 km östlich von Smyrna. Schwere Erdbeben waren der Schrecken der Bevölkerung. Wer auf erdbebenreichem Boden lebt, weiß, was eine „offene Tür" bedeutet, wenn alles wankt; er weiß auch den festen Halt einer starken Säule zu schätzen. Darauf nehmen die Worte des Herrn Bezug. Er kann auch geöffnete Türen des Herzens und des Wortes schenken (Apg. 14,27; 16,14 und Kol. 4,3).

Die Kraft dieser Gemeinde war nur klein; das stellt der Herr fest, ohne es zu tadeln. Doch diese Gläubigen mit der kleinen Kraft waren **treu.** Sie bewahrten Gottes Wort und werden ermahnt, das auch weiterhin zu tun. „Halte, was du hast, damit kein anderer den dir zugedachten Siegeskranz bekomme" (Luther: „dass niemand deine Krone nehme"). Ja, die Überwinder der Philadelphia-Gemeinde will der Herr sogar zu einer Säule im Tempel Gottes machen – zu Knechten Gottes, die große Tragkraft besitzen und anderen Halt geben!

Ist deine Kraft nur klein? Verzage nicht, sei treu im Bewahren des Anvertrauten und im Dienst! Es kommt nicht auf die Größe der Kraft, sondern auf die Treue an. Auch Gläubigen mit nur kleiner Kraft liegt ein Siegeskranz bereit, wenn sie Gottes Wort treu bewahren, und große Kraft zum Dienst in zukünftigen Zeiten!

Worte des Tadels und der Verheißung an die Gemeinde in Laodizea

„Und dem Boten der Gemeinde in Laodizea schreibe: Dies sagt der Amen, der treue und wahrhaftige Zeuge, der Anfang der Schöpfung Gottes: Ich weiß um deine Werke: Du bist weder kalt noch heiß! O dass du doch kalt oder heiß wärest!... Wer überwindet, dem werde ich geben, mit mir auf meinem Thron zu sitzen, so wie auch ich überwunden und mich niedergesetzt habe mit meinem Vater auf Seinem Thron." Offb. 3,14.15.21

Laodizea bildete mit Hierapolis und Kolossä ein wichtiges Städtedreieck im Tal des Lykos und Mäander. Dort gab es drei Schwestergemeinden, die auch von Paulus unterwiesen worden waren. Aus Bemerkungen des Kolosserbriefs kann man entnehmen, dass die Gemeinde in Laodizea schon ums Jahr 60 dem Apostel Paulus große Sorgen bereitete. Er schreibt von einem großen Kampf, den er um die Gläubigen in Kolossä und Laodizea zu führen habe. Auch sein Mitarbeiter Epaphras hatte große Mühe mit den Gemeinden in Kolossä, Laodizea und Hierapolis (Kol. 2,1; 4,13). Welche Gefahren drohten, kann man Kol. 2 entnehmen: Philosophie und Engelverehrung und jüdische Gesetzlichkeit.

Was ist nun eine Generation später – als Johannes in den 90er Jahren das Buch der Offenbarung empfing – aus der Laodizea-Gemeinde geworden? Der Herr kann sie nicht loben, wir vernehmen Tadel und Bußpredigt. Laodizea ist zu einer pseudo-reichen, satten und lauen Gemeinde geworden. Die Lauheit, die der erhöhte Herr anprangert, war wohl nicht so sehr weltliches Wesen, sondern Vermischung in der Lehre. Es soll in Laodizea einen Bach mit lauwarmem Wasser gegeben haben, **von zwei Quellen gespeist.** So hatte man sich neben dem Wort Gottes anderen Lehren, Strömungen oder Kulten geöffnet und hingegeben.

Aber gerade dieser Gemeinde schenkt der Herr die allergrößte Überwinderverheißung. Wer wirklich umkehrt zu Jesus, dem Haupt, in dem allein „alle Schätze der Weisheit und des Wissens verborgen sind" (Kol. 2,3), dem sagt der Herr: „Ich werde ihm geben, mit mir auf meinem Thron zu sitzen, so wie auch ich überwunden und mich niedergesetzt habe mit meinem Vater auf Seinen Thron."

Gottes Thron – das „Zentralbild in der Apokalypse“

„Siehe, ein Thron stand im Himmel und auf dem Thron saß Einer... Und rings um den Thron (sah ich) 24 Throne und auf den Thronen 24 Älteste sitzen.“
Offb. 4,2.4

Der Thron Gottes ist nach *Heinrich Langenberg* das „Zentralbild in der Apokalypse“, dem letzten Bibelbuch. Alles Geschehen und alle Personen sind auf den Thron bezogen. Die sieben Geister Gottes befinden sich angesichts des Thrones Gottes (1,4) und rings um den Thron sind die 24 Throne der 24 Ältesten aufgestellt. Gott ist der „Sitzende auf dem Thron“. Er wird hier nicht näher beschrieben. Wir sollen uns kein Bild von Ihm machen, wohl aber wissen, wer Er ist. Als der Sitzende auf dem Thron ist Er der Regent über alles, der „Pantokrator“, der Allherrscher. Inmitten des Thrones sieht Johannes ein Lamm stehen, Jesus Christus (5,6). Im 7. Kapitel ist in den Versen 9.10.11.15.17 von diesem Thron die Rede. Und noch auf der neuen Erde geht alles Heil vom Thron Gottes und des Lammes aus (22,1).

„Thron“ bedeutet Herrschaft, und so ist das große Thema der Offenbarung die weltweite Realisierung der Königsherrschaft Gottes durch Jesus Christus. Dabei soll die Überwinder-Gemeinde mitwirken (3,21). „Auf diese Herrschaftsmission zielt die ganze Gemeindehaushaltung“ (Langenberg).

Im Kirchenlied singen wir:

„Lobe den Herren, den mächtigen König der Ehren...
Lobe den Herren, der alles so herrlich regieret...“

Manche sagen, sie könnten nach den Verbrechen der Hitlerzeit und der Erfindung von Atom- und Wasserstoffbomben dieses Lied nicht mehr singen. Es sei einfach nicht wahr, dass Gott „alles so herrlich regiere“. Gerade die Offenbarung kann uns in dieser durchaus ernst zu nehmenden Anfechtung weiterhelfen. Sie zeigt uns ja, dass die Königsherrschaft Gottes zwar im Himmel unbestritten, auf Erden aber noch heiß umkämpft ist. Noch ist Satan nicht gestürzt, doch das wird geschehen (Offb. 12 und 20). Jesus, der heute wie ein König im Exil Seine Regierungsmannschaft sammelt, wird Sein Königreich auf Erden aufrichten. Dass Gott der Herrscher ist, soll bei uns beginnen, heute und hier.

Jesus, das „Lamm", empfängt ein Buch

*„Und ich sah auf der rechten Hand dessen, der auf dem Thron saß, ein **Buch**, innen und auf der Rückseite beschrieben, mit sieben Siegeln versiegelt... Und ich sah inmitten des Thrones und der vier Lebewesen und inmitten der Ältesten ein **Lamm** stehen – (es sah aus) wie geschlachtet und hatte sieben Hörner und sieben Augen... Und es kam und hat (ein für alle Mal) aus der Rechten des auf dem Thron Sitzenden das Buch in Empfang genommen."* *Offb. 5,1.6.7*

In Offb. 5 tritt nun Jesus auf, als **Löwe** aus dem Stamm Juda und als geschlachtetes **Lamm.** Diese Bilder sagen: Jesus, dem Herrn, ist der Mut und die Kampfeskraft des Löwen zu Eigen, aber auch die Wesensart des duldenden Lammes. Eigenartigerweise wird aber Jesus nur einmal im Buch der Offenbarung (5,5) als Löwe dargestellt, dagegen mehr als 20-mal als das Lamm. Er ist es, von dem Johannes der Täufer bezeugte: „Siehe, das Lamm Gottes, das die Sünde der Welt wegträgt" (Joh. 1,29). Jesus ist als der Gekreuzigte das „geschlachtete Lamm", das Opfer Gottes für die ganze Welt. Und so spricht die Offenbarung nicht vom Zorn des Löwen, vom Blut, Thron, Hochzeitsmahl des Löwen, sondern vom Zorn des Lammes (6,16) und vom Blut des Lammes (7,14), vom Thron Gottes und des Lammes (22,1) und vom Hochzeitsmahl des Lammes (19,9). Das heißt: Der Charakter des duldenden, leidenden, liebenden Lammes Gottes ist Jesus für immer zu Eigen. Wenn Er zürnt, zürnt das Lamm. Wenn Er königlich herrscht, herrscht Er als das Lamm.

Nun spricht der Text in Offb. 5 von einem eigenartigen Buch. Es muss ein sehr wichtiges Buch sein, sonst würde nicht im ganzen All nach einer Persönlichkeit gesucht, die würdig ist, es zu öffnen und seine sieben Siegel zu lösen. Doch niemand meldet sich. Nur Jesus als das Lamm darf es aus der Hand des Vaters in Empfang nehmen, und das heißt, nur Jesus besitzt als der Gekreuzigte und Auferstandene die Vollmacht, Richter und Erlöser und Erbe der Welt zu sein.

Ein praktischer Gedanke darf hier nicht fehlen. *Karl Merz* schrieb: „Es wird auch keinem von uns erspart bleiben, zu der Frage Stellung zu nehmen: Löwe oder Lamm? Wohl dem, der sich für den Lammesweg entschieden hat. Er darf mithelfen, die Welt zu erlösen."

Die Gerichte bei der Öffnung der sieben Siegel

„Und ich sah, wie das Lamm eins von den sieben Siegeln öffnete, und ich hörte eins von den vier Lebewesen wie mit Donnerstimme rufen: Komm! Und ich sah hin, und sieh: ein weißes Pferd, und der auf ihm saß, hatte einen Bogen und es wurde ihm ein Siegeskranz gereicht und siegend zog er aus, um zu siegen." *Offb. 6,1.2*

Zwei wichtige Wahrheiten sehen wir gleich im 1. Vers: Zum ersten wird deutlich, dass, wie wir es gestern schon sahen, Jesus als das **Lamm** die Siegel öffnet. Als das Lamm ist Er der Leidende, gewiss auch Mitleidende beim Vollzug der Endzeitgerichte über die Welt. Doch ohne Gerichte kann die Welt, so wie sie heute ist, nicht zurechtgebracht werden. Die Predigt von der Liebe Gottes hat in allen vergangenen Jahrhunderten bis heute die Masse der Menschen nicht zur Umkehr gebracht; nun sollen die Gerichte sie dahin bringen, neu auf Gott zu hören. Denn Jesaja sagt: „Wenn Deine Gerichte die Erde treffen, lernen die Bewohner des Erdkreises Gerechtigkeit" (Jes. 26,9). Hinter den noch so harten Gerichtsschlägen, die die Offenbarung ankündigt, steht nicht etwa Gottes **Hass**, sondern Seine **Liebe,** die auch durch Leid und Tod hindurch zurechtbringen will, bis am Ende die „Heilung der Nationen" kommt (Offb. 22,2). – Und zum zweiten sehen wir: **Alles Geschehen auf Erden wird letztlich von oben gesteuert.** Bei der Öffnung des ersten Siegels tritt ein Machthaber auf Erden auf, „siegend und um zu siegen". Es ist wohl jener Mann, den wir den „Antichristen" nennen, der „Mensch der Sünde" und „Sohn des Verderbens" von 2. Thess. 2,3. Er hat – wie Hitler in der Anfangszeit – Erfolg auf Erfolg. Er verspricht den Menschen den Weltfrieden und die Lösung aller Probleme. Gewiss wird ihm auch vieles gelingen. Doch die Darstellung der „vier apokalyptischen Reiter" in Offb. 6,1-8 zeigt: Dem Reiter auf dem weißen Pferd folgen die Reiter auf feuerrotem, schwarzem und leichenblassem Pferd – Krieg und Hunger und Tod.

Der Antichrist tritt nicht nach eigenem Gutdünken auf, er wird von oben gerufen: „Komm!" Denn es gibt keine Regierungsgewalt außer von Gott (Röm. 13,1). Von Gottes und Christi Gerichtswillen und Gnadenwillen hängt alles ab. Wohl dem, der sich Christi Herrschaft schon heute im Glaubensgehorsam unterstellt!

Überwinder aus Israel und aus den Nationen

*„Und ich hörte die Zahl der Versiegelten: **144 000 Versiegelte** aus jedem Stamm der Söhne **Israels**... Danach schaute ich: Sieh, da war eine große Schar, die niemand zu zählen vermochte, aus **jeder Nation** und Stämmen und Völkern und Sprachen; angesichts des Thrones und angesichts des Lammes standen sie da, bekleidet mit leuchtend weißen Gewändern und mit Palmzweigen in ihren Händen.“* *Offb. 7,4.9*

Die Offenbarung schildert nicht nur Gerichte, sondern auch heilvolles Handeln Gottes inmitten der Zeit der Endgerichte. Bevor Er das Ganze rettet, wendet Er sich Teilen zu. Seit den Tagen Abrahams arbeitet Gott mit Auserwählten. Israel ist das Auswahlvolk Gottes und auch die Gemeinde, der Leib Christi, ist eine Auswahl aus der Masse. Von zwei weiteren besonderen Auswahlscharen spricht unser Text. Sie kommen aus Israel und aus den Nationen.

Aus allen 12 Stämmen Israels holt sich Gott je 12 000 Versiegelte heraus, das sind 144 000 Versiegelte. Eindeutig zeigt der Text, dass es nur um Israeliten geht. Die 144 000 irgendwo anders zu suchen, ist töricht. Was bedeutet Versiegelung? Diese 144 000 sind Gottes besonderes Eigentum, sie sind Ihm wertvoll und sollen in den Stürmen der Endzeit unantastbar bewahrt bleiben.

Aber auch aus den übrigen Völkern kommt noch einmal in der letzten Zeit eine große Schar von Menschen zum Glauben an Jesus Christus. Wir meinen, dass diese Schar nicht dieselbe sei wie die Gemeinde, Christi Leib. Sie gehört einer späteren Zeit an. Da mag die Gemeinde bereits zum Herrn hin entrückt sein (1. Thess. 4,17). Diese Menschen kommen aus „der großen Drangsal“ (Offb. 7,14). Sie haben die schwere antichristliche Zeit durchlitten und empfangen einen besonderen göttlichen Trost: „Das Lamm inmitten des Thrones wird sie weiden und sie zu Wasserquellen des Lebens führen und Gott wird jede Träne aus ihren Augen wischen“ (7,17).

Der Seher Johannes sieht sie vor Gottes Thron stehen. Sie befinden sich also im Himmel, in der Lichtwelt Gottes. Die Drangsal liegt für immer hinter ihnen. Sie preisen Gott und das Lamm mit lauter Stimme. Der Herr, der sie tröstet, ist auch unser Herr und Retter; auch die schwer Bedrängten unserer Zeit wird Er trösten und erquicken.

Die Gerichte der sieben Posaunen

„Und die sieben Engel, die die sieben Posaunen hatten, machten sich bereit, um in die Posaune zu stoßen. Und der erste Engel stieß in die Posaune; da entstand Hagel und Feuer, mit Blut vermischt, und wurde auf die Erde geworfen, und der dritte Teil der Erde verbrannte und der dritte Teil der Bäume verbrannte und alles grüne Gras verbrannte." Offb. 8,6.7

Es werden in Offb. 6-16 dreimal sieben Endzeit-Gerichte erwähnt: die Gerichte der Siegel, der Posaunen und der Zornschalen. Auf Einzelheiten können wir hier nicht eingehen. Es sei aber darauf hingewiesen, dass diese Gerichte eine Steigerung aufweisen, sie nehmen an Schwere und Intensität zu. So heißt es bei den Posaunengerichten, dass jeweils ein **Drittel** der Erde oder des Meeres oder der Sonne davon betroffen ist (Offb. 8,7-12); bei der Vollstreckung der Zornschalengerichte aber werden aus Teilkatastrophen Totalkatastrophen (Offb. 16).

Immer wieder taten sich Ausleger schwer damit, diese Gerichtsschilderungen zu deuten. Inwieweit liegt Bildsprache vor und inwieweit soll man das Geschriebene wörtlich nehmen? Was hat das alles mit unserer Gegenwart zu tun? Bereiten sich diese Dinge heute schon vor oder stehen wir gar schon im „Anfang der Wehen", wovon Jesus einmal sprach (Matth. 24,8)? Seinerzeit sah der Atomphysiker *Bernhard Philberth* in diesen Gerichten die Früh- und Spätfolgen eines atomaren Krieges (in „Christliche Prophetie und Nuklearenergie"). *Heinrich Langenberg* schrieb: „Es handelt sich um Signale zum heiligen Krieg des Herrn... Der Tag des Herrn soll mit Posaunen verkündigt werden (Joel 2,1 und Zeph. 1,16); auch die Sammlung Israels bei der Wiederherstellung wird durch Posaunen markiert (Jes. 27,13)." Heutzutage denken wir auch an den Klimawandel und dessen Folgen.

Wir sollten aber nicht übersehen, dass beim Erschallen der siebten Posaune mitten in all dem Grauen der Gerichte plötzlich etwas ganz Kostbares angekündigt wird: die Machtergreifung Jesu Christi über die Reiche der Welt (11,15-17). Dies zeigt uns wieder einmal, dass Gott, auch wo Er richtet, letzten Endes Positives im Sinn hat.

Nun gibt es keine Zeitverzögerung mehr

„Und der Engel, den ich auf dem Meer und auf dem Festland stehen sah, hob seine rechte Hand zum Himmel empor und schwor bei dem, der in die Zeitalter der Zeitalter hinein lebt – der den Himmel geschaffen hat und was in ihm ist und die Erde und was auf ihr ist und das Meer und was in ihm ist -: Es wird nun ***keine Zeitverzögerung*** *mehr geben, sondern in den Tagen der Stimme des siebten Engels, wenn er sich anschickt, in die Posaune zu stoßen, wird auch das Geheimnis Gottes vollendet sein, so wie Er's Seinen Knechten, den Propheten, als Freudenbotschaft verkündigt hat."* *Offb. 10,5-7*

Seit Jahrhunderten beten die Christusgläubigen: „Herr, komme bald!" und sie hofften bis heute und hoffen weiter, dass dies noch zu ihren irdischen Lebzeiten geschehen möge. Doch immer wieder gab es einen Verzug. Matth. 25,5 spricht davon, dass der zur Hochzeit erwartete Bräutigam eine Zeit lang ausblieb (verzog); dann aber erschien er plötzlich. Doch wehe dem bösen Knecht, der in seinem Herzen spricht: „Mein Herr kommt lange nicht (verzögert oder versäumt sein Kommen)" und dann anfängt, sich zu betrinken und seine Mitknechte zu schlagen (Matth. 24,48.49).

Man kann bei der Erwartung der Wiederkunft Jesu zwei Fehler machen: Ihn in weiter Ferne oder gar nicht mehr zu erwarten – oder Ihn zu bald, zu einem von uns Menschen gewünschten oder errechneten Datum zu erwarten. Jesus selbst hat in Seinen Wachstumsgleichnissen darauf hingewiesen, dass Christussaat und Teufelssaat erst eine Zeit der **Ausreife** brauchen, bevor die Ernte kommen kann (Matth. 13).

Unser Text spricht von einer wichtigen Ankündigung, die ein Engel zu einem bestimmten zukünftigen Datum macht: „Von nun an gibt es **keine Zeitverzögerung** mehr!" (Die Übersetzung „Es wird keine Zeit mehr sein" ist an dieser Stelle unrichtig; denn es ist in den folgenden Kapiteln der Offenbarung immer wieder von Zeiträumen die Rede; *chronos* bedeutet hier „Verzug, Verzögerung".) – Der Sinn ist: Von nun an geht alles schnell, Schlag auf Schlag. Gott beeilt sich in Seinen Gerichten, um sich dann Zeit zu nehmen für Gnade und Segen. So folgen den sieben Jahren der Endzeit (im engeren Sinn) 1000 Jahre des Reiches Gottes auf Erden.

Die zwei Zeugen

„Und ich werde meinen zwei Zeugen (Auftrag und Kraft) geben und sie werden, in Bußgewänder aus Sacktuch gehüllt, 1260 Tage lang weissagen."
Offb. 11,3

Nach Dan. 9,24-27 sind 70 Jahrwochen (d.h. 70 mal 7 Jahre) über Israel bestimmt, die vergehen müssen, bis alle seine Schuld gesühnt und eine ewige Gerechtigkeit eingeführt ist – das heißt, bis das Königreich Christi kommt. Die letzte Jahrwoche ist nach Dan. 9,27 eine geteilte Woche, sie zerfällt in zweimal dreieinhalb Jahre. Diese letzte „Woche" liegt noch vor uns, während 69 Jahrwochen vergangen sind; sie reichten bis in die Erdenzeit Jesu. Heute leben wir in einer Art Zwischenzeit, der Zeit der Gemeinde. Wenn in Offb. 11,2.3 und 12,6.14 und 13,5 jeweils von dreieinhalb Jahren die Rede ist, so geht das auf Dan. 9 zurück. Es ist jeweils eine Hälfte der letzten Jahrwoche gemeint. Wir sollten diese Zahlen wörtlich nehmen, ebenso wie die 1000 Jahre von Offb. 20,4.

Unser Text spricht von zwei Zeugen, die in der Endzeit in Israel auftreten sollen. Sie werden laut und unerschrocken ihre Stimme erheben – dreieinhalb Jahre lang, wohl in der ersten Hälfte der letzten Jahrwoche. Sie sind, solange sie ihren Auftrag zu erfüllen haben, unverwundbar. Danach wird der Antichrist sie töten. Doch nach dreieinhalb Tagen wird Gott sie von den Toten auferstehen lassen. – Viele Ausleger denken bei diesen beiden Zeugen an die wiedererweckten alttestamentlichen Gestalten Mose und Elia. Sie taten zu ihrer Zeit Wunder, die den in Offb. 11 geschilderten gleichen. Auch erschienen sie zusammen dem Herrn Jesus auf dem Berg der Verklärung (Matth. 17). Und Jesus versicherte damals Seinen Jüngern, dass dieser Elia noch einmal kommen werde (V. 11). Es sind Bußprediger, die offensichtlich Israel und Jerusalem – und darüber hinaus auch die Völkerwelt – noch einmal zur Umkehr rufen. Aber werden die Menschen umkehren? In der Masse jedenfalls nicht (Offb. 16,9.11). Darum müssen die Gerichte vollends ihren Lauf nehmen.

Die Endzeitgerichte bahnen sich heute schon an. Wir bleiben nicht von allem verschont. Entscheidend ist, dass wir ein Leben führen „verborgen mit dem Christus in Gott" (Kol. 3,3). Dann ist die Gemeinschaft mit Gott unser Teil und Herrlichkeit unsere Hoffnung.

Die Machtergreifung Jesu Christi

„Und der siebte Engel stieß in die Posaune; da erhoben sich mächtige Stimmen im Himmel, die sprachen: Die Königsherrschaft über die Welt ist unserem Herrn und Seinem Christus zu Eigen geworden und Er wird königlich herrschen in die Zeitalter der Zeitalter hinein. Und die 24 Ältesten... sprachen: Wir danken Dir, Herr, Gott, Allmächtiger, der ist und der war, dass Du Deine große Macht ergriffen und die Königsherrschaft angetreten hast." *Offb. 11,15-17*

Es ist ein machtvolles Signal, das Gott mit dem Ertönen der siebten Posaune ergehen lässt: Es ist soweit! Von nun an übernehme ich durch Jesus Christus ganz konkret die Herrschaft auf Erden. Zwar ist dem Herrn schon seit Seiner Auferstehung „alle Macht gegeben im Himmel und auf Erden" (Matth. 28,18), doch noch übt Er sie nicht überall aus, sondern nur im Herzen und Leben der Seinen. Das soll nun anders werden. Die Zeit der letzten Scheidungen und Entscheidungen ist da. Der Zorn der gottfeindlichen Völker wird sich aufs Höchste steigern, sodass sie sich sogar anmaßen, gegen Christus Krieg zu führen (Offb. 17,14), doch **Gottes Zorn** wird sie treffen. Gottes Gerichte werden den Satan stürzen und das antichristliche Weltreich zertrümmern. Totenauferweckungen werden stattfinden und Christi Königreich auf Erden wird aufgerichtet werden. Das alles geschieht nun ohne Zeitverzögerung Schlag auf Schlag.

Das ist die „Neuordnung aller Dinge", auf die insgeheim die Völkerwelt wartet. „Es kann nicht so bleiben, wie es ist, wir brauchen Reformen, Reformen, alles muss anders werden – in Politik und Gesellschaft, im Finanz- und Wirtschaftswesen, im Umgang mit der Natur und den Rohstoffen", so und ähnlich hören wir es alle Tage. Doch wir brauchen nicht Reformen und Verbesserungen, sondern eine ganz neue Weltherrschaft, nämlich die von Jesus Christus, dem „Lamm" und dem „Löwen", dem Erlöser, Hirten, Herrn und Haupt. Heute verfügt Er gleichsam nur über einen Brückenkopf auf dieser Erde – es sind die Kreise Seiner Gläubigen. Sie wurden „errettet aus dem Machtbereich der Finsternis und versetzt in die Königsherrschaft des Sohnes Seiner Liebe" (Kol. 1,13). Ja, möge dieser Herr auch heute über uns herrschen – auf allen Lebensgebieten!

Der Sturz des Satans

„Und es entbrannte ein Krieg im Himmel: Michael und seine Engel hatten Krieg zu führen mit dem Drachen und auch der Drache und seine Engel führten Krieg. Doch er gewann nicht den Sieg noch wurde fernerhin ein Platz für sie im Himmel gefunden. Und es wurde geworfen der große Drache, die alte Schlange, ‚Teufel' und ‚Satan' genannt, der den ganzen bewohnten Erdkreis verführt – geworfen wurde er auf die Erde und seine Engel wurden mit ihm hinabgeworfen." *Offb. 12,7-9*

Wir lasen gestern die feierliche Proklamation der Machtübernahme Jesu Christi über die Reiche dieser Welt (Offb. 11,15-17). Wie geht es nun weiter? Wo Jesus herrscht, muss der Feind das Feld räumen. Er durfte bis dahin immer noch als „Fürst dieser Welt" (Joh. 16,11) und „Gott dieses Äons" (2. Kor. 4,4) tätig sein. Von ihm gingen letztlich aller Hass und alles Morden in der Völkerwelt aus, dazu Lüge und Betrug und Verführung. Auch in unteren Bezirken der Himmelswelt hatte er noch Zutritt, wie aus Hiob 1,6 und 2,1 hervorgeht. Verleumdung ist sein Wesen, darum heißt er Teufel *(diabolos).* Er verleumdet Gott bei den Menschen (1. Mose 3,4.5) und die Menschen bei Gott (Hiob 1,9-11). Er ist der „Verkläger der Brüder" (Offb. 12,10), vor dem wir uns aber keineswegs fürchten müssen (Röm. 8,33.34).

Nun aber stürzen Michael und seine Engel den Feind, der hier als „Drache" dargestellt ist. *Karl Geyer* nannte Michael den „Kriegsminister" und Gabriel den „Kultusminister" unter den Engelfürsten. Satan wehrt sich, aber „er gewann nicht den Sieg (vermochte nicht standzuhalten, hatte kein Vermögen)". Ein Ausleger, *Peter Ketter,* schrieb: „In diesem kurzen Kriegsbericht liegt mehr Ermutigung zum unentwegten Durchhalten für die auf Erden ringenden Gottesstreiter als in langen Ermahnungen." Ja: Der Feind hat letztlich **kein Vermögen!** Darum singt Blumhardt (der Ältere) mit Recht:

Dass Jesus siegt, bleibt ewig ausgemacht;
Sein wird die ganze Welt.
Denn alles ist nach Seines Todes Nacht
in Seine Hand gestellt.

Das „Tier" herrscht über die ganze Erde

„Und ich sah ein Tier aus dem Meer aufsteigen, das zehn Hörner und sieben Köpfe hatte und auf seinen Hörnern zehn Diademe... Und die ganze Erde lief staunend hinter dem Tier her und sie beteten den Drachen an, weil er dem Tier die Vollmacht gegeben hatte, und beteten das Tier an und sprachen: Wer ist dem Tiere gleich und wer kann mit ihm Krieg führen? Und es wurde ihm ein Maul gegeben, das großartige Reden führte und Lästerungen ausstieß, und es wurde ihm Vollmacht gegeben, 42 Monate lang zu wirken." *Offb. 13,1.3-5*

Man könnte meinen, nach dem in Offb. 12 geschilderten Sturz des Satans habe dieser seine Rolle nun endgültig ausgespielt. Dem ist aber nicht so. So mancher Besiegte oder Verworfene gibt sich noch lange nicht geschlagen. Saul, der erste König Israels, wurde schon früh seines Eigenwillens wegen verworfen und der junge David erwählt (1. Sam. 15,23 und 16,1.13). Doch der Verworfene regierte noch lange Jahre weiter und der erwählte David musste immer wieder vor ihm fliehen.

Satan ist nun zwar auf die Erde herabgestürzt worden, aber noch nicht ganz und für immer unschädlich gemacht. Davon lesen wir erst in Offb. 20 (Verse 1.2 und 10). Die Erde, nun dämonisierter als je zuvor, wird sogar vor ihm gewarnt: „Wehe der Erde und dem Meer! Denn der Teufel ist zu euch hinabgekommen und hat große Wut, da er weiß, dass er (nur noch) wenig Zeit hat."

So präsentiert er der staunenden Welt sein Meisterstück, den Antichristen, ausgestattet mit Raubtier-Eigenschaften. Weltweit wird sein Bild bestaunt, ja angebetet. Daniel 3 (Anbetung des Bildes des Nebukadnezar) wiederholt sich im Weltmaßstab. Zuvor wurde die Menschheit (durchs Fernsehen usw.) bildersüchtiger gemacht als je zuvor. Die Bosheit scheint zu triumphieren. Doch man beachte den Ausdruck „es wurde ihm gegeben", der in Offb. 13,5-7 mehrmals vorkommt. Ein Ausleger bemerkte mit Recht: „Hinter dem Passiv steht **Gott**." Zwar gab der Drache dem Tier seine Kraft und seinen Thron. Doch letzten Endes steht Gott hinter dem Ganzen. Es gibt keine Regierungsgewalt außer von Gott (Röm. 13,1). Gott **genehmigt,** was der Feind tun darf, und **begrenzt** es zugleich (Hiob 1,12; 2,6). Darum dürfen wir alles aus Seiner Hand nehmen.

Ein himmlischer Lobgesang

„Ich sah die Sieger über das Tier und über sein Bild... und sie singen das ***Lied Moses****, des Knechtes Gottes, und das* ***Lied des Lammes*** *und sprechen: Groß und staunenswert sind Deine* ***Werke****, Herr, Gott, Allmächtiger, gerecht und wahr Deine* ***Wege****, Du König der Nationen! Wer sollte nicht fürchten, Herr, und verherrlichen Deinen Namen? Denn Du allein bist heilig. Denn* ***alle Nationen werden kommen und vor Dir anbeten,*** *denn Dein gerechtes Walten ist offenbar geworden."* *Offb. 15,2-4*

Im Buch der Offenbarung sehen wir einen ständigen Wechsel zwischen „Blick in den Himmel" und „Blick auf die Erde". Immer wieder wird deutlich: **Das Geschehen auf Erden wird von „droben" gesteuert.** So werden die drei Gerichts-Zyklen der Siegel-, Posaunen- und Zornschalengerichte jeweils in einem feierlichen himmlischen Gottesdienst vorbereitet: die Siegelgerichte durch das Geschehen in Offb. 5,6-14, die Posaunengerichte durch das Handeln der Engel in Kapitel 8,1-5, danach die Zornschalengerichte durch den Gesang im vorangestellten Text. Was geht daraus hervor? Dass Gott beim Vollzug Seiner Gerichte weder planlos noch ziellos noch überstürzt handelt.

Im Gotteslob der Überwinder, von dem unser Text spricht, finden wir das Lied Moses und das Lied des Lammes beieinander. Altes und Neues Testament, die Errettung unter Mose und die Errettung durch Jesus Christus klingen zusammen. Es werden die **Werke** und die **Wege** des allmächtigen Gottes anbetend gepriesen. Das sind keine sentimentalen Erbauungsgesänge, sondern Lobpreisungen der göttlichen Schöpfermacht und Königsherrschaft und Seiner „Wege" mit Israel und der Welt im Verlauf der Heilsgeschichte. Die Überwinder wissen auch, dass **alle Nationen** einmal kommen und den Rettergott **anbeten** werden (Ps. 86,9). Das ist der Endertrag der Gerichte!

Hellmuth Frey schrieb im Blick auf die Endzeit-Gerichte der Offenbarung: „Wir dachten: die Teufel toben sich aus – aber nein: Gottes Engel walten. Wir dachten: es geht drunter und drüber – aber nein: es geht ordentlich und feierlich zu wie bei einer Liturgie. Wir dachten: das ist ein Sieg der Hölle – aber nein: alles dient der Verherrlichung und dem Siege Gottes."

Die Gerichte der sieben Zornschalen

„Und ich hörte eine mächtige Stimme, die aus dem Tempel kam, zu den sieben Engeln sagen: Geht hin und gießt die sieben Schalen der Zornglut Gottes auf die Erde aus!" *Offb. 16,1*

Vorab sei gesagt: Gottes **Zorn** ist kein **Hass.** Hass will zerstören, ausrotten. Gottes Zorn aber will zurechtbringen, er zerbricht, um zu heilen. Gott hasst die Sünde, doch Er liebt den Sünder.

Sehr fein äußert sich *Heinrich Langenberg* in „Die prophetische Bildsprache der Apokalypse" zum Zorn Gottes. Er schreibt: „Gottes Zorn ist eifernde Liebe. Der Grund des Zornes Gottes ist die Sünde des Menschen. Sie erregt Seine eifernde Zornesenergie zwecks Erreichung Seines Heilszieles... Falsche Nachsicht, Ungestraftlassen des Bösen ist das Gegenteil von Liebe, nämlich menschliche Schwäche, die ihren Ursprung in Interesselosigkeit, in einem Mangel an Liebe hat. Der Zorn Gottes hat seine Stufen, bis der Zweck erreicht und der Trotz des Menschen zerbrochen ist... Der Zorn Gottes ist begrenzt, die Gnade dagegen überströmend, d.h. unbegrenzt, sobald der Weg für sie frei ist."

Nur wenn man diese Gedanken beherzigt, kann man Offb. 16 lesen, ohne an Gott irre zu werden. Denn hier folgen, wie wir schon früher sagten, auf die Teilkatastrophen der Posaunengerichte (Offb. 8,6-13) nunmehr Totalkatastrophen. Gott ist in Seinen Gerichten durchdringend gründlich. Alle menschliche Größe bricht in Offb. 16 in sich zusammen. Das Königreich des „Tieres" wird verfinstert und die Anhänger des Antichristen werden gepeinigt, doch sie tun nicht Buße.

Wir finden in der Bibel auch „Gerichtsdoxologien", Lobpreisungen des Höchsten wegen Seiner Gerichte. So lesen wir in Jes. 25,1-3: „HERR, Du bist mein Gott! Ich will Dich erheben, preisen will ich Deinen Namen. Denn Du hast Wunder gewirkt, Ratschlüsse von fernher, Treue und Wahrheit. Denn Du hast aus der Stadt einen Steinhaufen gemacht, die befestigte Burg zur Ruine. Darum wird ein mächtiges Volk Dich ehren, Städte gewalttätiger Nationen werden Dich fürchten." Auch in Offb. 19,1-5 vernehmen wir Gerichtsdoxologien. Ist das Zynismus? Freut man sich über die Qualen anderer? Sündige Geschöpfe können zwar dem Zynismus verfallen; so aber ist Gott nicht. Er zerschlägt, um zu heilen. Er richtet, um zu retten.

Krieg gegen das Lamm

„Die zehn Hörner, die du gesehen hast, sind zehn Könige... Diese haben ***eine*** *Meinung und geben ihre Kraft und Macht dem Tier. Diese werden mit dem Lamm Krieg führen, doch das Lamm wird sie besiegen, denn es ist* ***Herr der Herren*** *und* ***König der Könige*** *und sein Gefolge bilden Berufene und Auserwählte und Treue."* *Offb. 17,12-14*

Das „Tier" der Endzeit hat Helfershelfer. Obwohl der Antichrist als Weltherrscher unumschränkte Macht besitzt, braucht er Verbündete, die ihm vorbehaltlos folgen und seine Macht festigen helfen. Ein Verbund von zehn Herrschern, zehn „Königen", steht dazu dem „Tier" zur Verfügung. Vor Jahren meinte man, die Europäische Union (EU) könne dieser Verbund sein, doch die EU umfasst inzwischen viel mehr Staaten als nur zehn. Es gibt heute weltweit mehrere Arten von Zusammenschlüssen – politischer oder religiöser oder wirtschaftlicher Art. Jedenfalls wird dieser „Zehnerklub" zur Zeit der Herrschaft des Antichristen vorhanden sein. Es sind in der Symbolsprache der Offenbarung „zehn Hörner" – das deutet auf Macht und Stoßkraft hin.

Irgendwann übermannt sie der Größenwahn so sehr, dass sie sich anmaßen, gegen Christus selbst Krieg zu führen. Die Gerichte der Endzeit haben bewirkt, dass sie Christus als Person und Gegner ernst nehmen. Sie meinen tatsächlich, Ihn besiegen zu können. Sicher hat ihnen die Rüstungsindustrie die „besten, modernsten, treffsichersten" Weltraumwaffen bereitgestellt. Doch sowenig der Satan mit seinen Dämonen in Offb. 12 den Erzengel Michael besiegen kann, sowenig können die „zehn Könige" gegen Christus etwas ausrichten.

Christus ist auch hier wieder das „Lamm", nicht der Löwe. Er ist der auferstandene Gekreuzigte. Er hat Mitstreiter: Berufene und Auserwählte und Treue (oder: Gläubige). Diese Worte weisen auf die **Gemeinde** Jesu Christi hin, nicht auf Engel. Seit ihrer Entrückung sind die Glieder der Gemeinde mit ihrem Herrn zusammen. Sie sind berufen, mit Ihm zu richten und zu herrschen. An der Seite des „Königs aller Könige" besiegen sie das „Tier" mit den zehn Hörnern. Wie 2. Thess. 2,8 uns zeigt, findet kein langer Krieg statt. Christus besiegt den Antichristen mit dem Hauch Seines Mundes! Wohl uns, wenn wir schon heute auf der Seite des Siegers stehen, der Jesus Christus heißt!

Der Untergang Babylons

***„Gefallen, gefallen ist Babylon, die Große,** und eine Behausung von Dämonen geworden... Und weinen und heftig wehklagen werden über sie die Könige der Erde, die mit ihr Unzucht getrieben und üppig gelebt haben, wenn sie den Rauch von ihrem Brande sehen, und fernab stehend aus Furcht vor ihrer Peinigung werden sie rufen: Wehe, wehe dir, du große Stadt Babylon, du gewaltige Stadt, denn in **einer** Stunde ist dein Gericht gekommen!"*

Offb. 18,2.9.10

Es ist nicht leicht zu deuten, wer „die große Hure Babylon" ist, die in der Endzeit eine Zeit lang „die Herrschaft hat über die Könige der Erde" (17,18). Wir entnehmen Offb. 17 und 18 ein Sechsfaches:

Babylon ist ein **Geheimnis.** Das ist es auch heute noch. Das zeigt die Vielfalt der Deutungen. Wir können nicht sagen: „Es ist diese oder jene Stadt", wohl aber aufgrund von Offb. 18 ihr Wesen erkennen.

Babylon ist **„die große Hure,** die an vielen Wassern sitzt" (17,1). Das Wort „Hure" weist hin auf Untreue, Götzendienst, Abfall von Gott. Diese Sünde wird Israel in Hes. 16 wie auch in Hosea 1 und 2 vorgeworfen. So sehen manche in Babylon das Weltjudentum.

Babylon ist eine **Riesenstadt** (Megalopolis). Die biblische Prophetie bezeichnet mehrere Städte als „Hure": Jerusalem (Jes. 1,21), Tyrus (Jes. 23,15-17) und Ninive (Nahum 3,4). Doch es kommen eher andere Riesenstädte in Betracht, die schon bestehen (wie New York) oder noch erbaut werden.

Babylon ist **Weltverführerin.** Sie verführt und berauscht und verdirbt durch Reichtum, Luxus, Wohlstand und Sittenlosigkeit alle Nationen, vorab ihre Könige und Kaufleute.

Babylon ist nach Offb. 18 ein **Wirtschaftszentrum**, Kulturzentrum und ein Seehafen von internationalem Rang.

Babylon ist die **Mörderin** der Heiligen.

Den Gläubigen wird zugerufen: „Geht aus ihr hinaus, mein Volk" – flieht die Unzucht, die Gier nach Geld und Lust, den Abfall von Gott und Seinen Ordnungen! Denn der Untergang Babylons kommt schnell.

Die Hochzeit des Lammes

*„Und ich hörte etwas wie die Stimme einer zahlreichen Schar..., die riefen: Halleluja! Denn der Herr, unser Gott, der Allmächtige, hat die Königsherrschaft angetreten! Lasst uns fröhlich sein und jubeln und Ihm die Ehre geben, denn die **Hochzeit des Lammes** ist gekommen und Seine Ehefrau hat sich bereitgemacht... Und er sagt zu mir: Schreibe: Glückselig, die zum Hochzeitsmahl des Lammes berufen sind!" Offb. 19,6.7.9*

Nach dem „Blick auf die Erde" in den Kapiteln 16-18 folgt nun im 19. Kapitel wieder ein „Blick in den Himmel". Jesus, der schon beim Erschallen der siebten Posaune die Macht übernommen hat (11,15-17), schickt sich nun an, als König und Richter auf die Erde herabzusteigen. Zuvor findet im Himmel die **„Hochzeit des Lammes"** statt. Die wichtigste Frage ist die: **Wer ist der Bräutigam und wer die Braut?** Offensichtlich geht es hier nicht um Einzelpersonen, sondern um Kollektivpersonen. Wir schließen uns der Deutung von *Karl Merz* an, wenn er sagt: „Bräutigam ist Jesus Christus. Doch nicht Er allein; es gehören zu Ihm auch die Glieder Seines Leibes. Haupt und Leib bilden **den Christus**, in unserem Fall also den Bräutigam." Tatsächlich wird die Gemeinde Christi Jesu in 1. Kor. 1,13 und 12,12 als **„der Christus"** bezeichnet. Die Glieder der zum Herrn entrückten Gemeinde – die Erstlinge aus den Nationen – bilden mit ihrem Haupt den Bräutigam.

Die Braut ist eine andere Erstlings-Körperschaft. Zwar wird die Gemeinde Jesu im Neuen Testament in 2. Kor. 11,2 mit einer keuschen Jungfrau und in Eph. 5,23-25 mit einer Ehefrau **verglichen**; doch Paulus bleibt bei der Feststellung: „Wir sind Glieder Seines Leibes" (Eph. 5,30). Vom Alten Testament her aber kennen wir **Israel** als Braut und Ehefrau Jahwehs. So wird Israel in Jes. 54,5 gesagt: „Der dich gemacht hat, ist dein Mann, Jahweh Zebaoth ist Sein Name" (vgl. Jes. 62,4 und Hosea 2). Dies finden wir in Offb. 21,9-14 bestätigt. Hier schaut der Seher Johannes die Braut, die Ehefrau des Lammes, und alles deutet auf **Israel** hin; es ist von den 12 Stämmen der Söhne Israels die Rede. – Diese Schau schließt aber nicht aus, dass wir uns persönlich durchaus im Sinne von 2. Kor. 11,2 dem Herrn bräutlich verbunden fühlen dürfen.

Der König der Könige erscheint

„Und ich sah den Himmel geöffnet, und sieh, da war ein weißes Pferd, und der auf ihm sitzt heißt ‚Treu und Wahrhaftig' und Er richtet und führt Krieg in Gerechtigkeit... Und Sein Name lautet ‚Das Wort Gottes'... Und Er trägt auf Seinem Gewand, und zwar an Seiner Hüfte, den Namen geschrieben: ‚König der Könige und Herr der Herren'."

Offb. 19,11.13.16

Heute ist Heiligabend. Wäre es da nicht passender, an die Geburt Jesu zu denken statt an die Wiederkunft Christi als „König der Könige"? Hat das Kind Jesus etwas mit der Herrschaft des Königs zu tun?

Wir finden im Alten Testament eine Stelle, die das ohne weiteres bejaht; da sehen wir das Kind und den Herrscher beieinander. In Jes. 9,5 lesen wir: „Ein Kind ist uns geboren, ein Sohn uns gegeben, und die Herrschaft ruht auf Seiner Schulter." Auch bei der Ankündigung der Geburt Jesu wurde Seine Mutter Maria darauf hingewiesen: „Der Herr, Gott, wird Ihm den Thron Seines Vaters David geben." Aus dem Kind wurde der Zimmermann, der Wanderprediger, der Lehrer und Wundertäter, der Gekreuzigte und Auferstandene und Erhöhte, und wir erwarten Seine Wiederkunft.

Weil der Satan das Tun Gottes gerne nachäfft bzw. vorwegnimmt, schickte er schon einmal einen Reiter auf weißem Pferd auf die Erde. Das lasen wir in Offb. 6. Es war der falsche Herrscher, nicht von Gottes Gnaden, sondern von des Teufels Gnaden. Dieser Reiter war ein Bild für den Antichristen, der wie Hitler zunächst siegt, dann aber alles ins Verderben führt. Nun erscheint der „richtige" Herrscher. Alle schönen Proklamationen von Christi Königsherrschaft in Offb. 11 und 19 wären ja wenig wert, wenn Er nicht wirklich auf die Erde käme, um alle Verheißungen vom Friedensreich Gottes auf Erden zu erfüllen. Sein Name, das heißt Sein Wesen, ist „Treu und Wahrhaftig". Außerdem ist Er „das Wort Gottes" in Person.

Nun wird der Antichrist endgültig besiegt und in den Feuersee geworfen. Ein langer Krieg findet nicht statt. Das „Tier" und sein Prophet werden einfach gepackt und dem Gericht zugeführt. Nun kann das Tausendjährige Reich beginnen. Was durch Jahrhunderte die Bitte der Christen war, erfüllt sich jetzt: „Dein Reich komme!"

Das Tausendjährige Reich

„Dann sah ich einen Engel aus dem Himmel herabsteigen, der den Schlüssel zum Abgrund und eine große Kette in seiner Hand hielt. Und er ergriff den Drachen, die alte Schlange, die der Teufel und der Satan ist, und band ihn für 1000 Jahre... Und ich sah Throne, und sie setzten sich darauf und das Gericht wurde ihnen übergeben. Und ich sah die Seelen derer, die um des Zeugnisses Jesu und um des Wortes Gottes willen enthauptet worden waren, und die, welche das Tier und sein Bild nicht angebetet hatten...: Sie wurden lebendig und herrschten königlich mit dem Christus 1000 Jahre lang."

Offb. 20,1.2.4

Viele Stellen im Alten Testament sprechen von einem Friedensreich, das Gott auf dieser **Erde** errichten wird. So lesen wir in den Psalmen: „Jahweh ist König, es juble die Erde!" (Ps. 97,1). „Jahweh ist König, es erzittern die Völker. Jahweh ist groß in Zion und erhaben über alle Völker" (Ps. 99,1.2). Jesaja spricht von einem Festmahl, das Gott allen Völkern bereiten will. „Und Er schlingt hinweg die Schleierhülle, die alle Nationen überschleiernde, und die Decke, die über alle Nationen gedeckte" (Jes. 25,6.7). „Den König in Seiner Schönheit werden deine Augen sehen, werden über ein weites Land hinschauen... Denn der Herr ist unser Richter, unser Gesetzgeber; der Herr ist unser König, Er wird uns helfen" (Jes. 33,17.22).

Diese alttestamentliche Schau vom Reich wird im Neuen Testament nicht als erledigt betrachtet, sondern bestätigt und erweitert. Jesus sprach des Öfteren vom **Königreich**, das allerdings, weil man Ihn, den König, verwarf und tötete, nicht sofort kommt (Matth. 13). Und die Offenbarung fügt in unserem Text dem alttestamentlichen Bild vom Reich noch einige neue Züge hinzu. Sie spricht von einer Zeitdauer von 1000 Jahren. In dieser Zeit wird der Satan gebunden sein (20,1.2). Die Märtyrer der letzten antichristlichen Zeit (aber nicht nur sie) werden dann mit Christus 1000 Jahre lang herrschen dürfen.

Gewiss hat dann auch Israel, nachdem es selbst zurechtgebracht und geheilt wurde, große Aufgaben zu erfüllen. Es soll ja das „Licht der Völker" sein (Jes. 42,6 und 49,6). Und hat die Gemeinde mit all dem nichts zu tun? O doch, sie ist ja von ihrer Entrückung an „allezeit mit dem Herrn zusammen" (1. Thess. 4,17).

Gericht über alle Toten

„Und ich schaute einen Thron, groß und leuchtend weiß, und den, der auf ihm saß; vor Seinem Angesicht flohen Erde und Himmel und es fand sich keine Stätte mehr für sie. Und ich sah die Toten, die Großen und die Kleinen, vor dem Thron stehen und Bücher wurden geöffnet, und noch ein anderes Buch – das des Lebens – wurde geöffnet. Und die Toten wurden gerichtet aufgrund dessen, was in den Büchern geschrieben stand, nach ihren Werken." *Offb. 20,11.12*

Gott ist der Richter aller. Keiner kann Seinem Gericht entgehen. „Wohin sollte ich fliehen vor Deinem Angesicht?" fragt David in Psalm 139. Im Himmel bist Du da, auf Erden und sogar im Totenreich.

Während wir in Matth. 25,31-46 vom Gericht über die **lebenden Völker** lesen, die die Zeit des Antichristen so oder so durchstanden haben, zeigt uns der vorangestellte Text das Gericht über alle **Toten.** Das Leben der Menschen wird offenbar, nichts ist vergessen. Wenn schon wir Menschen heutzutage alles Mögliche in Bild und Ton festhalten und speichern können (nur noch nicht unsre Gedanken), dann kann Gott das noch viel besser. Er versteht unsre Gedanken von ferne, kennt unsre Worte, bevor sie überhaupt ausgesprochen sind (Ps. 139,2.4). Unser Text spricht von Büchern, die geöffnet werden. Darin ist alles verzeichnet. Während die Glieder der Gemeinde Jesu aufgrund ihres **Glaubens** – unabhängig von Werken – gerechtfertigt und gerettet werden, geht es hier wie auch in Matth. 25 um die **Werke.**

Eine **Scheidung** findet statt, ebenso wie in Matth. 25. Dort werden die einen zur Rechten und die andern zur Linken gestellt; die einen gelangen zum Leben im Königreich Christi, die andern werden der „ewigen Pein" (genauer: der äonischen Züchtigung) überantwortet. Hier in Offb. 20 gehen ebenfalls die einen ins Leben ein und die andern werden in den Feuersee geworfen. Art und Dauer dieses Feuers können wir nicht ermessen; es ist jedenfalls ein schmerzlicher Gerichtsprozess. *Karl Merz* schrieb: „Das Feuer hat u.a. die Eigenschaft zu läutern. Offenbar will der Feuersee in diesem Sinn verstanden werden. Es ist sowohl ein Ort der Strafe wie der Läuterung... Jedenfalls darf keiner diesen Ort verlassen, bevor nicht alles Wider- und Ungöttliche an und in ihm verbrannt ist."

„Ich mache alles neu!"

*„Und ich sah einen **neuen Himmel** und eine **neue Erde**; denn der erste Himmel und die erste Erde sind vergangen und das Meer ist nicht mehr da. Und ich sah die heilige Stadt, das neue Jerusalem, aus dem Himmel von Gott herabkommen... Und ich hörte eine mächtige Stimme vom Thron her sprechen: Sieh, die Zeltwohnung Gottes bei den Menschen! ... Und Er wird jede Träne aus ihren Augen wischen und **der Tod wird nicht mehr sein** und auch Leid und Geschrei und Schmerz werden nicht mehr sein; denn das Erste ist vergangen. Und der auf dem Thron saß, sprach: **Sieh, ich mache alles neu!**"*

Offb. 21,1-5

Schon Jesaja hat in einer prophetischen Schau gesehen, dass Gott einmal einen neuen Himmel und eine neue Erde schaffen werde. Doch er konnte noch nicht zwischen dem Tausendjährigen Reich und der Welterneuerung unterscheiden; er schaute beides zusammen in **einem** Bild (65,17-25). Der Seher auf Patmos, Johannes, aber ist der „Endzeit" näher als Jesaja und er darf den Ablauf der Dinge deutlicher sehen: Erst besiegt Jesus Christus den Antichristen und richtet für 1000 Jahre Sein Königreich auf Erden auf. Dann vergehen Erde und Himmel und die Toten werden gerichtet. Dann gibt es neue Himmel und eine neue Erde.

Das Ganze können wir uns weder vorstellen noch es physikalisch erklären. Altkluge Fragen helfen uns auch nicht weiter. „Wird Gott etwa die expandierenden Galaxien allesamt zum Verschwinden bringen, sie durch Feuer zerstören?" (2. Petr. 3,10 könnte so verstanden werden.) Es ist besser, „jeden Gedanken unter den Gehorsam des Christus gefangen zu nehmen" (2. Kor. 10,5). Wir können uns ja auch Gott und den erhöhten Christus und die Weltschöpfung und die Engelwelt und die Auferstehung Jesu nicht vorstellen, und doch sind es Wirklichkeiten.

Freuen wir uns lieber an zwei herrlichen Tatsachen: **1. Der Tod wird nicht mehr sein.** Da der Feuersee auch Todescharakter besitzt (Offb. 2,11 und 20,6.14), wird auch er dann nicht mehr sein. Leben und Unvergänglichkeit triumphieren. – 2. Gott verheißt: **„Sieh, ich mache alles neu!"** Wer wollte hier etwas ausnehmen? Himmel, Erde, Israel, die Völker – alles macht Er neu. Bei Seinen Erstlingen fängt Er heute schon damit an. Lasst uns dem Neuen Raum geben!

Wasser des Lebens und Heilung der Nationen

*„Und er zeigte mir einen Strom von **Wasser des Lebens,** glänzend wie Kristall, der vom Throne Gottes und des Lammes ausging. Inmitten der breiten Straße (der Stadt) und am Strome hier und dort stehen Lebensbäume, die zwölfmal Früchte tragen; in jedem Monat bringen sie ihre Früchte hervor und die Blätter der Bäume dienen zur **Heilung der Nationen**."*

Offb. 22,1.2

Der Verfasser der Offenbarung, Johannes, hat auch das Johannesevangelium geschrieben. Und so dürfen wir uns bei dem Ausdruck **„Wasser des Lebens"** an Joh. 4 erinnern lassen. In der Unterhaltung mit der Frau am Jakobsbrunnen lenkt Jesus das Gespräch vom irdischen Wasser im Brunnen auf ein „lebendiges" (nicht abgestandenes) Wasser, das Er ihr geben könne. Und dann sagt Er: „Wer von diesem Wasser (aus dem Brunnen) trinkt, wird wieder Durst bekommen; wer aber von dem Wasser trinkt, das ich ihm geben werde, der wird in Ewigkeit nie mehr Durst haben, sondern das Wasser, das ich ihm geben werde, wird in ihm zu einem Wasserquell werden, der ins ewige Leben quillt" (Joh. 4,13.14). Jesu Heil ist wie ein Wasser, das den Trinkenden zum Leben Gottes führt – und durch ihn wieder andere.

Dieses Wasser des Heils und des Lebens strömt in der Vollendung weltweit – wer will es aufhalten? Zunächst profitiert davon die Gottesstadt, das Neue Jerusalem. Doch in der Folge kommt es zur **„Heilung der Nationen"** – allein schon durch den Genuss der Blätter der Bäume, die an diesem Strom stehen. Geheilt werden alle, die der Heilung bedürfen. – *Karl Geyer* sah in den Menschen, die nunmehr geheilt werden, solche, die „durch das Gericht des Feuersees hindurchgegangen sind, das alles geschöpfliche Wesen an ihnen verzehrte. Nun sollen sie gesunden von dem langen, schweren Leiden, das hinter ihnen liegt. Die Früchte des Lebensbaumes sind ihnen noch verwehrt. Da dienen ihnen die Blätter des Baumes des Lebens als Heilmittel."

Unser Gott will heilen, retten – dich und mich, aber auch Israel und alle Nationen. Als Geheilte werden die Nationen Gott anbeten (Ps. 86,9 und Offb. 15,4).

Der Zustand der Vollendung

„Und es wird nichts Verfluchtes mehr geben. Und der Thron Gottes und des Lammes wird in (der Stadt) sein und Seine Knechte werden Ihm dienen und sie werden Sein Angesicht sehen und Sein Name wird auf ihren Stirnen stehen. Und Nacht wird nicht mehr sein... und sie werden königlich herrschen in die Zeitalter der Zeitalter hinein.“ *Offb. 22,3-5*

Dies ist das Letzte, was Johannes gesehen hat; hier endet seine Schau. Es folgen in den Versen 6-21 dann noch einige Schlussermahnungen für die Leser, auch Worte Jesu und ein Segenswort.

Wie wird es sein in den Zeiten der Vollendung? Wir sahen bereits: Der Tod wird nicht mehr sein. Wasser des Lebens strömt. Den Nationen wird Heilung zuteil. – Weiter erfahren wir nun: **„Es wird nichts Verfluchtes mehr geben.“** *Heinrich Langenberg* schreibt dazu: Es handelt sich „um den Bannfluch, der nach dem mosaischen Gesetz über Verschiedenes ausgesprochen werden konnte, was unrein oder Gott ein Gräuel war. Ein Gebanntes war aus dem Lebenszusammenhang gelöst und dem Tod oder der Vernichtung verfallen. So etwas gibt es auf der Neuen Erde nicht mehr.“

Das Verfluchte oder Verbannte ist das der Gottheit zum Gerichtsurteil Überantwortete, das mit einem Bannfluch Belegte. Kann auch Jesus fluchen? Nicht im Sinne böser menschlicher Verwünschungen, wohl aber als der von Gott bestellte Richter, dem der Vater alles Gericht übergeben hat (Joh. 5,22). „Geht weg von mir, Verfluchte, in das äonische Feuer, das dem Teufel und seinen Engeln bereitet ist!“, sagt der Herr in Matth. 25,41. Dieser Fluch ist nun aufgehoben. **Tod und Fluch und Nacht und Schmerz werden nicht mehr sein!**

Was aber weitergeht, ist der **Dienst** für Gott und die königliche **Herrschaft** mit Christus in die Zeitalter der Zeitalter hinein, bis das ganze All dem Sohne Gottes untergeordnet ist (1. Kor. 15,27.28).

Die Diener Gottes werden sogar Sein Angesicht sehen dürfen. Was in früheren Zeiten noch nicht möglich war, nämlich Gott zu sehen und am Leben zu bleiben (2. Mose 33,20), kann dann geschehen. „Wir werden Ihn sehen, wie Er ist“ (1. Joh. 3,2). Das ist höchste Glückseligkeit in der Harmonie mit Gott.

„Ich komme schnell!“

*„Sieh, **ich komme schnell!** Glückselig, wer die Worte der Weissagung dieses Buches bewahrt! ... Sieh, **ich komme schnell** und mein Lohn mit mir, um einem jeden nach seinem Werk zu vergelten... Es sagt, der dies bezeugt: Ja, **ich komme schnell!** – Amen, komm, Herr Jesus!“*

Offb. 22,7.12.20

Nach dem Grundtext sagt der Herr nicht, dass Er **bald**, sondern dass Er **schnell** kommt, wenn es soweit ist. Er kommt zunächst **zu** Seiner Gemeinde (1. Thess. 4,15-17) und dann **mit** Seiner Gemeinde (Kol. 3,4 und Offb. 17,14). Wir wollen auf die Zusammenhänge achten, in denen Er sagt: „Ich komme schnell!“

Vers 7: Weil Er plötzlich kommt und die Schläfer überrascht wie ein Dieb (3,3), ist es umso dringender geboten, die Worte der Prophetie des letzten Bibelbuches zu bewahren – im Herzen, nicht nur im Gedächtnis. Gerade dieses Buch soll eine wachrüttelnde Wirkung haben. Weil der Herr uns beobachtet und beurteilt (Kap. 2-3) – weil schwere Endgerichte bevorstehen – weil das Welteinheitsreich kommt – weil Babylon heranwächst – weil Jesu Königreich auf Erden bald kommt – aus all diesen Gründen sollen wir wachen und auf den Kommenden schauen, der heute schon in den Seinen wohnt.

Vers 12: Warum aber spricht der Herr im Zusammenhang mit Seiner Wiederkunft von **Lohn** und von **Werken**? Werden wir letzten Endes doch durch gute Werke errettet? – Nein, es bleibt dabei: Wir werden **umsonst** gerecht durch Gottes **Gnade** (Röm. 3,24). Auch in unserm Kapitel steht in Vers 17 das Wort **„umsonst“**! – Doch unsre Werke sind nicht gleichgültig. Sind wir treue und fleißige oder träge und schläfrige Diener Gottes? Wo es um den Dienst geht, spricht auch Paulus von „Lohn“ (1. Kor. 3,14) und von Werken.

Vers 20: Noch ein drittes Mal versichert uns der Herr: „Ich komme schnell!“ Und die glaubende Gemeinde antwortet: „Amen, komm, Herr Jesus!“ So lasst uns, wie auch Paulus schreibt (1. Thess. 1,9.10), beides tun: **dienen und warten!**

Die Gnade sei mit allen!

„Die Gnade des Herrn Jesus sei mit allen!" *Offb. 22,21*

Der erste Vers der Bibel spricht vom Schöpfergott, der letzte Vers vom gnädigen Gott. Dazwischen spannt sich der Bogen der Heilsgeschichte. Fassen wir beide Aussagen zusammen, so können wir sagen: Der Schöpfergott ist der gnädige Gott.

Wir sind am letzten Tag des Jahres angekommen. Da liegt es nahe, an erste und letzte Dinge zu denken. Wie haben wir Gott auf unserem Gang durch die Bibel kennengelernt? Als Schöpfergott – als Gesetzgeber – als Lenker der Geschichte im Einzel- und Völkerleben – als Richter und Retter, wie Ihn die Psalmen und Propheten darstellen – als Vater, der sich im Sohn offenbart – als den Gott, der heute die Gemeinde baut – als Freund, der uns sogar Seine Geheimnisse enthüllt – als liebevollen Ermahner und Tröster – als den Gott aller Gnade und als den König der Könige.

Über hundertmal spricht die Bibel von Gottes **Gnade.** Die meisten Stellen finden sich im Neuen Testament. Das ist kein Wunder, denn in **Jesus** ist die Gnade Gottes uns Menschen auf Erden erschienen. Nun dürfen wir aus Seiner Fülle Gnade um Gnade nehmen (Joh. 1,16). Die Gnade rettet und rechtfertigt, stärkt und erzieht uns. Paulus lehrt: Wir sind nicht unter Gesetz, sondern unter Gnade, und die Gnade ist viel stärker als die Sünde. Wir lesen im Alten und im Neuen Testament, dass Gott den Demütigen Gnade gibt (Spr. 3,34 und Jak. 4,6; 1. Petr. 5,5). Wir ergreifen die **Gnade** durch den **Glauben** (Eph. 2,8). Wir müssen keinen Mangel leiden an der Gnade Gottes, denn sie ist in überströmender Fülle für jeden da, der sie haben will (Hebr. 12,15 und 2. Kor. 9,8).

Möge es jeder liebe Leser dieses Buches heute und in Zukunft praktizieren: Ich rechne täglich mit dem „Gott aller Gnade" (1. Petr. 5,10) und nehme aus Seiner Fülle Gnade um Gnade!

Lesen Sie vom gleichen Verfasser:

Jesaja – Verkündiger von Gericht und Heil

Das Buch des Propheten Jesaja
übersetzt und erklärt von Heinz Schumacher

Band 1: Jesaja 1-39
152 Seiten, ISBN 978-3-87618-105-9

Viele Christen kennen nur einige „schöne Stellen" aus Jesaja. Dieses Buch möchte dazu anleiten, den Text ganz zu erfassen und nichts auszulassen. Dann erstrahlen Trost und Hoffnung umso leuchtender auf dem Hintergrund der zahlreichen Gerichtsschilderungen.

Band 2: Jesaja 40-66
168 Seiten, ISBN 978-3-87618-106-6

Der 2. Band enthält die wunderbaren Trostkapitel 40-45, er zeigt Gottes souveränes Handeln in der Geschichte Israels und der Völker. Die Verheißungen der Hoffnung führen über das Friedensreich des Messiaskönigs hinüber zu einem neuen Himmel und einer neuen Erde.

„Die heilsgeschichtlichen Linien, die Jesaja besonders deutlich macht, führen durch Zorn zur Liebe, durch das Verderben der Sünde zur Gewissheit des Lebens mit Gott, durch die Hoffnungslosigkeit in ‚Furcht und Zittern' zu einer das Heil umfassenden Hoffnung. – Ich habe mich beim Lesen dieser Jesaja-Auslegung herzlich gefreut. Die Neuübersetzung mit allen Erklärungen ist einzigartig!"

Dr. Erich Lubahn

Weitere Bücher von Heinz Schumacher

Die Psalmen Israels. Neu übersetzt, mit wichtigen Anmerkungen, die Schwieriges erklären und auf Besonderheiten und andere Übersetzungsmöglichkeiten hinweisen. Jedem Psalm ist ein kürzerer oder längerer Kommentar beigegeben, der den Sinn des Psalms erklären möchte. Sowohl die Heilsgeschichte Gottes mit Israel als auch das Praktisch-Erbauliche der Psalmen werden deutlich gemacht. 296 Seiten gebunden, ISBN 978-3-87618-110-3.

Die Lehre der Bibel – im Rahmen der Heilsgeschichte dargestellt. 5. Auflage. 144 Seiten, ISBN 978-3-87618-053-3.

Jesus der Retter ist da. Betrachtungen nach Worten aus Matthäus, Markus, Lukas. Wer ist Jesus wirklich? 200 Seiten, ISBN 978-3-87618-073-1.

Versöhnung des Alls – Gottes Wille. Der Verfasser zeigt nicht nur das Schriftzeugnis zu dieser Thematik, er geht auch auf die Einwände ausführlich ein. 112 Seiten, ISBN 978-3-87618-092-2.

Was ist der Mensch im Licht der Bibel? Elend und Hoheit des Menschen. 96 Seiten, ISBN 978-3-87618-107-3.

Der Gott der Bibel ist ganz anders. Falsche und richtige Gottesvorstellungen. 80 Seiten, ISBN 978-3-87618-108-0.

Verloren und gerettet. Dieses evangelistische Buch zeigt a) die Sünde und Verlorenheit des Menschen aufgrund der Schrift und der Realität unserer Welt, b) das Eingreifen Gottes zum Heil und c) den Heilsweg für den Einzelnen. 80 Seiten, ISBN 978-3-87618-111-0.